I0041405

RECUEIL GÉNÉRAL,

ANALYTIQUE ET RAISONNÉ

DES LOIS

QUI RÉGISSENT L'EMPIRE FRANÇAIS.

TOME PREMIER.

PORTHMANN, Impr. ordre. de S. A I. et R. MADAME,
rue Neuve-des-Petits-Champs, no. 36.

RECUEIL GÉNÉRAL,

ANALYTIQUE ET RAISONNÉ

DES LOIS

QUI RÉGISSENT L'EMPIRE FRANÇAIS,

Relativement aux objets divers sur lesquels s'étendent l'inspection et l'action de l'autorité publique;

OUVRAGE de plusieurs Jurisconsultes, dont le but principal a été de développer la pensée et les motifs du Législateur, sur toutes les parties du Droit et de la Jurisprudence qui sont sous l'influence des règles qu'il a prescrites;

MIS EN ORDRE ALPHABÉTIQUE ET PUBLIÉ

PAR M. GUYOT,

Ancien Juge à la Cour de cassation, actuellement Membre du Bureau de consultation et de révision au Ministère du Grand-Juge, et l'un des Auteurs et l'Éditeur des deux premières éditions du Répertoire universel et raisonné de Jurisprudence.

TOME PREMIER.

A PARIS,

CHEZ Madame VANRAEST, Libraire, sur le Marché aux Fleurs, N°. 1.

Et se trouve chez l'ÉDITEUR, rue St.-Louis-Honoré, N°. 6,
Et chez les principaux Libraires de l'Empire.

1811.

AVERTISSEMENT.

La tâche d'après laquelle on s'est dirigé en composant le Recueil que nous publions, consiste particulièrement dans l'exactitude scrupuleuse avec laquelle on a projeté d'indiquer les dispositions des différens Codes qui viennent de paraître, et qui ont tracé les règles auxquelles chaque individu est tenu de se conformer, tant pour remplir ses devoirs que pour repousser les atteintes qu'on voudrait illégalement porter à ses droits. On ne s'est point borné à une simple analyse; on y a ajouté les détails nécessaires pour faire connaître le véritable sens de chaque loi, et l'application qu'il faut en faire aux divers objets sur lesquels elle s'étend.

On peut donc envisager chaque article de ce Recueil comme un point de doctrine avec lequel on ne peut pas être trop familier, surtout quand on se destine à entrer dans la carrière du barreau, ou qu'on est appelé à occuper des places dans les administrations publiques.

Les modifications plus ou moins importantes que les anciennes lois ont éprouvées tant en matière civile qu'en matière criminelle et administrative, ont suffisamment démontré la nécessité de se livrer à de nouvelles études, dont les progrès ne peuvent être facilités que par de nouveaux livres. C'est au Lecteur qu'il appartient de juger si l'Ouvrage qu'on lui offre est dans la classe de ceux dont l'usage peut être avantageusement adopté.

Liste alphabétique des Auteurs qui concourent à la composition de l'Ouvrage.

M. Bernardi, ex-Législateur, et Chef de la Division civile au Ministère du Grand-Juge.

M. Broyart, ancien Avocat au Parlement de Paris, et Chef du premier Bureau de la Division civile au même Ministère.

M. de Comberousse, ex-Législateur, et l'un des Chefs du Bureau de consultation et de révision au même Ministère.

M. Dejean, Juge au Tribunal civil de Castres.

M. Derché, ancien Chef de Division au Ministère des rélations extérieures, et Avocat à la Cour impériale de Paris.

M. Duport, ex-Législateur, et l'un des Chefs du Bureau

de consultation et de révision au Ministère du Grand-Juge.

M. Garan de Coulon, ex-Législateur, Membre du Sénat conservateur, et Comte de l'Empire.

M. Guyot, Editeur de l'Ouvrage.

M. Le Graverend, Chef du premier Bureau de la Division criminelle au Ministère du Grand-Juge.

Le nom de chaque Auteur est à la suite des articles qui lui appartiennent.

Les articles qui ne sont suivis d'aucun nom, sont ceux de l'Editeur.

AVIS DU LIBRAIRE.

L'Ouvrage sera composé d'environ 18 à 20 vol. in-8°., caractère de cicéro, de 450 à 500 pages chacun.

Le prix de chaque volume, broché, sera de 5 fr., non compris le port.

Les personnes qui, avant la publication du second volume, se seront procuré le premier, qui est actuellement en vente, recevront *gratis* le sixième, le douzième et le dernier.

Il faut affranchir le port des lettres et de l'argent.

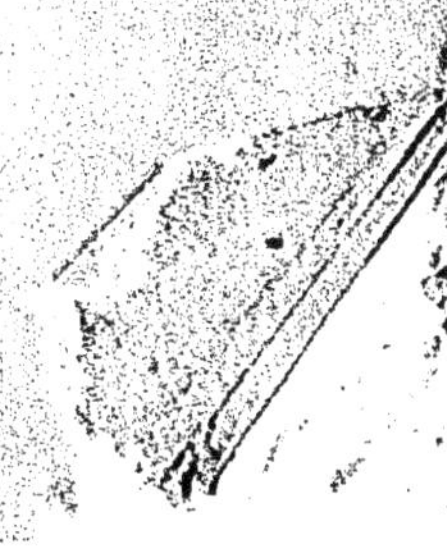

RECUEIL GÉNÉRAL,

ANALYTIQUE ET RAISONNÉ

DES LOIS

QUI RÉGISSENT L'EMPIRE FRANÇAIS.

ABANDONNEMENT DE BIENS.

SOMMAIRES.

1. *Définition.*

2. *L'abandonnement de biens peut-il être envisagé comme une aliénation, et donner lieu à la perception du droit auquel les aliénations d'immeubles sont assujetties ?*

3. *De ce qui est indispensable pour la validité d'un abandonnement de biens.*

4. *La procuration donnée par le débiteur à ses créanciers pour vendre ou faire procéder à la vente de ses biens, est-elle susceptible d'être révoquée ?*

5. *Un débiteur est-il libéré envers ses créanciers en vertu de l'abandonnement qu'il leur a fait de ses biens ?*

6. *Lorsque le produit de la vente des biens abandonnés par le débiteur a été insuffisant pour payer ses créanciers, peut-il, à leur préjudice, renoncer aux succesions qu'il est en droit de recueillir ?*

7. *S'il arrivait que le prix des biens abandonnés et vendus excédât le montant des créances, à qui cet excédant appartiendrait-il ?*

8. *Les biens dont le débiteur a fait l'abandonnement à ses créanciers, ne peuvent pas être soumis à l'inscription hypothécaire, relativement aux dettes pour lesquelles chacun d'eux est personnellement obligé.*

1. L'abandonnement de biens est un acte ou contrat par lequel un débiteur met ses biens à la disposition de ses créanciers, afin que ceux-ci les vendent, et que le prix s'en distribue entre eux, selon le droit de chacun en particulier.

2. *L'abandonnement de biens peut-il être envisagé comme une aliénation, et donner lieu à la perception du droit proportionnel d'enregistrement auquel les aliénations d'immeubles sont assujetties ?*

L'affirmative serait incontestable, si le contrat d'abandonnement ne chargeait pas les créanciers de vendre les biens abandonnés : mais cette condition s'oppose à ce que ce contrat soit réputé une vente pure et simple, et fait considérer les créanciers comme des mandataires auxquels le débiteur a donné une procuration pour aliéner ses biens.

Il suit de-là que le débiteur n'ayant pas renoncé à sa propriété, il peut, jusqu'au moment de l'adjudication, rentrer dans la possession de ses biens en payant ses créanciers.

En conséquence, le droit à percevoir par la régie de l'enregistrement sur ce contrat, est le droit fixe de cinq francs spécifié dans l'article 68, paragraphe 4, numéro 1 de la loi du 22 frimaire an 7, et non le droit proportionnel de quatre pour cent établi par le paragraphe 7 de l'article 69 de la même loi.

3. *De ce qui est indispensable pour la validité d'un abandonnement de biens.*

Le but des créanciers étant d'engager le débiteur à leur faire des conditions avantageuses, il faut, pour que la convention soit valable, qu'elle soit acceptée par les créanciers des trois quarts, au moins, des sommes dues, et qu'elle soit homologuée en justice avec les autres créanciers qui ont refusé d'y adhérer. Ainsi, il faut faire assigner ces derniers pour voir déclarer commun avec eux l'acte d'abandonnement : mais cette règle n'est point applicable aux créanciers privilégiés : ceux-ci ne sont point obligés de consentir à l'homologation.

4. *La procuration donnée par le débiteur à ses créanciers, pour vendre ou faire procéder à la vente de ses biens, est-elle susceptible d'être révoquée ?*

Quoiqu'en général le droit commun autorise la révocation de toute procuration, il faut néanmoins excepter de cette règle celle dont il s'agit. La raison en est qu'une telle procuration doit être considérée comme une convention faite à titre onéreux, et obligatoire de part et d'autre. Les créanciers sont procureurs constitués dans leur propre affaire, et la justice veut que celui qui est intéressé personnellement dans une affaire pour laquelle on lui a donné une procuration, soit regardé comme une sorte de propriétaire qu'on ne peut priver du droit qu'on lui a attribué de disposer de la chose. Ainsi le débiteur ne peut rentrer dans la possession des biens dont il a fait l'abandon, qu'après avoir payé ses dettes.

5. *Un débiteur est-il libéré envers ses créanciers, en vertu de l'abandonnement qu'il leur a fait de ses biens ?*

L'abandonnement ne libère le débiteur que jusqu'à concurrence de la valeur des biens abandonnés, à moins que ses créanciers ne lui aient fait remise du reste. Ainsi ces derniers conservent le droit de lui faire payer ce qu'il n'a point acquitté.

6. *Lorsque le produit de la vente des biens abandonnés par le débiteur a été insuffisant pour payer*

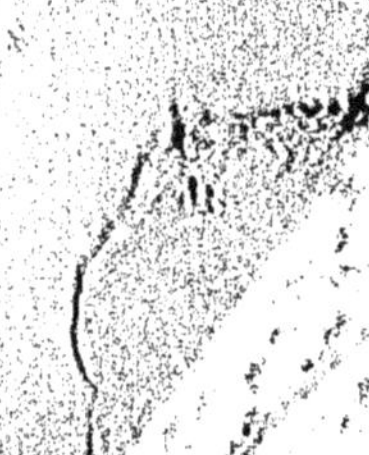

ses créanciers, peut-il, à leur préjudice, renoncer aux successions qu'il est en droit de recueillir?

Dans le cas d'une telle renonciation, les créanciers auraient le droit d'en demander l'annullation, au moins jusqu'à concurrence de ce que cette renonciation leur aurait fait perdre. Au surplus, les créanciers ne pourraient former une telle demande qu'à leurs risques.

Cette exception à la règle qui veut que *nul ne soit héritier malgré lui*, est fondée sur ce qu'un débiteur ne doit pas être autorisé à nuire à ses créanciers.

7. *S'il arrivait que le prix des biens abandonnés et vendus excédât le montant des créances, à qui cet excédant appartiendrait-il?*

Ce serait au débiteur; car les créanciers n'ont rien à prétendre au-delà du payement des dettes contractées envers eux.

8. *Les biens dont le débiteur a fait l'abandonnement à ses créanciers, ne peuvent pas être soumis à l'inscription hypothécaire, relativement aux dettes pour lesquelles chacun d'eux est personnellement obligé.*

Cette doctrine est fondée sur ce que les créanciers auxquels le débiteur a abandonné ses biens pour qu'ils les vendent et qu'ils en reçoivent le prix, jusqu'à concurrence de ce qui leur est dû, ne sont que les mandataires de leur débiteur, lequel conserve sa propriété aussi long-tems que l'adjudication des mêmes biens ne l'en a pas dépouillé. Ainsi un créancier de ces mandataires n'a contre eux, à l'égard de ces biens, que la voie d'opposition en sous-ordre après la vente des biens dont il s'agit.

Voyez les articles CESSION DE BIENS, CONCORDAT, HOMOLOGATION, FAILLITE, UNION DE CRÉANCIERS.

ABATTAGE.

Ce terme signifie, parmi les marchands de bois, le travail et les frais qui ont lieu pour abattre des bois.

Les frais d'abattage sont à la charge de l'acheteur, à moins qu'il n'y ait une convention contraire.

ABEILLES.

SOMMAIRES.

1. *Définition.*
2. *Distinction à faire entre les abeilles des bois et celles des ruches.*
3. *Les abeilles des ruches doivent-elles être réputées immeubles comme les poissons d'un étang?*
4. *Des cas où les abeilles peuvent être saisies.*
5. *Il n'est pas permis de troubler les abeilles dans leurs travaux.*
6. *Du vol de ruches d'abeilles.*

1. Les abeilles sont des insectes dont on tire le miel et la cire.

2. *Distinction à faire entre les abeilles des bois et celles des ruches.* Il ne faut pas confondre les abeilles qui se trouvent dans les bois, et que personne n'a recueillies, avec celles qu'on entretient dans des ruches : les premières sont mises au rang des choses publiques et communes qui appartiennent au premier occupant. Mais le propriétaire des ruches a le droit de suivre partout les essaims qui en proviennent, et de les reprendre où ils se trouvent, sans qu'il lui faille pour cela aucune permission du juge;

cependant si le propriétaire venait à discontinuer ses poursuites, les essaims appartiendraient au possesseur du terrain sur lequel ils se seraient fixés. C'est ce qui résulte de l'article 5 de la section 3 du titre 1er. du décret du 28 septembre 1791.

3. *Les abeilles des ruches doivent-elles être réputées immeubles comme les poissons d'un étang?* Parce que la loi avait déclaré immeubles les poissons qui, dans un étang, jouissent de leur liberté, quelques jurisconsultes en avaient conclu que les abeilles devaient aussi être réputées immeubles, parce qu'elles jouissent de leur liberté naturelle dans leurs ruches, d'où elles sortent et où elles rentrent quand il leur plaît; mais on a critiqué avec raison cette conséquence. En effet, si l'on considère comme immeubles les poissons qui sont dans un étang, c'est parce que l'étang avec lequel ils sont censés ne faire qu'un seul et même tout, est un immeuble.

Une ruche, au contraire, avec laquelle les abeilles qu'elle renferme ne sont qu'un même tout, étant un meuble, les abeilles doivent pareillement avoir la qualité de meuble.

Remarquez néanmoins que si le propriétaire d'un fonds a placé des ruches à miel pour le service et l'exploitation de ces fonds, ces ruches sont immeubles par destination, en vertu de l'art. 524 du Code Napoléon.

4. *Des cas où les abeilles peuvent être saisies.* Suivant l'art. 3 de la section déjà citée du décret du 28 septembre 1791, les abeilles sont insaisissables, à moins que ce ne soit au profit de la personne qui a vendu les ruches, ou pour acquitter ce que doit le fermier ou propriétaire; et dans l'un comme dans l'autre cas, la saisie ne peut avoir lieu qu'autant qu'il y a insuffisance d'autres objets mobiliers.

5. *Il n'est pas permis de troubler les abeilles dans leurs travaux.* Le même article défend de troubler

les abeilles dans leurs courses et leurs travaux, et veut que dans le cas même de saisie légitime, une ruche ne puisse être déplacée que dans les mois de décembre, janvier et févr[illegible].

6. *Du vol des ruches d'abeilles*. Par l'art. 484 du Code pénal, du 20 février 1810, il a été dit que dans toutes les matières que ce Code n'a point réglées, et qui sont régies par des lois ou des réglemens particuliers, les Cours et les tribunaux continueraient de les observer. Or, ce Code n'a pas parlé du vol de ruches d'abeilles qui a été l'objet de l'article 27 de la seconde section du titre 2 de la deuxième partie du Code pénal, décrété le 25 septembre 1791. Cet article a ordonné que cette espèce de vol serait punie de quatre années de détention, et même de six années si le crime avait été commis de nuit.

AB IRATO.

Voyez Testament.

ABOLITION.

Ce terme s'emploie pour signifier l'extinction, l'abrogation, l'anéantissement d'une loi, d'une coutume, d'un usage, d'un réglement.

Et l'on appelle *lettres d'abolition*, des lettres par lesquelles le Souverain, usant de la plénitude de sa puissance, efface, abroge et éteint un crime qui, selon la loi, ne doit pas être pardonné.

On demande à cet égard, si celui qui a été condamné à une peine quelconque, avec confiscation de biens, et qui obtient ensuite des lettres d'abolition, rentre, en vertu de ces lettres, dans la possession des biens confisqués?

Bacquet, dans son *Traité des Droits de justice*, distingue entre les restitutions de justice et les restitutions de grâce : dans les premières, où le crime mérite d'être pardonné, le condamné doit rentrer dans ses biens, mais il doit les prendre dans l'état où ils se trouvent, sans pouvoir exiger le remboursement des amendes, des intérêts civils et des fruits des immeubles. Cette opinion est favorisée par l'art. 28 du titre 17 de l'ordonnance criminelle de 1670.

Dans les secondes, c'est-à-dire, dans les restitutions de grâce, il faut également distinguer si le Souverain a seulement remis la peine, ou si, outre la remise de la peine, il a rétabli le condamné dans tous ses droits. Au premier cas, ce condamné ne recouvre pas les biens confisqués; mais, dans le second cas, il les recouvre, à moins que le Souverain n'en ait disposé.

Voici une autre question importante qui dérive de la même matière : Tandis que le condamné était dans l'état de mort civile, et avant qu'il fût amnistié, il lui est échu une succession que les parens du défunt ont recueillie : ce condamné est-il en droit, après l'amnistie qu'il a obtenue, de réclamer cette succession?

La négative doit être adoptée. La raison en est que les parens qui ont succédé en vertu de la règle *le mort saisit le vif*, à l'exclusion de celui qui aurait pu concourir avec eux, s'il n'eût pas été en état de mort civile, ont été saisis des droits de ce dernier, et que la grâce du Souverain n'a pas dû les dépouiller de ces droits, attendu qu'une telle grâce ne pourrait pas préjudicier à des tiers, sans qu'il en résultât un effet rétroactif.

ABORDAGE.

SOMMAIRES.

1. *Définition.*

2. *Par qui doit être payé le dommage résultant de l'abordage?*

3. *Délai fixé par la loi pour intenter l'action qui dérive de l'abordage.*

4. *Du cas où le navire qui a souffert par l'abordage est assuré.*

5. *L'abordage est présumé fortuit, à moins que le contraire ne soit prouvé.*

1. L'abordage est ce qu'on voit arriver à deux vaisseaux qui se heurtent ou s'accrochent.

2. *Par qui doit être payé le dommage résultant de l'abordage?* L'abordage cause souvent aux navires des dommages que doit payer le maître qui les a occasionnés : c'est à quoi l'oblige l'art. 11 du titre des *Avaries* de la loi du mois d'août 1681, concernant la marine.

Si l'abordage a eu lieu sans qu'on puisse justifier que ç'a été par la faute du maître ou des gens de l'équipage du navire qui a causé le dommage, l'article 10 du titre cité veut que ce dommage soit payé également par le navire qui l'a fait et par celui qui l'a souffert; c'est-à-dire, que ces deux navires doivent payer chacun moitié du dommage.

Le dommage prévu par la loi citée, en cas d'abordage, l'avait aussi été par les Romains et par les rédacteurs des *Us et Coutumes de la mer;* mais il y avait cette différence entre le droit romain et les autres lois, qu'il assujettissait chaque propriétaire à supporter le dommage causé à son navire, lorsque rien n'indiquait la faute qui avait donné lieu à l'abordage.

3. *Délai fixé par la loi pour intenter l'action qui*

dérive de l'abordage. L'art. 8 du titre des *Prescriptions et fins de non-recevoir* de la même loi du mois d'août 1681, veut que toute demande pour raison d'abordage soit formée vingt-quatre heures après le dommage reçu, si l'accident est arrivé dans un port, havre ou autre lieu, tel que le maître n'ait pas été empêché d'agir; et qu'après ce délai, l'action ne soit plus recevable.

Mais si l'abordage est arrivé, soit en pleine mer, soit dans quelqu'autre endroit où le maître du navire n'ait pas pu agir, le délai pour former la demande ne court que depuis l'arrivée du navire dans un lieu où le maître puisse agir.

Remarquez sur cette sorte de prescription que, par arrêt du 18 thermidor an 11, la Cour d'appel de Poitiers a jugé que quand l'abordage avait occasionné la perte totale d'un vaisseau, l'action en indemnité devait être intentée dans les vingt-quatre heures, comme dans le cas d'un simple dommage. Cet arrêt a été confirmé par la Cour de cassation le 5 messidor an 13.

4. *Du cas où le navire qui a souffert par l'abordage est assuré.* Lorsque le navire endommagé par l'abordage est assuré, l'assureur est tenu d'indemniser le propriétaire du navire, si le dommage est arrivé par cas fortuit, comme dans une tempête, ou même quand il a eu lieu par la faute du maître d'un autre navire : mais, dans ce dernier cas, le propriétaire du navire assuré doit céder à l'assureur son action, tant contre celui par la faute de qui est arrivé l'abordage, que contre son commettant. Si l'abordage avait eu lieu par la faute du maître du navire assuré, le propriétaire de ce navire n'aurait aucune action à cet égard contre l'assureur, à moins que, par une clause expresse de la convention, celui-ci ne fût tenu de la *baratterie du patron;* c'est-à-dire, de tous les événemens qu'on peut rap-

porter, non-seulement au dol, mais encore à la simple imprudence ou impéritie, tant du maître que des gens de l'équipage.

5. Il faut observer que le dommage causé par l'abordage est présumé fortuit, à moins qu'il n'y ait preuve du contraire.

Voyez les articles ASSURANCE, AVARIE, BARATTERIE DE PATRON.

ABOUTISSANS.

SOMMAIRES.

1. *Définition.*
2. *Des cas où doivent être énoncés les aboutissans des immeubles.*
3. *Exception à la règle.*

1. On appelle *aboutissans*, les confins d'un héritage, et l'on joint ordinairement ce mot avec celui de *tenans.*

2. L'article 3 du titre 9 de la loi du mois d'avril 1667, assujettit celui qui forme une demande en désistement d'héritage, en déclaration d'hypothèque ou autre droit réel, à indiquer les tenans et aboutissans des immeubles dont il est question, avec désignation de leur qualité et situation, afin que son adversaire sache sur quoi il a à répondre.

3. Suivant l'article 4 du titre cité, il suffit d'énoncer le nom et la situation d'une terre ou métairie, mais il faut désigner les tenans et les aboutissans d'une maison.

Ces dispositions se trouvent confirmées par l'article 64 du Code de procédure civile, qui est ainsi conçu :

« En matière réelle ou mixte, les exploits » énonceront la nature de l'héritage, la commune, » et, autant qu'il est possible, la partie de la » commune où il est situé, et deux au moins des » tenans et aboutissans; s'il s'agit d'un domaine, » corps de ferme ou métairie, il suffira d'en dési- » gner le nom et la situation, le tout à peine de » nullité. »

ABREVIATION.

C'est le retranchement de quelques lettres dans l'écriture, comme quand on écrit *M.* pour *monsieur*, ou même de quelques mots qu'on représente par *etc.*

Avant la loi du 25 ventose an 11, concernant le notariat, les abréviations de cette dernière espèce étaient très-communes dans les actes des notaires: les mots après lesquels on les mettait, étaient ordinairement ceux-ci : *auquel lieu*, etc.; *nonobstant*, etc.; *promettant*, etc.; *obligeant*, etc.; *renonçant*, etc.

Auquel lieu, etc., signifiait que dans les lieux où l'on avait fait élection de domicile, les parties consentaient que tout acte fût signifié.

Nonobstant, etc., signifiait malgré le changement de résidence.

Promettant, etc., cela exprimait la promesse d'exécuter les conditions insérées dans l'acte, ou de payer les frais, ainsi que les dommages et intérêts qui pourraient résulter de l'inexécution de ces conditions.

Obligeant, etc., cela se rapportait à l'hypothèque qui dérivait de l'authenticité de l'acte.

Renonçant, etc., cela ne pouvait pas s'appliquer aux renonciations de droit.

Au surplus, il est à propos de remarquer que ces sortes d'abréviations ne pouvaient pas s'étendre à des choses qui signifiassent plus que ce que renfermait le corps de l'acte.

L'article 13 de la loi du 25 ventose, citée précédemment, a mis un terme à toutes les difficultés que les abréviations pouvaient occasionner. Il a proscrit les abréviations dans les actes notariés, à peine de 100 francs d'amende contre tout notaire qui ne se serait pas conformé à cette disposition.

ABREUVOIR.

C'est l'endroit d'une rivière ou d'une pièce d'eau, destiné à faire boire des chevaux et d'autres animaux domestiques.

Les réglemens de police défendent de mener à l'abreuvoir plus de deux chevaux à la fois, et de puiser de l'eau où elle est sale et croupissante.

On appelle *droit d'abreuvoir* une servitude qui consiste à faire abreuver des bestiaux dans les eaux qui sont sur le fonds d'autrui.

ABROGATION.

L'abrogation est un acte émané du pouvoir souverain, par lequel une loi, un usage, sont détruits, annullés ou anéantis.

Divers décrets rendus par les représentans du peuple français, et singulièrement celui du 21 septembre 1792, veulent que jusqu'à ce qu'il en ait été autrement ordonné, les lois non abrogées soient provisoirement exécutées.

Il suit de là que les édits, les ordonnances, les déclarations et même certains arrêts du conseil qui ont précédé la révolution, seront constamment obligatoires dans toutes les dispositions auxquelles les lois nouvelles n'auront apporté ni changement ni modification. Il importe que les citoyens, dans leurs transactions, et les juges, dans leurs décisions, ne perdent jamais de vue ce point de jurisprudence.

Voyez Loi et Décret.

ABROUTIS.

On appelle *bois abroutis* ou *rabougris*, les bois défectueux, soit à cause que le fonds où ils ont cru est de mauvaise qualité, soit parce que le bétail en a détruit les bourgeons lorsqu'ils commençoient à croître.

Suivant l'article 45 du titre 15 de l'ordonnance des eaux et forêts du mois d'août 1669, les adjudicataires des bois nationaux sont tenus de faire couper près de terre toutes les souches de bois rabougris qui se trouvent dans les ventes.

Et l'article 13 du titre 25 de la même ordonnance, veut que les communautés d'habitans qui ont des bois *abroutis*, les fassent receper à leurs frais, et les tiennent *en défends* comme les autres taillis, jusqu'à ce que le rejet ait au moins six ans.

Voyez Adjudicataire, Bois, Taillis, etc.

ABSENCE.

L'absence peut être considérée sous plusieurs rapports.

Nous l'envisagerons ici dans le sens le plus absolu, en examinant quels peuvent en être les effets quant aux biens laissés par l'absent, au moment où commence sa disparition, et quant aux biens qui peuvent lui échoir pendant l'absence, et qu'il aurait recueillis s'il avait été présent.

Avant le Code Napoléon, les questions qui naissaient de l'absence, éprouvaient une grande variété de solutions; et la jurisprudence n'avait point été fixée.

Tantôt la loi romaine servait de guide aux juges; tantôt les dispositions des coutumes paraissaient dicter les jugemens; tantôt, abandonnant les coutumes et la loi romaine, on consultait les présomptions, les probabilités; et les décisions devenaient aussi douteuses, aussi incertaines que pouvaient l'être la vie ou la mort de la personne absente.

Dans une juridiction, la mort de l'absent ne se présumait point, elle devait être prouvée; dans une autre, on adjugeait les biens de l'absent à ses plus proches parens, et on les soumettait à donner caution; dans plusieurs, l'absent était réputé mort après sept ans, neuf ans, dix ans, ou dix-huit ans d'absence.

Quand l'absent avait laissé une procuration, il fallait prouver sa mort pour être admis au partage de ses biens.

Ce partage avait lieu, tantôt au profit de ceux qui étaient les plus proches parens au moment de la disparition, tantôt au profit de ceux qui avaient cette qualité au moment où dix ans d'absence étaient expirés.

Quelquefois un testament était cassé pour cause de prétérition, lorsque le père avait omis de faire mention de son fils absent; quelquefois il était réputé valable, nonobstant cette omission.

On faisait, dans quelques ressorts, une distinction entre celui qui s'était *absenté* et celui qui s'était *perdu*. Dans le premier cas, l'individu n'était point réputé mort, et on l'admettait à succéder, même après une absence de quatorze ans et l'absence durant encore; dans le second, il n'était point réputé vivant, et deux ans après sa disparition, on admettait à lui succéder même son ascendant au second degré.

Quant au cautionnement, tantôt on y soumettait l'héritier présomptif, tantôt on l'en déchargeait, selon l'âge de l'absent, suivant les présomptions que faisait naître la circonstance qu'il était allé à la guerre, ou qu'il s'était embarqué, etc.

A l'égard des créanciers de l'absent, tantôt ils obtenaient, même après dix ans, leur payement sur les successions qui venaient à échoir à leur débiteur; tantôt ils étaient repoussés, même après un terme plus long.

Quant à la vie de l'absent, ici on présumait qu'elle pouvait s'étendre à la centième année; là cette présomption n'exerçait aucun empire.

Le Code Napoléon a fait disparaître ces divers élémens d'un perpétuel conflit: il a posé une base fixe, fondée sur une proposition simple et vraie: l'état de l'absent est incertain, sa vie et sa mort sont incertaines.

Si sa vie est incertaine, les biens qu'il a laissés ne peuvent qu'être soumis à une administration provisoire, et cette administration ne peut être plus justement confiée qu'à ses héritiers présomptifs, en les soumettant à donner caution.

Ces héritiers présomptifs ne peuvent être que ceux qui ont cette qualité au moment du départ de l'absent, puisque sa mort étant incertaine, on ne peut assigner l'époque où il a cessé de vivre.

Si sa vie est incertaine, il ne peut recueillir la succession qui peut échoir postérieurement à son absence;

absence, puisque pour être capable de succéder, il faut nécessairement exister à l'instant de l'ouverture de la succession. (Art. 725 du Code Napoléon.) Or, on ne peut pas affirmer qu'il existe, vu l'incertitude répandue sur son existence.

Possession provisoire par les héritiers présomptifs au moment du départ de l'absent, relativement aux biens qu'il a laissés; exclusion de l'absent des successions à échoir pendant l'absence; telles sont les deux divisions principales des dispositions qui ont été adoptées.

L'absent a pu laisser une procuration, des créanciers, un conjoint et des enfans. Des dispositions accessoires ont statué sur ces divers objets.

Un individu disparaît; il est présumé absent. Il laisse des biens qui ne sont point administrés, parce qu'il n'en a confié le soin à personne, en laissant une procuration; c'est au tribunal de première instance de son dernier domicile à y pourvoir sur la demande des parties intéressées, parmi lesquelles sont nécessairement compris les créanciers de l'absent.

Si le présumé absent a quelqu'intérêt dans des inventaires, comptes, partages et liquidations, un notaire doit être nommé d'office pour le représenter.

Le ministère public doit être entendu sur toutes les demandes qui peuvent concerner l'absent.

Quand il cesse de paraître et que depuis quatre ans on n'en a pas de nouvelles, les parties intéressées peuvent provoquer devant le même tribunal la déclaration d'absence.

Cette absence se constate par les pièces et documens produits, et par une enquête faite contradictoirement avec le ministère public.

L'absence est déclarée par un jugement définitif rendu un an après celui qui a ordonné l'enquête.

Les jugemens, tant préparatoires que définitifs, sont rendus publics par les soins du ministre de la justice.

Ces formalités remplies, et dans le cas où il n'existe aucune procuration, l'héritier présomptif de l'absent au moment de sa disparition ou de ses dernières nouvelles, peut, en donnant caution, se faire envoyer en possession provisoire des biens que cet absent possédait à l'une ou à l'autre époque.

S'il existe une procuration, l'envoi en possession provisoire est suspendu pendant dix années révolues depuis la disparition ou les dernières nouvelles.

Si la procuration vient à cesser, la même suspension a lieu, et pendant ce tems intermédiaire, le tribunal pourvoit à l'administration des biens.

S'il existe un testament, il doit être ouvert à la réquisition des parties intéressées; et tous ceux qui ont des droits subordonnés à la condition de son décès, peuvent alors les exercer provisoirement, en donnant caution.

Cet exercice provisoire et même l'envoi en possession de biens, sont empêchés par l'époux commun en biens, lorsqu'il déclare opter pour la continuation de la communauté; dans ce cas, il a, par préférence, l'administration des biens: et si c'est la femme, elle conserve le droit de renoncer ensuite à la communauté. Si l'époux opte, au contraire, pour la dissolution provisoire de la communauté, il exerce, en donnant caution, ses reprises et tous ses droits légaux et conventionnels.

L'héritier présomptif ou l'époux qui continue la communauté doivent faire procéder à l'inventaire du mobilier et des titres de l'absent, contradictoirement avec le procureur impérial ou un juge de paix qu'il requiert pour le suppléer.

S'il y a lieu, le mobilier est vendu. En ce cas, il est fait emploi du prix, ainsi que des fruits échus.

L'héritier présomptif est autorisé à faire constater l'état des immeubles par un expert, dont le rapport doit être homologué, ouï le procureur impérial. Les frais en sont pris sur les biens de l'absent.

Le possesseur provisoire ou l'administrateur légal ne doit rendre que le cinquième des revenus, si l'absent reparaît avant quinze ans révolus depuis sa disparition, et le dixième, s'il reparaît plus tard.

Après trente ans d'absence, il n'est dû aucun compte des revenus.

L'envoyé en possession provisoire ne peut aliéner ni hypothéquer les immeubles de l'absent.

Si, pendant l'absence, on prouve le décès de l'absent, c'est à cette époque que s'ouvre sa succession : elle est déférée au plus proche parent à cette même époque. L'envoyé en possession provisoire restitue les biens, s'il n'a pas cette qualité.

Les effets de la déclaration d'absence cessent, si, pendant l'envoi en possession provisoire, l'absent reparaît, ou s'il y a preuve de son existence.

Il recouvre ses biens, même après l'envoi définitif en possession qui succède après trente ans à l'envoi provisoire, s'il reparaît, ou si son existence est prouvée.

Ses enfans et descendans peuvent réclamer ses biens dans les trente ans à compter de l'envoi définitif.

Les actions contre l'absent déclaré se dirigent contre les possesseurs ou administrateurs de ses biens.

Quiconque réclame un droit qu'il prétend échu à la personne dont l'existence n'est pas reconnue, est déclaré non-recevable, s'il ne prouve pas qu'elle existait lorsque le droit s'est ouvert.

S'il s'ouvre une succession à laquelle serait appelé l'absent si son existence était reconnue, elle

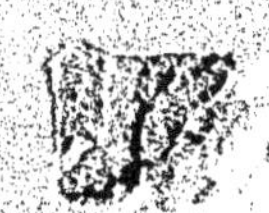

est déférée exclusivement à ceux qui auraient concouru avec lui, ou à ceux qui l'auraient recueillie à son défaut.

Tant que la prescription n'est pas acquise, l'absent ou ses représentans ou ayant-cause ont le droit de se pourvoir en pétition d'hérédité ou autres droits; ce qui suppose toujours le fait vérifié de l'existence de l'absent.

Tant que celui-ci ne se représente pas, ou que les actions ne sont pas exercées de son chef, ceux qui ont accepté la succession en gagnent les fruits perçus de bonne foi.

Si un époux contracte un nouveau mariage pendant l'absence de son conjoint, celui-ci peut seul l'attaquer ou par lui-même, ou par un fondé de pouvoir muni de la preuve de l'existence de l'absent.

Si l'absent ne laisse point de parens habiles à lui succéder, son conjoint peut demander l'envoi en possession provisoire de ses biens.

Si le père absent laisse des enfans mineurs d'un lit commun, la mère en a la surveillance, et exerce les droits du mari, quant à leur éducation et à la gestion de leurs biens.

Pendant l'intervalle de la disparition à la déclaration d'absence, et même six mois auparavant, si la mère décède, le conseil de famille défère la tutelle aux ascendans les plus proches, et à leur défaut, à un tuteur provisoire.

Il en est de même, si l'absent laisse des enfans mineurs issus d'un précédent mariage.

Tels sont les principes et les règles très-détaillées que contient sur l'absence, le titre 4 du 1er. livre du Code Napoléon.

Le plus grand nombre de cas possibles y est prévu. Cependant, quelque claires que soient les lois, l'intérêt personnel y voit souvent des difficultés, quoique le texte n'en présente aucune. Il faut bien qu'en pareil cas l'autorité judiciaire intervienne pour déclarer le sens de la loi. Alors la jurisprudence allie son flambeau aux lumières du législateur.

Nous allons énoncer quelques-unes des questions qui se sont élevées, et les solutions qu'elles ont reçues.

La veuve Marion décède en messidor an 11. Parmi ses héritiers, elle laisse Stanislas Marion, son fils, absent depuis plusieurs années, sans nouvelles. Ses autres enfans partagent entre eux sa succession.

Le 13 vendémiaire an 12, le procureur impérial de Lille présenta un réquisitoire tendant à ce qu'il fût commis un notaire pour représenter l'absent dans les partages auxquels il avait intérêt.

Un notaire est commis. Opposition des enfans; ils se fondaient sur ce que l'absent n'avait jamais eu de droits acquis sur la succession de sa mère, puisqu'au décès de celle-ci son existence était incertaine.

Le procureur impérial insista et prétendit que le principe avancé par les enfans n'était admissible que dans le cas où l'absence était déclarée par un jugement.

Le tribunal de Lille maintint la nomination du notaire.

Sur l'appel, la Cour de Douai a considéré que l'absent ne pouvait être réputé ni vivant, ni mort; que n'étant pas présent à l'ouverture de la succession, personne ne pouvait y prendre part en son nom, sans prouver son existence; que l'existence de l'absent n'étant pas reconnue, il était censé ne pas exister et ne pouvait par conséquent être héritier.

Par arrêt du 15 nivose an 12, la Cour a réformé le jugement du tribunal de Lille et ordonné l'exécution de l'art. 136 du Code, qui exclut l'absent du droit de succéder, attendu que sa vie est incertaine.

Cet arrêt est conforme à la lettre et à l'esprit de la loi; il l'est également à l'art. 725, titre *des Successions*, 3e. livre du Code Napoléon.

Dans la cause des frères Perron, il était intéressant pour l'un d'eux de procéder à la déclaration de l'absence d'un frère commun. L'absence était de beaucoup antérieure à la publication du Code, et l'on soutenait qu'on ne pouvait, sans effet rétroactif, appliquer le mode introduit par la nouvelle loi, pour constater l'absence.

La Cour d'appel de Riom avait consacré ce système.

Mais la Cour de cassation l'a proscrit par un arrêt du 1er. prairial an 13.

On prétendait devant le tribunal d'Oudenarde, qu'on ne pouvait exclure un absent d'une succession échue postérieurement à son absence, avant que l'absence n'eût été solemnellement déclarée; ce tribunal a écarté cette exception.

Sur l'appel, la Cour de Bruxelles a confirmé le jugement, en distinguant les droits acquis à l'absent avant l'absence, et les droits ouverts depuis, et en se fondant sur l'art. 136 du Code, qui défère exclusivement la succession à l'héritier qui se présente. Arrêt du 21 germinal an 13.

Un créancier avait fait saisir sur son débiteur absent depuis plusieurs années, le tiers indivis de la succession d'une tante à laquelle il prétendait que l'absent avait pu succéder.

Opposition des cohéritiers, fondés sur le droit d'accroissement qu'ils avaient acquis par l'exclusion de l'absent qui n'avait pu acquérir aucun droit.

Le tribunal de Namur les déboute de leur opposition. Appel à la Cour de Liége; et le 18 prairial an 13; arrêt de cette Cour, qui, réformant, prononce que, pour faire recueillir une succession à l'absent, il faut prouver qu'il existait au moment de l'ouverture de cette même succession, conformément aux art. 135 et 136 du Code Napoléon, et déclare nulles les poursuites du créancier, etc.

On a agité la question de savoir si la preuve testimoniale du décès d'une personne disparue depuis long-tems pouvait être admise.

Un tribunal de première instance a décidé l'affirmative. Ce jugement a ensuite été confirmé, tant par la Cour d'appel d'Orléans, dans un arrêt du 12 février 1806, que par un autre de la Cour de cassation du 12 mars 1807.

La dame Sergeant quitta son mari il y a vingt ans et ne donna plus de ses nouvelles.

Deux successions, auxquelles elle aurait eu des droits, viennent à s'ouvrir; sa fille, mariée au sieur Lamarre, prend la place qu'elle a laissée vacante et recueille elle-même. Le sieur Sergeant forme opposition, sous le prétexte qu'il a droit de jouir à titre de chef de la communauté et comme administrateur des biens de sa femme.

Instance au tribunal de Lille, qui, s'appuyant sur le principe que, pour succéder, il faut justifier de son existence au moment de l'ouverture de la succession, et sur le fait que le sieur Sergeant n'établissait pas l'existence de sa femme à cette époque, a écarté les prétentions du mari par un jugement du 21 floréal an 13, lequel a été confirmé par la Cour d'appel de Douai.

Sur le pourvoi en cassation, arrêt du 16 décembre 1807, qui a rejeté la réclamation du sieur Sergeant.

Le sieur George était absent Son absence avait été déclarée. Le sieur Carlavan, comme tuteur de ses enfans, héritiers présomptifs du sieur George, était en possession de ses biens et les administrait, sans en avoir demandé la possession provisoire.

Cependant le sieur George avait institué, par un testament public, le sieur Guignon pour son héritier universel.

Ce dernier, muni de ce titre, obtient, au tribunal de Marseille, par un jugement rendu sur requête non communiquée, l'envoi en possession provisoire des biens.

Le sieur Carlavan interjeta appel de ce jugement. Il s'éleva alors la question de savoir si, lorsqu'il s'agit de l'exécution du testament de l'absent, il ne faut pas, avant tout, que les héritiers présomptifs, qui seuls ont qualité pour contester le titre testamentaire qu'on peut leur opposer, soient saisis des biens par un envoi en possession provisoire, afin que les légataires ou donataires puissent trouver en eux des contradicteurs légitimes.

Cette question a été décidée affirmativement par la Cour d'appel d'Aix, le 8 juillet 1807.

Duval fils était absent depuis l'an 2, sans nouvelles. Ses héritiers font déclarer l'absence par un jugement du 13 fructidor an 13, qui, en même tems, les envoie en possession provisoire des biens.

Appel de la part de Duval père. Il faisait valoir deux moyens; le premier, pris de ce qu'il ne s'était écoulé que deux ans d'absence depuis la publication du Code, et que, pour compléter les quatre ans d'absence, on n'avait pu, sans effet rétroactif, y joindre les années précédemment écoulées; le second, fondé sur ce que l'envoi en possession devait être prononcé par un jugement distinct et séparé de celui qui était déclaratif de l'absence.

La Cour de Limoges a proscrit ce système par un arrêt du 1er. mai 1807, lequel a été confirmé par celui de la Cour de cassation du 17 novembre 1808.

A l'ouverture d'une succession, en brumaire an 13, s'étaient présentés plusieurs collatéraux, parmi lesquels figurait la dame Lesage, curatrice de son mari absent.

Les prétentions des parties furent soumises à des arbitres, sans appel et sans recours en cassation.

En nivose an 13, les arbitres ordonnèrent le partage égal de la succession entre les héritiers, sans égard à la prétention de la dame Lesage, qui croyait avoir un droit exclusif aux meubles et aux acquêts.

Cette dame se pourvut en nullité du compromis et du jugement arbitral; elle motiva son action sur ce que l'absent Philippe, son mari, ayant été représenté par sa curatrice, celle-ci n'avait pu transiger, sans être autorisée par un conseil de famille.

Les autres héritiers opposèrent que cette nullité, si elle existait, étant purement relative à l'intérêt de l'absent, la dame Lesage ne pouvait s'en prévaloir.

Jugement du tribunal d'Evreux, confirmé par la Cour d'appel de Rouen, qui déclare nuls le compromis et le jugement arbitral.

Pourvoi en cassation; arrêt de cette Cour, du 5 octobre 1808, qui a rejeté la requête de la masse des héritiers.

Durant l'absence de leur frère, les enfans Teillard partagent les successions de leur père et de leur mère, et conviennent, dans l'acte fait à ce sujet, que chacun d'eux ne prendra sa part dans celle qui aurait pu appartenir à l'absent, qu'en donnant caution.

La régie du domaine prétend que l'absent ayant été considéré comme décédé par ses frères, ils n'ont pu se mettre en possession de ses droits, sans donner ouverture à un droit de mutation.

Elle porte sa prétention devant le tribunal d'Aurillac, qui rejette sa demande, par la raison que les frères ont partagé la succession de leurs ascendans, et non point celle de l'absent qui, n'étant pas reconnu existant aux décès de son père et de sa mère, n'avait pu concourir avec les autres successibles.

Pourvoi en cassation. La régie soutient que les copartageans n'ont point considéré l'absent comme décédé, puisqu'ils ont prévu la possibilité de son retour; que la loi du 22 frimaire an 7 ne subordonne point le payement du droit à la preuve du décès; qu'il suffit que l'héritier naturel ait pris possession, pour que le droit soit exigible; que l'absence, principe de la mise en possession, devient le principe du droit réclamé; que c'était aux héritiers à établir que l'absent avait devancé par sa mort celles de son père et de sa mère, et qu'ils étaient en demeure de faire cette preuve.

Arrêt du 18 avril 1809, qui a proscrit la prétention de la régie, sur le fondement que le droit de mutation réclamé étant subordonné au cas où l'absent a survécu à son père et à sa mère, c'était à la régie à en rapporter la preuve, ce qu'elle n'avait pas fait.

Nous terminerons par deux observations; la première, que les lois des 11 ventose an 2 et 6 brumaire an 6, relatives aux absens pour service militaire, n'ont reçu aucune atteinte par les dispositions du Code, et doivent toujours être exécutées; la seconde, que les biens des absens, tant que la possession n'en est déférée que provisoirement, ne peuvent être hypothéqués que pour les causes et dans les formes établies par la loi, en vertu de jugemens, et que, par conséquent, ils ne sont pas susceptibles d'une hypothèque conventionnelle, d'après l'art. 2126 du Code Napoléon.

M. Decomberousse.

ABSOLUTION.

SOMMAIRES.

1. *Définition.*

2. *Formes qui furent usitées à Rome et à Athènes pour absoudre et pour condamner les accusés.*

3. *Ce qui s'est pratiqué à cet égard en France sous l'ancien régime, et ce qui se pratique aujourd'hui.*

1. L'absolution est, en matière criminelle, un jugement par lequel un accusé est déclaré innocent, et, comme tel, préservé de la peine que les lois infligent pour le crime ou délit dont il était accusé.

2. Chez les Romains, la manière ordinaire de juger se pratiquait ainsi : la cause étant plaidée de part et d'autre, l'huissier criait *dixerunt*, comme s'il eût dit, *les parties ont dit ce qu'elles avaient à dire* ; alors on donnait à chacun des juges trois petites boules, dont l'une était marquée de la lettre A pour l'*absolution*, une autre de la lettre C pour la *condamnation*, et la troisième, des lettres NL, *non liquet*, *la chose n'est pas claire*, pour requérir le délai de la sentence. Selon que le plus grand nombre des suffrages tombait sur l'une ou sur l'autre de ces marques, l'accusé était absous ou condamné, etc. S'il était absous, le prêteur le renvoyait en disant : *Videtur non fecisse ; il paraît que l'accusé n'a pas commis le délit* ; et s'il n'était pas absous, le prêteur disait : *Jure videtur fecisse ; il est prouvé que l'accusé est coupable.*

Dans Athènes, la chose se pratiquait autrement. Les causes en matière criminelle étaient portées devant le tribunal des héliastes, juges ainsi nommés d'un mot grec qui signifie *le soleil*, parce qu'ils tenaient leurs assemblées dans un lieu découvert. Ils s'assemblaient sur la convocation des thesmothètes, au nombre de mille, et quelquefois de quinze cents, et donnaient leur suffrage de la manière suivante. Il y avait une sorte de vaisseau sur lequel était un tissu d'osier, et par-dessus, deux urnes, l'une de cuivre et l'autre de bois; au couvercle de ces urnes était une fente garnie d'un carré long, qui, large par le haut, se rétrécissait par le bas, comme nous le voyons à quelques troncs anciens. L'urne de bois était celle où les juges jetaient les suffrages de la condamnation de l'accusé; celle de cuivre recevait les suffrages donnés pour l'absolution. Avant le jugement, on distribuait à chacun de ces magistrats deux pièces de cuivre, l'une pleine et l'autre percée; la première, pour absoudre, l'autre pour condamner, et l'on décidait à la pluralité des pièces qui se trouvaient dans l'une ou l'autre des urnes.

3. Parmi nous, sous l'ancien régime, le juge qui faisait les fonctions de président dans une Cour de justice où l'on avait instruit le procès d'un accusé, recueillait les voix des autres juges ses collègues; et si ceux qui avaient opiné pour la condamnation n'étaient qu'égaux en nombre à ceux qui avaient opiné pour l'absolution, l'avis de ces derniers était préféré. Cela était fondé sur ce qu'en matière criminelle il ne doit pas y avoir lieu au partage, attendu qu'il vaut mieux absoudre un coupable que de condamner un innocent.

Aujourd'hui l'absolution ou la condamnation d'un accusé sont le résultat de la déclaration d'un jury de jugement dans une Cour d'assises, et de la majorité des voix des juges dans une Cour spéciale.

Voyez COUR IMPÉRIALE, COUR D'ASSISES, COUR SPÉCIALE et JURY DE JUGEMENT.

ABUS D'AUTORITÉ.

Le Code pénal a divisé ce genre d'abus en deux classes.

L'une concerne l'abus d'autorité qui a lieu contre les particuliers; et l'autre, celui qui est appliqué à la chose publique.

L'article 184 du Code veut que tout juge, tout procureur général ou impérial, tout administrateur, et tout officier de justice ou de police qui se rend coupable du premier de ces délits, en s'introduisant dans le domicile d'un citoyen, hors des cas prévus par la loi, et sans avoir observé les formalités qu'elle a prescrites, soit puni d'une amende de seize francs au moins, et de deux cents francs au plus.

S'il arrive qu'un juge, un tribunal ou une autorité administrative refuse, sous quelque prétexte que ce soit, même du silence ou de l'obscurité de la loi, de rendre la justice due aux parties, après en avoir été requis, et lorsqu'il a persévéré dans son refus, nonobstant l'avertissement ou l'injonction de ses supérieurs, il peut être poursuivi et puni d'une amende de 200 francs au moins, et de 500 francs au plus. Il doit, en outre, être privé de l'exercice de toute fonction publique pendant cinq ans au moins, et vingt ans au plus. C'est ce qui résulte de l'article 185.

Quand un fonctionnaire public quelconque, tel qu'un agent du Gouvernement ou de la police, un exécuteur des mandats de justice, un commandant en chef ou en sous ordre de la force publique, exerce, sans motif légitime, ou fait exercer des actes de violence envers les personnes, à l'ombre des fonctions qui lui sont attribuées, l'article 186 veut qu'il soit puni selon la nature et la gravité de ces violences, et en élevant la peine selon la règle établie par l'article 198, dont les dispositions sont rapportées à l'article PEINE.

Toute suppression, toute ouverture de lettres confiées à la poste, commise ou facilitée par un agent du Gouvernement ou de l'administration des postes, doit être punie d'une amende de 16 francs à 300 francs, en vertu de l'article 187. Le coupable doit, en outre, être interdit de toute fonction ou emploi public pendant cinq ans au moins, et dix ans au plus.

Quant aux abus d'autorité contre la chose publique, l'article 188 a statué que tout fonctionnaire public ou préposé du Gouvernement, de quelque état et grade qu'il fût, qui aurait requis ou ordonné l'action ou l'emploi de la force publique contre l'exécution d'une loi ou contre la perception d'une contribution légale, ou contre l'exécution d'une ordonnance ou mandat de justice, ou contre tout autre ordre émané de l'autorité légitime, serait puni de la réclusion.

Et si cette réquisition ou cet ordre a produit son effet, l'article 189 veut que la déportation en soit la peine.

Remarquez que les peines qu'on vient de spécifier, ne cessent d'être applicables aux fonctionnaires ou préposés qui ont agi par ordre de leurs supérieurs, qu'autant que cet ordre a été donné par ceux-ci pour des objets de leur ressort, et sur lesquels il leur était dû obéissance. Dans ce cas, les peines dont il s'agit doivent être subies par les supérieurs qui, les premiers, ont donné l'ordre. Telles sont les dispositions de l'article 190.

Remarquez encore que si, par suite des ordres ou réquisitions, tels que ceux dont on vient de parler, il survenait d'autres crimes punissables de peines plus fortes que celles qu'on vient d'exprimer, il faudrait, conformément à l'article 191, appliquer ces peines plus fortes aux fonctionnaires ou préposés coupables d'avoir donné ces ordres ou fait ces réquisitions.

Voyez PEINE.

ABUS DE CONFIANCE.

C'est l'action d'user d'artifice pour tromper quelqu'un.

L'article 406 du Code pénal, décrété par le Corps législatif au mois de février 1810, a statué que celui qui aurait abusé des besoins, des faiblesses ou des passions d'un mineur pour lui faire souscrire, à son préjudice, une obligation, une quittance, ou une décharge, soit pour prêt d'argent ou de choses mobilières, ou d'effets de commerce, soit de tout autre effet obligatoire, sous quelque sorte que cette négociation eût été faite ou déguisée, serait puni d'un emprisonnement de deux mois au moins, et de deux ans au plus, ainsi que d'une amende qui ne pourrait excéder le quart des restitutions et des dommages-intérêts dus aux parties lésées, ni être au-dessous de 25 francs.

Le coupable peut, en outre, en vertu de l'article précédent, et à compter du jour où il a subi sa peine, être privé pendant cinq ans au moins, et dix ans au plus, de l'exercice des droits spécifiés dans l'article 42 du même Code; le tout sous les peines plus graves, s'il y a crime de faux.

Voyez PEINE CORRECTIONNELLE.

ACADÉMIE.

On donne ce nom à des compagnies célèbres, qui cultivent les lettres, les sciences et les beaux-arts, et qui, en conséquence, s'assemblent pour s'entre-communiquer le fruit de leurs recherches et de leurs méditations.

Il y a eu à Paris beaucoup d'institutions dans ce genre : les principales étaient l'académie française, l'académie des inscriptions et belles-lettres, et l'académie des sciences.

L'académie française fut ainsi nommée, parce que le but principal de son établissement était de perfectionner la langue nationale. Ses travaux tendaient à tout ce qui pouvait contribuer aux progrès de la grammaire, de l'éloquence et de la poésie française. Elle fut instituée en l'année 1635.

L'académie des inscriptions et belles-lettres avait pour but de transmettre à la postérité, par des inscriptions et des médailles, les faits mémorables des Français; d'instruire le siècle présent et les siècles à venir sur les monumens des siècles passés, et surtout de donner des éclaircissemens sur les traits les plus intéressans de l'histoire, et particulièrement de l'histoire ancienne.

Cette académie a donné des mémoires, dont la collection, très-estimée, contient des dissertations curieuses, utiles et profondes. Sa devise était: *Vetat mori.*

L'académie des sciences avait pour objet de perfectionner la géométrie, l'astronomie, la mécanique, l'anatomie, la chimie, la botanique, et en général toutes les sciences.

L'académie des sciences a donné, depuis son établissement, une collection de mémoires qui perpétueront les noms célèbres et les découvertes utiles des membres de cette illustre compagnie. Outre ces mémoires, l'académie s'est occupée de la description des arts et métiers. Celles de ces descriptions qui ont paru, présentent des vues profondes, des détails utiles, et mettent tout le monde

monde à portée de connaître à fond toute la manipulation des arts et métiers.

L'académie des sciences avait pour devise : *Invenit et perficit.*

Ces compagnies ayant été supprimées, on y a substitué l'Institut national des Sciences et des Arts.

Voyez INSTITUT.

ACCEPTATION.

Il y a plusieurs sortes d'acceptations. Il ne s'agit ici que de celle qui concerne une succession, une donation ou la communauté entre époux.

Nous remarquerons que les principes de l'ancienne jurisprudence sur cette matière, ont reçu peu de modification, et qu'ils ont été, en général, consacrés par le Code Napoléon.

Quant aux successions, l'acceptation peut en être faite purement et simplement ou sous bénéfice d'inventaire. Personne n'est d'ailleurs obligé d'accepter une succession qui lui échoit.

Quand on accepte, on est héritier, non du jour de l'acceptation, mais du jour même de l'ouverture de la succession.

L'acceptation est expresse ou tacite. Elle est expresse, quand on prend, dans un acte authentique ou privé, le titre ou la qualité d'héritier; elle est tacite, quand on fait un acte qu'on n'aurait pas droit de faire, si l'on n'avait pas la qualité d'héritier. C'est ici que la loi laisse aux juges un domaine assez étendu; car la loi a bien posé quelques cas où la qualité d'héritier serait, ou non, réputée prise; mais ce sont des exemples qu'elle a donnés, et qu'on peut suivre ou écarter, suivant le plus ou le moins d'analogie que les cas variés qui se présentent peuvent avoir avec eux.

Ainsi les actes conservatoires, de surveillance et d'administration provisoire, peuvent ne pas être réputés des actes d'acceptation, si on n'y prend pas la qualité d'héritier. On sent qu'un héritier qui voudra cesser de l'être, ne manquera pas de transformer tous ses actes en actes de conservation et de surveillance; c'est alors à la sagacité, à la conscience des juges à apprécier ces actes.

Ainsi, la vente faite par un des cohéritiers de ses droits successifs à des tiers, quels qu'ils soient, emporte acceptation.

Le même effet est produit par la renonciation, même gratuite, que fait un des héritiers au profit d'un ou de plusieurs de ses cohéritiers, et par celle qu'il fait au profit de tous ses héritiers indistinctement, lorsqu'il reçoit le prix de sa renonciation.

Les héritiers de celui à qui échoit une succession, et qui décède avant une acceptation expresse ou tacite, ou une renonciation, peuvent l'accepter ou y renoncer de leur chef.

S'ils ne sont pas d'accord pour accepter ou pour répudier la succession, elle doit être acceptée sous bénéfice d'inventaire.

Il n'y a que deux cas où le majeur puisse attaquer l'acceptation qu'il a faite expressément ou tacitement; savoir, celui où le dol aurait été pratiqué envers lui pour le faire accepter, et celui où la succession serait absorbée ou diminuée de plus de moitié par la découverte d'un testament ignoré au moment de l'acceptation.

Les tuteurs acceptent les successions échues aux mineurs et aux interdits, en se conformant aux dispositions du titre 1er. livre 1er. du Code Napoléon.

L'acceptation de ce qui peut échoir aux hospices,

aux communes et aux autres établissemens publics, est soumise à des règles particulières d'administration.

Quant aux donations entre vifs, elles n'ont d'effet qu'autant qu'elles sont expressément acceptées. Le donateur même n'est pas engagé sans cette acceptation.

Si l'acceptation n'est pas faite au jour même de la donation et dans le même contrat, elle pourra avoir lieu par un acte postérieur en forme authentique, et n'aura d'effet contre le donateur que du jour qu'elle lui sera notifiée.

Le majeur peut accepter par un procureur fondé. Le pouvoir peut être spécial, ou, en général, relatif à l'acceptation de donations passées ou futures. Ce pouvoir doit être reçu par un notaire; l'expédition doit en être annexée à la minute de la donation, ou à celle de l'acte d'acceptation faite séparément.

La donation acceptée est parfaite par le seul consentement des parties; et, sans autre tradition, la propriété est transférée au donataire.

Lorsque la donation comprend des biens susceptibles d'hypothèques, on est tenu de faire transcrire au bureau des hypothèques dans l'arrondissement où les biens sont situés, la donation et l'acceptation, ainsi que l'acte de notification de l'acceptation, quand elle a lieu par acte séparé.

Quand la femme est donataire, la transcription est requise par son mari; s'il ne remplit pas cette formalité, la femme y peut faire procéder sans autorisation.

La femme ne peut accepter une donation qu'avec le consentement du mari; s'il le refuse, elle peut se faire autoriser en justice.

La donation faite au mineur, à l'interdit, doit être acceptée par leur tuteur. La donation faite au mineur émancipé doit être acceptée par lui avec l'assistance de son curateur.

Le père et la mère du mineur, soit émancipé ou non, les autres ascendans, même du vivant du père ou de la mère, peuvent accepter pour lui, quoiqu'ils n'en soient ni tuteurs, ni curateurs.

Le sourd-muet qui sait écrire, peut accepter par lui-même ou par un fondé de pouvoir. S'il ne sait pas écrire, il est assisté d'un curateur.

Les donations faites aux hospices, aux pauvres d'une commune, aux établissemens d'utilité publique, sont acceptées par les administrateurs de ces communes ou établissemens, après une autorisation du Gouvernement.

Quant à la communauté de biens entre époux, la femme, ses héritiers et ayans cause, quand cette communauté est dissoute, ont la faculté de l'accepter ou d'y renoncer. Aucune convention ne peut nuire à cette faculté.

La femme accepte, par cela seul qu'elle s'immisce dans les biens de la communauté. Cette immixtion ne s'infère point d'actes purement administratifs ou conservatoires.

La femme majeure qualifiée de commune dans un acte, est censée avoir accepté. Elle ne peut se faire restituer contre cette qualité, l'eût-elle prise avant l'inventaire, s'il n'y a eu dol de la part des héritiers du mari.

La femme qui divertit ou recèle quelqu'effet de la communauté, est réputée avoir accepté, et est déclarée commune, lors même qu'elle aurait renoncé. Cette peine passe à ses héritiers.

Au reste, la femme, après la mort naturelle ou civile du mari, a trois mois pour faire inventaire, et quarante jours pour délibérer sur son acceptation ou sa renonciation. Elle peut même obtenir une prorogation de délai, suivant les circonstances. Ses héritiers jouissent de ces facultés.

La femme divorcée ou séparée de corps, qui laisse écouler les trois mois et quarante jours sans s'expliquer sur l'acceptation de la communauté, est censée y avoir renoncé, à moins qu'elle n'obtienne un nouveau délai en justice, contradictoirement avec le mari, ou lui duement appelé.

Lorsque la femme ou ses héritiers paraissent avoir renoncé en fraude des créanciers de la femme, ceux-ci peuvent attaquer cette renonciation, et accepter du chef de la femme.

Que la femme accepte ou qu'elle renonce, elle et ses domestiques doivent prendre leurs alimens sur les provisions existantes dans la communauté, dans les trois mois et quarante jours accordés pour faire inventaire et pour délibérer. S'il n'y a pas de provisions, il se fait un emprunt, au compte de la masse, auquel doit présider la modération.

Pendant ces mêmes délais, la femme est logée gratuitement, si elle habite une maison dépendante de la communauté, ou appartenant aux héritiers du mari. Si elle habite une maison que les époux tenaient à loyer, les frais de son logement, pendant le même tems, sont pris sur la masse.

Il faut observer que, dans le cas de l'absence du mari, lorsque la femme opte pour la continuation de la communauté, et qu'elle en fait ainsi une sorte d'acceptation, elle ne perd pas, néanmoins, le droit d'y renoncer ensuite. Article 124 du Code Napoléon.

Il est intervenu peu de contestations sur cette matière. On va sommairement rappeler une seule espèce.

Le sieur Cerutti, directeur de la régie des droits réunis, décéda en laissant un frère pour son héritier. Le défunt était débiteur de la régie, et ne laissait qu'une succession embarrassée de dettes. La régie a cru devoir former son recours contre le frère du défunt, qu'elle prétendait avoir fait acte d'héritier, 1°. en retirant chez lui une voiture qui appartenait à la succession; 2°. en donnant la montre du défunt à l'un de ses domestiques; 3°. en payant quelques créances d'une légère importance.

Le tribunal de première instance n'a vu dans aucun de ces actes ce qui peut constituer l'immixtion dans une succession. Le fait concernant la voiture ne lui a paru qu'un acte conservatoire. Le don de la montre ne lui a paru qu'un témoignage de reconnaissance pour la fidélité et les soins d'un domestique. Le payement des créances portait sur des objets privilégiés. Il a donc repoussé la prétention de la régie.

Sur l'appel, la Cour impériale de Turin a confirmé le jugement du tribunal de première instance. Cet arrêt a été rendu dans les premiers mois de 1810. On ne s'est point pourvu en cassation.

M. DECOMBEROUSSE.

ACCEPTATION D'UNE LETTRE DE CHANGE.

C'est l'acte par lequel la personne sur laquelle on a tiré une lettre, s'engage à la payer au terme fixé.

Le tireur et les endosseurs d'une lettre de change sont garans solidaires de l'acceptation et du payement à l'échéance.

Si l'acceptation est refusée, ce refus doit être constaté par un acte qu'on appelle *protêt faute d'acceptation*.

Sur la notification de ce protêt, les endosseurs

et le tireur sont respectivement obligés de donner caution pour assurer que la lettre de change sera payée à l'échéance, ou il faut qu'ils en effectuent le remboursement avec les frais de protêt et de rechange.

Remarquez à ce sujet que la caution soit du tireur ou de l'endosseur, n'est solidaire qu'avec celui qu'elle a cautionné.

L'obligation de payer le montant d'une lettre de change étant une suite de l'acceptation, il en résulte que l'accepteur ne peut pas être restitué contre son acceptation, quand même la faillite du tireur aurait eu lieu à son insçu, avant qu'il eût accepté.

L'acceptation d'une lettre de change doit être signée, et on l'exprime par le mot *accepté*.

Mais quand la lettre est à un ou plusieurs jours de vue, il convient de dater l'acceptation, sinon le défaut de date rendrait le payement exigible au terme exprimé dans la lettre, à compter de la date de cette lettre.

Lorsqu'une lettre de change est payable dans un autre lieu que celui où réside l'accepteur, il faut que par l'acceptation on indique le domicile où le payement doit être effectué, ou le protêt fait en cas de non-payement.

L'acceptation ne peut pas être conditionnelle; mais elle peut être restreinte quant à la somme acceptée.

Dans ce cas, il faut que le porteur de la lettre de change la fasse protester pour le surplus.

Une lettre de change doit être acceptée quand elle est présentée, ou au plus tard dans les vingt-quatre heures qui suivent la présentation.

Si après les vingt-quatre heures elle n'est pas rendue, acceptée ou non acceptée, celui qui l'a retenue est tenu de dommages et intérêts envers le porteur.

Toutes les dispositions précédentes sont fondées sur le paragraphe 3 de la section 1re. du titre 8 du livre 1er. du Code de commerce.

Le paragraphe suivant a pour objet l'acceptation par intervention.

Lors du protêt faute d'acceptation, la lettre de change peut être acceptée par un tiers, intervenant pour le tireur ou pour l'un des endosseurs.

Le protêt fait mention de cette intervention, qui doit être signée par l'intervenant.

Ce dernier est tenu de notifier sans délai son intervention à celui pour qui il est intervenu.

Au reste, le porteur de la lettre de change conserve tous ses droits contre le tireur et les endosseurs, à raison du défaut d'acceptation par celui sur qui la lettre était tirée, nonobstant toute acceptation par intervention.

ACCESSION.

L'accession comporte, au profit du propriétaire d'une chose, un droit sur ce qui est le produit de cette chose, ou sur ce qui s'y unit et s'y incorpore, soit qu'elle soit mobilière ou immobilière.

Ainsi, en vertu de ce droit, le propriétaire obtient les fruits naturels et industriels de la terre, les fruits civils, le croît des animaux.

Quand la chose, néanmoins, produit des fruits par les soins d'un tiers qui fait les frais des labours, travaux et semences, le propriétaire ne peut s'en prévaloir qu'en remboursant tous ces frais.

D'après le même droit, le propriétaire du sol est propriétaire du dessus et du dessous. Au-dessus, il peut planter et construire à son gré, à moins que des servitudes ou services fonciers ne restreignent cette faculté. Au-dessous, il peut également construire, fouiller et tirer le produit de ses fouilles. Ce droit peut néanmoins recevoir des modifications par les lois et réglemens relatifs aux mines, et par les lois et réglemens de police.

Tout ce qui est fait sur un terrein ou dans l'intérieur, est présumé l'être aux frais du propriétaire et lui appartenir, si le contraire n'est prouvé. Un tiers, néanmoins, peut acquérir par prescription, soit un souterrain sous le bâtiment d'autrui, soit toute autre partie du bâtiment.

Celui qui, sur son sol, plante ou construit avec les matériaux d'autrui, en doit la valeur; il peut même être condamné, suivant les cas, à des dommages-intérêts : mais le tiers n'a pas le droit d'enlever les matériaux.

Si un tiers plante ou construit sur un sol étranger, le propriétaire de ce sol peut retenir ces ouvrages, ou forcer ce tiers à les enlever. Cet enlèvement se fait aux frais du tiers, sans aucune indemnité; s'il a causé du préjudice au fonds, il en est responsable.

Si le propriétaire veut conserver les plantations ou constructions, il rembourse la valeur des matériaux et le prix de la main-d'œuvre, sans égard à la valeur augmentée du fonds.

Si les ouvrages faits sur le sol d'autrui l'ont été par un tiers évincé, et qui ait possédé de bonne foi, le propriétaire ne peut demander la suppression des ouvrages; il rembourse, à son choix, le prix de la main-d'œuvre et la valeur des matériaux, ou il rembourse une somme égale à celle dont le fonds a augmenté de valeur.

Les pigeons, lapins, poissons, passant dans un autre colombier, garenne ou étang, appartiennent au propriétaire de ces objets, si la fraude et l'artifice n'ont pas présidé à leur migration.

Si deux choses mobilières appartenant à deux maîtres différens sont unies pour former un tout, quoiqu'on puisse les séparer, et que l'une puisse subsister sans l'autre, le tout n'appartient pas moins au maître qui a fourni la chose formant la partie principale, à la charge de payer à l'autre la valeur de la chose unie.

La partie principale est celle à laquelle l'autre est unie pour l'usage, l'ornement ou le complément de la première.

Quand la chose unie a plus de prix que la chose principale, le maître de la première, si l'union s'est faite à son insçu, en peut demander la restitution, quand même la séparation qui en serait faite pourrait dégrader l'autre partie.

Si, dans les deux objets unis, rien ne distingue le principal de l'accessoire, on répute principal celui qui a plus de valeur; si la valeur est égale, ou à peu près, celui qui a plus de volume.

Si l'on emploie la matière d'autrui pour former une espèce nouvelle, que la matière puisse reprendre ou non sa première forme, le maître de la chose employée a le droit de retenir l'espèce nouvellement formée, en remboursant le prix de la main-d'œuvre.

Mais si le prix de cette main-d'œuvre surpassait la valeur de la matière, l'industrie serait réputée la partie principale, et l'ouvrier aurait le droit de retenir l'ouvrage, en payant la matière au propriétaire.

Si une espèce nouvelle est formée par un ouvrier, d'une matière qui lui appartenait et d'une matière qui ne lui appartenait pas, que ces matières, quoique non entièrement détruites, ne puissent être séparées sans inconvénient, la chose devient commune aux deux propriétaires, en raison, quant à l'un, de la matière qui lui appartenait, et quant à l'autre, en raison de la matière qui lui appartenait et du prix de sa main-d'œuvre.

Si la chose est formée de matières appartenant à divers propriétaires, dont aucune ne peut être réputée principale, et qu'elles puissent être séparées, celui à l'insçu de qui le mélange s'est fait peut en demander la division. Si la séparation est impossible, la chose est commune entre les propriétaires, dans la proportion de la quantité, de la qualité, et de la valeur des matières fournies par chacun d'eux.

Si la matière fournie par l'un d'eux est de beaucoup supérieure, par la quantité et le prix, le propriétaire de cette matière peut réclamer la chose provenue du mélange, en remboursant aux autres la valeur de leur matière.

Quand la chose demeure commune, elle doit être licitée au profit commun.

Dans tous les cas où le propriétaire dont la matière a été employée à son insçu à former un mélange, a le droit de réclamer la propriété de cette chose, il a le choix de demander la restitution de sa matière en même nature, quantité, poids, mesure et bonté, ou sa valeur.

Qui emploie des matières appartenant à autrui, et à son insçu, encourt, s'il y a lieu, une condamnation en dommages-intérêts, sans préjudice des poursuites par voie extraordinaire, suivant les circonstances.

Voyez ALLUVION.

M. DECOMBEROUSSE.

ACCESSOIRE.

SOMMAIRES.

1. *Définition.*

2. *Différentes sortes d'accessoires, et distinction entre ceux qui suivent naturellement les choses léguées, ceux qui n'appartiennent au légataire qu'autant qu'ils sont exprimés, et ceux dans lesquels la qualité d'accessoire est incertaine.*

3. *Du legs d'une maison, sans désignation d'aucun accessoire.*

4. *Des augmentations qui doivent être considérées comme accessoires dans le legs d'un corps de biens.*

5. *L'acquisition d'un fonds adjacent à un héritage légué doit-elle être regardée comme un accessoire de cet héritage?*

6. *La servitude d'un passage nécessaire pour l'usage du fonds légué est un accessoire du legs.*

7. *Des accessoires qui résultent du legs d'une maison contiguë à une autre, et de celui d'une maison de campagne.*

8. *Quels sont les accessoires qui appartiennent à l'acquéreur d'un fonds?*

9. *L'édifice bâti sur le fonds d'autrui appartient, comme accessoire, au propriétaire du fonds.*

10. *A qui appartiennent les acquisitions qu'un testateur a ajoutées à un immeuble dont il avait antérieurement légué la propriété?*

1. L'accessoire est ce qui accompagne une chose principale, ce qui s'y ajoute, ce qui s'y incorpore : ainsi les fers d'un cheval, et la bordure d'un ta-

bleau sont les accessoires du cheval et du tableau.

2. *Différentes sortes d'accessoires, et distinction entre ceux qui suivent naturellement les choses léguées, ceux qui n'appartiennent au légataire qu'autant qu'ils sont exprimés, et ceux dans lesquels la qualité d'accessoire est incertaine.* On peut distinguer deux sortes d'accessoires des choses léguées : 1°. ceux qui suivent naturellement la chose, et qui, sans qu'on les exprime, demeurent compris dans le legs ; 2°. ceux qui ne sont ajoutés à la chose léguée que par une disposition particulière du testateur. Par exemple, le legs d'une montre en comprend la boîte ; mais le legs d'une maison ne comprend pas les meubles qui s'y trouvent, à moins que le testateur ne l'ait exprimé.

Il y a des accessoires qui ne sont pas séparés de la chose principale, comme les arbres plantés dans un terrein, et ces sortes d'accessoires suivent toujours la chose léguée, à moins qu'il n'y ait une disposition contraire.

Il y a d'autres accessoires qui, quoique séparés des choses, les suivent aussi, comme les harnois des chevaux de carrosse, et autres semblables.

Enfin, il y a des choses qui sont telles, qu'on peut douter si elles sont ou ne sont pas accessoires ; en ce cas, c'est l'intention du testateur, indiquée par l'expression même ou par les circonstances et les usages des lieux, qui fait connaître si une chose est accessoire ou si elle ne l'est pas. Lorsque la disposition du testateur laisse du doute à cet égard, on peut déterminer ce qui doit être compris dans un legs comme accessoire, en appliquant à chaque cas les règles particulières dont il est susceptible.

3. *Du legs d'une maison sans désignation d'aucun accessoire.* Si un testateur lègue une maison

sans aucune autre désignation de ce qu'il entend comprendre dans ce legs, le légataire aura le fonds, le bâtiment et ses dépendances, avec les peintures à fresque, et les autres ornemens ou commodités qui, selon l'expression de plusieurs coutumes, *tiennent à fer et à clou*, ou *sont scellés en plâtre pour perpétuelle demeure*, parce que ces sortes de choses sont considérées comme immeubles; mais il n'y aura aucun meuble compris dans ce legs, excepté les clés et les autres choses dont l'usage peut être aussi nécessaire.

Remarquez que quand on ne peut pas douter que les glaces et les ornemens d'une maison n'y aient été placés par le propriétaire, avec intention de les y laisser perpétuellement, ils sont accessoires du fonds sans que pour cela il faille qu'ils soient scellés en plâtre. Ainsi, les acquéreurs ou les légataires de la maison deviennent, par leur acquisition ou par leur legs, propriétaires de ces sortes d'effets. C'est ce qu'ont décidé différens arrêts.

Il est sans doute superflu d'avertir qu'il en serait tout autrement si les glaces et les ornemens d'une maison y avaient été mis par un locataire. Il est évident que quand même ces choses se trouveraient scellées en plâtre, on ne pourrait pas penser qu'elles eussent été placées dans un fonds appartenant à autrui pour y être *à perpétuelle demeure*.

4. *Des augmentations qui doivent être considérées comme accessoires dans le legs d'un corps de biens.* Si celui qui a légué un corps de biens par son testament, y fait ensuite quelques augmentations, soit en espace, soit en bâtimens, ces augmentations doivent appartenir, comme accessoires, au légataire, à moins que le testateur n'en ait disposé autrement. La raison en est, qu'on ne présume pas que l'intention de ce dernier ait été

de séparer du legs ces augmentations pour les laisser, sans l'objet principal, à son héritier.

5. *L'acquisition d'un fonds adjacent à un héritage légué doit-elle être regardée comme un accessoire de cet héritage?* Lorsqu'un legs ne comprend qu'un seul héritage, et que depuis le testament, le testateur y a ajouté quelque fonds adjacent sans en avoir disposé avant sa mort, c'est par la nature de l'acquisition qu'il faut déterminer si l'augmentation doit appartenir à l'héritier comme séparée du legs, ou au légataire, comme accessoire de l'héritage légué. Par exemple, si l'acquisition est d'une petite portion de terrein, pour arrondir soit un champ, soit un pré, ou pour servir à prendre l'eau, ou à quelqu'autre usage semblable, c'est un accessoire du legs; mais si le fonds acquis et situé près de l'héritage légué est d'une autre nature que cet héritage, comme si l'un est un pré et l'autre une vigne, l'acquisition doit appartenir à l'héritier, parce qu'elle est censée séparée du legs, à moins que les circonstances ne fassent connaître que l'intention du testateur a été qu'elle fût un accessoire du legs.

6. *La servitude d'un passage nécessaire pour l'usage du fonds légué est un accessoire du legs.* Lorsque, pour l'usage d'un fonds légué, la servitude d'un passage est nécessaire sur un autre fonds de la succession, l'héritier doit souffrir cette servitude comme un accessoire du legs. La raison en est que le légataire doit jouir de l'héritage légué comme en jouissait le testateur.

7. *Des accessoires qui résultent du legs d'une maison contiguë à une autre, et de celui d'une maison de campagne.* Si un propriétaire de deux maisons, contiguës l'une à l'autre, en lègue une, et laisse l'autre à son héritier, le mur mitoyen de ces deux maisons devient commun aux deux pos-

sesseurs, et la servitude réciproque sur ce mur est comme un accessoire qui suit le legs.

Le legs d'une maison de campagne ne comprend pas comme accessoire ce qu'il peut y avoir de meubles nécessaires pour la culture des héritages et pour les récoltes; mais il s'étend aux choses qui tiennent au bâtiment, comme les pressoirs et les cuves.

8. *Quels sont les accessoires qui appartiennent à l'acquéreur d'un fonds?* Les fruits pendans par racines, ou qui sont encore sur les arbres d'un héritage dans le tems de la vente, appartiennent à l'acquéreur comme accessoires du fonds, à moins qu'il n'y ait une convention contraire; mais il en est différemment, quand l'héritage est affermé: l'acquéreur ne peut alors demander que les loyers ou fermages échus depuis la vente.

9. *L'édifice bâti sur le fonds d'autrui appartient, comme accessoire, au propriétaire du fonds.* Les circonstances peuvent néanmoins quelquefois déterminer les juges à ordonner le remboursement de la valeur de l'édifice, ou d'une partie de cette valeur, en faveur de celui qui a bâti, surtout si c'est un fermier ou locataire; mais l'édifice ne doit point être détruit par voie de fait, malgré le propriétaire du fonds.

10. *A qui appartiennent les acquisitions qu'un testateur a ajoutées à un immeuble dont il avait antérieurement légué la propriété?* L'article 1019 du Code Napoléon a statué que ces acquisitions, quand même elles seraient contiguës, ne seraient pas censées, sans une nouvelle disposition, faire partie du legs.

Mais il a en même temps réglé qu'il en serait autrement des embellissemens ou des constructions nouvelles faites sur le fonds légué, ou d'un enclos

enclos dont le testateur aurait augmenté l'enceinte.

Voyez les articles ACHAT, VENTE et LEGS.

ACCIDENT.

SOMMAIRES.

1. *Définition.*
2. *Les corps municipaux doivent prévenir les accidens, et y remédier.*

1. On appelle *accidens* les cas fortuits, et particulièrement les événemens fâcheux auxquels la volonté de l'homme n'a pas eu de part.

2. L'article 3 du titre 11 de la loi du 16 août 1790 a confié à la vigilance des corps municipaux le soin de prévenir, par les précautions convenables, et de faire cesser, par la distribution des secours nécessaires, les accidens et fléaux calamiteux, tels que les incendies, les épidémies, les épizooties, à la charge de provoquer, dans ces deux derniers cas, l'autorité des administrations de département, représentées aujourd'hui par les préfets.

Le Code pénal, décrété par le Corps législatif dans sa session de 1810, parle de plusieurs autres accidens qui résultent de la négligence ou de l'imprudence des particuliers, et auxquels il applique les peines que nous indiquons aux articles DÉLIT et CONTRAVENTION. *Voyez* ces mots.

ACCROISSEMENT.

C'est le droit acquis à un ou plusieurs héritiers d'une succession, à un ou plusieurs légataires, sur les portions que ne recueillent pas un ou plusieurs cohéritiers ou colégataires.

Cette définition exclut le droit d'accroissement dans les contrats et dans les donations entrevifs. Ainsi, dans le cas où un immeuble serait vendu à deux personnes, celle qui garderait la convention ne pourrait prétendre la part de celle qui la ferait résoudre. Ainsi, dans une donation faite à deux particuliers, celui qui accepterait ne pourrait pas prendre ce que l'autre refuserait.

Par le droit d'accroissement, si l'un des enfans renonce à la succession du père, ou s'en rend indigne, les autres prennent la portion qui lui aurait appartenu.

Cet effet a toujours lieu parmi les héritiers appelés par la loi du sang, soit en ligne directe, soit en ligne collatérale.

Il en est autrement entre de simples légataires, et l'on doit distinguer : si le legs est fait à plusieurs sans division, la part de celui qui renonce accroît aux autres ; mais si la portion de chaque légataire est désignée, le droit d'accroissement n'a point lieu.

Si un testateur divisait sa succession en plusieurs portions assignées à plusieurs branches d'héritiers, et qu'un cohéritier, dans l'une des branches, vînt à renoncer, sa part accroîtrait aux cohéritiers de cette même branche. Si tous les héritiers d'une branche renonçaient, les héritiers des autres branches hériteraient par accroissement, et ne pourraient pas, dans ce cas, s'en tenir à leurs propres portions, parce que l'hérédité est un droit indivisible. Cette règle ne paraît néanmoins applicable qu'autant qu'il s'agit d'héritiers du sang.

Si de deux héritiers testamentaires, l'un renonce, à qui peut appartenir la portion délaissée, ou de l'héritier acceptant, ou de l'héritier naturel ? La loi romaine adjugeait la portion abandonnée au cohéritier testamentaire; aujourd'hui elle serait le partage de l'héritier naturel, parce qu'elle rentrerait dans la masse des biens dont il n'aurait pas été disposé, ou dont la disposition serait devenue caduque.

Si de plusieurs héritiers du sang, l'un venait à mourir avant d'avoir connu l'ouverture de la succession, ou avant de l'avoir acceptée, sa portion n'appartiendrait point aux autres cohéritiers par accroissement; il la transmettrait à ses propres héritiers.

L'usufruit d'un fonds légué à plusieurs, sans division, passe par accroissement, à la mort de chaque légataire, au légataire survivant, sans que le propriétaire puisse jouir d'aucune des portions successivement délaissées.

Lorsque la propriété d'un fonds est léguée à une personne, et l'usufruit à une autre, si cette dernière renonce à l'usufruit, il demeure à l'instant réuni à la propriété par droit d'accroissement.

Si, après avoir fait des legs particuliers à plusieurs individus, le testateur instituait un légataire universel dans le surplus de ses biens, les legs refusés par les légataires particuliers ne seraient point un accroissement pour le légataire universel, mais ils appartiendraient à l'héritier du sang.

Si la veuve renonce à la communauté, elle appartient en entier au légataire universel des meubles et acquêts du mari.

En général, quand l'accroissement a lieu, il n'est point dû de droit proportionnel d'enregistrement, parce qu'il n'opère pas une véritable mutation, à moins que celui qui renonce ne reçoive le prix de son abstension, ce qui constitue alors une cession susceptible d'un droit d'enregistrement.

Au reste, les principes qui régissent la matière du droit d'accroissement, sont consignés dans les art. 1044 et 1045 du Code Napoléon.

Le premier porte : « Il y aura lieu à accroissement au profit des légataires, dans le cas où » le legs sera fait à plusieurs conjointement.

» Le legs sera réputé fait conjointement, lorsqu'il le sera par une seule et même disposition, » et que le testateur n'aura pas assigné la part » de chacun des colégataires dans la chose léguée. »

Le second porte : « Il sera encore réputé fait » conjointement, quand une chose, qui n'est pas » susceptible d'être divisée sans détérioration, » aura été donnée par le même acte à plusieurs » personnes, même séparément. »

Le 20 messidor an 12, testament du sieur Laporte. Après quelques legs faits aux enfans du sieur Dubrana, son héritier présomptif, le testateur nomme pour héritiers généraux et universels du reste de sa succession les sieur et demoiselles Planté, ses neveu et nièces, à l'effet de recueillir son entière hérédité, après son décès, *par portions égales.*

L'une des nièces décède avant le testateur. A l'ouverture de la succession, les deux autres légataires se font envoyer en possession de tous les biens qui la composaient. Opposition du sieur Dubrana, qui soutient que la portion de la nièce décédée avant le testateur, fait partie des droits dévolus à l'héritier *ab intestat*, et n'appartient point aux légataires survivans par accroissement.

Cette prétention est écartée par un jugement du tribunal de première instance d'Agen.

Le 3 mars 1806, arrêt de la Cour d'appel d'Agen, qui, jugeant que, dans l'espèce, l'accroissement ne doit pas avoir lieu, le testateur ayant assigné la part des colégataires par l'expression de sa volonté, qui les avait soumis à partager par *portions égales*, réforme le premier jugement, prononce qu'une partie de la succession est devenue caduque, qu'elle appartient aux héritiers *ab intestat*, etc.

Pourvoi en cassation de la part des légataires Planté.

Arrêt du 19 octobre 1808. La Cour, « considérant que les trois frère et sœurs Planté sont, » par une seule et même disposition, institués hé» ritiers universels de Laporte, pour disposer de son » entière hérédité; que cette institution conjonc» tive n'a point été dénaturée ni altérée par l'addi» tion des mots, *pour jouir et disposer de ladite* » *hérédité par portions égales;* que cette expression » n'annonce, d'aucune manière, que le testateur » ait fait des parts et assigné une quote à chacun » des héritiers qu'il instituait; mais, au contraire, » qu'en les instituant tous ses héritiers universels, » il voulait que sa succession fût partagée éga» lement entre ceux qui profiteraient de l'insti» tution; d'où il suit que, dans l'espèce, il y a eu » lieu à l'accroissement, et que l'arrêt, qui a dé» cidé le contraire, est contrevenu à l'art. 1044 » du Code; casse, etc. »

M. Decomberousse.

ACCUSATEUR (1).

SOMMAIRES.

1. *Définition de l'accusateur.*
2. *Quels étaient les accusateurs chez les Romains.*

---

(1) Quoique j'aie cru devoir traiter séparément les articles *Accusateur*, *Accusation*, *Accusé*, comme ce que j'ai dit sur

3. *Par qui le droit d'accuser est exercé en France.*

4. *Droits et devoirs de l'accusateur privé.*

5. *Effet des transactions entre l'accusateur privé et l'accusé.*

6. *Des accusateurs publics, de leur création, de leurs fonctions anciennes et actuelles.*

7. *Sous quelle dénomination les fonctions d'accusateurs publics sont remplies aujourd'hui près les divers tribunaux.*

8. *En quel cas les accusateurs publics peuvent être pris à partie.*

1. L'accusateur est celui qui intente une action judiciaire pour se plaindre d'un délit et en demander satisfaction.

2. Chez les Romains, où l'on distinguait les *délits publics* et les *délits privés*, les premiers ne pouvaient être poursuivis que par voie d'accusation; les délits privés, au contraire, l'étaient par voie d'action. Cependant il n'y avait point de magistrature établie pour accuser et poursuivre. C'était une charge commune à tous; *cui libet et populo.* Chaque citoyen la regardait comme une portion de la souveraineté.

Lorsque le délit public était grave, l'amour de la patrie suscitait des accusateurs qui se disputaient l'honorable et glorieux privilége d'accuser; et le juge, d'après les plaidoyers, devait choisir celui qui était le plus digne par son rang, son savoir, ses vertus.

Le droit d'accuser était interdit à toutes les personnes que leur sexe, leur âge, leur condition ou toute autre considération pouvaient rendre suspectes;

---

chacun de ces mots se rapporte à un objet commun, j'invite le lecteur à ne pas isoler ces trois articles, qui se prêtent un mutuel secours.

les femmes, par exemple, les pupilles, les esclaves ne pouvaient exercer ce droit qu'avec des restrictions, des modifications et dans des cas déterminés; les magistrats eux-mêmes ne pouvaient être accusateurs que dans les délits qui intéressaient la République, ou qui les attaquaient dans leur personne ou celle de leurs parens.

3. Suivant les lois françaises, le droit d'accuser peut-être exercé, soit par le ministère public seul, soit concurremment par le ministère public et par les citoyens.

Lorsqu'un crime a été commis, la société en a nécessairement été lésée, il importe qu'elle soit vengée, que le coupable soit puni; et, sous ce rapport, l'accusation à laquelle le crime donne lieu est dirigée au nom de la société, ou du moins au nom du prince qui la représente. L'accusation est portée et soutenue par les officiers qu'il a investis de cette partie de son autorité : *l'action pour l'application des peines n'appartient qu'aux fonctionnaires auxquels elle est confiée par la loi* (1).

Un crime, dans les cas les plus ordinaires, porte aussi préjudice à des individus et blesse leurs intérêts particuliers : ces individus ont droit à une réparation; et, sous ce rapport, l'accusation peut aussi appartenir à tous les habitans de l'Empire : *L'action en réparation de dommage causé par un crime, par un délit ou par une contravention, peut être exercée par tous ceux qui ont souffert de ce dommage* (2).

Examinons d'abord les obligations et les droits de l'accusateur privé.

4. Il résulte des principes que nous venons de

---

(1) Art. 1er. du Code d'instruction criminelle.
(2) *Ibidem.*

rappeler, qu'un individu ne peut pas se porter accusateur sans avoir été offensé, sans avoir à demander la réparation d'un tort. Nul n'a le droit, en effet, de se constituer partie civile et poursuivante, à raison d'un fait dont il n'a point été lésé dans sa personne ou dans ses biens, dans la personne ou dans les biens de ceux qui sont en quelque sorte placés sous sa sauve-garde. On peut bien avertir la justice, sans aucun autre intérêt que celui du bien public; on peut, on doit même, pour l'avantage commun, dénoncer aux magistrats les crimes ou les délits dont on a connaissance, directement ou indirectement; mais alors le ministère public doit agir seul, puisque c'est lui seul qui peut requérir la peine; le plaignant et la partie civile ne peuvent réclamer que des dommages-intérêts, et pour former cette demande, pour être admis comme partie civile, il faut bien avoir un intérêt direct, et un simple citoyen, sans caractère public, ne peut pas venir devant les tribunaux, demander en son nom la réparation d'un délit dont il n'a point souffert de dommage.

Un particulier, un ami, ne peut pas demander réparation d'un délit dont ne se plaindrait pas la partie offensée; cependant le mari et la femme, le père et les enfans peuvent accuser les uns pour les autres.

Plusieurs personnes peuvent rendre plainte d'un même délit, si elles en ont éprouvé quelque dommage, et les motifs qui, à Rome, faisaient proscrire la pluralité des accusateurs, ne subsistent pas en France.

On peut, quoiqu'absent, porter plainte par un fondé de pouvoir. Cette marche, tracée par l'ordonnance de 1670 (art. 4, tit. 3) et par la loi de 1791, et par le Code du 3 brumaire an 4, est conservée dans le nouveau Code d'instruction criminelle. Les dénonciations, y est-il dit (art. 31), seront rédigées par les dénonciateurs ou par *leurs fondés de procuration spéciale*, etc., et l'article 65 rend communes aux plaintes les dispositions de l'art. 31.

Suivant la législation romaine, le père ne pouvait être accusé par son fils, le frère par son frère, le mari par la femme, la mère par son fils, le père de famille par celui qui habitait dans la maison ou qui avait été élevé au sein de sa famille.

Toutes ces prohibitions n'existent point dans la loi française, et si le magistrat doit être en garde contre un accusateur qui ne respecte ni les liens du sang, ni ceux de la reconnaissance, il ne peut toutefois repousser l'accusation, la dénonciation dont il est saisi, par le seul motif de la suspicion naturelle de son auteur; la loi française exclut, non l'accusation, mais le témoignage des parens à un certain degré. (*Voyez* TÉMOIN.)

Il y a sans doute quelques cas où les motifs de consanguinité ne permettent pas de diriger des poursuites à raison d'un fait qui, dans toute autre circonstance, eût provoqué la sévérité de la loi; tels sont ceux, en général, où un fils a volé son père, lorsque toutefois ce vol ne compromet pas la fortune ou les intérêts de quelqu'autre personne, où des époux se sont réciproquement causé quelque préjudice; mais alors même les personnes qui ont participé à ces délits peuvent être poursuivies, quoique les auteurs principaux ne le soient pas (*Voy.* COMPLICITÉ); et si la conservation de la morale exige que l'on proscrive entre des parens ces accusations scandaleuses qui rentrent jusqu'à un certain point dans la classe des discussions pécuniaires, on doit faire taire toutes ces considérations, lorsqu'il y a eu des excès, des blessures graves, avec des caractères criminels; on le doit, à plus forte raison, s'il y a eu homicide consommé, incendie, empoisonnement, etc., ou tentative de l'un de ces crimes.

En effet, la société toute entière se trouve alors compromise et atteinte par le crime commis ou tenté dans son sein et sur l'un de ses membres, et le magistrat chargé de défendre ses droits ne saurait rester oisif. Sa vigilance peut être également provoquée par la voix publique ou par celle des parties souffrantes, et il ne lui est pas permis de fermer les yeux sur ces désordres, comme il doit le faire lorsqu'il ne s'agit que d'intérêts de famille.

Il est cependant un délit, l'adultère, qui, quoique de nature à être considéré comme un délit domestique, et quoique rangé en quelque sorte dans cette classe par la loi elle-même, peut néanmoins donner lieu à une accusation publique de la part du mari contre sa femme (1); mais cette accusation est interdite à la femme contre son mari, ou du moins elle n'est admise que lorsque les circonstances de l'adultère du mari le rendent tout à fait scandaleux (2).

---

(1) Ce fut sous Auguste que l'adultère, soumis jusques-là au tribunal domestique chez les Romains, devint l'objet d'un jugement public.

(2) Voici sur l'adultère les principales dispositions des lois françaises :

Code Napoléon, art. 229 : Le mari pourra demander le divorce pour cause d'adultère de sa femme. — Art. 230. La femme pourra demander le divorce pour cause d'adultère de son mari, lorsqu'il aura tenu sa concubine dans la maison commune. — Art. 298. Dans le cas de divorce admis en justice pour cause d'adultère, l'époux coupable ne pourra jamais se marier avec son complice; la femme adultère sera condamnée par le même jugement, et sur la réquisition du ministère public, à la réclusion dans une maison de correction pour un tems déterminé, qui ne pourra être moindre de trois mois ni excéder deux années.

Code pénal, art. 336. — L'adultère de la femme ne pourra

Quelques jurisconsultes, guidés par leur amour de l'humanité, et justement effrayés des formes de notre ancienne procédure criminelle, ont blâmé la disposition de l'ordonnance de 1670 (1) qui se retrouve successivement dans la loi du 25 septembre 1791 (2), dans le Code des délits et des peines (3) et dans le nouveau Code d'instruction criminelle (4), et d'après laquelle un dénonciateur peut se désister de sa plainte dans les vingt-quatre heures, et n'agit plus dans l'accusation; ils ont pensé que le rôle secret que joue alors le dénonciateur était dangereux, et que les Romains étaient à cet égard plus loyaux que nous, parce que l'accusateur ne cachait point le bras après avoir frappé; mais ils n'ont pas assez remarqué que les Romains n'avaient point, comme nous, une magistrature chargée spécialement de poursuivre tous les crimes au nom du prince; que, malgré les dénonciations et les plaintes, le magistrat est toujours chez nous le véritable accusateur,

---

être dénoncé que par le mari : cette faculté même cessera s'il est dans le cas prévu par l'art. 339. — Art. 337. La femme convaincue d'adultère subira la peine de l'emprisonnement pendant trois mois au moins et deux ans au plus. — Le mari restera le maître d'arrêter l'effet de cette condamnation, en consentant à reprendre sa femme. — Art. 338. Le complice de la femme adultère sera puni de l'emprisonnement pendant le même espace de tems, et en outre d'une amende de 100 francs à 2,000 francs. — Les seules preuves qui pourront être admises contre le prévenu, seront, outre le flagrant délit, celles résultant de lettres ou autres pièces écrites par le prévenu. — Art. 339. Le mari qui aura entretenu une concubine dans la maison conjugale, et qui aura été convaincu sur la plainte de la femme, sera puni d'une amende de 100 fr. à 2,000 francs.

(1) Art. 5, tit. 3.

(2) Art. 5, tit. 5.

(3) Articles 92 et 96 du Code du 3 brumaire an 4.

(4) Art. 66 du Code d'instruction criminelle.

et que sans la faculté du désistement, une foule de délits resteraient inconnus, et par conséquent impunis, et à raison de l'impossibilité où se trouveraient les parties lésées de subvenir aux frais de la procédure.

Ce désistement, au reste, qui pouvait, sous certains rapports, être considéré autrefois comme nuisible à l'accusé, lorsqu'il était privé de conseil et de défenseur, et que toute la procédure était secrète, ne peut plus offrir aujourd'hui d'inconvéniens réels, puisque ces vices ont disparu; et le législateur ayant d'ailleurs, par une disposition expresse du nouveau Code, imposé au ministère public, dans les accusations graves, l'obligation de faire connaître à l'accusé absous l'auteur ou les auteurs de la dénonciation portée contre lui (1), tous les intérêts de l'accusé sont à couvert; et si dans le développement de l'accusation, si pendant les débats il n'a pas connu le dénonciateur, son nom ne peut plus être un secret pour lui, aussitôt que le jugement d'absolution lui donne le droit de former une demande en dommages-intérêts.

Si le ministère public doit seul poursuivre le crime, pour l'application de la peine, l'accusateur privé, en qualité de plaignant, de partie civile, de dénonciateur, est cependant aussi partie poursuivante.

Le plaignant est celui qui, se prétendant lésé par un délit, porte sa plainte sans déclarer qu'il entend être partie civile, et sans prendre de conclusions en dommages-intérêts, ou qui, après avoir rempli ces formalités, s'en désiste dans les vingt-quatre heures (2), soit qu'il n'ait pas l'intention de réclamer des dommages-intérêts, ou qu'il veuille former une

---

(1) *Voyez* art. 358 du Code d'instruction criminelle.
(2) Art. 66 du Code d'instruction criminelle.

action séparée devant les tribunaux civils, soit qu'il craigne de payer les frais ou d'en être responsable.

La partie civile est celle qui, en portant sa plainte au magistrat, ou après l'avoir portée, déclare vouloir prendre cette qualité, qui reste en nom dans la procédure jusqu'au jugement définitif, sans faire de désistement, qui paye les frais ou s'en rend responsable, remplit les formalités que la loi lui prescrit en certain cas (1), et suit l'affaire de concert avec le ministère public, sans pouvoir toutefois conclure à aucune autre peine que celles de condamnations pécuniaires à son profit, et sans avoir le droit de se pourvoir contre le jugement ou l'arrêt, si ce n'est dans son propre intérêt, et non sous le rapport de la vindicte publique.

Le dénonciateur est celui qui, ayant été témoin ou ayant connaissance d'un délit grave qui compromet la sureté ou la tranquillité publique, la vie ou la propriété d'un individu, en donne avis aux magistrats dans l'intérêt commun seulement, et sans avoir à se plaindre d'un tort personnel, ni à en réclamer la réparation (2). C'est ce que le Code des délits et des peines du 3 brumaire an 4 appelait dénonciation civique (3).

Le dénonciateur, quoique non lésé par un délit, peut cependant avoir un intérêt personnel, quoiqu'indirect, à faire la dénonciation, lorsque la loi lui accorde, à ce titre, une récompense pécuniaire.

La dénonciation peut être portée par le dénonciateur lui-même ou par un fondé de procuration

---

(1) Art. 67 et 68 du Code d'instruction.
(2) *Voyez* art. 30 du Code d'instruction criminelle.
(3) *Voyez* art. 87 du Code du 3 brumaire an 4.

spéciale, et cette règle est commune à la plainte et au plaignant ou à la partie civile (1).

Suivant les dispositions du Code des délits et des peines du 3 brumaire an 4 (2), si la partie civile (3) dans les matières proprement dites, n'avait pu s'accorder avec le directeur du jury, ou avec le magistrat de sureté [depuis la loi du 7 pluviose an 9 (4)], soit sur le fait, soit sur la nature de l'accusation, elle avait le droit de dresser un acte d'accusation particulier; les jurés devaient délibérer sur les deux accusations, et déterminer celle qui devait être admise, ou les rejeter l'une et l'autre; mais ce droit a été rarement exercé sous l'empire du Code des délits et des peines et de la loi du 7 pluviose an 9; on ne pouvait plus guère le considérer que comme une vaine théorie sans application dans la procédure criminelle, et on n'en retrouve plus aucune trace dans le nouveau Code d'instruction.

L'accusateur privé qui succombe dans son accusation devant quelque tribunal de répression que ce soit, peut être soumis à des dommages-intérêts au profit du prévenu ou de l'accusé qui a été absous; nous verrons au mot *Accusé*, comment et à quelle époque cette demande peut être formée.

L'accusateur privé et l'accusé, peuvent, en tout état de cause, transiger sur leurs intérêts.

5. Avant la réforme opérée dans la législation et la procédure criminelle, par les lois de l'Assemblée constituante, on pensait que l'accord des parties

---

(1) *Voyez* articles 31 et 65 du Code d'instruction criminelle.

(2) *Voyez* articles 227, 244 et 245 du Code du 3 brumaire an 4.

(3) Le Code des délits et des peines désignait la partie civile sous le nom de partie plaignante.

(4) *Voyez* art. 20 de la loi du 7 pluviose an 9.

ou les transactions sur les intérêts civils pouvaient et devaient même en certains cas arrêter les poursuites, *étouffer les affaires.*

On cite plusieurs arrêts qui ont consacré ce principe d'une manière formelle; on rapporte même un arrêt du parlement de Toulouse, du 9 juillet 1743, par lequel il fut permis de prendre à partie un procureur juridictionnel de Barbezan, qui avait poursuivi extraordinairement sur le vol d'une poule commis dans une volière, à onze heures du soir, après le désistement de la partie qui avait transigé sur la plainte. Le parlement décida que le cas avait été susceptible *d'accommodement*, et que ce procureur avait contrevenu à l'ordonnance, qui permet de transiger sur les crimes qui ne méritent pas peine afflictive. (Art. 19, tit. 25 de l'ordon. de 1670.)

Dans une lettre du chancelier d'Aguesseau, on lit les instructions suivantes: « Ce que l'on pourrait faire de mieux, *serait d'étouffer une pareille affaire*, en obligeant néanmoins ceux qui ont fait une espèce d'insulte au maître d'école à lui donner quelque chose pour réparer leur faute, et à remettre aussi entre les mains du curé une somme médiocre, par forme d'aumône, pour être distribuée aux pauvres. Il y a lieu de croire que *la crainte d'essuyer un procès criminel* sera suffisante pour les engager à terminer ainsi une pareille affaire. »

Et l'on ne peut pas douter que la marche tracée par cet auguste magistrat ne fût conforme à la loi existante, et à la jurisprudence généralement adoptée et reconnue.

Aujourd'hui, la distinction si bien tracée par nos lois criminelles entre les droits de l'accusateur public et ceux de l'accusateur privé (1), démontre

---

(1) *Voyez* art. 1er. du Code d'instruction criminelle.

jusqu'à l'évidence que l'action du ministère public est indépendante des arrangemens que peuvent faire les parties entre elles, que leurs transactions ne peuvent avoir d'influence que sur les dommages-intérêts dont l'obtention est le seul but et doit être le seul résultat des poursuites de la partie civile, et que le droit exclusivement réservé au magistrat de poursuivre l'application de la peine, reste dans son intégrité, malgré que les parties aient transigé sur leurs intérêts respectifs.

Cependant, il y a des circonstances où la sagesse du ministère public semble lui faire un devoir de ne pas agir ou de ne pas déployer autant de sévérité lorsque les parties ont fait un accommodement (*Voy.* Action); mais malgré ces exceptions qui sont indiquées par la nature de certains délits, de certaines contraventions, et par la nécessité d'épargner au trésor public des frais frustratoires, la règle générale existe, et le chef de la magistrature ne pourrait pas, comme autrefois, indiquer ou prescrire des transactions entre les parties, comme un moyen d'arrêter les suites d'une procédure criminelle.

Jusqu'ici nous ne nous sommes occupés que de l'accusateur privé. Jetons maintenant un coup-d'œil sur les fonctions et les devoirs de l'accusateur public, de cette magistrature que Montesquieu désigne comme une institution admirable (1), et que l'on peut à quelques égards comparer à la fameuse censure des Romains.

6. Dans les premiers tems de la monarchie française, on chercherait en vain des traces de la sollicitude de nos rois sur la répression des crimes et sur la bonne administration de la justice. L'autorité judiciaire, confondue avec la puissance militaire, ne

(1) Esprit des Lois, liv. 1er., chap. 6.

connaissait

connaissait d'autre justice que celle des armes, d'autre droit que celui du plus fort.

Chez une nation toute guerrière, on ne considérait comme crimes capitaux et irrémissibles que la trahison et la lâcheté, et tous les autres étaient taxés à un tarif plus ou moins fort, suivant la qualité de l'offensé, et la gravité de l'offense. On pouvait, ainsi que nous l'apprend la loi *salique*, crêver un œil, couper le nez ou l'oreille à un individu, l'assassiner même, sans encourir d'autre peine que celle du payement de quelques pièces de monnaie. Le viol d'une jeune vierge, celui d'une fille prête à contracter mariage, celui d'une femme mariée, avaient leur taxe particulière, et des crimes de cette importance n'étant regardés que comme des torts particuliers, les Souverains ne songeaient guère à établir des officiers qui en poursuivissent et accusassent les auteurs en leur nom.

Avant d'arriver à cette institution d'une partie poursuivante qui, revêtue des pouvoirs du prince, représente la société dans toutes les circonstances où elle a éprouvé quelque tort, il fallait réformer les mœurs et les idées : car, suivant l'usage alors en vigueur, les accusateurs publics auraient été obligés de soutenir, les armes à la main, leurs accusations, et les membres des tribunaux eux-mêmes, soumis à cette règle barbare, se prétendant insultés par l'appel au roi, qui consistait *à fausser* le jugement, soutenaient, en conséquence, que l'accusé était calomniateur, se battaient en champ clos avec lui les uns après les autres, et ne manquaient pas de l'égorger.

Le bien naît quelquefois du mal; c'est au milieu des attaques des grands vassaux contre le trône, c'est dans la fange de la féodalité que l'on acquérait les premiers germes de l'institution qui nous occupe. Dans ces tems de désordre, les seigneurs tiraient un profit de la justice, des accusations et des crimes par l'emprisonnement, les amendes, la confiscation de corps et de biens. Pour recueillir ses droits et poursuivre les crimes, chacun d'eux établit cet office, dont les fonctions, purifiées, annoblies et élevées, sont devenues en France et dans l'Europe, la plus active, la plus importante magistrature, le ministère public.

Sous les rois de la troisième race et vers le quinzième siècle, des procureurs généraux furent institués; entr'autres attributions, ils furent bientôt chargés d'accuser les coupables au nom du roi; leur ministère n'avait pas alors la même extension qu'il a reçue depuis; il se bornait à poursuivre quelques grands crimes; et suivant même l'ordonnance criminelle de 1670, dont les dispositions ont continué d'être en vigueur jusqu'à la loi du 29 septembre 1791, réforme opérée par l'Assemblée constituante, la partie publique ne formait d'accusation, ne dirigeait de poursuites que pour les crimes qui emportaient peine afflictive et infamante (1); et dans tous les autres cas, les transactions entre les parties devaient être exécutées, comme nous l'avons dit, et empêchaient la partie publique de faire aucune poursuite.

Aujourd'hui, le ministère public ne peut encore former *d'accusation* proprement dite, suivant la véritable signification que les lois attachent à ce mot, que pour les crimes qui emportent une peine afflictive ou infamante, et qui doivent être jugés par les Cours d'assises ou les Cours spéciales; mais son droit d'action est général pour faire réprimer tous les délits, et toutes les contraventions.

Le Code du 3 brumaire an 4 disait en termes for-

---

(1) *Voyez* art. 8, tit. 3, et art. 19, tit. 25 de l'Ordonnance de 1670.

nels, « Que tout délit donne essentiellement lieu à une action publique (1) ». Le Code d'instruction criminelle est évidemment fondé sur le même principe; et si la loi du 6 pluviose an 13, par des vues d'économie, a indiqué aux agens du ministère public de ne diriger des poursuites pour les contraventions et délits légers dont la reconnaissance appartient aux tribunaux de police simple ou de police correctionnelle, que lorsque le plaignant s'est constitué partie civile, on ne peut douter cependant qu'ils ne *puissent* agir directement et même d'office contre les auteurs de ces délits, comme ils le *doivent* dans les cas plus graves ou dans les affaires de même nature, lorsqu'il y a une partie poursuivante.

Par la même raison, les transactions entre les parties ne peuvent pas plus, en matière de contraventions ou de délits légers, arrêter les poursuites du ministère public, lorsqu'il croit devoir les diriger, qu'elles ne l'arrêtent lorsqu'il s'agit de la punition des grands crimes ; le Code Napoléon dit (article 2046) : « On peut transiger sur l'intérêt civil » qui résulte d'un délit. La transaction n'empêche » pas la poursuite du ministère public. » Ces termes sont généraux et indéfinis, ils s'accordent avec le système de notre législation criminelle, et n'admettent d'exception ni en matière de crimes, ni en matière de délits.

Si les droits et les devoirs du ministère public ont éprouvé des modifications successives, des changemens remarquables se sont aussi opérés dans la distribution des pouvoirs et dans la dénomination des agens qui en ont été revêtus et qui doivent les exercer.

Les procureurs généraux et les procureurs du roi

---

(1) *Voyez* art. 4 du Code du 3 brumaire an 4.

étaient respectivement chargés, conformément à l'ordonnance de 1670, d'accuser et de poursuivre au nom de la société. L'Assemblée constituante, en organisant la justice criminelle sur un nouveau plan, créa près de chaque tribunal un accusateur public dont la nomination fut confiée au peuple (1), et dont les fonctions, entièrement indépendantes et distinctes de celles du commissaire du roi, étaient ainsi déterminées par la loi du 29 septembre 1791, sur la justice criminelle :

« L'accusateur public est chargé de poursuivre les » délits sur les actes d'accusation admis par les pre- » miers jurés, et il ne peut porter au tribunal au- » cune autre accusation, à peine de forfaiture.

» Lorsque l'accusateur public aura reçu une dé- » nonciation du pouvoir exécutif ou du tribunal » criminel, ou d'un commissaire du roi, il la trans- » mettra aux officiers de police, et veillera à ce » qu'elle soit poursuivie par les voies et suivant les » formes (établies par la loi). La dénonciation du » pouvoir exécutif ne pourra être transmise à l'ac- » cusateur public que par l'intermédiaire du com- » missaire du roi.

» L'accusateur public aura la surveillance sur » tous les officiers de police du département. En » cas de négligence de leur part, il les avertira ; en » cas de faute plus grave, il les déférera au tribunal » criminel, lequel, selon la nature du délit, pro- » noncera les peines correctionnelles déterminées » par la loi.

» Si d'office, ou sur la plainte ou dénonciation » d'un particulier, l'accusateur public trouve qu'un » officier de police est dans le cas d'être poursuivi » pour prévarication dans ses fonctions, il décernera

---

(1) *Voyez* le Décret du 20 janvier 1791, sanctionné le 25 février.

» contre lui le mandat d'amener; et, s'il y a lieu, il » donnera au directeur du juri la notice des faits, » les pièces et la déclaration des témoins, au cas » qu'il en ait reçu, pour que celui-ci dresse l'acte » d'accusation et le présente au juri dans la forme » ci-dessus prescrite. »

Par son décret du 20 octobre 1792, la Convention nationale supprima les commissaires près les tribunaux criminels, et attribua leurs fonctions aux accusateurs publics.

Le Code des délits et des peines, du 3 brumaire an 4, en conservant des accusateurs publics à la nomination du peuple, rétablit près les tribunaux criminels des commissaires du pouvoir exécutif qui étaient nommés par le Gouvernement.

Le 27 ventose an 8, les attributions des accusateurs publics furent réunies à celles de commissaires du Gouvernement près les tribunaux criminels (1), qui prirent bientôt le titre de procureurs généraux impériaux (2); et suivant le Code d'instruction criminelle de 1808 (3) et les lois et décrets nouveaux sur l'organisation judiciaire (4), toutes les fonctions des mêmes accusateurs publics et des procureurs généraux près des Cours criminelles, sont attribuées aux procureurs généraux près des Cours impériales.

On pourrait donc affirmer, jusqu'à un certain point, que toutes les fonctions de la partie publique sont aujourd'hui réunies dans la main du procureur général près la Cour impériale, puisque la loi dé-

(1) *Voyez* art. 35 de la Loi du 27 ventose an 8.

(2) *Voyez* art. 176 du Sénatus-Consulte du 28 floréal an 12.

(3) *Voyez* articles 241 et 252 du Code d'instruction criminelle.

(4) *Voyez* articles 645 de la Loi du 20 avril 1810, et 42 du Décret du 6 juillet 1810.

clare que tous les agens du ministère public sont ses substituts, sous les dénominations différentes d'avocats généraux, de substituts de parquet, de procureurs impériaux criminels et de procureurs impériaux près les tribunaux de première instance (1). Cependant, comme il est physiquement impossible que le procureur général impérial exerce lui-même toutes les poursuites dans toute l'étendue et auprès de tous les tribunaux du ressort de la Cour impériale, chacun de ses substituts a des attributions ordinaires, spéciales et distinctes; et voici comme elles sont fixées :

Les procureurs impériaux près les tribunaux de première instance, ou leurs substituts dans les lieux où il en est établi, sont parties publiques dans la première instruction; savoir, en matière criminelle, jusqu'au renvoi devant la Cour impériale, qui doit statuer sur la mise en accusation, et en matière correctionnelle, jusqu'au jugement de première instance; ils peuvent même, en certain cas, être parties publiques dans le jugement de l'appel en matière correctionnelle, lorsque le premier jugement a été rendu par un autre tribunal que celui auquel ils sont attachés, et que le tribunal de première instance près duquel ils exercent est tribunal d'appel en cette partie (2).

7. Les procureurs généraux impériaux sont parties publiques pour la mise en accusation devant les Cours impériales et pour la rédaction des actes d'accusation après que l'accusation est admise (3).

---

(1) *Voyez* art. 6 de la Loi du 20 avril 1810.

(2) *Voyez* articles 22, 23, 24, 25, 26, 27, 28, 182, 190, 197, 202, 204, 205, 206, 207, 208, 209 et 210 du Code d'instruction criminelle.

(3) *Voyez* articles 227 *et suivans* du Code d'instruction, *jusques et compris le* 250.

Les mêmes magistrats ou les procureurs impériaux en leur nom, sont parties publiques pour faire valoir et soutenir l'accusation devant les Cours d'assises ou devant les Cours spéciales (1).

Enfin, en matière de simple police, les commissaires de police et les maires ou leurs adjoints, sont parties publiques jusqu'au jugement du tribunal de police (2); et lorsqu'il y a appel, le procureur impérial près le tribunal de première instance devant lequel il est porté, devient partie publique et en remplit les fonctions (3).

8. Les procureurs généraux impériaux, les procureurs impériaux et les agens du ministère public près les tribunaux de police ne sont point à l'abri des condamnations à des dommages-intérêts au profit des personnes qu'ils auraient poursuivies injustement et de mauvaise foi; et il en est de même des membres des autorités constituées qui auraient fait des dénonciations calomnieuses : mais ces actions ne peuvent, en aucun cas, être exercées contre eux qu'en les prenant à partie; c'est ce que prescrit formellement l'art. 358 du Code d'instruction criminelle (*voyez* ci-après les termes de cet article au mot ACCUSÉ); et les art. 479 et suivans du même Code, jusques et compris le 503e., règlent la manière de procéder sur la prise à partie. Il est essentiel de faire remarquer à cet égard, que sous l'empire du Code des délits et des peines, et en vertu de l'article 75 de l'Acte des Constitutions de l'Empire, du 22 frimaire an 8, qui ne permet pas de poursuivre un agent du Gouvernement pour des faits relatifs à ses fonctions

---

(1) *Voyez* articles 252, 253, 265, 271 *et suivans, jusques et compris le* 308.

(2) *Voyez* articles 144, 145, 153, 165, 167, 171.

(3) *Voyez* articles 174, 175, 176, 177 et 178 du Code d'instruction criminelle.

sans une autorisation préalable de S. M. I., les procureurs généraux, les procureurs impériaux et leurs substituts n'auraient pas pu être pris à partie sans que le Gouvernement eût autorisé cette poursuite; mais le Code d'instruction criminelle ayant indiqué les formes qui doivent être observées en pareil cas, et les ayant rendues communes aux agens du ministère public qui s'y trouvent expressément désignés, comme les autres membres des tribunaux, l'art. 75 de l'Acte constitutionnel, qui doit être observé à l'égard des agens administratifs, a cessé d'être applicable aux officiers du ministère public; c'est du moins ce qui paraît résulter des dispositions du nouveau Code.

M. J.-M. Le Graverend.

ACCUSATION.

SOMMAIRES.

1. *Définition de l'accusation.*
2. *De l'accusation chez les Romains.*
3. *En quels cas l'accusation a lieu en France.*
4. *Des formalités qui précèdent l'accusation; de l'acte d'accusation; du juri d'accusation, et des déclarations du juri d'accusation avant le nouveau Code d'instruction criminelle.*
5. *De la mise en accusation suivant le nouveau Code.*
6. *Quand, par qui l'acte d'accusation est rédigé, quelle est la forme de sa rédaction.*
7. *En quel cas il peut être dressé plusieurs actes d'accusation pour le même délit; de leur jonction.*

8. *De la division des faits distincts compris dans le même acte d'accusation.*

1. L'accusation est l'action judiciaire qui est intentée par l'accusateur; celle du ministère public tend à la punition du crime, à l'application des peines décernées par la loi : celle de la partie lésée n'a pour objet que la réparation du tort causé par le délit. — Nos mots *accusation*, *plainte*, répondent aux mots *accusatio*, *inscriptio*, *expostulatio*.

2. Avant d'admettre l'accusation chez les Romains, le Préteur examinait la qualité, la réputation de l'accusateur et des témoins, la possibilité, la vraisemblance, et les détails des faits circonstanciés : *causâ scilicet cognitâ ;* des magistrats subalternes étaient établis pour faire les recherches et les enquêtes nécessaires au Préteur avant qu'il se déterminât à inscrire le libelle. Les règles de notre procédure criminelle sont entièrement fondées sur les principes conservateurs de la liberté, de la sureté, de la tranquillité des citoyens, et avant qu'une accusation puisse être admise, il faut qu'une première instruction, dont la loi garantit l'exactitude, en ait démontré la vraisemblance.

La formule d'accusation chez les Romains, était celle-ci : « *Si te injustè interpellavero et victus exinde* » *apparuero*, *eâdem pœnâ quam in te vindicare* » *pulsavi*, *me constringo partibus tuis esse damnan-* » *dum atque subiturum*. (Brisson, *de formulis et solemn. pop. rom. verbis.*) » Nous aurons occasion d'examiner à quelles obligations se soumettait ainsi l'accusateur; quels étaient les résultats et les suites d'une accusation portée légèrement; et quels sont, à cet égard, les rapports ou les différences entre l'usage des Romains et la législation française.

3. Nous avons vu dans l'article précédent que le ministère public, aux termes de l'ordonnance

de 1670, ne devait se porter accusateur que pour les crimes qui emportaient peine afflictive ou infamante. En prenant le mot *accusation* dans le sens étroit que lui donnent les lois qui, depuis 1790, ont été rendues sur cette matière, et que lui conserve le nouveau Code d'instruction criminelle publié en 1808, il est certain que l'on ne peut accuser un individu que pour des faits susceptibles de donner lieu à des condamnations afflictives ou infamantes; mais cette restriction signifie seulement qu'en matière correctionnelle et de simple police, l'auteur du délit ou de la contravention n'étant point mis en accusation, on ne peut le désigner que comme prévenu; que les crimes seuls sont poursuivis sur un acte d'accusation dressé dans les formes que nous allons examiner; mais il n'en résulte pas que la partie publique n'ait pas d'action contre les auteurs de délits moins graves; son droit à cet égard est, au contraire, consacré d'une manière formelle par les dispositions successives de la loi de 1791 et du Code des délits et des peines du 3 brumaire an 4, et par l'article 1er. du nouveau Code d'instruction; et nous avons démontré, au reste, que dans tous les cas, il n'appartient qu'au ministère public de provoquer l'application des peines.

La partie privée ne peut jamais former d'accusation, proprement dite, dans ce sens, qu'elle ne peut plus être admise à dresser, concurremment avec le ministère public, des actes d'accusation pour les crimes qui donnent lieu à cette forme de procéder; mais elle peut porter *plainte*, à raison des contraventions, des délits, des crimes dont elle a éprouvé quelque dommage, et concourir à en faire la preuve par tous les moyens qui sont en son pouvoir.

Nous n'avons à parler ici que de l'accusation;

nous examinerons ailleurs comment sont poursuivis les auteurs des contraventions et des délits.

Les crimes susceptibles de donner lieu à accusation, sont tous ceux qui doivent être punis de peines afflictives ou infamantes. Les peines afflictives sont, 1°. la mort; 2°. les travaux forcés à perpétuité; 3°. la déportation; 4°. les travaux forcés à tems; 5°. la réclusion.

La marque et la confiscation générale peuvent être prononcées concurremment avec une peine afflictive, dans les cas déterminés par la loi (1).

Les peines infamantes sont: 1°. le carcan; 2°. le bannissement; 3°. la dégradation civique (2).

Toutes les fois donc qu'un individu est poursuivi comme coupable d'un fait contre lequel les dispositions du Code pénal prononcent l'une des peines afflictives ou infamantes comprises dans cette nomenclature, c'est par voie d'accusation et sur un acte d'accusation, qu'il doit être traduit devant la Cour dont la nature de son crime le rend justiciable.

4. Toute accusation, disait avec Cicéron le chancelier d'Aguesseau, suppose un crime dont elle détermine la qualité: elle demande ensuite un coupable sur qui l'évidence des preuves puisse faire tomber le poids de la condamnation.

On peut bien, lorsqu'un crime a été commis, porter plainte contre un *quidam* sans en désigner l'auteur, s'il n'est pas connu; et les officiers de police et de justice doivent réunir leurs efforts pour rechercher et découvrir le coupable: cette marche est même la plus ordinaire, parce que le crime se cache dans l'ombre, et que le malfaiteur parvient

---

(1) *Voyez* art. 7 du Code pénal du 12 février 1810.
(2) *Voyez* art. 8 *ibid.*

souvent à se soustraire aux regards au moment où il l'exécute; mais l'accusation exige nécessairement une désignation ; elle a pour but de provoquer un jugement définitif, et ce jugement ne doit pas être rendu contre un être imaginaire.

Il ne suffit pas qu'un homme soit dénoncé comme auteur d'un crime, que des présomptions, des indices se réunissent contre lui : dans cet état, il n'est encore que prévenu ; et si la réunion des indices tend à le faire accuser, cette accusation doit être précédée et accompagnée de formalités et de précautions qui ont tout à la fois pour objet de constater l'existence du fait, d'en recueillir les preuves et d'éclairer la justice et ses organes sur tout ce qui se rapporte au crime commis, et à celui qui a été dénoncé, ou que la voix publique en désigne comme l'auteur.

Ainsi, conformément à la loi des 16-29 septembre 1791, un officier de police de sureté était chargé d'appeler devant lui par un ordre qualifié *mandat d'amener*, le prévenu d'un crime ou d'un délit : il devait lui faire prêter un interrogatoire ; et si les premiers éclaircissemens n'avaient pas détruit la prévention dont il était l'objet, l'officier de police le renvoyait, en état de *mandat d'arrêt*, dans la maison d'arrêt de son arrondissement.

Le prévenu comparaissait ensuite devant un juge du tribunal de district, chargé, sous le nom du directeur du juré ou du juri, de la poursuite des délits : ce juge interrogeait de nouveau le prévenu, examinait les pièces de la procédure, ordonnait, s'il y avait lieu, que le prévenu serait traduit à un juri d'accusation ; rédigeait l'acte d'accusation sur les faits résultant de la plainte et de l'information, soumettait cet acte à un juri devant lequel étaient appelés et le prévenu et les témoins. Le juri donnait une déclaration, d'après laquelle le prévenu était mis en liberté, si elle était favorable ; et traduit, dans le cas contraire, au tribunal criminel.

La décision du juri d'accusation était exprimée par cette formule, qu'écrivait au bas de l'acte d'accusation le chef du juré : « *La déclaration du juré est* oui, *il y a lieu*, *ou* non, *il n'y a pas lieu.* » Si le juri pensait qu'il y eût lieu à une accusation, mais différente de celle qui était énoncée dans l'acte, ou dans les actes d'accusation qui lui étaient soumis, parce que la partie plaignante pouvait, de son côté, dresser un acte d'accusation, indépendamment de celui que présentait le ministère public (*Voyez* ACCUSATEUR, N°. 4.), il pouvait manifester son opinion, en faisant écrire au bas de l'action des actes, par le chef du juré, la formule suivante : *La déclaration du juré est : Il n'y a pas lieu à la présente accusation.*

Cette forme de procéder, consacrée de nouveau avec de légères modifications par le Code des délits et des peines, du 3 brumaire an 4 (1), n'avait souffert depuis son établissement d'autres changemens remarquables que ceux qu'y apporta la loi du 7 pluviose an 9.

Un nouvel officier de police judiciaire fut créé par cette loi, sous le nom de substitut du commissaire du Gouvernement près le tribunal criminel, et fut bientôt connu sous celui de magistrat de sureté. La loi lui attribua la recherche des délits, l'information préliminaire, le droit de décerner contre les prévenus des mandats de dépôt, et le chargea exclusivement de la rédaction des actes d'accusation, et en même tems qu'elle dépouillait de cette prérogative le directeur du juri, et qu'elle

---

(1) *Voyez* articles 243, 244 et 245 du Code du 3 brumaire an 4.

l'obligeait à prendre les conclusions du substitut, magistrat de sureté, sur tous les actes de procédure, dans le cours de l'instruction, elle voulut que le juri d'accusation donnât sa déclaration sur la procédure écrite, sans que le prévenu ni les témoins comparussent devant les jurés.

Au reste, la déclaration du jury d'accusation continua de produire les mêmes effets; et la Cour de justice criminelle ne pouvant jamais être saisie d'une affaire que par une déclaration affirmative du juri, ces déclarations, lorsqu'elles étaient négatives, avaient le caractère de décision souveraine, et ne pouvaient être attaquées que par la voie de cassation, sur le recours du procureur-général impérial près la Cour criminelle, ou de ses substituts, et seulement lorsque la convocation du juri avait été irrégulière, ou que sa déclaration était illégale, ou que les membres du juri n'avaient pas réuni les qualités exigées par la loi, ou qu'ils se trouvaient revêtus, au moment de leur convocation, de quelques fonctions incompatibles avec celles de juré.

Nous remarquerons, toutefois, qu'à une époque encore voisine de la mise en activité du Code des délits et des peines, quelques tribunaux criminels s'étaient crus autorisés à prendre connaissance des déclarations négatives des juris d'accusation, et à les annuller lorsqu'ils croyaient y appercevoir quelques vices de forme, et que cette prétention avait même été reconnue et consacrée par la Cour de cassation. Mais un examen plus approfondi des dispositions du Code, ne tarda pas à faire reconnaître le peu de fondement d'une pareille opinion; et elle fut bientôt proscrite par de nouveaux arrêts de la Cour de cassation, comme étant tout à fait contraire à la loi, qui, hors les cas d'exception en matière criminelle, et ceux d'appel en matière correctionnelle, ne permettait pas que le tribunal criminel pût être saisi d'une affaire autrement que par l'ordonnance de prise de corps rendue contre l'accusé, *après l'admission de l'accusation.*

Dans le dernier état de la législation criminelle, la rédaction de l'acte d'accusation, d'abord confiée au directeur du juri, avait donc été remise aux soins du magistrat de sureté; et comme ces magistrats, en leur qualité de substituts des commissaires du Gouvernement, et depuis, des procureurs-généraux impériaux criminels, faisaient partie du ministère public, ce changement, nécessité par la nouvelle organisation du corps politique dans l'Empire français, était un retour aux vrais principes. L'accusation doit toujours, en effet, dans un état monarchique, être portée et soutenue, au nom du prince, par les délégués; et les intérêts de la société, dont le monarque est le chef et le représentant, seraient vraiment compromis, si cette importante mission pouvait être sans effet par la négligence d'un fonctionnaire qui ne serait pas l'agent direct du Gouvernement, l'organe de sa pensée, son fondé de pouvoirs, enfin, son procureur.

Après que l'acte d'accusation avait été admis par un premier juri, l'accusé était soumis devant la Cour de justice criminelle à un débat public: un magistrat, sous le nom d'accusateur public jusqu'à la publication de la loi du 27 ventose an 8, et successivement, depuis cette époque, sous celui de commissaire du Gouvernement ou de procureur-général impérial, et réunissant à ce titre le droit de poursuivre et d'accuser, et l'obligation de surveiller les formes, y développait et soutenait l'accusation; un juri de jugement prononçait sur les faits résultant de l'accusation et sur la culpabilité de l'accusé. Si l'accusé était absous, il était remis de suite en liberté; s'il était déclaré convaincu, le tribunal appliquait la peine, et le condamné pouvait se pourvoir en cassation dans le délai de trois jours.

Dans les matières spéciales, c'est-à-dire, dans tous les cas où, suivant les lois des 18 pluviose an 9, 23 floréal an 10, 2-13 floréal an 11, 19 pluviose an 13 et 12 mai 1806, des Cours organisées d'une manière spéciale et composées seulement de juges qui prononçaient à la fois sur le fait, sur la culpabilité des accusés et sur l'application des peines, sans l'intervention ni d'un juri d'accusation, ni d'un juri de jugement; l'acte d'accusation était rédigé et soumis directement et immédiatement à la Cour spéciale par le procureur-général: cette Cour statuait préalablement sur sa compétence par un arrêt qui devait toujours être soumis à l'examen et à l'approbation de la Cour de cassation; si elle avait reconnu sa compétence, elle prononçait définitivement sur le fond, sans même attendre la confirmation de son arrêt de compétence; son arrêt définitif ne pouvait être attaqué par aucune voie, et devait être exécuté sans retard, lorsque la Cour de cassation avait confirmé la compétence; et si le jugement de compétence était annullé, l'arrêt définitif était regardé comme non-avenu.

Ce mode d'instruction, affecté aux Cours spéciales, était étendu aux Cours de justice criminelle ordinaires dans les départemens où des circonstances majeures avaient nécessité la suspension du jury; seulement les Cours criminelles, ainsi organisées, ne devaient point alors juger leur compétence par un arrêt préalable; et le recours en cassation était maintenu contre les arrêts définitifs, comme dans la procédure ordinaire par jurés.

5. Tel a été en France, depuis 1790 jusqu'à la mise en activité du Code d'instruction criminelle, le mode déterminé par les lois pour faire prononcer la

la mise en accusation et pour arriver au jugement de l'accusé ; parcourons maintenant les nouvelles règles que ce Code a tracées, et qui doivent aujourd'hui guider la marche de tous les magistrats chargés de concourir aux divers actes des procédures criminelles.

La loi impose à tous les officiers de police judiciaire, suivant leurs attributions respectives, l'obligation de rechercher les crimes et les délits, d'en rassembler les preuves et d'en livrer les auteurs aux tribunaux qui sont chargés de les punir (1) ; mais ce soin appartient plus particulièrement au procureur impérial près le tribunal de première instance. Un magistrat qui fait partie de ce tribunal, est spécialement délégué pour instruire les procédures par une commission du prince, dont le terme est de trois années (2).

Le juge d'instruction sera tenu de rendre compte une fois par semaine des affaires dont l'instruction lui est dévolue.

Le compte sera rendu à la chambre du conseil, composée de trois juges, au moins, y compris le juge d'instruction, communication préalablement donnée au procureur impérial, pour être, par lui, requis ce qu'il appartiendra. (Article 127 du Code d'instruction.)

Si les juges sont d'avis que le fait ne présente ni crime, ni délit, ni contravention, ou qu'il n'existe aucune charge contre l'inculpé, il sera déclaré qu'il n'y a pas lieu à poursuivre ; et si l'inculpé avait été arrêté (3), il sera mis en liberté. (Art. 128.)

---

(1) *Voyez* articles 8, 9, 10 et suivans du Code d'instruction criminelle.

(2) *Voyez* art. 55 du Code d'instruction criminelle.

(3) Suivant l'art. 114 du Code d'instruction criminelle, le prévenu peut, en certain cas, obtenir sa mise en liberté

Si, sur le rapport fait à la chambre du conseil par le juge d'instruction, les juges, ou *l'un d'eux*, estiment que le fait est de nature à être puni de peines afflictives ou infamantes, et que la prévention contre l'accusé est suffisamment établie; les pièces, le procès-verbal constatant le corps du délit et un état des pièces servant à conviction, seront transmis sans délai, par le procureur impérial, au procureur général de la Cour impériale, pour être procédé conformément à ce qui est prescrit pour la mise en accusation. (Art. 133.)

La chambre du conseil décernera, dans ce cas, contre le prévenu, une ordonnance de prise de corps qui sera adressée, avec les autres pièces, au procureur-général.

Cette ordonnance contiendra le nom du prévenu, son signalement, son domicile, s'ils sont connus, l'exposé du fait et la nature du délit. (Art. 134.)

Lorsque la mise en liberté des prévenus sera ordonnée, à défaut de charges contre eux, ou parce que le fait ne présente ni crime, ni délit, ni contravention, ou parce qu'il n'en résulte qu'une simple contravention de police, ou enfin parce que, quoique de la compétence du tribunal correctionnel, il n'est pas susceptible de donner lieu à la peine d'emprisonnement, le procureur impérial ou la partie civile pourra s'opposer à leur élargissement. L'opposition devra être formée dans un délai de vingt-quatre heures, qui courra contre, le procureur impérial, à compter du jour de l'ordonnance de mise en liberté, et contre la partie civile, à compter du jour de la signification à elle faite de cette ordonnance au domicile par elle élu dans le lieu où siége le tri-

---

provisoire, moyennant caution solvable de se représenter à tous les actes de la procédure et pour l'exécution du jugement.

bunal. L'envoi des pièces sera fait au procureur général, ainsi qu'il a été dit précédemment. Le prévenu gardera prison jusqu'à l'expiration du susdit délai. (Art. 135).

Nous voyons par ces dispositions préliminaires, que les juges d'instruction dont les fonctions ont une grande analogie avec celles des directeurs du juri, n'ont plus cependant aujourd'hui, comme l'avaient leurs prédécesseurs, le pouvoir de prononcer eux-mêmes la mise en liberté du prévenu, ni d'ordonner qu'il sera dressé contre lui un acte d'accusation. Leur ministère se borne à constater les faits qui sont de nature à exciter les recherches de la justice, lorsque ce premier devoir n'a pas été rempli par quelqu'autre officier de police judiciaire, à recueillir tous les indices qui se rattachent à ces faits, à interroger le prévenu, à recevoir les déclarations des témoins et à soumettre au tribunal les résultats de leurs opérations; ils délibèrent avec les autres membres du tribunal sur l'instruction qu'ils ont faite, mais chacun des autres juges a dans cet examen un pouvoir égal au leur; et la disposition qui fait dépendre de l'avis d'un seul juge le renvoi de la procédure devant le procureur général près la Cour impériale, les place tous par ce droit sur la même ligne et donne à l'opinion de chacun une force et des effets indépendans de l'opinion de tous les autres.

Cette disposition semble, au premier aperçu, contrarier les principes généraux adoptés en matière criminelle qui ont surtout présidé à la rédaction des nouveaux Codes, et d'après lesquels le partage même des opinions doit toujours s'interpréter en faveur de l'*accusé*; mais il faut bien remarquer qu'il ne s'agit encore ici que d'un prévenu, que dans ces premiers instans la justice doit marcher avec une sage circonspection, et que soumettre à l'examen de la chambre d'accusation de la Cour impériale les informations dont le prévenu a été l'objet, ce n'est point traduire ce prévenu, sur de légers soupçons, devant un tribunal, puisqu'il n'y est point appelé, c'est seulement soumettre sa conduite à un second examen et rassurer la société contre une dangereuse précipitation; il faut remarquer enfin, que le procureur impérial et même la partie civile ayant, d'après la loi, le droit d'opposition à l'ordonnance de mise en liberté, lorsqu'elle est prononcée par le tribunal de première instance, la faculté donnée à chaque membre de ce tribunal dérive en quelque sorte du même principe, et que la situation du prévenu n'en est pas rendue pire, n'en devient pas plus pénible.

Le procureur général a reçu les pièces qui lui ont été transmises par son substitut procureur impérial près le tribunal de première instance; il doit mettre l'affaire en état dans les cinq jours de la réception, et faire son rapport dans les cinq jours suivans au plus tard.

Pendant ce tems, la partie civile et le prévenu pourront fournir tels mémoires qu'ils estimeront convenables, sans que le rapport puisse être retardé.

Une section de la Cour impériale, spécialement formée à cet effet, sera tenue de se réunir, au moins une fois par semaine, à la chambre du conseil, pour entendre le rapport du procureur général et statuer sur ses réquisitions.

Le président sera tenu de faire prononcer la section au plus tard dans les trois jours du rapport du procureur général.

Les juges examineront s'il existe contre le prévenu des preuves ou des indices d'un fait qualifié crime par la loi, et si ces preuves ou indices sont assez graves pour que la mise en accusation soit prononcée.

Le greffier donnera lecture aux juges, en présence du procureur général, de toutes les pièces du procès; elles seront ensuite laissées sur le bureau, ainsi que les mémoires que la partie civile et le prévenu auront fournis.

La partie civile, les prévenus, les témoins, ne paraîtront pas.

Le procureur général, après avoir déposé sur le bureau sa réquisition écrite et signée, se retirera, ainsi que le greffier.

Les juges délibéreront entr'eux sans désemparer et sans communiquer avec personne.

La Cour statuera par un seul et même arrêt sur les délits connexes dont les pièces se trouveront en même tems produites devant elle.

Les juges pourront ordonner, s'il y échet, des informations nouvelles; ils pourront également ordonner, s'il y a lieu, l'apport des pièces servant à conviction, qui seront restées déposées au greffe du tribunal de première instance. Mais la loi veut que ces préalables soient remplis dans le plus court délai. On a vu que la mise en état de chaque affaire, depuis son dépôt au greffe de la Cour impériale, le rapport du procureur général et la décision de la Cour; doivent être terminés dans l'espace de treize jours au plus, et les précautions que le législateur a prises pour éclairer la religion des juges, ne doivent pas tourner au détriment du prévenu, en prolongeant sans nécessité l'incertitude de son sort et même son emprisonnement, s'il a été décerné et exécuté contre lui un mandat de dépôt ou d'arrêt.

Si la Cour n'aperçoit aucune trace d'un délit prévu par la loi, ou si elle ne trouve pas des indices suffisans de culpabilité, elle ordonnera la mise en liberté du prévenu; ce qui sera exécuté sur-le-champ, s'il n'est retenu pour autre cause. Dans le même cas, lorsque la Cour statuera sur une opposition à la mise en liberté du prévenu, prononcée par les premiers juges, elle confirmera leur ordonnance; ce qui sera exécuté comme on vient de le dire. Si la Cour estime que le prévenu doit être renvoyé à un tribunal de simple police ou à un tribunal de police correctionnelle, elle prononcera ce renvoi, et indiquera le tribunal qui doit en connaître. Dans le cas de renvoi à un tribunal de simple police, le prévenu sera mis en liberté.

Si le fait est qualifié crime par la loi, et que la Cour trouve des charges suffisantes pour motiver la mise en accusation, elle ordonnera le renvoi du prévenu, soit aux assises, soit à la Cour spéciale, dans le cas où cette Cour serait compétente. Si le délit a été mal qualifié dans l'ordonnance de prise de corps, la Cour l'annullera et en décernera une nouvelle. Si la Cour, en prononçant l'accusation du prévenu, statue sur une opposition à sa mise en liberté, elle annullera l'ordonnance des premiers juges et décernera une ordonnance de prise de corps, conformément à la loi (1). L'ordonnance de prise de corps, soit qu'elle ait été rendue par les premiers juges, soit qu'elle l'ait été par la Cour, sera insérée dans l'arrêt de mise en accusation, lequel contiendra l'ordre de conduire l'accusé dans la maison de justice établie près la Cour où il sera renvoyé. Les arrêts seront signés par chacun des juges qui les auront rendus; il y sera fait mention, à peine de nullité, tant de la réquisition du ministère public, que du nom de chacun des juges. Dans toutes les affaires, les Cours impériales, tant qu'elles n'auront pas décidé s'il y a lieu de pro-

(1) *Voyez* art. 134, §. 2.

noncer la mise en accusation, pourront d'office, soit qu'il y ait ou non une instruction commencée par les premiers juges, ordonner des poursuites, se faire apporter les pièces, informer ou faire informer, et statuer ensuite sur ce qu'il appartiendra.

Un des membres de la section, chargée de prononcer sur l'accusation, fera, dans ce cas, les fonctions de juge-instructeur. — Ce juge entendra les témoins, ou commettra pour recevoir leurs dépositions un des juges du tribunal de première instance dans le ressort duquel ils demeurent, interrogera le prévenu, fera constater par écrit toutes les preuves ou indices qui pourront être recueillis, et décernera, suivant les circonstances, les mandats d'amener, de dépôt ou d'arrêt. — Le procureur général fera son rapport dans les cinq jours de la remise que le juge-instructeur lui aura faite des pièces. — Il ne sera décerné préalablement aucune ordonnance de prise de corps; et s'il résulte de l'examen qu'il y a lieu de renvoyer le prévenu à la Cour d'assises ou à la Cour spéciale, ou au tribunal de police correctionnelle, l'arrêt portera cette ordonnance ou celle de se représenter, si le prévenu a été admis à la liberté sous caution.

On observera, au surplus, toutes les autres dispositions du Code relatives à l'instruction ordinaire qui peuvent se concilier avec cette procédure particulière. (Art. 217 *et suivans*, jusqu'à 240 du Code d'instruction criminelle.)

Ces dispositions, dont quelques-unes sont analogues aux formes établies par les lois précédentes, en diffèrent cependant en d'autres parties d'une manière remarquable.

Ainsi, lorsque le tribunal de première instance ou un seul de ses membres a pensé qu'il pouvait y avoir lieu d'accuser le prévenu, ou lorsque sur une décision favorable au prévenu, le procureur impérial ou la partie civile a formé opposition à l'ordonnance de mise en liberté, ce n'est plus devant le juri d'accusation qui se trouve supprimé, c'est devant une section de la Cour impériale que toutes les pièces sont produites, que le prévenu et la partie civile peuvent présenter par écrit leurs moyens d'attaque et de défense, et c'est cette section qui décide s'il y a lieu ou non à la mise en accusation. Cette innovation salutaire ne laisse plus la société exposée aux suites funestes d'une déclaration hasardée ou peu réfléchie; la poursuite d'un crime bien réel ne sera plus étouffée par une fausse indulgence, et l'on ne verra plus, comme on l'a vu tant de fois pendant l'existence du juri d'accusation, l'impunité assurée à l'auteur d'un délit correctionnel, par l'erreur ou la sévérité mal-entendue d'un magistrat instructeur qui le traduisait mal à propos devant le juri d'accusation et forçait, pour ainsi dire, les jurés à le mettre, par une déclaration négative, à l'abri des recherches de la justice.

Ainsi l'acte d'accusation, sans lequel des hommes, étrangers pour la plupart aux formes d'une procédure criminelle, n'auraient pu ni reconnaître la nature et le caractère du délit, ni se former une opinion, ni donner une décision avec connaissance de cause, s'il avait fallu chercher et rassembler péniblement des faits et des indices épars et disséminés dans les pièces d'une instruction souvent très-volumineuse; cet acte si important ne doit plus, comme autrefois, précéder la mise en accusation : il ne sera rédigé qu'après que la chambre de la Cour impériale, désignée sous le nom de chambre d'accusation, aura rendu son arrêt; et au moyen des renseignemens recueillis jusqu'alors, l'accusation sera bien mieux motivée, le délit et ses circonstances caractéristiques seront indiqués avec bien plus d'exactitude.

Quant à l'ordonnance de prise de corps, elle doit, en général, précéder la mise en accusation. Cette ordonnance est décernée par le tribunal de première instance toutes les fois que ce tribunal ou l'un de ses membres n'a pas été d'avis de mettre le prévenu en liberté; elle doit alors faire partie des pièces qui sont adressées au procureur général et mises sous les yeux de la chambre d'accusation de la Cour impériale. Elle est rendue par cette chambre et seulement après la mise en accusation, lorsque l'examen de la procédure n'est provoqué que par une opposition du procureur impérial près le tribunal de première instance ou de la partie civile.

6. Dans tous les cas où le prévenu sera renvoyé à la Cour d'assises ou à la Cour spéciale, le procureur général sera tenu de rédiger un acte d'accusation.

L'acte d'accusation exposera, 1°. la nature du délit qui forme la base de l'accusation; 2°. le fait et toutes les circonstances qui peuvent aggraver ou diminuer la peine; le prévenu y sera dénommé et clairement désigné.

L'acte d'accusation sera terminé par le résumé suivant: — En conséquence, N. est accusé d'avoir commis tel meurtre, tel vol ou tel autre crime, avec telle ou telle circonstance. — L'arrêt de renvoi et l'acte d'accusation seront signifiés à l'accusé, et il lui sera laissé copie du tout. — Dans les vingt-quatre heures qui suivront cette signification, l'accusé sera transféré de la maison d'arrêt dans la maison de justice établie près la Cour où il doit être jugé. — Si l'accusé ne peut pas être saisi ou ne se présente point, on procédera contre lui par contumace. (*Voyez ce mot.*)

Le procureur général donnera avis de l'arrêt de renvoi devant la Cour d'assises ou devant la Cour spéciale, tant au maire du lieu du domicile de l'accusé, s'il est connu, qu'à celui du lieu où le délit a été commis. (Art. 241, 242, 243, 244 et 245.)

Nous remarquerons sur ces diverses dispositions, qu'elles sont communes aux Cours spéciales, et qu'à la différence de ce qui se pratiquait avant le nouveau Code, la traduction d'un individu devant ces Cours est aujourd'hui précédée et accompagnée des mêmes formalités que la mise en accusation pour les crimes qui doivent être poursuivis devant les Cours d'assises dans la forme ordinaire.

Nous rappellerons, au reste, que le Code des délits et des peines du 3 brumaire an 4 contient une formule d'acte d'accusation, et nous croyons qu'il est important de la consulter, en l'adaptant aux nouvelles règles du Code d'instruction.

L'acte d'accusation est, avec le procès-verbal du délit, la base fondamentale de toute procédure criminelle; la clarté et la précision sont donc des qualités essentielles qui doivent présider à la rédaction; il ne doit point contenir de détails inutiles, mais il doit présenter exactement les faits, les circonstances principales et accessoires, et offrir, s'il est possible de s'exprimer ainsi, la physionomie de la procédure.

Toutes les charges doivent être rapprochées, analysées, fondues ensemble; mais les dépositions des témoins ne doivent pas, en général, y être textuellement et individuellement rapportées; et comme le jugement définitif ne doit, ne peut être fondé que sur l'instruction orale et le débat public, comme on ne distingue plus avec les anciens criminalistes, les preuves, les demi-preuves, les preuves légères, cette source éternelle de débats, de contradictions, de raisonnemens absurdes et d'injustices effrayantes, et qu'on ne demande compte ni aux jurés, ni aux juges des motifs d'une conviction qui ne saurait être ni calculée, ni analysée dans ses élémens et dans ses causes, le rédacteur d'un acte d'accusation doit bien se garder d'apprécier la valeur ou le poids des charges et de les classer en preuves, en présomptions et en indices, suivant la nomenclature que lui fournit son opinion personnelle ou un attachement dangereux et irréfléchi aux anciens erremens.

Enfin, si les faits qui ont motivé l'accusation présentent plusieurs crimes distincts, ou si un fait unique est susceptible d'être envisagé sous plusieurs rapports qui offrent des caractères criminels, le rédacteur doit avoir l'attention d'indiquer ces diverses faces dans le résumé qui termine l'acte d'accusation, et ne pas exposer la Cour d'assises ou la Cour spéciale à ne prononcer que sur une des branches de l'accusation, et à donner à l'accusé un brevet d'impunité sur les autres, par l'impossibilité de faire revivre régulièrement l'accusation, ou du moins d'instruire une nouvelle procédure pour un même fait auquel on prêterait une forme différente. Rendons cette observation plus sensible par un exemple.

Un individu était prévenu d'avoir donné à sa femme un breuvage qui lui avait occasionné des crises violentes et une léthargie, et l'acte d'accusation, après avoir énoncé toutes les circonstances, déclarait, en finissant, qu'il en résultait que l'auteur était prévenu d'*empoisonnement* ; la déclaration du juri de jugement, auquel on ne soumit des questions que sur ce crime, fut favorable à l'accusé; mais la Cour, en l'acquittant, ordonna qu'il serait poursuivi pour avoir procuré *l'avortement* de sa femme ; l'accusé fut en effet poursuivi de ce chef, traduit devant un juri d'accusation, et condamné sur la déclaration du juri de jugement.

Mais comme il était bien établi que les circonstances relatives à *l'avortement* avaient été consignées dans le premier acte d'accusation, dont on s'était borné à faire une copie pour la nouvelle procédure, en substituant, dans le résumé, le mot *avortement* à celui d'*empoisonnement*, la Cour de cassation déclara formellement que lors de la première procédure, la Cour criminelle pouvait et *devait* même presser une série de questions sur l'avortement; que ne l'ayant pas fait, elle n'avait pu ordonner que l'accusé fût jugé une seconde fois sur des faits énoncés dans un premier acte d'accusation; et en cassant, sur le pourvoi du condamné, l'arrêt de condamnation, elle annulla aussi, dans l'intérêt de la loi, le premier arrêt, pour tracer aux Cours criminelles les règles de leurs devoirs (1).

Dans l'espèce, la Cour criminelle avait sans doute à se reprocher une grande négligence dans la position des questions, et sa conduite prouvait qu'elle ne s'était pas bien pénétrée des dispositions du Code des délits et des peines (2); mais le mal venait d'abord de l'omission commise dans l'acte d'accusation, et un grand crime ne serait pas resté impuni, si, au mot empoisonnement, le résumé avait réuni celui d'avortement, dont toutes les circonstances étaient consignées dans le corps de l'acte.

7. Nous avons vu que la chambre d'accusation de la Cour impériale doit statuer par un seul et même arrêt sur les délits connexes dont les pièces sont en même tems produites devant elle; il est également de son devoir de comprendre dans le même arrêt de renvoi tous les complices d'un même délit qui lui sont désignés à la fois; mais comme il peut arriver que la chambre d'accusation ne soit saisie que successivement des procédures de chacun d'eux, et que, par suite, il soit dressé à raison de ce délit plusieurs actes d'accusation contre différens accusés, le procureur général est autorisé par la loi à en requé-

(1) *Voyez* arrêt de cassation du 14 pluviose an 12.
(2) *Voyez* articles 378 et 379 du Code du 3 brumaire an 4.

rir la jonction, le président peut même l'ordonner d'office (1).

8. Si l'acte d'accusation contient plusieurs délits non connexes, le procureur général peut requérir, et le président peut également ordonner même d'office, que les accusés ne seront mis quant à présent en jugement que sur l'un ou sur quelques-uns de ces délits (2).

Le droit d'accuser est susceptible de se prescrire dans un délai que la loi détermine, et qu'elle fait courir depuis l'instant où le crime, le délit ou la contravention ont été commis.

Voyez PRESCRIPTION.

M. J. M. LE GRAVEREND.

---

(1) *Voyez* art. 307 du Code d'instruction.

(2) *Voyez* art. 308, *ibid.* Le Code des délits et des peines du 3 brumaire an 4, contenait à cet égard les dispositions suivantes : — Art. 233. Lorsque plusieurs prévenus sont impliqués dans la même procédure, ou lorsque plusieurs délits sont imputés au même prévenu, le directeur du juri peut dresser un ou plusieurs actes d'accusation, suivant ce qui résulte des pièces relatives aux différens prévenus ou aux différentes espèces de délits. — Art. 234. Néanmoins, le directeur du juri ne peut, à peine de nullité, diviser en plusieurs actes d'accusation, à l'égard d'un seul et même individu, soit les différentes branches et circonstances d'un même délit, soit les délits connexes, dont les pièces se trouvent en même tems produites devant lui.

La loi du 18 germinal an 4 était ainsi conçue : Lorsqu'il aura été formé, à raison du même délit, plusieurs actes d'accusation contre différens accusés, les accusateurs publics seront tenus d'en demander la jonction.

La demande sera communiquée au commissaire du directoire exécutif, qui donnera son avis motivé.

Le tribunal criminel prononcera dans les vingt-quatre heures et ordonnera que tous les accusés du même délit soient présentés à un seul et même débat.

Le tableau du juri sera formé et les récusations seront exercées de la manière prescrite pour les cas où il se trouve plusieurs coaccusés par le même acte. (Art. 1, 2, 3 et 4.)

ACCUSE.

SOMMAIRES.

1. *Ce que l'on entend par* accusé.
2. *Les absens peuvent-ils être accusés?*
3. *Des personnes qui peuvent être accusées.*
4. *Quelle est l'influence de l'âge sur les accusations.*
5. *Les accusés doivent avoir des conseils.*
6. *Quelles formalités doivent être remplies, lorsque l'accusé, les témoins, les juges ne parlent pas la même langue?*
7. *Lorsque l'accusé est sourd-muet.*
8. *Un accusé acquitté peut-il être poursuivi de nouveau pour le même fait? Règles et distinctions à cet égard.*
9. *De quels droits l'accusé est privé; quels sont ceux qu'il conserve.*
10. *Quels sont les effets de la mort de l'accusé sur l'accusation.*
11. *Quels effets produisait à Rome l'absolution de l'accusé par rapport à l'accusateur.*
12. *Quels effets il en résulte en France, et comment il est statué sur les dommages-intérêts réclamés par l'accusé en cas d'acquittement ou d'absolution.*

1°. L'accusé, suivant l'acception commune, est celui à qui on impute un crime ou un délit, et contre lequel on dirige en conséquence des poursuites judiciaires. Dans le langage de la loi on n'appelle *accusé* que celui contre lequel une des chambres de la Cour impériale a rendu un arrêt de mise en accusation pour un crime susceptible d'être puni de peines afflictives ou infamantes, et qui est en conséquence traduit devant une Cour d'assises ou une Cour spéciale sur un acte d'accusation dressé par le procureur général près la Cour impériale. Avant l'arrêt d'accusation, on désigne sous le nom de *prévenu* celui à qui on impute un crime; on donne également ce nom aux auteurs présumés des délits correctionnels et des contraventions de police.

2. Si, pour prévenir la calomnie, on privait à Rome quelques personnes du droit d'accuser (1), on donnait à d'autres ce privilége de n'être point accusées. Les magistrats, les généraux, les députés, tous ceux qui, pour l'intérêt de l'Etat, *reipublicæ causâ*, étaient loin de la patrie, ne pouvaient être accusés des délits commis avant leur départ: la loi ne voulait pas donner à un ennemi le pouvoir de profiter de leur absence pour les calomnier; elle ne voulait pas que les magistrats jugeassent un homme qui ne pouvait pas se défendre lui-même, et que la condition de l'accusateur fût plus favorable que celle de l'accusé.

En France, la même prohibition n'existe pas: tous ceux qui ont commis des crimes peuvent être accusés, quoiqu'absens; mais la loi prescrit des règles particulières, soit pour l'instruction des procédures par contumace, soit pour la *garantie* dont doivent jouir les fonctionnaires publics. (*Voyez ces mots.*)

3. Toute personne qui s'est rendue coupable d'un crime peut être poursuivie et accusée. Le mineur, le fils de famille qui ont commis des délits, peuvent être traduits en jugement sans l'assistance de leur tuteur ou de leur curateur, ou de leur père. « L'autorisation du mari, dit l'art. 216 du Code Napoléon, n'est pas nécessaire lorsque la femme est poursuivie en matière criminelle ou de police. »

---

(1) *Voyez* Accusateur.

4. La loi ne détermine pas d'une manière précise l'âge auquel un enfant peut être poursuivi criminellement et accusé à raison du crime dont il serait l'auteur ; on pensait généralement autrefois que cet âge devait être fixé à l'époque voisine de la puberté : cependant on cite quelques arrêts qui ont condamné à la peine de mort des enfans au-dessous de l'âge de douze ans.

Quoiqu'il en soit, le Code d'instruction criminelle et le nouveau Code pénal indiquent évidemment, comme le supposait l'ordonnance de 1791, que l'on peut être accusé et condamné avant l'âge de seize ans.

Si l'accusé a moins de seize ans, le président posera cette question : L'accusé a-t-il agi avec discernement (1) ?

Lorsque l'accusé aura moins de seize ans, est-il dit (art. 66 du Code pénal) *s'il est décidé* qu'il a agi *sans discernement*, il sera acquitté ; mais il sera, selon les circonstances, remis à ses parens ou conduit dans une maison de correction pour y être élevé et détenu pendant tel nombre d'années que le jugement déterminera, et qui, toutefois, ne pourra excéder l'époque où il aura accompli sa vingtième année.

Pour que l'accusé au-dessous de seize ans et reconnu matériellement coupable, puisse être acquitté et jouir de la faveur de la loi, il faut, comme on le voit, que la question de discernement soit décidée en sa faveur ; et si la décision était contraire, l'accusation et la condamnation qui en serait la suite devraient avoir tout leur effet.

5. Après que la mise en accusation a été ordonnée par la Cour impériale selon les formes que nous avons indiquées, l'accusé doit être traduit devant la

(1) *Voyez* art. 340 du Code d'instruction.

Cour

Cour d'assises ou devant une Cour spéciale, l'arrêt d'accusation détermine le renvoi d'après la nature du crime qui donne lieu aux poursuites. L'accusé est, en conséquence, envoyé dans la maison de justice établie près la Cour, et toutes les pièces de la procédure, ainsi que les pièces de conviction, seront déposées au greffe.

L'instruction, jusqu'à ce moment, avait été tenue secrète; il ne s'agissait que de constater l'existence d'un crime, d'en recueillir les preuves, d'examiner jusqu'à quel point étaient fondées des imputations dirigées contre un individu, et de décider si elles étaient de nature à donner lieu à une procédure criminelle; le prévenu, livré à ses propres forces, n'avait pas dû être aidé du ministère d'un conseil ou d'un défenseur pour repousser et anéantir les élémens d'une accusation qui pouvait ne pas l'atteindre; mais aussitôt que l'accusé est renvoyé devant une Cour pour y subir un jugement criminel, la loi veut qu'il soit environné de tous les moyens de préparer et de développer sa défense. Le premier devoir du magistrat devant lequel il comparaît dans les vingt-quatre heures de son arrivée à la maison d'arrêt de justice pour y subir un nouvel interrogatoire, est de s'assurer s'il a fait choix d'un conseil, et de lui en désigner un, s'il n'en a pas choisi lui-même; et le Code, peu prodigue d'ailleurs de moyens de nullité, attache cette peine au défaut de désignation lorsque l'accusé n'a pas fait de choix. Aussitôt après l'interrogatoire subi devant le président ou l'un des membres de la Cour, l'accusé peut communiquer avec son conseil; celui-ci peut prendre connaissance de toutes les pièces au greffe, sans déplacement et sans que cela retarde l'instruction; il peut prendre ou faire prendre copie de celles qu'il croit utiles à la défense; une copie des procès-verbaux constatant le délit et des déclarations écrites des témoins, est d'ailleurs délivrée gratuitement aux accusés.

L'instant est arrivé où la Cour, investie de la connaissance de l'accusation, va prononcer sur le sort de celui qui en est l'objet; l'accusateur et l'accusé sont en présence; les débats vont s'ouvrir (*Voy.* DÉBATS). L'accusé comparaît libre et sans fers; son défenseur est à ses côtés; il ne souffrira pas que les droits de son client soient méconnus, il portera dans l'instruction cette liberté d'esprit qui quelquefois abandonne l'innocence lorsqu'elle est devant son juge. Tout ce qui fut écrit dans le cours des informations ne doit plus alors servir que de renseignemens; c'est de l'instruction orale et contradictoire que les jurés et les juges doivent tirer leur conviction; et la publicité de la procédure, ce bienfait sollicité si vivement et si long-tems par tous les amis de l'humanité, en assurant à l'accusé que ses moyens de défense seront écoutés avec attention et appréciés avec justice sous les yeux de spectateurs curieux à qui rien n'échappe, ne lui laisse plus à redouter les tristes effets de la légèreté, de la prévention, de la corruption même, que l'ancien secret des procédures était si propre à favoriser, mais qui n'oseraient point affronter la lumière.

6. Lorsque l'accusé, les témoins ou l'un d'eux ne parlent pas la même langue ou le même idiôme, le président doit nommer d'office un interprète, âgé de vingt-un ans au moins, et lui faire prêter serment de traduire fidèlement les discours à transmettre entre ceux qui parlent des langages différens. La nomination de l'interprète et sa prestation de serment sont prescrites, à peine de nullité.

L'accusé et le procureur général peuvent récuser l'interprète; la Cour prononce sur leur récusation, qui doit être motivée.

L'interprète ne peut pas être pris parmi les témoins, les juges et les jurés. Sa nomination serait nulle, quand même elle aurait eu lieu du consentement de l'accusé et du procureur général. (*Voy.* art. 332 du Code d'instruction.)

7. Si l'accusé est sourd-muet et qu'il ne sache pas écrire, le président de la Cour doit aussi procéder d'office à la nomination d'un interprète, et lui faire prêter serment; il doit appeler en cette qualité celui qui a le plus d'habitude de converser avec l'accusé.

Si l'accusé, quoique sourd-muet, sait écrire, les questions et observations qui doivent lui être faites, sont écrites par le greffier et lui sont soumises en cet état, et l'accusé donne lui-même par écrit ses réponses et ses observations, dont il doit être fait lecture. (Art. 333, *ibid.*)

Un accusé qui a été déclaré innocent du crime qui lui était imputé, ne peut plus être poursuivi à raison du même fait; mais il faut bien distinguer à cet égard l'état d'accusation de celui de simple prévention.

Nous avons dit précédemment, à l'article ACCUSATION, que l'ordonnance de mise en liberté qui est rendue par le tribunal de première instance sur le rapport du juge d'instruction, est susceptible d'être attaquée par la voie d'opposition, et que cette voie est ouverte au procureur impérial comme à la partie civile, lorsqu'il y en a une, mais que l'opposition doit être formée, à peine de nullité, dans le délai de vingt-quatre heures, qui commencent à courir à une époque déterminée.

Si, pour ne pas prolonger la détention d'un prévenu, la loi a pris soin de fixer les règles auxquelles on est tenu de se conformer pour s'opposer à l'exécution de l'ordonnance rendue en sa faveur, il ne faut pas conclure de ces dispositions qu'un prévenu remis en liberté en vertu et par suite de cette ordonnance, ne puisse pas être ultérieurement poursuivi de nouveau pour le même fait, si quelque circonstance vient répandre de nouvelles lumières sur l'objet de la plainte ou de la dénonciation, et sur la culpabilité du prévenu.

Cette ordonnance, en effet, est essentiellement provisoire par sa nature, comme l'était, suivant le Code des délits et des peines du 3 brumaire an 4 (art. 67), l'ordonnance rendue dans le même cas, soit par le juge de paix avant la loi du 7 pluviose an 9, soit par le directeur du juri depuis la publication de cette loi; et quoique le Code d'instruction criminelle ne s'explique pas d'une manière aussi précise que le faisait le Code des délits et des peines, il ne peut pas cependant y avoir de doute à cet égard, parce que les deux Codes sont rédigés dans le même esprit pour tout ce qui touche à cette partie de la procédure: en effet, il répugne de penser que d'après le simple résultat d'une information préliminaire et nécessairement très-superficielle, un prévenu soit à l'abri de toute recherche; et pour se convaincre que l'ordonnance dont il s'agit ne saurait être définitive, il suffit de considérer que l'arrêt rendu par la chambre d'accusation de la Cour impériale, après une instruction bien plus approfondie, n'a pas toujours lui-même ce caractère d'irrévocabilité.

Le prévenu à l'égard duquel la Cour impériale aura décidé qu'il n'y aura pas lieu au renvoi devant la Cour d'assises ou à la Cour spéciale, ne pourra plus y être traduit à raison du même fait, *à moins qu'il ne survienne de nouvelles charges.* (Art. 246 du Code d'instruction.)

Sont considérés comme charges nouvelles, les déclarations de témoins, pièces et procès-verbaux qui, n'ayant pu être soumis à l'examen de la Cour impériale, sont cependant de nature, soit à fortifier les preuves que la Cour aurait trouvées trop faibles, soit à donner aux faits de nouveaux développemens utiles à la manifestation de la vérité. (Article 247 du Code d'instruction.)

En cas de nouvelles charges, on doit procéder comme si l'accusation ou du moins la dénonciation se présentait pour la première fois.

La première de ces dispositions se trouvait dans le Code des délits et des peines (1); mais la loi nouvelle, plus prévoyante que l'ancienne, a pris soin d'expliquer ce que l'on doit considérer comme charges nouvelles, et la jurisprudence des tribunaux ne sera plus incertaine et divergente sur un point si important et qui touche de si près aux plus chers intérêts des citoyens.

Ainsi un prévenu rendu à la liberté par ordonnance du tribunal de première instance contre laquelle il n'y a point eu d'opposition, peut être poursuivi de nouveau, en tout état de cause, si l'on vient à recueillir contre lui quelqu'indice de culpabilité.

Un prévenu remis en liberté par arrêt de la chambre d'accusation de la Cour impériale, rendu après l'ordonnance de prise de corps décernée par le tribunal de première instance, ou sur opposition à une ordonnance de mise en liberté émanée du même tribunal, ou sur une instruction faite d'office d'après l'ordre de la Cour impériale, peut aussi être l'objet de nouvelles poursuites, avec cette différence que la loi exige, en ce cas, qu'il soit survenu de nouvelles charges, et que l'espèce et la nature en soient définies.

---

(1) Art. 255. Le prévenu à l'égard duquel le juri d'accusation a déclaré qu'il n'y a pas lieu à accusation, ne peut plus être poursuivi à raison du même fait, à moins que, sur de nouvelles charges, il ne soit présenté un nouvel acte d'accusation.

Mais si l'accusé a été traduit devant une Cour d'assises ou une Cour spéciale en vertu d'un arrêt de mise en accusation et de renvoi, et qu'il ait été déclaré non coupable, il est désormais à l'abri de toutes poursuites à raison du fait pour lequel il a été jugé (1).

« Toute personne acquittée *légalement* ne pourra » plus être *reprise* ni accusée *à raison du même* » *fait.* » (Art. 360 du Code d'instruction criminelle.)

Cette disposition du Code d'instruction, dont le Code des délits et des peines offrait l'équivalent (2), défend expressément d'accuser ou de poursuivre par aucune voie un individu après qu'il a été jugé et acquitté *légalement.* La solemnité du jugement et la maxime générale *non bis in idem*, ne laissent plus aucun moyen de l'inquiéter de nouveau, quand même les preuves les plus évidentes de sa culpabilité viendraient à être produites, et la loi n'admet à cet égard aucune espèce d'exception. Elle exige seulement que l'arrêt d'absolution soit légalement rendu, parce qu'un jugement qui est contraire à la loi n'a pas, à proprement parler, le caractère d'un jugement, que la loi règle la manière d'en provoquer l'anéantissement, et que ce qui est nul ne peut produire aucun effet.

La prohibition de la loi contre de nouvelles poursuites après un arrêt qui acquitte un accusé, est même tellement absolue, que si un seul fait, comme cela peut arriver, présentait dans ses circonstances

(1) Les jugemens des tribunaux de police et ceux des tribunaux correctionnels dont il n'y a pas eu appel et qui ont acquis la force de chose jugée, produisent les mêmes effets à l'égard des individus qu'ils acquittent.

(2) Art. 426. Tout individu ainsi acquitté...... ne peut plus être repris ni accusé à raison du même fait.

deux crimes bien distincts, et que dans un premier acte d'accusation, dans un premier débat, dans un premier jugement, on n'eût accusé un individu et on ne l'eût acquitté de ce fait que sous le rapport de l'un des crimes dont il offrait les caractères, il ne serait plus possible de l'accuser et de le juger une seconde fois à raison du même fait, quand même, dans le nouveau débat et dans le nouveau jugement, on n'envisagerait ce fait que comme offrant les caractères d'un autre crime dont on n'aurait pas déclaré précédemment l'accusé non coupable. L'arrêt de condamnation du 14 pluviose an 12, rapporté au mot ACCUSATION, atteste la vérité de cette proposition, et l'on peut consulter un autre arrêt de la même Cour, en date du 23 frimaire an 13, d'où il résulte qu'un particulier accusé d'un crime de faux et d'un crime de concussion commis à l'aide de ce faux, et qui avait été traduit pour le premier à la Cour spéciale, et acquitté, n'a pas pu régulièrement être poursuivi pour le second devant la Cour criminelle ordinaire.

L'accusé acquitté ne peut également être *repris* (ce sont les termes du Code) et poursuivi par la voie correctionnelle à raison d'un fait indivisible qui a motivé une accusation contre lui, et qui, dégagé, par le résultat des débats, de ses caractères criminels et aggravans, a pu donner lieu à une déclaration favorable du juri de jugement, et par suite à un arrêt d'absolution; la raison en est que l'accusé a subi un jugement sur ce *fait*, qu'il a été légalement acquitté, que si le crime a été mal caractérisé, c'est par la faute des magistrats chargés de l'instruction; qu'enfin, il n'est pas seulement défendu d'accuser, mais encore de *reprendre* à raison du même fait, un accusé légalement acquitté, et que ce serait violer la loi que de faire juger de nouveau cet accusé par le tribunal correctionnel, sous le prétexte que ce fait offre un délit de sa compétence. Cette décision eût été applicable pendant l'existence du Code des délits et des peines, au cas où le juri chargé d'examiner l'accusation aurait déclaré qu'il n'y avait pas lieu, et elle le serait encore aujourd'hui, quoique toutefois ce cas ne soit guères susceptible de se présenter, si la Cour impériale, saisie de l'examen de la procédure, se bornait à renvoyer par son arrêt le prévenu en liberté, sans ordonner sa mise en accusation et sans le renvoyer sur-le-champ devant le tribunal correctionnel (1).

S'il n'est pas permis de poursuivre correctionnellement un prévenu contre lequel on a d'abord dirigé des poursuites criminelles, et qui a été acquitté, soit par la chambre d'accusation de la Cour impériale, soit par la Cour d'assises ou la Cour spéciale devant laquelle il aurait été renvoyé, il ne serait pas moins irrégulier de vouloir poursuivre par la voie criminelle, à raison d'un fait qui offrirait à la fois dans ses circonstances indivisibles les caractères d'un crime et ceux d'un simple délit, un individu qui aurait d'abord été traduit mal à propos devant un tribunal correctionnel, et qui y aurait été acquitté; le prévenu ne doit pas plus, dans ce cas que dans ceux que nous avons indiqués, être victime de l'erreur des magistrats et subir un double jugement sur le même fait, et la Cour de cassation l'a jugé ainsi, lorsque la question lui a été soumise (2).

Mais si le fait se divise naturellement en plusieurs branches, en plusieurs parties distinctes, dont l'une

---

(1) *Voyez* sur cette question, les arrêts de la Cour de cassation du 21 thermidor an 7 et du 26 décembre 1807.

(2) *Voyez* arrêt de cassation du 10 juillet 1806.

offre tous les caractères d'un crime grave, et l'autre constitue un délit correctionnel tout à fait indépendant de ce crime, ou plutôt si l'action principale se compose de plusieurs faits non connexes divisibles, et dont l'un ou les uns puissent donner lieu à des peines afflictives et infamantes, l'autre ou les autres à des peines correctionnelles, alors l'accusé acquitté par une Cour d'assises peut être régulièrement poursuivi devant le tribunal correctionnel, et ce n'est point violer la loi, qui défend de le reprendre ou de l'accuser de nouveau à raison du *même fait*. Nous avons encore pour garans de cette distinction, divers arrêts de la Cour de cassation (1).

Il existe, au reste, dans le Code d'instruction criminelle une disposition particulière concernant la marche que les Cours spéciales doivent tenir, en certain cas, à l'égard des accusés, et nous croyons devoir la transcrire ici.

« Si, par le résultat des débats (dit l'art. 589), le fait dont l'accusé est convaincu était dépouillé des circonstances qui le rendent justiciable de la Cour spéciale, ou n'était pas de nature à entraîner peine afflictive ou infamante, au premier cas, la Cour renverra, par un arrêt motivé, l'accusé et le procès devant la Cour d'assises, qui prononcera, quel que soit ensuite le résultat des débats; au deuxième cas, la Cour pourra appliquer, s'il y a lieu, les peines correctionnelles ou de police encourues par l'accusé. »

9. La mise en accusation suspend l'exercice des droits de citoyen, c'est-à-dire, des droits politiques attachés à ce titre (2); mais un accusé, tant qu'il

(1) *Voyez* notamment arrêt du 16 pluviose an 13.

(2) *Voyez* art. 5 de l'Acte constitutionnel du 22 frimaire an 8.

n'a point été déclaré coupable et condamné comme tel, conserve tous ses droits civils, et les actes qu'il fait avant sa condamnation, doivent avoir leur effet, sauf l'annullation en cas de fraude et de connivence, et sauf aussi les priviléges du trésor public sur les biens des condamnés.

10. L'accusé qui meurt pendant l'instruction de son procès, meurt dans l'intégrité de ses droits, *integri statûs;* la procédure cesse et il ne peut plus être prononcé aucune peine contre l'accusé mort, ni à plus forte raison contre son héritier; quant à l'action en dommages-intérêts, on peut l'exercer, s'il y a lieu, contre les représentans du défunt (1); mais elle ne peut plus alors être portée devant les tribunaux criminels, parce qu'ils n'ont de compétence pour statuer sur les dommages-intérêts, qu'à raison de l'action principale dont ils se trouvent dessaissis de plein droit par la mort de l'accusé.

11. Comment et dans quels cas l'accusé peut-il réclamer des dommages-intérêts contre l'auteur de l'accusation portée contre lui? Nous terminerons par l'examen de cette question importante ce que nous avons à dire sur le système actuel d'accusation en France.

A Rome, l'absolution de l'accusé produisait ordinairement la ruine de l'accusateur; elle l'exposait, en certains cas, à des peines graves.

Si après le jugement qui déclarait l'accusé absous, le préteur disait à l'accusateur *non probasti*, celui-ci était seulement tenu de payer les frais du procès; il n'était soumis à aucune peine. Mais s'il prononçait cette terrible formule, *calomniatus es*, alors il était déclaré infâme par l'édit du préteur; il était en même tems condamné à la peine du ta-

---

(1) Art. 2 du Code d'instruction criminelle.

lion (1), et la loi voulait même qu'on imprimât avec un fer rouge la lettre *K* sur le front du calomniateur (2).

12, Suivant la législation française, lorsqu'un individu a été dénoncé et que son innocence est reconnue, on n'applique point à l'accusateur la peine du délit ou du crime qui était imputé à l'accusé, mais il peut y avoir lieu, en certains cas, à diriger contre lui des poursuites pour faux témoignage et pour subornation de témoins, si l'accusation a été soutenue par de fausses dépositions; et indépendamment de la demande de dommages-intérêts qui peut toujours être formée par l'accusé déclaré innocent, l'auteur d'une dénonciation calomnieuse peut aussi être puni des peines que la loi décerne contre la calomnie, et qu'elle a graduées suivant les circonstances. (*Voyez* CALOMNIE.)

Le droit de réclamer des dommages-intérêts est assuré au prévenu ou à l'accusé acquitté ou reconnu innocent, et il résulte évidemment de l'article 66 du Code d'instruction criminelle (3), que ce droit peut exister en certaines circonstances, quand même le plaignant ne se serait pas constitué par-

---

(1) *Voyez* au mot *Accusation* la formule d'accusation romaine. La peine du talion, contre le calomniateur, est très-ancienne; Diodore dit qu'elle était établie depuis long tems chez les Egyptiens. Denis d'Halicarnasse nous offre une preuve de l'ancienneté de cette peine, non-seulement chez les Romains, mais même dans les autres villes du Latium. Il est certain que les lois des Douze-Tables prononçaient la même peine.

(2) Quelques commentateurs on prétendu que c'était la lettre *C*; d'autres la lettre *D*.

(3) Cet article est ainsi conçu :

« Les plaignans ne seront réputés parties civiles, s'ils ne le déclarent formellement, soit par la plainte, soit par acte subséquent, ou s'ils ne prennent par l'un ou par l'autre des contie civile. Quant à l'exercice de ce droit, voici comment il est fixé.

Si l'accusé n'a été traduit ou cité devant aucun tribunal, c'est-à-dire, lorsque la partie lésée n'a point donné de citation directe (en matière correctionnelle ou de simple police), ou que sur sa plainte, en quelque matière que ce soit, il n'a point été rendu de jugement ou d'arrêt qui renvoie devant le tribunal de police simple ou correctionnelle, ou devant une Cour d'assises, ou une Cour spéciale, il ne peut pas y avoir lieu, de la part du prévenu, à former une demande en dommages-intérêts, à moins, toutefois, que le plaignant, s'étant constitué partie civile, n'ait formé opposition à la décision provisoire du tribunal de première instance, rendu en chambre du conseil, sur le rapport du juge d'instruction.

« La partie civile qui succombera dans son op» position, sera condamnée aux dommages-inté» rêts envers le prévenu. » Telles sont les dispositions de l'article 136 du Code d'instruction criminelle.

Puisque la loi a pris soin de prévoir les cas d'opposition de la part de la partie civile, il en faut sans doute conclure que s'il n'y a pas eu de partie civile, ou si cette partie civile n'a pas formé opposition, on ne peut pas accueillir de la part du prévenu faussement dénoncé, une demande en dommages-intérêts. C'était, au reste, l'ancienne jurisprudence; et il serait évident qu'en pareil cas, l'action en dommages-intérêts ne serait pas suffisamment motivée.

---

clusions en dommages-intérêts : ils pourront se départir dans les vingt-quatre heures; dans le cas du désistement, ils ne sont pas tenus des frais depuis qu'il a été signifié, *sans préjudice néanmoins des dommages-intérêts, s'il y a lieu.* »

Lorsqu'il y a eu opposition de la partie civile, la chambre d'accusation de la Cour impériale est compétente pour statuer sur les dommages-intérêts, puisque c'est elle qui juge l'opposition (1), et que la demande du prévenu est dépendante de la procédure principale sur laquelle elle prononce. Cependant, comme cette règle n'est point écrite dans la loi, on pourrait penser que la demande en dommages-intérêts devrait être portée par action distincte et postérieure à la décision de la Cour impériale devant le tribunal de première instance jugeant civilement, attendu que la chambre d'accusation ne connaît pas du fond des affaires ; qu'elle ne prononce qu'en chambre du conseil ; et que le prévenu et la partie civile n'y comparaissent pas personnellement, et sont seulement autorisés à y produire par écrit leurs moyens d'attaque et de défense. Mais en examinant avec soin les dispositions de la loi que nous allons avoir occasion de développer, en considérant que toutes les fois que la chose est possible, il doit être statué, à peine de déchéance, sur les dommages-intérêts que réclame le prévenu, par la Cour ou le tribunal qui a connu de l'affaire principale, on ne peut avoir aucun doute sur la compétence de la chambre d'accusation de la Cour impériale en cette circonstance, puisque l'opposition formée suppose l'existence d'une partie civile, et indique nécessairement le dénonciateur. Nous croyons, au reste, que si la chambre de la Cour impériale n'a pas été provoquée à statuer sur les dommages-intérêts, et qu'elle n'ait en conséquence donné à cet égard aucune décision, nous croyons, dis-je, que dans ce cas il n'y aurait pas déchéance contre le prévenu, at-

(1) Articles 135, 229 et 231 du Code d'instruction.

tendu que la loi ne la prononce pas, et que la demande en dommages-intérêts pourrait aussi être portée régulièrement devant le tribunal de première instance qui y statuerait dans la forme déterminée par le Code de procédure civile.

Si l'affaire a été portée devant le tribunal de police, soit par citation directe à la requête de la partie plaignante ou du ministère public sur sa plainte (1), soit par décision du tribunal de première instance, rendue sur le rapport du juge d'instruction (2), soit par arrêt de renvoi de la chambre d'accusation (3) ; ce tribunal en prononçant l'acquittement du prévenu, statue par le même jugement sur les demandes en dommages-intérêts (4).

Si, d'après la nature des faits, le tribunal correctionnel a été saisi, ce qui peut avoir lieu suivant les mêmes formes que pour les contraventions de police (5), et aussi par le renvoi qu'aurait fait le tribunal de police en déclarant son incompétence (6), le tribunal correctionnel, comme le tribunal de police, doit statuer sur les dommages-intérêts qui sont réclamés en même tems qu'il ordonne la mise en liberté du prévenu (7).

Enfin, si par suite d'un arrêt de mise en accusation, dont nous avons indiqué les formalités, l'accusé a été traduit devant une Cour d'assises, que son innocence soit légalement reconnue, et qu'en conséquence il soit acquitté, la loi règle ainsi la

---

(1) *Voyez* art. 135 du Code d'instruction.
(2) Art. 129, *ibid.*
(3) Art. 230, *ibid.*
(4) Art. 159 et 171, *ibib.*
(5) Art. 130, 182, 230, 239, *ibib.*
(6) Art. 160, 171 et 182.
(7) Art. 191 et 192.

manière dont il doit être statué sur les dommages-intérêts.

Lorsque l'accusé aura été déclaré non coupable, le président prononcera qu'il est acquitté de l'accusation, et ordonnera qu'il soit mis en liberté, s'il n'est retenu pour autre cause.

La Cour statuera ensuite sur les dommages-intérêts respectivement prétendus, après que les parties auront proposé leurs fins de non-recevoir ou leurs défenses, et que le procureur général aura été entendu.

La Cour pourra néanmoins, si elle le juge convenable, commettre l'un des juges pour entendre les parties, prendre connaissance des pièces et faire son rapport à l'audience où les parties pourront encore présenter leurs observations, et où le ministère public sera entendu de nouveau.

L'accusé acquitté pourra aussi obtenir des dommages-intérêts contre ses dénonciateurs, pour fait de calomnie, sans néanmoins que les membres des autorités constituées puissent être ainsi poursuivis à raison des avis qu'ils sont tenus de donner, concernant les délits dont ils ont cru acquérir la connaissance dans l'exercice de leurs fonctions, et sauf contre eux la demande en prise à partie, s'il y a lieu.

Le procureur général sera tenu, sur la réquisition de l'accusé, de lui faire connaître ses dénonciateurs.

Les demandes en dommages-intérêts formées, soit par l'accusé contre ses dénonciateurs ou la partie civile, soit par la partie civile contre l'accusé ou le condamné, seront portées à la Cour d'assises.

La partie civile est tenue de former sa demande en dommages-intérêts avant le jugement; plus tard elle sera non-recevable.

Il en est de même de l'accusé s'il a connu son dénonciateur.

Dans le cas où l'accusé n'aurait connu son dénonciateur que depuis le jugement, mais avant la fin de la session, il sera tenu, sous peine de déchéance, de porter sa demande à la Cour d'assises : s'il ne l'a connu qu'après la clôture de la session, sa demande sera portée au tribunal civil.

A l'égard des tiers qui n'auraient pas été parties au procès, ils s'adresseront au tribunal civil. (Articles 358 et 359 du Code d'instruction criminelle.)

La Cour prononcera l'absolution de l'accusé, si le fait dont il est déclaré coupable n'est pas défendu par une loi pénale.

Dans le cas d'absolution, comme dans celui d'acquittement ou de condamnation, la Cour statuera sur les dommages-intérêts prétendus par la partie civile ou par l'accusé; elle les liquidera par le même arrêt ou commettra l'un des juges pour entendre les parties, prendre connaissance des pièces et faire du tout son rapport, ainsi qu'il vient d'être dit. (Art. 364 et 366, *ibid.*) (1).

La plupart de ces dispositions sont presque littéralement répétées au chapitre du Code d'instruction, qui concerne les Cours spéciales (2). Ainsi, on doit regarder ces règles comme étant communes aux accusations qui sont portées devant les Cours d'assises et à celles qui sont jugés par des Cours spéciales.

On voit que dans les accusations de cette espèce, ce n'est pas seulement contre la *partie civile* que l'accusé déclaré non coupable peut exercer son recours en dommages-intérêts; que la loi le lui

(1) *Voyez* art. 584 et 585.
(2) *Voyez* art. 358.

assure encore contre tout *dénonciateur* pour fait de calomnie ; que le procureur général est en conséquence obligé de le désigner à l'accusé sur sa réquisition, après le jugement qui l'acquitte, et qu'à la différence de ce qui a lieu devant les tribunaux de police simple ou de police correctionnelle, où l'on n'est susceptible de dommages-intérêts au profit du prévenu acquitté que dans le cas où l'on agit comme partie civile, on peut être soumis à des condamnations de cette nature, lorsque, par une dénonciation téméraire, hasardée ou calomnieuse, on a placé un citoyen en présence d'une Cour d'assises ou d'une Cour spéciale pour un fait qui l'exposait, s'il eût été prouvé, à des peines afflictives ou infamantes, et qu'en l'arrachant à son domicile et à sa famille, on l'a traîné, pour ainsi dire, jusqu'aux pieds de l'échafaud. Les motifs de cette distinction se présentent d'eux-mêmes, et le législateur qui décernait des peines contre le calomniateur en général, ne devait pas laisser impunie celle de toutes les calomnies dont l'effet est le plus dangereux, dont les suites peuvent être les plus funestes. (*Voyez* CALOMNIE.)

On voit aussi que c'est toujours devant la Cour d'assises ou la Cour spéciale et *avant le jugement*, s'il y a partie civile, ou si le dénonciateur est connu, que l'accusé doit former sa demande en dommages-intérêts; que plus tard, dans ces deux hypothèses, elle serait non-recevable, et que la compétence de la Cour d'assises ou de la Cour spéciale à cet égard, et le moment où elle doit être saisie, sont déterminés par la circonstance que l'accusé a connu son dénonciateur avant ou depuis le jugement qui l'acquitte, avant ou depuis la fin de la session dans laquelle il a été acquitté.

Il semble, au reste, résulter de la loi, que lorsqu'il n'y a pas *de partie civile*, l'accusé ne peut exiger que le procureur général lui nomme son dénonciateur que lorsqu'il a été déclaré non coupable et *acquitté* (1), et qu'il n'a pas même ce droit, lorsque reconnu coupable du fait qui lui était imputé, il est seulement *absous*, parce que ce fait n'est pas défendu par une loi pénale (2); mais ce serait une erreur de croire que l'accusé *absous* ne puisse pas, comme celui qui a été *acquitté*, réclamer des dommages-intérêts contre *la partie civile* ou même contre son dénonciateur, s'il vient à le connaître; sa situation est sans doute beaucoup moins favorable : mais le nouveau Code, d'accord sur ce point avec le Code des délits et des peines (3), veut que dans ce cas, comme dans les autres, il soit statué sur les dommages-intérêts respectivement prétendus; et c'est d'après ces circonstances que les juges doivent se fixer sur ces demandes (4).

---

(1) *Voyez* art. 358.

(2) Art. 364.

(3) Art. 432 du Code des délits et des peines, et 366 du Code d'instruction.

(4) Sous l'empire du Code des délits et des peines, l'accusé pouvait être acquitté de deux manières, soit sur la déclaration du juri de jugement portant qu'il n'était pas convaincu, ou que le fait avait été commis involontairement; sans aucune intention de nuire, ou pour la légitime défense de soi-même ou d'autrui, et alors le président seul rendait une simple ordonnance de mise en liberté, sans consulter la Cour (articles 424 et 425 du Code des délits et des peines, du 3 brumaire an 4), soit parce que le fait de l'accusation, quoique reconnu constant, n'était pas défendu par la loi, et alors la Cour entière rendait un arrêt d'absolution (art. 432 du même Code). Dans ce dernier cas, la Cour pouvait et devait même prononcer, par un seul et même jugement, sur les dommages-intérêts prétendus par la partie plaignante ou par l'accusé, et ni l'une ni l'autre n'aurait même pu se pourvoir ultérieurement devant la Cour pour en obtenir; mais, dans le premier cas, l'action en dommages-inté-

L'innocent aux yeux de la justice, est celui qu'elle déclare tel en le renvoyant absous; et les juges ne doivent jamais perdre de vue combien il en coûte au malheureux accusé pour rendre son innocence aussi notoire que l'a été sa diffamation.

M. J.-M. Le Graverend.

ACHAT.

SOMMAIRES.

1. *Définition.*
2. *Des actions qui dérivent de l'achat.*
3. *Différence entre l'échange et l'achat.*
4. *A-t-on le droit de jouir d'un héritage acheté nonobstant le bail passé à un tiers?*
5. *De l'obligation de livrer la chose vendue.*

---

rêts que l'accusé pouvait intenter contre la partie plaignante rentrait dans la classe des actions ordinaires, et devait, conformément aux principes généraux, être portée devant les tribunaux civils; c'est du moins ce qu'a jugé un arrêt de cassation du 13 ventôse an 7, en cassant un jugement rendu par un tribunal criminel qui avait accordé des dommages-intérêts à un accusé acquitté par ordonnance du président.

On retrouve dans la loi nouvelle la même distinction sur la manière d'ordonner la mise en liberté d'un accusé. Aux termes de l'art. 358 du Code d'instruction, lorsque l'accusé est déclaré non coupable, *le président* prononce qu'il est *acquitté* de l'accusation. Conformément à l'art. 364, *la Cour* doit prononcer *l'absolution* de l'accusé, si le fait dont il est déclaré coupable n'est pas défendu par une loi pénale; mais, dans ce dernier cas, comme dans l'autre, la Cour doit statuer dans la même forme et de la même manière sur les dommages-intérêts, et son droit est égal, soit que *l'acquittement* ait été prononcé, aux termes de la loi, par le président seul, ou que la Cour entière ait prononcé *l'absolution* de l'accusé.

6. *De la prétention d'un tiers sur la chose achetée.*

7. *Des défauts de la chose vendue.*

8. *Du cas où une même chose est vendue à deux acheteurs différens.*

9. *Des dommages-intérêts qui résultent du défaut de délivrance de la chose vendue.*

10. *De l'achat dont l'accomplissement dépend d'une condition.*

11. *Du cas où de deux choses il en a été acheté une à choisir par le vendeur ou par l'acheteur.*

12. *De l'interprétation des clauses de l'achat qui sont équivoques.*

13. *De la réserve de voir ou d'approuver la chose achetée.*

14. *Du défaut de payement de la chose achetée.*

15. *Des choses qui peuvent être achetées et vendues.*

16. *Des accessoires de la chose achetée.*

17. *A qui appartient le choix non déterminé d'une chose achetée entre plusieurs?*

18. *Que résulte-t-il d'un achat qui s'étend à plus de 150 livres, sans que la convention soit rédigée par écrit.*

19. *Des cas où il est défendu d'acheter.*

1. L'achat est un traité par lequel on acquiert la propriété d'une chose quelconque, moyennant un prix convenu.

On appelle aussi *achat*, la chose achetée, et *livre d'achat* le livre dans lequel les marchands enregistrent les effets qu'ils achètent.

2. *Des actions qui dérivent de l'achat.* L'achat suppose nécessairement une vente, parce que comme il ne peut y avoir de vente sans achat, il n'y a point d'achat sans vente : il suit de-là que ce contrat donne lieu à deux actions qui peuvent être

exercées, l'une par l'acheteur et l'autre par le vendeur.

Par la première, l'acheteur conclut à ce que le vendeur lui délivre la chose vendue, ou l'en fasse jouir, aux offres d'en payer le prix.

Par la seconde, le vendeur conclut à ce que l'acheteur ait à payer le prix de la chose vendue, aux offres de la lui délivrer, ou de l'en faire jouir.

3. *Différence entre l'échange et l'achat.* Il y a cette différence entre l'échange et l'achat, que celui-ci se fait pour un prix d'argent, et celui-là en donnant un effet ou une denrée pour un autre effet ou une autre denrée.

4. *A-t-on le droit de jouir d'un héritage acheté nonobstant le bail passé à un tiers?* On disait autrefois au Palais, par forme de proverbe, *achat passe louage*, pour signifier que celui qui avait acheté un héritage, et qui en était investi, pouvait jouir, malgré le bail fait à un tiers, sauf au locataire à se pourvoir pour ses dommages et intérêts. Mais cette règle ayant d'abord été modifiée par la loi du 28 septembre 1793, a définitivement été abrogée par l'art. 1743 du Code Napoléon.

5. *De l'obligation de livrer la chose vendue.* Comme on n'achète les choses que pour en jouir, il faut en tirer la conséquence que la première obligation du vendeur est de délivrer la chose qu'il a vendue. Remarquez cependant que l'acheteur ne peut régulièrement exiger cette délivrance, qu'il n'ait offert en entier le prix convenu. La raison en est que le vendeur ne peut pas être obligé de courir les risques de l'insolvabilité de l'acheteur, comme cela arriverait s'il délivrait la marchandise achetée avant qu'elle fût payée.

Il faut néanmoins observer que le juge peut quelquefois modérer la rigueur du principe qu'on vient d'établir, lorsque l'équité paraît le demander, comme dans le cas qu'on va proposer. Un boulanger achète mille sacs de blé pour une certaine somme payable en enlevant ce blé ; ce boulanger n'ayant pas encore tout son argent, qu'il compte avoir dans dix ou douze jours, demande qu'il lui soit permis d'enlever cent sacs de ce blé, desquels il a besoin pour entretenir son commerce, jusqu'à ce qu'il puisse payer le tout ; et il offre de délivrer pour cet effet une somme plus forte que la valeur de ces cent sacs. Il est certain qu'il y aurait, dans ce cas, une sorte d'inhumanité à rejeter la demande, en s'attachant trop scrupuleusement au principe de droit, qui ne permet pas à l'acheteur de demander une partie de la chose vendue avant d'avoir payé le prix du tout.

Remarquez, avec Pothier, que ce principe n'a pas lieu, lorsque par la convention, le vendeur a accordé à l'acheteur un terme qui n'est pas expiré. Cependant si, depuis la convention, l'acheteur avait souffert dans sa fortune un dérangement qui fût tel que le vendeur courût risque de perdre le prix de sa marchandise, il pourrait, nonobstant le terme accordé, se défendre de la livrer, à moins que l'acheteur n'offrît ou le payement, ou une caution suffisante.

Remarquez encore, avec le jurisconsulte qu'on vient de citer, qu'il n'y a que le terme de droit porté par le marché qui puisse autoriser l'acheteur à exiger la chose vendue avant d'en avoir payé le prix : un terme de grâce n'aurait pas cet effet. C'est pourquoi l'acheteur à qui on aurait accordé un certain tems pour payer ses dettes, ne serait pas en droit d'exiger la chose achetée sans la payer. L'effet de ce terme se borne à empêcher les poursuites qu'on voudrait exercer contre lui pour le contraindre.

6. *De la prétention d'un tiers sur la chose ache-*

tée. Par une suite de l'obligation contractée par le vendeur de délivrer la chose vendue, il doit faire en sorte que l'acheteur puisse en jouir sans trouble : c'est pourquoi si un tiers venait à prétendre quelque droit sur cette chose, le vendeur serait tenu de répondre à cette prétention, et de garantir à l'acheteur la jouissance de l'objet de son achat.

7. *Des défauts de la chose vendue.* Les choses ne s'achetant que pour être employées aux usages qui y sont propres, il faut en conclure que le vendeur doit être obligé de reprendre la chose vendue, si elle a des défauts qui la rendent inutile ou trop incommode à l'acheteur.

Observez, à ce sujet, qu'il ne s'agit point ici des défauts qui sont évidens, et que l'acheteur n'a pu ignorer. C'est pourquoi, s'il avait acheté un cheval qui eût les yeux crevés, il ne serait point admis à faire résoudre la vente.

8. *Du cas où une même chose est vendue à deux acheteurs différens.* S'il arrive qu'une même chose soit vendue à deux acheteurs, le premier des deux à qui elle aura été délivrée doit être préféré, quand même son achat serait postérieur à celui de son concurrent ; mais ce dernier aurait une action en dommages et intérêts contre le vendeur.

9. *Des dommages et intérêts qui résultent du défaut de délivrance de la chose vendue.* Les dommages et intérêts occasionnés par le défaut de délivrance de la chose achetée, se règlent selon l'état des choses et les circonstances. C'est pourquoi si vous vendez à quelqu'un cent mètres de drap pour 20 francs le mètre, et que depuis le marché, le drap ait renchéri de 10 francs par mètre, vous devez, à défaut de livraison, payer à l'acheteur ces 10 francs d'augmentation par mètre, pour lui tenir lieu du profit qu'il aurait fait, si la marchandise achetée lui eût été livrée.

L'action dont il s'agit ne s'étend communément qu'aux dommages et intérêts que l'acheteur a soufferts par rapport à la chose qui lui a été vendue, et non à ceux dont l'inexécution du marché n'a été que la cause éloignée. Ainsi, dans le cas où, par le défaut de délivrance des denrées que vous m'aviez vendues, je n'ai pu nourrir des ouvriers que j'employais à un ouvrage important, ce qui m'a obligé de les renvoyer et de laisser cet ouvrage imparfait, je ne serai pas en droit de vous répéter les dommages et intérêts que m'auront causés la discontinuation du travail de ces ouvriers. La raison en est que le préjudice que j'ai souffert n'ayant point été prévu par le marché, il ne peut être envisagé que comme un cas fortuit dont personne ne doit répondre.

Il en serait différemment si, par les circonstances, il paraissait que les dommages et intérêts soufferts par l'acheteur autrement que par rapport à la chose même qui lui a été vendue, eussent été prévus lors du marché, et que le vendeur s'y fût soumis, au moins tacitement, en cas d'inexécution de son engagement. On peut donner pour exemple, d'après Pothier, le traité par lequel un charpentier, averti de la ruine imminente d'une maison, aurait vendu des étais qu'il se serait obligé de livrer et de poser dans le jour, pour prévenir le dommage : si le charpentier a négligé de livrer les étais dans le tems marqué, et que, faute d'avoir été étayée, la maison se soit écroulée, il doit être tenu de la perte causée par cet écroulement; car, quoique le dommage ne concerne pas la chose même qui a été vendue, il paraît néanmoins qu'il a été prévu lors du marché, et que le charpentier s'y est tacitement soumis, s'il venait à ne pas remplir son engagement, puisqu'il a été averti de la ruine imminente de la maison, et que le dessein de prévenir cette ruine a été l'objet principal du traité.

S'il arrivait que la chose achetée eût été volée avant d'être délivrée, ou qu'elle fût périe ou détériorée par cas fortuit, l'acheteur ne pourrait point non plus prétendre des dommages et intérêts, à moins toutefois que le vendeur n'eût été mis en demeure de la délivrer; et dans ce cas-ci même, l'acheteur ne pourrait rien exiger du vendeur, si la cause du dommage était telle, que la délivrance de la chose achetée n'aurait pas empêché qu'il n'eût lieu. Supposons, par exemple, que vous ayez acheté une maison qu'un tremblement de terre a détruite avant que le vendeur, qui a été mis en demeure, vous en eût remis les clefs: vous supporterez seul ce dommage, parce qu'il était inévitable.

Si la délivrance étant retardée par le fait du vendeur et de l'acheteur en même tems, il survient un changement qui détériore ou détruit la chose achetée, le dommage sera pour l'acheteur seul. C'est une conséquence de la maxime *res perit domino*.

10. *De l'achat dont l'accomplissement dépend d'une condition.* Il en serait tout autrement si l'accomplissement de l'achat dépendant d'une condition, la chose vendue venait à périr avant l'événement de la condition; la perte serait alors pour le vendeur, quand même la condition aurait lieu par la suite.

11. *Du cas où de deux choses il en a été acheté une à choisir par le vendeur ou par l'acheteur.* Si de deux choses on en avait acheté une au choix du vendeur ou à celui de l'acheteur, et qu'après la vente, l'une des deux vînt à périr avant que le choix eût été consommé, le vendeur serait tenu de délivrer l'autre, quand même ce serait la meilleure; la raison en est qu'il en doit une. Mais si les deux choses étaient péries, l'acheteur ne serait pas dispensé de payer le prix de l'achat. C'est encore une conséquence de la maxime *res perit domino*.

12. *De l'interprétation des clauses de l'achat qui*

sont équivoques. Si les clauses de la convention paraissaient obscures ou douteuses, il faudrait les interpréter en faveur de l'acheteur : la raison en est que le vendeur étant censé connaître les choses qu'il vend, doit s'imputer de ne s'être pas expliqué avec clarté et précision.

Observez toutefois que si la clause obscure avait été stipulée par l'acheteur, ce serait contre lui qu'il faudrait l'interpréter.

13. *De la réserve de voir ou d'approuver la chose achetée.* Lorsque l'acheteur s'est réservé la vue et l'essai de la chose, elle n'est censée vendue que quand il a dit être content de l'épreuve.

14. *Du défaut de payement de la chose achetée.* L'acheteur qui est en demeure de payer, ne doit pour indemnité que l'intérêt du prix convenu, quelque préjudice que le retard du payement ait occasionné au vendeur.

Mais si par le défaut de payer le prix convenu, le vendeur a été obligé de reprendre la chose vendue, l'acheteur doit le dédommager jusqu'à concurrence de ce que cette chose vaudra ou se vendra de moins que le prix qui avait été convenu.

15. *Des choses qui peuvent être achetées et vendues.* Toutes sortes de choses en général peuvent être achetées et vendues, à moins que le commerce n'en soit impossible ou défendu. Ainsi, l'on peut vendre et acheter non-seulement des choses corporelles, comme des meubles, des immeubles, des animaux, des fruits, mais encore des choses incorporelles, comme une dette, une hérédité et autres droits.

On peut acheter plusieurs choses en même tems et pour un seul prix, comme toutes les marchandises qui sont dans une boutique ou dans un vaisseau, tous les grains qui sont dans un grenier, tous les vins qui sont dans une cave, etc.

Lorsque les denrées ou autres marchandises sont achetées en gros, la vente est parfaite aussitôt qu'on est convenu de la marchandise et du prix, parce qu'on sait précisément ce qu'on a acheté : mais si le prix est réglé à tant pour chaque pièce, pour chaque gramme, pour chaque mesure, la vente n'est parfaite que dans ce qui est compté, pesé, mesuré, parce que le délai pour faire ces opérations est comme une condition qui suspend la vente jusqu'à ce qu'on sache ce qui est acheté et vendu.

16. *Des accessoires de la chose achetée.* Tout ce qui fait partie de la chose vendue ou qui en est un accessoire, entre dans l'achat, à moins qu'il n'y ait une convention contraire entre le vendeur et l'acheteur. Ainsi, les arbres qui sont dans un héritage, les échalas d'une vigne, les clefs d'une maison, etc., appartiennent à celui qui a acheté l'héritage, la vigne, la maison, etc.

Les choses détachées d'un bâtiment, mais dont l'usage y est accessoire, comme la corde et les seaux d'un puits, les robinets d'une fontaine, etc. et les choses qui n'ont été détachées que pour être remises, font partie de la vente et appartiennent à l'acheteur; mais il en serait différemment si ces choses avaient seulement été destinées à l'usage du bâtiment, et qu'elles n'y eussent point été employées : au reste, pour juger en particulier des cas où ces sortes de choses doivent appartenir à l'acheteur, il faut en considérer l'usage, la destination, le lieu où elles étaient lors de la vente, l'état des lieux vendus, et s'attacher surtout à ce qui peut caractériser à cet égard l'intention des contractans.

Les accessoires d'une chose mobilière, et qui peuvent en être séparés, font partie de l'achat ou n'en font pas partie, selon les circonstances. Si, par exemple, on expose en vente un cheval sans son harnois, l'acheteur n'aura que le cheval nu; mais si le cheval est exposé avec son harnois, l'un et l'autre appartiendront à l'acheteur, à moins qu'il n'en soit autrement convenu.

17. *A qui appartient le choix non-déterminé d'une chose achetée entre plusieurs?* Si l'on achète l'un ou l'autre de deux chevaux ou de deux autres choses, sans déterminer lequel, du vendeur ou de l'acheteur, aura le choix, le vendeur pourra donner le cheval ou la chose qu'il voudra, parce qu'il est alors regardé comme un débiteur ayant le droit de se libérer de la manière qui lui paraît la plus avantageuse.

18. *Que résulte-t-il d'un achat qui s'étend à plus de* 150 *francs, sans que la convention soit rédigée par écrit?* Comme le contrat de vente ne requiert point, pour sa perfection, qu'il soit rédigé par écrit, on faisait chez nous autrefois, comme chez les Romains, des ventes de choses fort considérables sans en rédiger aucun acte par écrit, et la preuve pouvait s'en faire par témoins; mais cette jurisprudence a d'abord été changée par l'ordonnance de Moulins, de 1566, dont l'article 54 a décidé que la preuve par témoins ne serait plus admise à l'égard des objets qui excéderaient la somme de cent francs. Divers arrêts ont jugé conformément à cette ordonnance.

Cette disposition a été adoptée par l'art. 1341 du Code Napoléon, avec cette différence que la preuve dont il s'agit peut être admise jusqu'à la valeur de 150 francs.

Vous remarquerez d'ailleurs à ce sujet, que l'ordonnance du mois d'avril 1667, a maintenu, par l'article 2 du titre 20, les juges et consuls des marchands, qui sont actuellement les tribunaux de commerce, dans l'usage de recevoir, quand ils le trouveraient convenable, la preuve testimoniale, à quelque somme ou valeur qu'une demande pût être portée. Cette exception, que l'article cité du Code Napoléon a confirmée, est fondée sur la faveur due au commerce, et sur ce que les livres où les marchands écrivent leurs marchés font un commencement de preuve par écrit.

19. *Des cas où il est défendu d'acheter.* Il est défendu, par plusieurs réglemens, d'acheter des effets dont la vente est proposée par des personnes inconnues, à moins qu'elles ne donnent des répondans non suspects, sous peine contre les contrevenans, de répondre des choses volées, et d'être poursuivis comme recéleurs.

Ces réglemens ont particulièrement eu en vue les matières d'or et d'argent : voici ce que porte celui du 16 avril 1657.

« La Cour ordonne que les ordonnances, arrêts » et sentences de police, ensemble les statuts concernant l'orfévrerie, seront exécutés selon leur » forme et teneur. En conséquence, enjoint à tous » orfévres, tant de la ville de Paris, qu'autres, » d'être exacts à tenir, chacun à leur égard, bon » et fidèle registre des matières et ouvrages d'or » et d'argent qu'ils acheteront et vendront, sur » lequel ils écriront fidèlement la qualité et quantité de ces marchandises, avec les noms et demeures de ceux auxquels ils les auront vendues, » ou de qui ils les auront achetées, pour être ledit registre représenté toutes fois et quantes ils » en seront requis ; leur fait défenses d'acheter aucune pièce de vaisselle d'argent, quand même » il n'y aurait pas eu de recommandation, si ce » n'est de personnes qui leur soient connues, ou » qui leur donnent des répondans à eux connus

» et domiciliés, à peine d'être procédé extraordi- » nairement contr'eux, si le cas y échet; de ré- » pondre des dommages-intérêts des parties et de » restitution des choses volées; leur enjoint aussi » de retenir les vaisselles ou autres pièces d'orfé- » vrerie qu'on leur proposera d'acheter, lorsqu'elles » seront suspectes d'avoir été volées, ou lorsqu'el- » les auront été recommandées, et d'en faire leur » déclaration. »

Voyez les articles VENTE, BAIL et GARANTIE.

ACQUÉREUR.

SOMMAIRES.

1. *Définition.*
2. *Distinction entre l'acquéreur de bonne foi et l'acquéreur de mauvaise foi, relativement à la prescription.*
3. *De l'acquéreur d'une portion dans une chose commune à plusieurs personnes.*
4. *De celui qui se rend acquéreur sous le nom d'un tiers.*

1. Un acquéreur est celui qui est devenu propriétaire d'un immeuble par vente, échange ou autrement.

2. *Distinction entre l'acquéreur de bonne foi et l'acquéreur de mauvaise foi relativement à la prescription.* Les jurisconsultes distinguent, en matière de prescription, deux sortes d'acquéreurs; l'acquéreur de bonne foi et l'acquéreur de mauvaise foi.

L'acquéreur de bonne foi est celui qui a acquis

de quelqu'un qui n'était pas propriétaire, mais qu'il croyait propriétaire.

L'acquéreur de mauvaise foi est celui qui a acquis de celui qu'il savait bien n'être pas propriétaire.

La différence entre ces deux acquéreurs, est que le premier prescrit valablement, et l'autre non.

3. *De l'acquéreur d'une portion dans une chose commune à plusieurs personnes.* Celui qui se rend acquéreur d'une portion de droit ou autre chose commune à plusieurs personnes, entre dans les engagemens formés relativement à cette chose, sans qu'il faille aucune convention à cet égard.

4. *De celui qui se rend acquéreur sous le nom d'un tiers.* Un individu qui juge à propos de ne pas paraître acquéreur de certains biens, peut en faire l'acquisition au nom d'un tiers: celui-ci stipule dans le contrat qu'il acquiert pour lui ou pour son ami *élu* ou à *élire*. On dit *son ami élu*, parce qu'il peut se faire que l'acte d'élection soit antérieur à l'acquisition.

Mais quel est le terme fixé pour une telle élection, afin qu'on ne puisse pas en conclure qu'elle donne ouverture à un nouveau droit d'enregistrement?

La loi du 13 septembre 1791 avait fixé ce délai à six mois; mais la loi du 22 frimaire an 7 l'a réduit à vingt-quatre heures. Si l'élection d'ami ou la déclaration de command a lieu dans ce dernier délai, et qu'elle ait été notifiée dans le même délai au préposé de l'enregistrement, il ne doit être perçu à cet égard qu'un droit fixe d'un franc; mais si l'on a négligé de faire cette notification dans les vingt-quatre heures, la déclaration de command sera considérée comme une seconde vente, et sera en conséquence soumise au droit proportionnel de quatre pour cent.

Voyez les articles VENTE, CRÉANCE, GARANTIE.

ACQUÊT.

C'est un immeuble dont on a acquis la propriété.

Ce mot s'employait autrefois par opposition au mot *propre*, qui désignait un bien de famille.

Mais cette distinction est aujourd'hui abrogée par le Code Napoléon. L'article 732 porte que *la loi ne considère ni la nature ni l'origine des biens* pour en régler la succession.

Lorsque des époux stipulent dans leur contrat de mariage qu'il n'y aura entr'eux qu'une communauté d'acquêts, ils sont censés avoir exclu de la communauté et leurs dettes tant actuelles que futures, et leur mobilier respectif présent et futur.

En ce cas, et après que chacun des époux a prélevé les apports duement justifiés, le partage est limité aux acquêts faits par les époux ensemble ou séparément durant le mariage, et provenant tant de l'industrie commune que des économies faites sur le produit des biens des deux époux.

Telles sont les dispositions de l'article 1498 du Code Napoléon.

L'article suivant veut que si le mobilier existant lors du mariage, ou échu postérieurement, n'a pas été constaté par un inventaire ou un état en bonne forme, il soit réputé acquêt.

Voyez BIENS et COMMUNAUTÉ.

ACQUIESCEMENT.

ACQUIESÇEMENT.

SOMMAIRES.

1. *Définition.*
2. *Des effets de l'acquiescement.*
3. *Quelles sont les personnes capables d'acquiescer ?*
4. *Le tuteur peut-il acquiescer au nom de son pupille ?*
5. *Les personnes mises sous l'assistance d'un conseil judiciaire peuvent-elles acquiescer ?*
6. *La régie de l'enregistrement et des domaines peut-elle acquiescer ?*
7. *Les époux mariés sous le régime dotal peuvent-ils acquiescer ?*
8. *De la forme du contrat d'acquiescement.*
9. *Différentes questions résolues par la Cour de cassation en matière d'acquiescement.*

1. L'acquiescement est le contrat qui se forme entre des parties litigantes, et par lequel l'une donne ou est censée donner son consentement à la demande que l'autre lui a faite, ou au jugement que celle-ci a obtenu contre elle.

2. *Des effets de l'acquiescement.* Nous disons que l'acquiescement est un contrat ; car la partie qui acquiesce contracte nécessairement l'obligation de donner, de faire ou de ne pas faire quelque chose ; et suivant l'article 1101 du Code Napoléon, il y a contrat toutes les fois qu'une ou plusieurs personnes s'obligent envers une ou plusieurs autres personnes à donner, à faire ou à ne pas faire quelque chose.

Nous disons que ce contrat se forme entre des parties litigantes, pour marquer en quoi il diffère des autres contrats, lesquels, selon la loi 5, *Cod. de oblig. et action.*, sont *ab initio voluntatis, et ex post facto necessitatis.* C'est par cette raison qu'on l'appelle *contrat judiciaire.*

Nous disons encore que, par ce contrat, l'une des parties litigantes donne ou est censée donner son consentement à la chose qui est en litige; de-là il suit que l'acquiescement est formel ou qu'il n'est que présumé. Ainsi, par exemple, Pierre a traduit Paul en jugement pour raison d'une somme que celui-ci lui doit; Paul consent à la lui payer : ce consentement constitue ce que nous appellons *acquiescement formel.* Mais au lieu de consentir, Paul conteste, et après avoir été condamné, il laisse écouler les délais que la loi lui accordait pour se pourvoir contre la décision; par là, la condamnation devient définitive, parce que la loi présume que Paul y a acquiescé. Voilà l'*acquiescement présumé.*

3. *Des personnes capables d'acquiescer.* 1°. L'acquiescement emporte l'aliénation du fond du procès, car celui qui acquiesce renonce à tous les moyens de défense qu'il peut avoir, et il abandonne l'objet réclamé. L'acquiescement ne peut donc être valablement donné que par celui à qui la loi n'a enlevé ni la capacité de disposer, ni le libre exercice de ses droits.

2°. Les individus qui sont dans cette position sont, notamment :

1°. Le majeur de vingt-un ans; à cet âge, dit l'article 488 du Code Napoléon, on est capable de tous les actes de la vie civile.

2°. Le mineur émancipé, si l'objet du procès appartient à l'administration de ses biens. Par exemple, s'il s'agit de l'exécution d'un bail ou du payement de fermages. L'article 481 du Code cité le déclare capable de faire tous les actes qui ne sont que de pure administration.

Il n'en est pas de même si le procès porte sur un capital mobilier ou sur un objet immobilier. Le mineur émancipé doit, suivant l'article 482 du même Code, être assisté de son curateur; il faut, d'ailleurs, que relativement à l'objet immobilier, l'acquiescement soit, conformément à l'art. 457, autorisé par un conseil de famille.

3°. Lorsque le mineur émancipé fait le commerce, l'article 487 le répute majeur pour tous les actes qui y sont relatifs.

4°. La femme qui est marchande publique, peut, d'après l'article 5 du Code de commerce, s'obliger pour tout ce qui concerne son négoce.

4. *Le tuteur peut-il acquiescer au nom de son pupille?* Il ne le peut, si l'objet du litige est immobilier. L'autorisation du conseil de famille est nécessaire, suivant l'article 464 du Code Napoléon. L'autorisation doit même, conformément à l'article 458, être homologuée en justice, sur les conclusions du ministère public.

Néanmoins, le tuteur peut acquiescer à une demande en partage dirigée contre son pupille; car il ne peut s'opposer à cette demande: on obtiendrait le partage malgré lui; ainsi son acquiescement est forcé.

Mais si l'objet est mobilier, le tuteur n'a pas besoin de l'autorisation du conseil de famille. La raison en est que l'article 464 n'exige cette autorisation que pour les droits immobiliers.

5. *Les personnes mises sous l'assistance d'un conseil judiciaire peuvent-elles acquiescer?* Ces personnes sont, 1°. les prodigues, article 513 du Code Napoléon; et celles dont, suivant l'article 499, l'incapacité n'est pas telle, qu'elle réclame une interdiction complète. Nous pensons que comme elles

ne peuvent ester en jugement sans l'assistance de leur conseil, elles ne peuvent également donner aucun acquiescement sans la même assistance.

6. *La régie de l'enregistrement et des domaines peut-elle acquiescer?* Deux arrêts de la Cour de cassation supposent qu'elle le peut; l'un, du 21 germinal an 12, a décidé qu'elle n'est pas censée acquiescer à un jugement rendu à son préjudice, par la restitution qu'a faite un de ses receveurs, sans protestation ni réserve, de la somme portée par ce jugement. L'autre, du 23 décembre 1807, a décidé qu'il n'en était pas de même lorsque le jugement avait été signifié sans aucune réserve à la requête des administrateurs. Le motif de la décision est qu'il s'agissait alors, non du fait d'un simple préposé, mais du propre fait des administrateurs.

7. *Les époux mariés sous le régime dotal peuvent-ils acquiescer?* Pour résoudre cette question, il faut distinguer:

Lorsque le fonds dotal est meuble, l'acquiescement est valable, parce que l'article 1554 du Code Napoléon n'admet l'inaliénabilité de la dot que pour les immeubles.

Il est également valable lorsque le fond dotal est immeuble, si l'aliénation en a été stipulée par le contrat de mariage, comme le permet l'art. 1557 suivant.

Mais il n'est pas valable si le contrat de mariage ne contient pas l'autorisation expresse de l'aliénation; car alors l'acquiescement équivaudrait à l'aliénation de l'immeuble dotal, et l'art. cité 1554 ne la permet pas.

8. *De la forme du contrat d'acquiescement.* 1°. Aucune loi n'a déterminé la forme de ce contrat. Il peut donc se faire par écriture privée comme par acte authentique. C'est, d'ailleurs, ce qui ré-

sulte d'un arrêt de la Cour de cassation, du 25 prairial an 6. Par cet arrêt la Cour a décidé que le désaveu d'un acte d'appel, fait dans une simple lettre, constituait un acquiescement formel au jugement contre lequel l'appel était dirigé.

2°. Il suit du même principe, et de la loi 5, *au Code de re judicatâ*, que ce contrat peut se former tacitement comme expressément; mais dans le premier cas, les faits desquels on prétend le faire résulter, doivent être émanés volontairement de la partie qui est censée acquiescer.

Ainsi on ne peut, au second cas, attacher l'effet d'un acquiescement, ni à des offres de payer les dépens pour éviter des poursuites; arrêt de la Cour de cassation, du 6 prairial an 2; ni à des poursuites qui ont pour objet un ordre de deniers: arrêt de la même Cour, du 23 décembre 1806.

Mais il n'en est pas de même de la nomination d'experts faite volontairement en exécution d'un jugement: arrêt du 16 floréal an 5; ou de la demande d'un délai pour payer l'objet de la condamnation, *dictâ lege* 5, *Cod. de re judicatâ*, ou de la restitution qu'une des parties s'est fait faire par le receveur de l'enregistrement, d'une amende qu'elle avait consignée: arrêt du 13 thermidor an 12; ou de l'exécution faite sans provocation et sans contrainte, d'un arrêt ou d'un jugement en dernier ressort, avant même la signification: arrêt du 3 fructidor an 13. Dans tous ces cas, il y a acquiescement; l'exécution libre du jugement est un hommage rendu à la chose jugée.

9. *Différentes questions résolues par la Cour de cassation en matière d'acquiescement.* La partie qui a poursuivi l'exécution d'un jugement en dernier ressort, n'est pas recevable à l'attaquer en cassation, quoiqu'elle ait pris la précaution de faire les réserves les plus expresses à ce sujet. La raison en

est que, dans ce cas, elle a acquiescé au jugement, et ses réserves sont inconciliables avec sa conduite, car on ne saurait protester contre son propre fait, contre sa volonté, contre un acte libre et spontané. C'est ce qu'a jugé la Cour de cassation, par arrêt du 1er. brumaire de l'an 10.

Mais celui qui, par un jugement en dernier ressort, a obtenu gain de cause sur un ou plusieurs chefs, et qui a succombé dans d'autres, peut, s'il en poursuit l'exécution dans les dispositions qui lui sont favorables, conserver par des réserves et des protestations, le droit d'attaquer le jugement quant aux autres dispositions. La raison en est que le jugement qui statue sur des chefs séparés de demande, forme autant de dispositions distinctes; d'où il suit que la poursuite des condamnations particulières, ne peut être considérée comme un acquiescement indivisible et inséparable du surplus des autres dispositions sur lesquelles il y a réserve. La Cour de cassation l'a ainsi jugé, par arrêt du 17 frimaire an 11.

L'intimé qui, sur l'appel de certains chefs d'un jugement, a conclu, en anticipant, à la confirmation de ce jugement, ne peut en appeler ultérieurement lui-même, s'il n'a fait des réserves expresses à cet égard; la raison en est qu'il est censé avoir acquiescé au jugement. Arrêt de rejet du 6 fructidor an 13.

On n'est pas censé acquiescer à un jugement qui contient des dispositions distinctes, dont l'une définitive et l'autre préparatoire, en le faisant signifier à la partie adverse sans réserve; mais avec sommation de concourir au préparatoire ordonné. La raison en est que la signification d'un jugement n'est regardée comme un acquiescement formel à ce jugement, qu'autant qu'on ne peut présumer dans celui qui l'a faite, une autre intention que celle de l'exécuter. C'est ce qui résulte de deux arrêts de la Cour de cassation, dont l'un est du 17 vendémiaire an 13, et l'autre du 19 thermidor suivant.

Celui qui est censé avoir acquiescé à un jugement en le faisant signifier, peut néanmoins appeler de celles des dispositions qu'il renferme, dont son adversaire appelle lui-même, quoique la signification ait été faite sans réserve ni protestation. La raison en est que cette signification ne forme qu'un acquiescement conditionnel, qui cesse de plein droit lorsqu'il y a appel de la part de l'autre partie. La Cour de cassation l'a ainsi jugé par un arrêt du 12 février 1806.

L'acquiescement ne peut pas avoir lieu relativement à une question d'état, parce que l'acquiescement suppose une obligation contractée en faveur de la partie adverse de celui qui acquiesce : or, c'est un principe de droit public que les particuliers ne peuvent faire des conventions sur des questions d'état, telles que celles qui concernent le lien du mariage. C'est ce qu'a jugé un arrêt de la Cour de cassation, du 1er. août 1807.

M. DUPORT.

ACQUIT.

SOMMAIRES.

1. *Énonciation des différentes sortes d'acquits.*
2. *De l'acquit de payement.*
3. *De l'acquit à caution.*
4. *La destination des marchandises prohibées à la sortie du territoire de la France doit être assurée par un acquit à caution.*
5. *Des formalités à observer tant par les porteurs des acquits à caution que par les préposés à la décharge de ces acquits.*

I 4

6. *De la justification du retard qui empêche de remplir les formalités prescrites par l'acquit à caution.*

7. *Du cas où les marchandises énoncées dans l'acquit à caution ne se trouvent pas les mêmes lors de la visite des préposés à la régie.*

8. *Des règles à suivre relativement aux certificats de décharge des acquits à caution.*

9. *Des acquits à caution relatifs à la circulation des grains.*

10. *De l'acquit de transit ou passavant.*

1. On distingue trois sortes d'acquits; savoir, l'acquit de payement, l'acquit à caution et l'acquit de transit ou passavant. Nous allons parler successivement de ces différens acquits.

2. *De l'acquit de payement.* L'acquit de payement est une espèce de quittance ou billet imprimé, sur du papier timbré, qui est expédié et délivré aux marchands commissionnaires ou voituriers, par les commis ou receveurs des bureaux établis aux entrées et sorties du territoire de la France.

Cet acquit fait mention de la qualité, quantité, poids ou valeur des marchandises, du nombre des caisses, balles et ballots où elles sont renfermées; des marques, des numéros et des plombs qui y ont été apposés, de la somme qui a été payée pour les droits d'entrée ou de sortie; du nom du marchand pour le compte duquel les marchandises sont envoyées; du lieu où elles doivent être déchargées, et la route que les voituriers doivent tenir.

L'article 13 du titre 2 de la loi du 22 août 1791, défend aux capitaines et maîtres de bâtimens chargés de marchandises de se mettre en mer ou sur les rivières y affluentes sans être porteurs de l'acquit de payement des droits, sous peine de confiscation de ces marchandises et de cent francs d'amende.

Les acquits de payement délivrés pour des marchandises qui entrent ou sortent par terre, doivent indiquer les bureaux de contrôle où il faut que ces marchandises passent, et les conducteurs sont obligés de remettre dans ces bureaux les acquits dont ils sont porteurs, en échange desquels il doit leur être expédié, sans frais, des brevets de contrôle. Les porteurs de ces brevets ont, pendant une année, la faculté de se faire représenter les acquits originaux; mais après ce délai, les préposés de la régie sont dispensés de cette représentation. Cela est ainsi réglé par l'article 25 du même titre.

L'article 26 veut que les marchandises sujettes aux droits, et qui doivent sortir par mer ou par terre, soient, quant aux premières, transportées immédiatement après la délivrance de l'acquit de payement des droits, sur les bâtimens destinés à les recevoir; et que les autres soient conduites aussi immédiatement à l'étranger, sans qu'elles puissent, hors le cas d'avarie, de naufrage et autres semblables, rentrer dans les magasins des marchands ni être entreposées dans d'autres maisons, à peine de confiscation et d'une amende de cent francs.

Au reste, lorsque les marchandises ont été visitées au premier bureau d'entrée ou de sortie, les préposés de la régie ne peuvent plus les visiter, si ce n'est au bureau de contrôle indiqué par l'acquit de payement. C'est ce que porte l'art. 27 du titre cité.

3. *De l'acquit à caution.* L'acquit à caution est un acte que délivrent des officiers publics ou des commis de la régie des droits d'entrée et de sortie, à un particulier qui se rend caution que des marchandises seront vues et visitées par les préposés à cet effet dans le lieu pour lequel elles sont destinées. Après cette visite, qui constate que les marchandises sont parvenues au lieu de la desti-

nation, on met la décharge au dos de l'acquit qu'on renvoie ensuite à la caution, pour le représenter à ceux qui le lui ont délivré, afin qu'ils la déchargent de son cautionnement.

4. *La destination des marchandises prohibées à la sortie du territoire de la France, doit être assurée par un acquit à caution.* Lorsque des marchandises expédiées sont prohibées à la sortie du territoire de la France, la destination en doit être assurée par un acquit à caution. Les expéditionnaires et leurs cautions s'obligent solidairement par leurs soumissions à payer la valeur de ces marchandises, avec amende de cinq cents francs, s'il arrivait qu'ils ne rapportassent pas au bureau du départ, dans le délai fixé, l'acquit à caution valablement déchargé: on énonce, pour cet effet, l'estimation des marchandises dans les soumissions.

5. *Des formalités à observer, tant par les porteurs des acquits à caution que par les préposés à la décharge de ces acquits.* Les maîtres ou capitaines de bâtimens et les voituriers sont tenus de présenter leurs marchandises, savoir, celles qui sont expédiées par mer au bureau de leur destination, et celles qui sont expédiées par terre, aux bureaux de leur passage, en même qualité et quantité que celles qui se trouvent énoncées dans l'acquit à caution dont ils sont porteurs. Cet acquit ne peut être déchargé par les préposés de la régie qu'après vérification faite de l'état des cordes et plombs, du nombre des ballots et des marchandises y contenues, et il n'y a rien à payer pour les certificats de décharge qui doivent être inscrits au dos des acquits à caution et signés au moins de deux préposés dans les bureaux où il y a plusieurs commis. Il est défendu à ces préposés, sous peine de tous dépens, dommages et intérêts, de différer la remise de ces certificats lorsque les formalités pres-

crites par les acquits à caution ont été remplies, ou qu'il est justifié qu'il n'a pas été possible de les remplir. Pour établir un refus de certificat, le conducteur des marchandises est obligé d'en faire rédiger l'acte pour le signifier sur le champ au receveur du bureau, et aucune preuve par témoins ne peut être admise à cet égard.

Il n'est pas permis aux préposés de la régie de délivrer des certificats de décharge pour des marchandises qu'on ne représente au bureau de la destination ou du passage, qu'après le tems fixé par l'acquit à caution; s'il s'agit de marchandises expédiées par mer ou par terre, en empruntant le territoire de l'étranger, elles doivent acquitter au bureau où elles sont présentées après le tems dont on vient de parler, les droits d'entrée comme si elles venaient de l'étranger, sans préjudice du double droit de sortie dans le cas où il en est dû, et dont le payement doit être poursuivi au lieu du départ contre les soumissionnaires.

6. *De la justification du retard qui empêche de remplir les formalités prescrites par l'acquit à caution.* Les capitaines et maîtres de bâtimens qui ont été retardés par cas fortuits, comme fortune de mer, poursuite d'ennemis et autres accidens, peuvent valablement le justifier par des procès-verbaux rédigés à bord et signés des principaux de l'équipage, ou par des rapports faits aux juges du tribunal de commerce dans le lieu de la destination, ou à défaut de ce tribunal, aux officiers de la municipalité: ces procès-verbaux ou rapports doivent être affirmés devant ces juges ou officiers.

Les marchands ou conducteurs de marchandises transportées par terre doivent également être admis à justifier des retardemens qu'ils ont éprouvés pendant la route, en rapportant au bureau de la régie des procès-verbaux en bonne forme, faits par les juges des lieux où ils ont été retenus, et à défaut d'établissement de juges, par les officiers municipaux des mêmes lieux; il faut que ces procès-verbaux énoncent les circonstances et les causes du retard : dans ces cas, les acquits à caution doivent avoir leur effet, et les préposés de la régie sont tenus de délivrer les certificats de décharge. On observera à ce sujet qu'il ne peut être suppléé par la preuve testimoniale au défaut des rapports ou procès-verbaux dont il s'agit, et qu'on ne doit admettre qu'autant qu'ils ont été déposés au bureau de destination ou de passage, en même tems que les marchandises y ont été représentées.

7. *Du cas où les marchandises énoncées dans l'acquit à caution ne se trouvent pas les mêmes lors de la visite des préposés à la régie.* Si lors de la visite au bureau de destination ou de passage, les marchandises énoncées dans l'acquit à caution se trouvent différentes dans l'espèce, elles doivent être saisies et confisquées avec amende de cent francs contre les conducteurs, sauf leur recours contre les expéditionnaires. Si la quantité est inférieure à celle qui est portée dans l'acquit à caution, il ne doit être déchargé que pour la quantité représentée; et en cas d'excédent, il doit être soumis au double droit; si les marchandises représentées sont prohibées à l'entrée, elles doivent être confisquées avec amende de cinq cents francs; le tout indépendamment des condamnations à poursuivre au bureau du départ contre les soumissionnaires et leurs cautions en vertu de leurs soumissions.

8. *Des règles à suivre relativement aux certificats de décharge des acquits à caution.* Les soumissionnaires qui rapportent dans les délais les acquits à caution déchargés, doivent certifier au

dos de ces expéditions la remise qu'ils en font; ils sont obligés de déclarer le nom, la demeure et la profession de celui qui leur a remis le certificat de décharge pour être procédé, s'il y a lieu, comme quand il s'agit de falsification ou altération de toute espèce d'expédition, soit contre les expéditionnaires, soit contre les porteurs d'expéditions; dans ce dernier cas, les soumissionnaires, et leurs cautions ne sont tenus que des condamnations purement civiles, conformément à leurs soumissions. Au reste, le délai pour s'assurer de la vérité du certificat de décharge, et pour intenter l'action, est fixé à quatre mois; et après un tel délai, la régie serait non-recevable à former aucune demande.

Lorsqu'on représente à la régie les acquits à caution revêtus des certificats de décharge en bonne forme, les droits consignés doivent être rendus aux marchands, et les soumissions faites tant par eux que par leurs cautions, doivent être annullées en leur présence, et sans frais, sur le registre.

Si les certificats de décharge qui doivent être délivrés dans les bureaux de la destination ou de passage ne sont pas rapportés dans les délais fixés par les acquits à caution, et s'il n'y a pas eu consignation du simple droit à l'égard des marchandises qui y sont soumises, les préposés à la perception dans les bureaux sont autorisés à décerner contrainte contre les soumissionnaires et leurs cautions pour le payement du double droit de sortie.

Lorsque les marchandises expédiées par acquit à caution se trouvent dans la classe de celles qui sont prohibées à la sortie, les préposés à la perception peuvent pareillement décerner contrainte pour la valeur de ces marchandises, telle qu'elle est fixée par les soumissions et pour l'amende de cinq cents francs, aussi conformément à ces soumissions.

Observez néanmoins, que si les soumissionnaires rapportaient dans le terme de six mois après l'expiration du délai fixé par les acquits à caution, les certificats de décharge en bonne forme et délivrés en tems utile, ou les procès-verbaux du refus des préposés, les droits, amendes ou autres sommes qu'ils auraient payés leur seraient remis; mais ils seraient tenus des frais faits par la régie jusqu'au jour du rapport de ces pièces. Après ce délai de six mois, aucune réclamation relative aux sommes consignées ou payées ne peut être admise, et il doit en être compté par la régie au trésor public.

Tout ce qui vient d'être dit relativement aux acquits à caution, est fondé sur les dispositions de la loi du 22 août 1791.

9. *Des acquits à caution concernant la circulation des grains.* La loi du 3 février 1792, concernant la libre circulation des grains dans l'intérieur de la France, et les précautions pour en empêcher l'exportation en pays étranger, a ordonné que les municipalités des ports de France nommeraient des commissaires pour assister, indépendamment des préposés aux douanes, à tous les chargemens et déchargemens de grains déclarés pour être transportés d'un port à un autre, ces commissaires sont tenus de s'assurer des quantités mentionnées dans les acquits à caution, et ils ne doivent en certifier l'arrivée qu'après en avoir constaté la conformité avec l'état du chargement.

La même loi veut que la municipalité de chaque lieu d'où l'on expédie des grains par acquit à caution, expose dans l'endroit le plus apparent de ce lieu, un tableau des chargemens de ces grains, lequel doit contenir, par colonnes, la quantité, la destination, la date des expéditions et la décharge des acquits à caution à mesure qu'ils sont renvoyés.

10. *De l'acquit de transit ou passavant.* L'acquit *de transit* ou *passavant* se délivre pour faire partir des matières ou marchandises exemptes de droits.

Il n'y a rien à payer aux préposés de la régie pour ces sortes d'acquits ou passavans, mais on est obligé de rembourser le prix du timbre.

Les propriétaires ou conducteurs des marchandises qui passent de l'intérieur de la France sur le territoire des deux lieues limitrophes de l'étranger, ou qui sont enlevées dans l'étendue de ces deux lieues, sont tenus, sous peine de confiscation de ces marchandises et de cent francs d'amende, de prendre au plus prochain bureau du lieu de l'enlèvement, et avant l'enlèvement, des acquits de transit ou passavans qui énoncent les qualités, quantités, poids, nombre et mesures des marchandises, et le lieu pour lequel elles sont destinées. Ces acquits ou passavans doivent fixer en toutes lettres le tems nécessaire pour le transport, suivant la distance des lieux, et la date du jour où ils sont délivrés, et ils deviennent nuls après l'expiration des délais y portés. Les mêmes acquits ou passavans doivent être représentés aux commis des bureaux qui se trouvent sur la route pour y être visés, et à toute réquisition, aux employés des différens postes; ceux-ci peuvent conduire les marchandises au plus prochain bureau pour y être visitées, sauf les dommages et intérêts envers le conducteur, si ce bureau n'est pas sur la route, et qu'il n'y ait ni fraude ni contravention. C'est ce qui résulte tant de l'article 7 du titre 1er, que de l'article 16 du titre 13 de la loi citée précédemment, du 22 août 1791.

Voyez les articles Déclaration, Douane, Entrée, Sortie, Marchandises, Tarif, etc.

ACTE.

SOMMAIRES.

1. *Aperçu et définition des différentes sortes d'actes.*
2. *Différences essentielles entre les actes passés devant notaires et ceux qui sont sous signatures privées.*
3. *Formalités relatives aux actes notariés.*
4. *Des voies à prendre pour avoir une expédition ou copie d'un acte, ou pour le faire réformer.*
5. *Remarques particulières sur les actes en général.*

1. Le terme d'*acte* s'applique en général à tout ce qui est procédure et à toutes les conventions qui se rédigent par écrit dans la société.

Les actes se divisent en actes authentiques et en actes privés. Les actes authentiques sont ceux qui sont revêtus du caractère de l'autorité publique, et qui ont été rédigés par le ministère d'un officier public.

Les actes privés sont ceux qui ne sont signés que par des particuliers.

Les actes authentiques sont judiciaires ou passés devant notaires. On appelle *judiciaires* tous ceux qui se font en justice pour la poursuite d'une action jusqu'au jugement définitif.

Les actes passés devant notaires sont tous les contrats

contrats, baux, obligations, transactions, quittances, procurations, décharges, etc., que ces officiers rédigent.

2. *Différences remarquables entre les actes passés devant notaires et ceux qui sont sous signatures privées.* Vous observerez qu'entre les actes passés devant notaires et ceux qu'on passe sous signatures privées, il y a ces différences, que les premiers étant revêtus de la forme en vertu de laquelle ils ont l'exécution parée, ils peuvent être exécutés sur tout le territoire de l'Empire, et qu'en les soumettant à l'inscription hypothécaire, ils emportent hypothèque du jour de cette inscription, sans qu'il faille que ceux qui les ont souscrits les aient reconnus, parce qu'ils sont censés vrais jusqu'à ce qu'ils soient argués de faux.

Tout cela s'entend des actes qui ne sont pas prohibés, et dans la rédaction desquels on a observé les formalités prescrites par la loi.

A ces différences près, les actes sous seing-privé obligent les contractans comme ceux qui sont passés par-devant notaires. Mais il faut que ceux-là soient reconnus par ceux qui les ont souscrits, avant d'obtenir le caractère d'authenticité que les autres acquièrent dès le moment de la rédaction.

Observez que le ministère des notaires est indispensable pour la rédaction de quantité d'actes, qui seraient nuls, s'ils étaient sous signature privée, comme on le verra sous le nom particulier de chacun de ces actes.

Nous ne prétendons considérer ici les diverses sortes d'actes que sous les rapports généraux qui sont communs à tous les actes d'une même espèce.

3. *Formalités relatives aux actes notariés.* Il est fort important pour les juges, pour les parties et

pour ceux qui les défendent, de connaître les formalités essentielles des actes qu'on doit passer devant notaires.

Le premier point est que le notaire qui reçoit l'acte soit établi pour le lieu dans lequel les parties se trouvent lorsqu'elles contractent; autrement l'acte est nul, ou n'a, selon les circonstances, que la valeur d'un écrit sous seing-privé.

Les notaires ne peuvent recevoir aucun acte dans lequel leurs parens ou alliés en ligne directe à tous les degrés, et en collatérale jusqu'au degré d'oncle ou de neveu inclusivement seraient parties, ou qui contiendrait quelque disposition en leur faveur.

Il faut que leurs actes soient reçus par deux notaires, ou par un notaire assisté de deux témoins, citoyens français, qui sachent signer et qui soient domiciliés dans l'arrondissement communal où l'acte est passé.

Deux notaires, parens ou alliés aux degrés prohibés qu'on vient de spécifier, ne peuvent pas concourir au même acte.

La même règle est applicable aux témoins, lorsqu'ils sont parens ou alliés aux mêmes degrés, soit du notaire soit des parties contractantes, ou qu'ils soient leurs clercs ou leurs serviteurs.

Le nom, l'état et la demeure des parties doivent être attestés par deux citoyens connus des notaires, et qui aient les qualités requises pour être témoins instrumentaires.

Il faut que tous les actes notariés énoncent le nom et la résidence du notaire qui les reçoit, à peine de cent francs d'amende contre le notaires contrevenans.

Ils doivent également énoncer les noms des témoins instrumentaires, leur demeure, le lieu, l'année et le jour où les actes sont passés, sous les peines spécifiées par la loi, et même de faux, si la matière y est disposée.

Il est nécessaire que les actes notariés soient écrits dans un seul et même contexte, lisiblement, sans abréviation ni blanc, lacune ou intervalle; ils doivent contenir les prénoms, les noms, les qualités et les demeures des parties, ainsi que des témoins quand il y en a d'appelés; il faut que les sommes et les dates soient énoncées en toutes lettres : les procurations des contractans doivent être annexées à la minute, et il doit être fait mention que lecture de l'acte a été faite aux parties, le tout à peine de cent francs d'amende contre le notaire contrevenant.

Il est nécessaire que les actes notariés soient signés par les parties, par les témoins et par les notaires; il doit être fait mention de ces signataires à la fin de l'acte.

Quant aux parties qui ne savent ou ne peuvent pas signer, le notaire doit exprimer à la fin de l'acte leurs déclarations à cet égard.

Les renvois ou les apostilles ne peuvent, sauf l'exception ci-après, être écrits qu'en marge; il faut en outre qu'ils soient signés ou paraphés, tant par les notaires que par les autres signataires, à peine de nullité de ces renvois ou apostilles. S'il arrivait que la longueur du renvoi exigeât qu'il fût transporté à la fin de l'acte, il faudrait que non seulement il fût signé ou paraphé, comme les renvois écrits en marge, mais encore qu'il fût expressément approuvé par les parties, à peine de nullité du renvoi.

La loi défend toute surcharge, interligne ou addition dans le corps de l'acte; et elle déclare nuls les mots surchargés, interlignés ou ajoutés. Elle veut que les mots qui doivent être rayés le soient de manière que le nombre puisse en être constaté à la marge de la page correspondante ou à la fin de l'acte, avec une approbation semblable à celle des renvois écrits en marge; le tout à peine d'une amende de cinquante francs contre le notaire, ainsi que des dommages-intérêts des parties, et même de destitution en cas de fraude.

Les notaires sont tenus de garder minute de tous les actes qu'ils reçoivent, à l'exception toutefois des certificats de vie, des procurations, des actes de notoriété, des quittances de fermage, d'arrérage, de pensions ou de rentes, et des autres actes simples, qui, d'après les lois, peuvent être délivrés en brevets.

Le droit de délivrer des grosses et des expéditions n'appartient qu'au notaire possesseur de la minute; mais tout notaire peut délivrer copie d'un acte qu'on a déposé pour minute entre ses mains.

Il est défendu aux notaires de se dessaisir d'aucune minute, à moins que ce ne soit dans les cas prévus par la loi, et en vertu d'un jugement. Il faut alors qu'avant de se dessaisir de la minute, ils en aient dressé et signé une copie figurée, qui, après avoir été certifiée par le président et le procureur impérial du tribunal civil, doit être substituée à la minute, dont elle tient lieu jusqu'à ce que celle-ci soit réintégrée.

Les notaires ne peuvent pareillement, sans une ordonnance du président du tribunal de première instance, délivrer expédition ni donner connaissance des actes à d'autres qu'aux personnes intéressées en nom direct, héritiers ou ayant droit, à peine de dommages-intérêts, d'une amende de cent francs, et d'être, en cas de récidive, suspendus de leurs fonctions pendant trois mois, sauf néanmoins l'exécution des lois sur le droit d'enregistrement, et celles qui sont relatives aux actes dont la publication doit avoir lieu dans les tribunaux.

En cas de compulsoire, le procès-verbal doit être dressé par le notaire dépositaire de l'acte, à moins que le tribunal qui a ordonné le compulsoire, n'ait commis, à cet égard, un juge ou un autre notaire.

Il n'y a que les grosses des actes notariés qui puissent être délivrées en forme exécutoire; on les intitule et on les termine dans les mêmes termes que les jugemens des tribunaux.

Il doit être fait mention sur la minute, de la délivrance d'une première grosse faite à chacune des parties intéressées. Le notaire ne peut leur en délivrer aucune autre, à peine de destitution, sans une ordonnance du président du tribunal de première instance, qui doit rester jointe à la minute.

Chaque notaire est obligé d'avoir un cachet ou sceau particulier portant son nom, sa qualité et sa résidence. Il doit appliquer l'empreinte de ce sceau aux grosses et aux expéditions qu'il délivre.

Les actes notariés sont sujets à être légalisés; savoir, ceux des notaires à la résidence des Cours d'appel, quand on s'en sert hors de leur ressort; et ceux des autres notaires, lorsqu'on veut en faire usage hors de leur département.

La légalisation doit émaner du président du tribunal de première instance de la résidence du notaire, ou du lieu dans lequel est délivré l'acte ou l'expédition.

Les notaires sont assujétis à tenir répertoire de tous les actes qu'ils reçoivent.

Les répertoires doivent être visés, cotés et paraphés par le président, ou, à son défaut, par un autre juge du tribunal civil de la résidence; il faut qu'ils contiennent la date, la nature et l'espèce de l'acte, les noms des parties et l'indication de l'enregistrement.

Voyez *la section 2e. du titre 1er. de la loi du* 25 *ventose an* 11.

4. *Des voies à prendre pour avoir une expédition ou copie d'un acte, ou pour le faire réformer.* Lorsqu'un notaire ou un autre dépositaire refuse de délivrer une expédition ou copie d'un acte aux parties intéressées en nom direct, comme le sont des héritiers ou des acquéreurs, la loi veut qu'il y soit condamné et par corps, sur une assignation à bref délai, donnée en vertu d'une permission du tribunal de première instance, sans préliminaire de conciliation.

L'affaire doit être jugée sommairement, et le jugement exécuté, nonobstant opposition ou appel.

Si une partie veut se procurer la copie d'un acte non enregistré, ou même resté imparfait, il faut qu'elle présente pour cet effet une requête au président du tribunal de première instance, sauf l'exécution des règles qui sont relatives à l'enregistrement.

Quand il y a lieu à la délivrance requise, elle doit se faire en exécution de l'ordonnance de ce magistrat, mise à la suite de la requête, et il en doit être fait mention au bas de la copie délivrée.

Dans le cas de refus de la part du notaire ou du dépositaire, il doit en être référé au président du tribunal de première instance.

Remarquez que si une partie veut se faire délivrer une seconde grosse, soit d'une minute d'acte, soit par forme d'ampliation sur une grosse déposée, il faut qu'elle présente, pour cet effet, une requête au président du tribunal de première instance : ce magistrat rend en conséquence une ordonnance en vertu de laquelle la partie requérante doit sommer le notaire de faire la délivrance au jour et à l'heure indiqués, et les parties intéressées, d'être présentes à cette délivrance ; il est nécessaire de faire mention de cette ordonnance au bas de la seconde grosse, ainsi que de la somme pour laquelle on peut exécuter, si la créance est acquittée ou cédée en partie.

Dans le cas de contestation, il faut que les parties se pourvoient en référé.

Lorsque dans le cours d'une instance une partie litigante, veut se faire délivrer l'expédition ou l'extrait d'un acte auquel elle n'a pas participé, elle est tenue de se pourvoir en conformité des règles suivantes.

La demande à fin de compulsoire doit être formée par requête d'avoué à avoué ; il faut ensuite qu'elle soit portée à l'audience sur un simple acte pour y être jugée sommairement sans aucune procédure.

Le jugement qui intervient à cet égard, est exécutoire, nonobstant appel ou opposition.

Les procès-verbaux de compulsoire ou de collation doivent être dressés, et l'expédition ou la copie doit être délivrée par le notaire ou dépositaire, à moins que le tribunal n'ait commis pour cet effet un de ses membres, ou tout autre juge de première instance, ou un autre notaire. Mais dans tous les cas, les parties intéressées peuvent assister au procès-verbal et y insérer les dires qu'elles jugent à propos.

Lorsque les frais et les déboursés concernant la minute de l'acte, sont dus au dépositaire, il est fondé à en refuser l'expédition avant d'avoir été payé, tant de ces frais que de ceux de l'expédition requise.

Les parties sont autorisées à collationner l'expédition ou la copie à la minute, dont le dépositaire est chargé de leur donner lecture; si elles prétendent que l'expédition n'est pas conforme à la minute, il doit en être référé au président du tribunal de première instance, au jour indiqué par le procès-verbal; le dépositaire est obligé de porter la minute à ce magistrat, afin qu'il procède à la collation dont il s'agit.

Les frais du procès-verbal et ceux du transport du dépositaire, doivent être avancés par la partie requérante.

Remarquez que les greffiers et les dépositaires des registres publics sont tenus d'en délivrer des expéditions ou extraits à tout requérant qui offre d'acquitter leurs droits, à peine de dépens et de dommages-intérêts.

Mais la seconde expédition exécutoire d'un jugement ne peut être délivrée à la même partie, que ce ne soit en vertu de l'ordonnance du président du tribunal qui a rendu ce jugement. Il faut alors que les formalités prescrites pour la délivrance des secondes grosses des actes passés devant notaire, soient observées.

Qand on veut faire ordonner la rectification d'un acte de l'état civil, il faut présenter requête au président du tribunal de première instance; et il doit y être statué sur rapport après que le ministère public a été entendu. Les juges peuvent alors ordonner que les parties intéressées seront appelées, et que le conseil de famille sera préalablement convoqué.

S'il y a lieu d'appeler les parties intéressés, il faut que la demande soit formée par exploit, sans préliminaire de conciliation; mais si les parties sont en instance, la demande doit être formée par acte d'avoué.

Il faut observer qu'aucune rectification ni aucun changement ne peuvent avoir lieu sur l'acte; mais il est nécessaire que les jugemens de rectification soient inscrits sur les registres par l'officier de l'état civil aussitôt qu'ils lui ont été remis: il doit en être fait mention en marge de l'acte réformé, et cet acte ne peut plus être délivré qu'avec les rectifications ordonnées, à peine de dommages-intérêts contre l'officier qui en aurait fait la délivrance.

Lorsqu'il n'y a point d'autre partie que le demandeur en rectification qui se croit fondé à se plaindre du jugement, il peut, dans les trois mois postérieurs à la date de ce jugement, se pourvoir à la Cour d'appel, par le moyen d'une requête présentée au président. La loi veut que sur cette requête, il soit indiqué un jour pour y être statué à l'audience après avoir entendu les conclusions du ministère public.

Toutes les dispositions précédentes dérivent du titre 5 du livre 1er. de la seconde partie du Code de procédure civile.

5. *Remarques particulières sur les actes en général.* Le papier timbré qui a été employé à un acte quelconque ne peut plus servir pour un autre acte, quand même le premier n'aurait pas été achevé. C'est ce que porte l'art. 22 de la loi du 13 brumaire an 7.

L'article suivant défend de faire ou d'expédier deux actes à la suite l'un de l'autre, sur la même feuille de papier timbré.

Mais il y a exception à cette règle à l'égard des ratifications des actes auxquels des parties absentes doivent concourir.

La même exception est applicable aux quittances de prix de vente et à celles de remboursement de contrats de constitutions ou d'obligations, ainsi qu'aux inventaires, aux procès-verbaux et aux autres actes qui ne peuvent pas être terminés dans un même jour ou dans la même vacation, aux procès-verbaux de reconnaissance et de levée de scellés qu'on peut faire à la suite des procès-verbaux d'apposition, aux significations des huissiers qu'on peut écrire à la suite des jugemens, et aux autres pièces dont on délivre des copies.

On peut pareillement donner plusieurs quittances sur une même feuille de papier timbré pour à-compte d'une seule et même créance ou d'un seul terme de fermage ou loyer; mais toutes les autres quittances données sur une même feuille de papier timbré n'auraient pas plus d'effet que si elles étaient sur papier non timbré.

L'article 24 de la loi citée fait défense à tout notaire, huissier, greffier, arbitre ou expert, d'agir, aux juges de prononcer aucun jugement, et aux administrations publiques de rendre aucun arrêté sur des actes, registres ou effets de commerce non écrits sur du papier du timbre prescrit.

L'art. 25 fait pareillement défense à tout receveur de l'enregistrement, 1°. d'enregistrer aucun acte qui ne serait pas écrit sur du papier timbré ou visé pour timbre;

2°. D'admettre à la formalité de l'enregistrement des protêts d'effets négociables, sans se faire représenter ces actes en bonne forme.

L'article 26 prononce une amende de 30 francs contre les contrevenans aux articles 22 et 23 de la loi citée, et une de 50 francs contre les préposés de l'enregistrement qui auraient négligé de se conformer à l'art. 25.

Remarquez que les préposés de la régie sont autorisés à retenir les actes faits en contravention à la loi du timbre lorsqu'ils leur sont présentés, pour les joindre aux procès-verbaux qui constatent les contraventions, à moins que les contrevenans ne consentent à signer ces procès-verbaux, ou à acquitter sur-le-champ l'amende encourue et le droit de timbre.

Le ministre des finances consulté sur la question de savoir quels étaient les actes des juges des tribunaux, des greffiers et des bureaux de paix qui devaient être écrits sur papier timbré, a fait la réponse suivante le 6 germinal an 7 :

« Les minutes des actes et jugemens qui sont » dans le cas d'être enregistrés sur la minute, sont » seules assujéties à la formalité du timbre.

» Quant aux minutes des actes et jugemens qui » ne doivent être enregistrés que sur les expéditions, elles peuvent être écrites sur papier non » timbré, soit en feuilles détachées, soit en registres.

» Si les greffiers ne tenaient qu'un seul registre » de leurs minutes, contenant indistinctement » celles qui sont sujettes à l'enregistrement sur la » minute, et celles qui ne doivent être enregistrées » sur l'expédition, il faudrait que la totalité de ce » registre fût en papier timbré »

Voy. les articles NOTAIRES, GREFFIER, PREUVE, SERMENT, ENREGISTREMENT, etc.

ACTE ADMINISTRATIF.

De tous les principes que l'Assemblée constituante a proclamés lors de l'organisation des tribunaux, celui qui a survécu dans toute sa force jusqu'à ce jour, est que les fonctions judiciaires sont absolument distinctes et séparées des fonctions administratives. On retrouve ce principe, soit dans la loi du 17 fructidor an 3, qui a interdit aux tribunaux la connaissance des actes d'administration, soit dans l'article 75 de la Constitution du 22 frimaire an 8, d'après lequel les agens du Gouvernement ne peuvent être poursuivis pour raison des faits relatifs à leurs fonctions qu'en vertu d'une décision du Conseil d'Etat; et c'est en conséquence du même principe qu'il a été statué par l'article 13 du titre 2 de la loi du 24 août 1790, que les juges ne pourraient troubler, de quelque manière que ce fût, les opérations des corps administratifs.

Le trouble dont il s'agit peut exister de trois manières; savoir, 1°. quand les tribunaux prennent connaissance de matières qui sont attribuées à l'autorité administrative; 2°. quand ils poursuivent des fonctionnaires de l'ordre administratif sans l'autorisation requise; 3°. quand ils apprécient des décisions, des actes, des faits émanés de l'autorité administrative.

Les administrateurs sont sans doute soumis à l'action des tribunaux pour raison des faits et des délits auxquels ils ont donné lieu dans l'exercice de leurs fonctions; mais les tribunaux ne peuvent s'ingérer de juger ces faits et ces délits avant qu'ils y aient été autorisés par le Gouvernement. Jusqu'alors ils sont incompétens, et ils sont censés troubler les opérations administratives. C'est en cela que consiste la garantie constitutionnelle des administrateurs.

Cependant, suivant l'article 3 d'un décret impérial du 9 août 1806, la disposition de l'art. 75 de la Constitution de l'an 8 ne fait point obstacle à ce que les magistrats chargés de la poursuite des délits informent et recueillent tous les renseignemens relatifs aux délits commis par les agens du Gouvernement dans l'exercice de leurs fonctions; mais il ne peut être, en ce cas, décerné aucun mandat, ni subi aucun interrogatoire, sans l'autorisation préalable et juridique du Gouvernement.

Au nombre des administrateurs à qui s'applique la garantie, il faut compter,

1°. Les préfets. Ils sont même, suivant l'art. 101 du sénatus-consulte du 28 floréal an 12, justiciables de la haute-cour impériale pour les concussions et dilapidations dont ils viennent à se rendre coupables dans l'exercice de leurs fonctions;

2°. Les maires, leurs adjoints et les commissaires de police, mais seulement pour les faits relatifs à leurs fonctions administratives; car à l'égard des faits qui se rapportent à leurs fonctions d'officiers de police judiciaire, il doit être procédé conformément aux articles 11, 280, 281, 282, 479, 483 et 484 du Code d'instruction criminelle;

3°. Les préposés *externes* des administrations de l'enregistrement, des douanes, des droits réunis, des postes, des forêts; mais, à leur égard, la décision du Conseil d'Etat est remplacée par l'autorisation des conseillers d'état directeurs généraux de ces administrations. Nous avons dit *externes*, car les employés internes des bureaux ne sont pas considérés comme agens du Gouvernement;

4°. Les percepteurs des contributions directes; mais il résulte d'un arrêté du Gouvernement du 16 floréal an 10, que la décision du Conseil d'Etat doit aussi être remplacée par une autorisation du préfet, sur l'avis du sous-préfet.

La destitution de ces agens ne les prive pas de cette garantie, de sorte que lorsqu'ils sont destitués, on ne peut les poursuivre sans l'autorisation prescrite; il faut néanmoins excepter les comptables destitués et retentionnaires de deniers publics, lesquels, suivant un avis du Conseil d'Etat du 19 février, approuvé le 16 mars 1807, ne sont point admis à se prévaloir de la prérogative constitutionnelle, et peuvent être traduits en justice sur la simple dénonciation du ministre du trésor public au grand-juge ministre de la justice :

5°. Les commissaires généraux de police, les sous-préfets, les secrétaires généraux de préfecture, les administrateurs militaires, les commissaires ordonnateurs, les commissaires des guerres, et tous les autres agens du Gouvernement, fonctionnaires publics.

Les secrétaires des mairies ne jouissent pas de cette prérogative, parce qu'ils ne sont pas fonctionnaires publics.

Il en est de même des greffiers des Cours et des tribunaux, des avoués, des huissiers, quoique nommés par l'Empereur. La raison en est que l'art. 75 de la Constitution de l'an 8 ne peut s'appliquer qu'aux fonctionnaires publics, qui sont tellement placés sous la dépendance du Gouvernement qu'ils sont toujours censés agir par suite des ordres directs ou indirects qu'ils en ont reçus, ou des instructions qui leur ont été transmises. Cela résulte d'un arrêt de la Cour de cassation du 26 décembre 1807.

Il faut en dire autant des officiers de l'état civil, lors même qu'à ce titre ils réunissent celui de maire ou d'adjoint. C'est ce qui résulte de l'article 53 du Code Napoléon, et ce qui a été formellement décidé par deux avis du Conseil d'Etat, des 30 nivose an 12 et 28 juin 1806, ainsi que par un arrêt de la Cour de cassation du 27 mai 1807.

Pour établir plus particulièrement une distinction entre la compétence des administrations et celle de l'autorité judiciaire, nous allons ajouter à ce qui précède, différentes décisions, émanées tant du Gouvernement que de la Cour de cassation, sur les faits qui leur ont été soumis. Ces décisions seront incontestablement applicables à tous les autres faits dans lesquels on remarquera une analogie caractérisée avec ceux qu'elles auront eus pour objet.

Nous suivrons dans le détail que nous annonçons l'ordre chronologique des décisions.

Par arrêt du 22 vendémiaire an 8, la Cour de cassation a jugé que les arrêtés pris par les corps administratifs en matière administrative, avaient force de loi tandis qu'ils n'avaient pas été réformés par l'autorité administrative supérieure.

Les héritiers Leclerc avaient porté devant le tribunal civil de Lille une contestation relative au prix provenant de la vente des meubles laissés en dépôt chez l'auteur de ces héritiers par le nommé Preston, irlandais.

Il résultait des renseignemens pris par le préfet du Nord, que près de quinze ans s'étaient écoulés depuis ce dépôt sans que Preston ou ses héritiers se fussent présentés pour le retirer; que dans cet état, les meubles et effets déposés avaient dû être réputés vacans et abandonnés, et comme tels, régis, administrés et vendus comme mobilier national, sauf la restitution du prix à Preston ou à ses héritiers dans le cas où ils le revendiqueraient avant la prescription acquise :

Que s'agissant d'un mobilier réputé national jusqu'à ce qu'on l'eût revendiqué, l'autorité judiciaire était évidemment incompétente pour en ordonner la vente; qu'elle ne l'était pas moins pour prononcer sur la question de savoir qui de l'administration ou des héritiers Leclerc devait percevoir le prix provenant de cette vente, attendu qu'une telle gestion rentrait dans le contentieux des domaines nationaux.

Par ces considérations, un arrêté du Gouvernement du 8 floréal an 8, a déclaré comme non avenu le jugement qui avait prescrit la vente, et ordonné que tout dépositaire du prix en provenant serait tenu d'en verser le montant dans la caisse du receveur des domaines, sauf la restitution, le cas échéant, au profit de Preston ou de ses ayans cause.

Par arrêt du 25 brumaire an 9, la Cour de cassation a jugé que les tribunaux ne pouvaient pas se dispenser de prendre pour base des condamnations qu'ils avaient à prononcer, les arrêtés des corps administratifs qu'ils n'avaient pas homologués, attendu qu'autrement ils prendraient connaissance des actes de l'autorité administrative, ce qui leur est interdit.

Par un arrêt du 13 floréal an 9, la Cour de cassation a décidé que les tribunaux ne pouvaient, sans attenter aux droits de l'autorité administrative, connaître d'une concession faite par l'administration de la marine et approuvée par le ministre. Ainsi c'est devant l'autorité supérieure que les parties qui se croient lésées doivent se pourvoir.

En matière d'octroi, les tribunaux ne doivent pas refuser de condamner, conformément à la loi, celui qui contrevient au réglement fait par l'autorité administrative sur cette matière, sous prétexte qu'il n'existe point de loi qui ait mis au nombre des délits l'inobservation d'une formalité prescrite par l'administration, pour la perception de l'octroi.

C'est ce qui résulte d'un arrêt de la Cour de cassation du 8 ventose an 10, qu'elle a fondé sur ce que l'autorité administrative est chargée d'établir provisoirement tout mode de surveillance et de perception suivant les localités.

Le tribunal de commerce du département du Golo rendit le 9 pluviose an 8 un jugement entre le capitaine conducteur du navire ragusain *le Lardy*, et le chef des mouvemens maritimes à Bastia.

Mais le Conseil d'Etat a considéré que ce chef ne pouvait pas être poursuivi devant les tribunaux, relativement à des dommages-intérêts résultant d'un embargo

embargo qu'il avait mis par ordre du Gouvernement sur le navire *le Lardy;* d'où il suivait que le capitaine de ce navire aurait dû se pourvoir devant l'autorité administrative.

En conséquence, le Gouvernement a, le 19 ventose an 10, déclaré comme non avenu le jugement cité, sauf au capitaine à se pourvoir par la voie administrative.

Dans une contestation où il s'agissait de décider si un contrat d'échange, entre une commune et un particulier avait eu lieu conformément aux règles prescrites en pareil cas, le tribunal civil de Belfort déclara nul ce contrat par jugement du 1er. floréal an 10. Mais sur la réclamation du préfet, le Conseil d'Etat ayant considéré qu'il n'appartenait qu'à l'autorité administrative de connaître d'une semblable affaire, il est intervenu le 15 pluviose an 11 un arrêté du Gouvernement, qui a déclaré comme non-avenu le jugement du tribunal de Belfort, et a ordonné que les parties procéderaient devant l'autorité administrative pour faire prononcer la confirmation ou l'annullation de l'échange.

Il y avait procès devant le tribunal de Castres, département du Tarn, à la requête de Maraval, contre Bertrand et Moulés, et à la requête de ceux-ci en garantie contre la commune de Boisseron.

Il s'agissait, dans l'espèce de savoir si Maraval, en rachetant les bœufs et les voitures saisis et confisqués sur Bertrand et Moulés, qui n'avaient marché qu'en vertu d'une réquisition de la municipalité, était créancier de ces deux particuliers ou de la commune pour le prix qu'il avait déboursé.

Mais comme il paraissait constant que Maraval n'avait agi que comme fondé de pouvoir de la municipalité; qu'il avait reçu des fonds pour cette commission, et qu'il devait un compte qui ne pouvait être réglé qu'administrativement, le Gouvernement a, le 17 floréal an 11, déclaré la procédure comme non avenue, sauf aux parties à se pourvoir devant l'autorité administrative.

Par jugement du 14 fructidor an 10, le tribunal civil d'Uzès renvoya le sieur Pierre Fabre de la demande qu'avait formée contre lui le directeur des domaines de Nismes, pour obtenir le payement d'une somme de 500 francs, pour arrérages de la dotation de Marie-Rose Fabre, sa tante, ex-religieuse.

Le préfet du Gard ayant réclamé contre ce jugement, le Conseil d'Etat a considéré qu'il s'agissait dans cette affaire de l'effet et de l'application des lois qui ont fixé le sort des ex-religieuses, et déclaré nationaux les biens, droits et actions des communautés supprimées; que, sous ce rapport, l'objet dont il était question tenait au contentieux des domaines nationaux, dont la loi du 28 pluviose an 8 avait attribué la connaissance aux conseils de préfecture.

En conséquence, le Gouvernement a, par arrêté du 20 thermidor an 11, déclaré le jugement cité non avenu, et ordonné la continuation des poursuites du directeur des domaines, sauf à Fabre à former, si bon lui semblait, son opposition devant l'autorité administrative.

Par un acte du 10 septembre 1793, Moreau et Saunier, commissaires délégués par une section de Bordeaux, et reconnus par la municipalité de cette commune, prirent à bail du négociant Soupre, moyennant 300 livres par an, une maison pour y tenir les assemblées de section : l'acte portait que le loyer serait payé par la municipalité, sur les fonds de la commune, et que, dans le cas de refus de payement de la part de la municipalité, Moreau et Saunier seraient obligés d'effectuer ce payement.

Soupre n'étant payé ni par la municipalité, ni

par Moreau et Saunier, il obtint le 13 ventose an 10 un jugement, par lequel le tribunal de première instance condamna par défaut Moreau et Saunier à lui rendre la maison et à lui payer les loyers arriérés.

Le préfet ayant réclamé la connaissance de cette affaire, le Conseil d'Etat a considéré que le bail dont il s'agissait était du nombre des contrats ordinaires, par lesquels les communes s'engagent comme les particuliers, et sont soumises comme eux à la juridiction des tribunaux, sauf la liquidation, par voie administrative, des condamnations prononcées contre elles.

Par ces motifs, un décret impérial du 7 fructidor an 12 a annullé la réclamation du préfet, et ordonné que les parties exerceraient devant les tribunaux, leurs droits respectifs.

Le juge de paix de Turkeim condamna le 23 nivose an 9 le sieur Konig, ex-agent municipal de Turkeim, à payer à Jean Scholt une somme de 26 francs, que celui-ci requérait pour des ouvrages qu'il avait faits aux horloges de la commune, en vertu d'une convention qui avait eu lieu entre lui et cet ex-agent.

Mais sur la réclamation du préfet, le Conseil d'État a considéré que le juge de paix n'aurait pas dû connaître de la convention dont il s'agissait, attendu que c'était un acte administratif dont il ne lui appartenait pas d'ordonner l'exécution.

En conséquence, il est intervenu le 27 pluviose an 13, un décret impérial qui a déclaré comme non avenu le jugement du 22 nivose an 9, sauf à Scholt à se pourvoir devant le préfet, pour obtenir le payement de sa créance.

La régie des domaines ayant décerné contre le sieur Laurent une contrainte pour une somme de 3,025 francs, montant des fermages de domaines nationaux pendant plusieurs années, et ce dernier y ayant formé opposition, le tribunal de Wissembourg ordonna qu'avant de statuer sur la validité de la contrainte, les parties entreraient en compte devant lui.

Mais le préfet du Bas-Rhin ayant réclamé la connaissance de cette contestation, le Conseil d'Etat a considéré que les tribunaux étaient incompétens pour connaître des motifs d'une contrainte décernée par voie administrative, et qu'il leur était interdit de s'immiscer dans les liquidations qui intéressaient le trésor public.

En conséquence, il est intervenu un décret impérial du 5 floréal an 13, qui a déclaré comme non avenu le jugement du tribunal de Wissembourg, sauf à Laurent à se pourvoir administrativement.

Le juge de paix de Gedines, département de Sambre et Meuse, condamna le 14 nivose an 12, à 6 francs de dommages et intérêts envers Thiéry, deux habitans de Boussigne-Neuve, pour avoir rompu les haies d'un clos appartenant à ce particulier : par le même jugement, le maire de cette commune fut condamné, en son propre et privé nom, aux dépens d'un jugement interlocutoire du 5 complémentaire précédent, pour n'avoir pas produit dans le délai fixé par ce jugement l'autorisation d'intervenir dans la cause.

Mais les deux habitans condamnés n'ayant rompu les haies de Thiéry qu'en exécution d'un arrêté pris par le maire, le tribunal de paix n'avait pu connaître de cette exécution qu'en contrevenant aux lois du 24 août 1790 et du 16 fructidor an 3.

En conséquence, un décret impérial du 4 prairial an 13 a déclaré comme non avenu le jugement cité du 14 nivose an 12.

Le sieur Sauvan s'était adressé au Conseil d'Etat pour faire annuller un arrêté du 30 mars 1793, par lequel l'administration centrale du département du Gard avait remis à la commune d'Aramond, comme un bien qui lui appartenait, la métairie appelée *Bertrand-Bertrand*, ou *Terre des Agasses*, de laquelle le réclamant prétendait être propriétaire.

Cet arrêté avait été rapporté par le conseil de préfecture; mais comme les conseils de préfecture n'ont pas la faculté de rapporter les arrêtés des administrations centrales lorsqu'ils sont antérieurs à l'établissement de ces conseils, le Conseil d'Etat a considéré qu'il n'appartenait qu'au Gouvernement de prononcer sur le maintien ou l'annullation de l'arrêté cité du 30 mars 1793; en conséquence et après s'être assuré que le sieur Sauvan était, avant 1789, possesseur des propriétés qu'il réclamait, et qu'il n'en avait été dépouillé que par un arrêté incompétemment rendu, il a été d'avis qu'il y avait lieu de renvoyer la contestation devant les tribunaux, conformément à l'art. 8 de la loi du 9 ventose an 12.

Cet avis a été adopté par un décret impérial du 25 prairial an 13.

Le maire de la ville d'Altkirch ayant traduit le sieur Hauser devant le tribunal civil de cette ville pour le faire condamner à payer, 1°. 667 fr. pour loyer de biens communaux; 2°. 357 francs pour sept années de loyer d'une tuilerie tenue à titre de bail emphytéotique; Hauser, pour se libérer, offrit des quittances liquidées qu'il avait sur la ville. En conséquence de ces offres, le tribunal ordonna d'abord que les parties entreraient en compte devant notaire, sur leurs prétentions respectives, et qu'après l'examen de ce compte, il serait statué ce qu'au cas appartiendrait.

Ensuite le tribunal admit les offres de Hauser par un second jugement.

Dans cet état, le préfet du département réclama

L 3

la connaissance de l'affaire, comme étant du ressort de l'autorité administrative.

Sur cette réclamation, le Conseil d'Etat a considéré qu'une demande formée par une commune en payement de loyers, n'avait rien d'administratif.

Qu'en général, le juge d'une action l'était aussi de l'exception; d'où il suivait que le tribunal avait pu connaître de la compensation opposée par le défendeur;

Que si cette compensation avait exigé une liquidation, le tribunal n'aurait pas pu y procéder sans commettre un excès de pouvoir;

Mais qu'il n'avait été question que de fournitures de chaux, de tuiles et de briques que le défendeur avait faites à la commune et qui provenaient de la tuilerie même dont on lui demandait le loyer, lesquelles fournitures étaient justifiées et liquidées par les mandats dont il était porteur, et qu'il opposait en compensation;

En conséquence, l'arrêté par lequel le préfet avait réclamé la connaissance de la contestation a été annullé par un décret impérial du 21 frimaire an 14.

Par un acte du 18 décembre 1713, il fut stipulé entre les habitans d'Appenans et l'abbé des Trois-Rois que les premiers recueilleraient les seconds fruits d'un pré appelé le Grand-Pré; qu'ils renonceraient à y faire pâturer leurs bestiaux, et qu'ils payeraient pour cela une partie des impositions et des frais de culture.

Ce pré ayant ensuite été mis à l'enchère devant le district de Beaune, il fut dit par erreur dans l'acte d'adjudication; que la commune d'Appenans avait sur ce pré le droit de parcours après les premiers fruits levés : ce district, au lieu d'attribuer un droit de parcours à cette commune, aurait dû substituer à ce droit, qu'elle n'avait pas, celui de recueillir les seconds fruits du pré qui lui appartenait.

Cette disposition erronée ayant donné lieu à une contestation devant le tribunal du Doubs, il y intervint le 18 thermidor an 5, un jugement par lequel il rejeta la demande de la commune, quoiqu'elle eût pour objet le maintien de la jouissance des seconds fruits du pré, stipulée par l'acte de 1713; et quoique le sous-préfet et le directeur des domaines eussent reconnu que la demande de la commune était bien fondée, attendu qu'au lieu du droit de parcours énoncé dans l'adjudication, on aurait dû y insérer la jouissance des seconds fruits du pré dont il s'agissait.

Au reste, le Conseil d'Etat a considéré qu'en rejetant la demande de la commune, et en déclarant le pré libre et exempt du droit de regain, le tribunal avait excédé ses pouvoirs, attendu qu'il s'était ingéré d'expliquer l'acte d'adjudication, explication qui ne pouvait être donnée que par l'autorité administrative.

En conséquence, un décret impérial du 17 janvier 1806 a déclaré le jugement du 18 thermidor an 5 comme non avenu, sauf aux parties à se pourvoir devant l'autorité administrative.

Le juge de paix de Keysersberg ayant, sur la demande du receveur d'une commune, condamné, par défaut, Jacques Marting, marchand colporteur, à restituer à ce receveur la somme de 55 fr. 35 cent., sur 80 francs 35 centimes qu'il avait reçus pour acquit d'un mémoire de fournitures faites à cette commune, lequel avait été réduit à 25 francs par le préfet; celui-ci prit, le 13 janvier 1806, un arrêté par lequel il réclama la connaissance de l'affaire, sur le motif que le mémoire n'étant pas exagéré, la commune pour le service de laquelle les fournitures avaient été faites, devait seule supporter la réduction, dans le cas où elle serait juste.

Le Conseil d'Etat a considéré que, dans l'espèce, il ne s'agissait pas de l'interprétation d'un acte administratif, mais d'une demande en restitution ; et que les motifs allégués par le préfet, qui auraient pu servir à attaquer le jugement par les voies de droit, étaient insuffisans pour former une réclamation.

En conséquence, un décret impérial du 30 juin 1806 a annullé l'arrêté du préfet, du 13 janvier précédent.

Par un jugement du 23 mai 1792, le tribunal civil de Châtillon-sur-Seine condamna Varec, ancien garde général de la maîtrise des eaux et forêts de Châtillon, et en même tems percepteur des amendes, restitutions et confiscations, à rendre compte des recettes qu'il avait faites.

Par un autre jugement du 20 messidor an 10, le même tribunal ayant apuré lui-même le compte de Varec, condamna la régie à lui payer la somme de 10,198 francs 87 centimes, dont il déclara que cet ancien garde général était en avance.

Le préfet de la Côte-d'Or ayant revendiqué cette affaire, le Conseil d'Etat a considéré que, suivant l'ordonnance de 1669, les comptes des receveurs des amendes devaient être rendus devant les maîtrises, revisés par les grands-maîtres des eaux et forêts, et envoyés par eux au conseil du roi ; et que, suivant la loi du 29 septembre 1791, la vérification et l'apurement des comptes de ce genre appartenaient maintenant à la Cour des comptes.

En conséquence, un décret impérial du 18 septembre 1806 a déclaré comme non avenu le jugement du 20 messidor an 10.

Le juge de paix de Buchy condamna, par jugement du 13 fructidor an 13, le sieur Helouis, maire de Boscbordel, à payer au menuisier Gaudin une somme de 27 francs pour réparations faites à l'église de la commune; mais le préfet ayant revendiqué la connaissance de cette affaire, le Conseil d'État a considéré que le maire de Boscbordel, en ordonnant les réparations faites par Gaudin, avait agi en sa qualité de maire; d'où il suivait qu'il n'avait pas dû être poursuivi sans l'autorisation du Gouvernement.

En conséquence, il est intervenu le 12 novembre 1806, un décret impérial qui a déclaré comme non avenu le jugement du 18 fructidor an 13.

Par deux jugemens des 9 fructidor an 5 et 9 thermidor an 6, le juge de paix de Giromagny condamna Guillaumé et Prevôt, ex-agens de la municipalité de Chaux, à payer à l'huissier Jacquerez les salaires qui lui étaient dus, pour avoir fait payer à la commune ce qui lui était dû par quelques particuliers.

Le préfet du Haut-Rhin ayant réclamé la connaissance de cette affaire, le Conseil d'Etat a considéré qu'aux termes de l'arrêté du Gouvernement, du 17 vendémiaire an 10, Jacquerez n'avait pu exercer valablement des poursuites judiciaires contre la commune de Chaux dans la personne de chacun des ex-agens municipaux, avant d'en avoir obtenu la permission par écrit.

En conséquence, un décret impérial du 13 novembre 1807 a déclaré non avenus les jugemens énoncés ci-dessus, sauf à Jacquerez à se pourvoir devant le préfet pour faire ordonner le payement de sa créance.

Le juge de paix de la commune de Thann rendit le 10 novembre 1806 un jugement, par lequel il prononça sur une demande formée par l'ex-percepteur des contributions, qui répétait une somme de 97 francs 52 centimes, qu'il prétendait lui être due par l'un des contribuables pour les deux années précédentes.

Ce contribuable soutenait, au contraire, qu'il avait acquitté toutes ses contributions.

Le préfet du Haut-Rhin ayant réclamé la connaissance de cette contestation, le Conseil d'Etat considéra que l'incompétence des tribunaux de paix relativement aux contestations de ce genre, était une suite nécessaire du principe consacré par plusieurs lois, qui avaient attribué exclusivement à l'autorité administrative toute juridiction sur la matière des contributions.

En conséquence, il est intervenu le 18 août 1807 un décret impérial qui a déclaré comme non avenu le jugement du 10 novembre précédent.

En vertu d'une décision de l'autorité administrative, une saisie avait eu lieu, afin d'assurer le payement des frais de garnisaires établis dans le domicile de François Cerfvole, conscrit réfractaire, et l'un des métayers à moitié fruits du domaine de Champlant, appartenant au sieur Michaud-Montblin.

Le 26 août 1806, le tribunal civil de la Palisse rendit un jugement entre les gendarmes garnisaires et premiers saisissans des effets mobiliers du conscrit réfractaire, pour le payement des frais de garnison, et le sieur Michaud Montblin, deuxième saisissant, pour se procurer la rentrée de sa portion de fruits et de ses avances.

Le préfet de l'Allier ayant réclamé contre ce jugement, le Conseil d'Etat a considéré que la levée de la conscription militaire étant de même nature que celle des contributions directes, l'une et l'autre étaient exclusivement dans les attributions de l'autorité administrative, ainsi que toutes les contestations qui y étaient relatives; d'où il suivait qu'en prenant connaissance de la saisie dont il s'agissait, le tribunal avait excédé ses pouvoirs.

En conséquence, un décret impérial du 18 août 1807 a déclaré comme non avenu le jugement du 26 août 1806, et renvoyé les parties à se pourvoir devant le conseil de préfecture pour faire régler leurs intérêts respectifs.

Le garde-forestier Mohler avait formé opposition à un commandement qui lui avait été signifié à la requête du receveur de la commune de Quebviller, à l'effet de lui faire payer 414 fr. pour fermages échus des terres qu'il tenait de la commune, par bail du 26 pluviose an 5.

Sur cette opposition, le tribunal civil de Colmar rendit, le 19 ventose an 11, un jugement par lequel il ordonna que les parties entreraient en compte devant un notaire, pour, ce compte fait et rapporté, être statué ce qu'il appartiendrait.

Le préfet du Haut-Rhin ayant réclamé la connaissance de cette affaire, le Conseil d'Etat a considéré que le tribunal avait été compétent pour prononcer sur l'opposition dont il s'agissait; que la demande de Mohler en compensation, ne dérogeait pas à cette compétence; que le jugement préparatoire n'avait eu d'autre objet que de constater jusqu'à quel point la compensation pouvait avoir lieu, et que s'il existait quelque irrégularité dans le jugement, le droit de la réformer appartenait à la Cour supérieure.

Par ces motifs, un décret impérial du 22 janvier 1808 a annullé l'arrêté du préfet.

Par deux jugemens du 4 juin et du 26 août 1807, le tribunal de Liége déclara valables les saisies-arrêts que la veuve Kenor avait fait interposer entre les mains du débiteur de la fabrique de l'église succursale de Sainte-Valbruge, à l'effet d'être payée d'une somme de 299 fr. 70 cent., montant des arrérages d'une rente, au payement de laquelle somme cette fabrique avait été condamnée envers cette veuve par jugement du 1er. mars 1806.

Le préfet de l'Ourte ayant réclamé contre ces jugemens, le Conseil d'Etat a considéré que le tribunal de Liége avait excédé ses pouvoirs, en déclarant valable la saisie-arrêt des revenus de la fabrique, et en réglant le mode de payement des dettes de cette fabrique, lesquelles ne pouvaient être acquittées que sur les fonds assignés par l'autorité administrative pour cet objet.

En conséquence, un décret impérial du 24 juin 1808 a déclaré comme non avenus les jugemens du tribunal de Liége, sauf à la veuve Kenor à se pourvoir devant le préfet de l'Ourte, pour obtenir le payement de la somme à laquelle la fabrique avait été condamnée envers elle.

Une coupe de bois avait été adjugée au Gouvernement, dans la personne du sieur Huart, directeur des forges impériales de la marine. Celui-ci ayant été traduit devant le tribunal de police correctionnelle par l'administration des eaux et forêts, ce tribunal déclara l'administration non-recevable avant d'avoir été autorisée à diriger des poursuites contre le sieur Huart, attendu qu'il devait être considéré comme agent du Gouvernement, et jouir, en cette qualité, de la garantie stipulée par l'art. 75 de la constitution.

Mais le Conseil d'Etat a considéré que le sieur Huart n'était point au rang des fonctionnaires publics auxquels cette garantie est applicable, et il a été d'avis que ce particulier pouvait être poursuivi dans la forme ordinaire et sans autorisation.

Cet avis a été approuvé par un décret impérial du 3 août 1808.

Par un arrêté du 13 novembre 1806, le préfet de la Sarre enjoignit aux acquéreurs des domaines nationaux de la ville de Coussel, de payer le prix de leurs adjudications, nonobstant les réclamations qu'ils fondaient sur les hypothèques dont ils disaient que les biens qu'ils avaient acquis étaient grevés. Le tribunal civil maintint, par jugement du 8 juillet 1807, l'opposition qu'ils avaient formée aux poursuites dirigées contre eux par le receveur des deniers communaux, jusqu'à ce que ces hypothèques fussent rayées, ou que de toute autre manière, ils fussent mis à l'abri de tout trouble.

Dans cet état, le préfet revendiqua la contestation le 19 novembre 1807, sur le motif qu'il n'y avait que l'autorité administrative qui pût connaître de la difficulté élevée par ces acquéreurs.

Le Conseil d'Etat a ensuite considéré qu'il n'appartenait qu'aux tribunaux de juger les questions hypothécaires qui avaient pour objet l'existence, la validité et les effets des inscriptions hypothécaires; mais que le tribunal, quoique compétent, aurait néanmoins dû s'abstenir de prononcer sur une affaire dont le préfet s'était emparé, tandis que l'arrêté de ce magistrat n'avait pas été annullé par l'autorité supérieure.

En conséquence, un décret impérial du 11 décembre 1808, a annullé les arrêtés des 13 novembre 1806 et 19 novembre 1807, et déclaré comme non avenu le jugement du 8 juillet 1807, sauf aux acquéreurs à se pourvoir de nouveau devant l'autorité judiciaire, pour faire statuer sur le mérite de leur opposition.

Par un jugement du 3 fructidor an 7, le tribunal civil de Caën avait ordonné que, pour acquitter une dette de la commune de Saint-Jouin, il serait procédé à la vente des effets saisis sur l'agent de cette commune, jusqu'à concurrence de la somme dont elle était débitrice. Le préfet du Calvados ayant réclamé contre ce jugement, le Conseil d'Etat considéra que le tribunal était bien compétent pour juger à quelle somme s'élevait la dette de la commune, mais qu'aux termes des arrêtés des 12 brumaire an 11 et 9 frimaire an 12, il n'appartenait qu'à l'autorité administrative de régler la manière dont les dettes d'une commune devaient être acquittées.

En conséquence, un décret impérial du 15 janvier 1809, a déclaré comme non avenu le jugement du 3 fructidor an 7.

Une contestation s'étant élevée entre le sieur Sallot, maire de Turny et le sieur Besançon, relativement à une place que le desservant de l'église du lieu avait assignée au maire dans un banc, le juge de paix de Turny maintint Besançon dans la jouissance de trois places dans le banc où la place du maire avait été assignée, défendit à ce maire de l'y troubler, et pour l'avoir fait, le condamna à cinquante francs d'amende, par jugement du 5 mars 1808; mais le préfet de l'Yonne a revendiqué la connaissance de l'affaire, comme étant de la compétence de l'autorité administrative, par ce que les distributions des places dans l'église se font en vertu de réglemens de la fabrique, approuvés par les évêques; d'où il suit que les questions concernant ces places, ne peuvent être portées devant l'autorité judiciaire.

En conséquence, un décret impérial du 17 mai 1809, a déclaré comme non avenu le jugement du 15 mars 1808.

Une autre contestation s'était élevée entre plusieurs acquéreurs des bâtimens et du parc du château de Choisy d'une part, et la commune de Choisy d'autre part, au sujet du partage des eaux attachées au parc.

Par un arrêté du 27 juillet 1807, le préfet de la Seine renvoya les parties devant les tribunaux, si le partage ne pouvait se terminer à l'amiable, à la charge que la commune de Choisy se ferait autoriser par le conseil de préfecture à soutenir ses prétentions, s'il y avait lieu.

Les acquéreurs ayant réclamé contre cet arrêté, le conseil d'Etat a considéré que la question à décider appartenait évidemment au contentieux des domaines nationaux, puisqu'il s'agissait de déterminer la quantité d'eau à laquelle chaque acquéreur avait droit, d'après la vente qui lui avait été faite.

En conséquence, il a été rendu, le 20 septembre 1809, un décret impérial qui a déclaré comme non avenu l'arrêté du préfet, ainsi que le jugement qui pouvait être intervenu ; et a renvoyé les parties devant le conseil de préfecture, pour faire statuer sur la difficulté.

Nous terminerons le présent article par l'avis que le conseil d'Etat a donné le 4 août 1807, et que Sa Majesté impériale a approuvé le 18 du même mois, concernant les expéditions des actes émanés des autorités administratives.

Cet avis est ainsi conçu :

« Le conseil d'Etat, d'après le renvoi qui lui a » été fait d'un rapport du ministère de l'intérieur, » proposant de régler le droit d'expédition des » actes déposés dans les archives ou faits par les » administrations publiques;

» Vu l'article 37 de la loi du 7 messidor an 2, » portant ce qui suit :

Tout citoyen pourra demander, dans tous les dépôts, aux jours et heures qui seront fixés, communication des pièces qu'ils renferment ; elle leur sera donnée sans frais et sans déplacement, et avec les précautions convenables de surveillance.

Les expéditions ou extraits qui en seront demandés seront délivrés à raison de quinze sous par rôle.

« Considérant que les administrations publiques » expliquent diversement le vœu de la loi, en ce » qui doit constituer les archives publiques, ainsi » que relativement à la nature des actes dont les » expéditions ou extraits doivent être soumis à » la taxe, et qu'il convient de fixer à cet égard, » les droits des citoyens et des administrations de » préfectures, sous-préfectures et municipalités,

» Est d'avis, 1°. que toutes les premières expé- » ditions des décisions des autorités administra- » tives, de préfectures, de sous-préfectures ou de » municipalités, doivent être, aux termes des lois, » délivrées gratuitement;

» 2°. Que les secondes ou ultérieures expédi- » tions de ces décisions, ou les expéditions des » titres, pièces ou renseignemens déposés dans les » bureaux des administrations, doivent être payés » au taux fixé par l'article 37 de la loi du 7 messi- » dor an 2. »

M. Duport.

ACTE ARBITRAIRE.

Cette expression s'emploie en mauvaise part, pour désigner l'acte par lequel un fonctionnaire public substitue illégalement sa volonté à ce que la loi commande.

Tout fonctionnaire public, agent ou préposé du Gouvernement, qui a ordonné ou fait quelque acte arbitraire et attentatoire à la liberté individuelle, soit aux droits civiques d'un ou de plusieurs citoyens, soit aux constitutions de l'Empire, doit, en vertu de l'article 114 du Code pénal, être condamné à la peine de la dégradation civique.

Cependant, s'il justifie qu'il a agi par ordre de ses

ses supérieurs, pour des objets du ressort de ceux-ci, et sur lesquels il leur était dû obéissance hiérarchique, l'article cité veut qu'il soit exempt de la peine, et qu'elle soit alors appliquée à ceux dont l'ordre est émané.

S'il arrive que l'acte arbitraire ait été ordonné par un ministre, et qu'après les invitations énoncées dans les articles 63 et 67 du sénatus-consulte, du 28 floréal an 12, il ait refusé ou négligé de faire réparer un tel acte dans les délais fixés par ce sénatus-consulte, il doit être puni du bannissement, conformément à l'article 115.

Mais si le ministre prévenu d'avoir autorisé l'acte arbitraire, prétend que la signature qu'on lui impute lui a été surprise, il faut alors qu'en faisant cesser cet acte, il dénonce celui qu'il désigne comme auteur de la surprise, sinon il doit être poursuivi personnellement. C'est ce qui résulte de l'art. 116.

Les dommages et intérêts qui peuvent dériver des actes arbitraires, doivent, suivant l'article 117, être demandés, soit sur la poursuite criminelle, soit par la voie civile, et être réglés, eu égard aux personnes, aux circonstances et au préjudice souffert, sans qu'en aucun cas, et quel que soit l'individu lésé, ces dommages et intérêts puissent être au-dessous de vingt-cinq francs pour chaque jour de détention illégale et arbitraire, et pour chaque individu.

Si l'acte arbitraire a eu lieu d'après une fausse signature du nom d'un ministre ou d'un fonctionnaire public, l'article 118 veut que les auteurs du faux, et ceux qui en ont sciemment fait usage soient punis des travaux forcés à tems, dont le *maximum* doit toujours être appliqué dans ce cas.

Les fonctionnaires publics chargés de la police administrative ou judiciaire, qui refusent ou négligent de déférer à une réclamation légale tendant à constater les détentions illégales et arbitraires, soit dans les maisons destinées à la garde des détenus, soit partout ailleurs, et qui ne justifient pas qu'ils ont dénoncé ces détentions à l'autorité supérieure, doivent, suivant l'article 119, être punis de la dégradation civique et être soumis à des dommages et intérêts tels que ceux que l'article 117 a spécifiés.

Les gardiens et concierges des maisons de dépôt, d'arrêt, de justice ou de peine, qui ont reçu un prisonnier sans mandat ou jugement, ou sans un ordre provisoire du Gouvernement; ceux qui l'ont retenu ou refusé de le représenter à l'officier de police ou au porteur de ses ordres, sans justifier de la défense du procureur impérial ou du juge; ceux qui refusent de communiquer leurs registres à l'officier de police, doivent, comme coupables de détention arbitraire, être punis de six mois à deux ans d'emprisonnement et d'une amende de seize francs à deux cents francs, en vertu de l'article 120.

L'article 121 envisage comme coupable de forfaiture, et punissable de la dégradation civique, tout officier de police judiciaire, tout procureur général ou impérial, tout substitut et tout juge qui a provoqué, donné ou signé un jugement, une ordonnance ou un mandat à la poursuite personnelle ou accusation, soit d'un ministre, soit d'un membre du sénat, ou du conseil d'Etat, ou du corps législatif, sans les autorisations prescrites par les constitutions; ou qui, hors les cas de flagrant délit ou de clameur publique, a, sans les mêmes autorisations, donné ou signé l'ordre ou le mandat de saisir ou arrêter un ou plusieurs ministres ou membres, soit du sénat, soit du conseil d'état ou du corps législatif.

La même peine est applicable suivant l'art. 122,

aux procureurs généraux ou impériaux, à leurs substituts, aux juges et aux officiers publics qui ont retenu ou fait retenir un individu hors des lieux destinés par le Gouvernement ou par l'administration publique, ou qui ont traduit un citoyen devant une Cour d'assises ou une Cour spéciale avant qu'il ait été préalablement mis légalement en accusation.

Voyez ACCUSÉ, ACTION PUBLIQUE, POLICE JUDICIAIRE, etc.

ACTE CONSERVATOIRE.

C'est ce que fait une personne pour empêcher qu'il ne soit porté préjudice à ses droits.

Les actes conservatoires ont pour objet des immeubles ou des meubles; s'ils concernent des immeubles, il faut, pour être valables, qu'ils ne troublent pas la jouissance du possesseur; par exemple, s'il arrivait que l'on comprît dans un décret d'immeubles un héritage qui vous appartînt, vous seriez obligé, pour conserver votre propriété, de former votre opposition à la vente de cet héritage, et une telle opposition est un acte conservatoire, qui est valable parce qu'il ne trouble pas la jouissance du possesseur, et qu'il ne l'empêche, ni ses créanciers, de percevoir les fruits que produit l'héritage dont il s'agit.

Il semble que les raisons qui défendent de troubler quelqu'un dans la jouissance d'un immeuble, devraient aussi s'appliquer au cas où l'on réclame une chose mobilière; il y a néanmoins une grande différence entre la réclamation d'un immeuble et celle d'un meuble : la première doit avoir lieu, comme on l'a déjà dit, sans inférer aucun trouble à la jouissance du possesseur; la seconde, au contraire, autorise tous les actes qui tendent à la conservation de la chose mobilière, quand même ils empêcheraient le possesseur d'en jouir.

Cette différence est fondée sur ce que les égards dus à la jouissance ne doivent pas être un obstacle à la conservation des droits de chacun. Un immeuble ne peut pas être soustrait aux recherches de celui qui le revendique, quand sa demande est légitime; mais il en est autrement d'un meuble : celui qui le possède peut aisément le détourner; il est donc juste que celui qui s'en prétend propriétaire puisse faire les actes conservatoires convenables, pour s'en assurer la restitution, quand il aura justifié sa demande.

Lorsque le meuble dont on craint le divertissement est entre les mains d'un tiers, on peut former opposition entre les mains de ce tiers, et cette voie suffit lorsqu'on est assuré qu'il le représentera après le jugement.

Mais s'il y avait du danger à laisser l'objet entre les mains du tiers, il faudrait le faire saisir et revendiquer, en vertu d'une ordonnance que l'on obtient du juge, au bas de la requête présentée pour cet effet.

Lorsque le tiers refuse de remettre les choses réclamées, on lui donne assignation par l'exploit de saisie-revendication à comparaître devant le juge; et les parties s'y étant rendues aux jour et heure indiqués, on y dresse un procès-verbal de référé, par lequel le juge ordonne ce qu'il croit convenable.

Si le dépositaire des meubles réclamés convient qu'il les a, sans prouver qu'ils lui appartiennent, on renvoie sur le principal à l'audience, et l'on ordonne que par provision il sera passé outre à la saisie-revendication.

Si, au contraire, il nie qu'il ait ces meubles, et qu'on n'ait ni preuves ni fortes présomptions qu'ils soient entre ses mains, le juge doit renvoyer le tout à l'audience, sans permettre de faire perquisition.

Voyez SAISIE-REVENDICATION.

ACTES DE L'ÉTAT CIVIL.

On désigne sous cette dénomination les actes de naissance, de mariage et de décès des citoyens.

Cette partie du droit français est d'autant plus intéressante, que les actes de l'état civil ont, sur les individus et sur les familles, une telle influence qu'il en résulte la tranquillité des uns et des autres, et le maintien du bon ordre dans l'Empire.

Les principes généraux qui ont été établis sur cette matière par la loi du 20 ventose an 11, sont les suivans :

Le législateur a d'abord ordonné que les actes de l'état civil énonceraient l'année, le jour et l'heure où ils seraient reçus, ainsi que les prénoms, les noms, l'âge, la profession et le domicile de toutes les personnes qui y seraient dénommées.

Il a ensuite réglé que les officiers de l'état civil ne pourraient rien insérer dans les actes qu'ils recevraient que ce qui devait être déclaré par les comparans.

Dans les cas où les parties intéressées ne sont pas obligées de comparaître en personne, elles peuvent se faire représenter par un fondé de procuration spéciale et authentique.

Les témoins qu'on produit pour les actes de l'état civil doivent être du sexe masculin, ayant au moins vingt-un ans, soit qu'ils soient parens ou étrangers à la famille. C'est aux personnes intéressées qu'il appartient de les choisir.

L'officier de l'état civil est chargé de donner lecture des actes aux parties comparantes ou à leurs fondés de procuration et aux témoins. Il y doit être fait mention de l'accomplissement de cette formalité.

Il faut que ces actes soient signés, tant par l'officier de l'état civil que par les parties comparantes et par les témoins, ou qu'il soit fait mention de la cause qui empêche les uns ou les autres de signer.

Il est nécessaire que les mêmes actes soient inscrits dans chaque commune, sur un ou plusieurs registres tenus doubles.

On peut demander pourquoi le législateur a introduit l'alternative de tenir un ou plusieurs registres doubles.

L'orateur du Gouvernement qui a présenté le projet de loi dont il s'agit, a éclairci cette question. Il a observé qu'en 1792, on avait cru qu'en établissant plusieurs registres doubles, il en résulterait la faculté de mieux distinguer chaque espèce d'acte; mais que l'expérience avait prouvé que c'était à cette pluralité de registres qu'il fallait, au contraire, attribuer le mauvais état où ils se trouvaient dans un grand nombre de communes, à cause du peu d'instruction d'une grande partie des administrateurs municipaux. En effet, il est souvent arrivé que quand un registre, celui des décès, par exemple, était rempli avant la fin de l'année, l'officier de l'état civil inscrivait les décès subséquens sur le registre des naissances où il se trouvait des feuillets blancs, et ce qui n'était qu'une transposition paraissait ordinairement une lacune ou une omission. On a, en conséquence, pensé qu'il était plus convenable qu'il n'y eût, dans la plupart des communes, qu'un seul registre tenu double pour l'inscription des actes de toute espèce à la suite les uns des autres; et que ce procédé exigeant moins d'attention, exposerait à moins d'erreurs: mais en même tems, le législateur a considéré que la règle de l'unité des registres ne devait pas être tellement impérative que le Gouvernement ne pût pas en dispenser pour les villes où les officiers de l'état civil ont plus de lumières, et où la rédaction des actes est plus multipliée.

Au reste, les registres doivent être cotés par première et dernière feuille, et parafés sur chacune par le président du tribunal de première instance ou par le juge qui le remplace.

Il faut que les actes soient inscrits de suite sur ces registres, sans aucun blanc. Les ratures et les renvois doivent être approuvés et signés de la même manière que le corps de l'acte. On ne peut rien y écrire par abréviation, ni y mettre aucune date en chiffres.

La loi veut que les registres soient clos et arrêtés par l'officier de l'état civil à la fin de chaque année; et que dans le mois suivant, l'un des doubles soit déposé aux archives de la commune, et l'autre au greffe du tribunal de première instance.

La loi exige aussi que les procurations et les autres pièces qui doivent demeurer annexées aux actes de l'état civil, soient déposées dans le même greffe de première instance avec le double des registres, après qu'elles ont été paraphées par la personne qui les a produites, et par l'officier de l'état civil.

Chaque individu est autorisé à se faire délivrer des extraits des registres de l'état civil par les fonctionnaires qui en ont le dépôt. Ces extraits délivrés conformes aux registres et légalisés par le président du tribunal de première instance ou par le juge qui le remplace, font foi jusqu'à inscription de faux.

S'il n'a point existé de registres ou qu'ils soient perdus, la preuve en doit être reçue tant par titres que par témoins; et, dans ces cas, les naissances, les mariages et les décès peuvent être prouvés tant par les registres ou papiers des pères et des mères, que par témoins.

Les actes de l'état civil des Français et des étrangers faits en pays étranger font foi, s'ils ont été rédigés dans les formes qui y sont usitées.

La loi déclare également valable tout acte de l'état civil des Français en pays étranger, lorsqu'il a été reçu, conformément aux lois françaises, par les agens diplomatiques ou par les commissaires des relations commerciales de la France.

Toutes les fois que la mention d'un acte relatif à l'état civil doit avoir lieu en marge d'un autre acte déjà inscrit, il faut qu'elle soit faite à la requête des parties intéressées, par l'officier de l'état civil, sur les registres courans ou sur ceux qui ont été déposés aux archives de la commune; et par le greffier du tribunal de première instance, sur les registres déposés au greffe; à l'effet de quoi, l'officier de l'état civil est chargé d'en donner avis dans les trois jours au procureur impérial près de ce tribunal, afin qu'il veille à ce que la mention soit faite d'une manière uniforme sur les deux registres.

Toute contravention à ce qui précède, de la part des fonctionnaires y dénommés, doit être poursuivie devant le tribunal de première instance, et punie d'une amende qu'on ne peut étendre au-delà de 100 francs.

Chaque dépositaire des registres est déclaré civilement responsable des altérations qui y surviennent, sauf son recours contre les auteurs de ces altérations.

Toute altération, tout faux dans les actes de l'état civil, toute inscription de ces actes faite sur une feuille volante ou autrement que sur les registres destinés à ces inscriptions, donnent ouverture aux dommages-intérêts des parties, sans préjudice des peines portées au Code pénal.

Le procureur impérial près du tribunal de première instance est tenu de vérifier l'état des registres, lors du dépôt qui s'en fait au greffe : il doit dresser un procès-verbal sommaire de la vérification, dénoncer les contraventions ou les délits commis par les officiers de l'état civil, et requérir contre eux la condamnation aux amendes prononcées par la loi.

Remarquez que, dans tous les cas où un tribunal de première instance connaît des actes relatifs à l'état civil, les parties intéressées peuvent se pourvoir contre les jugemens qu'il a rendus.

Quand la rectification d'un acte de l'état civil est demandée, il doit y être statué par le tribunal compétent, sauf l'appel, et sur les conclusions du procureur impérial. Les parties intéressées y sont appelées, s'il y a lieu.

Observez que le jugement de rectification ne peut dans aucun tems être opposé aux parties intéressées qui ne l'ont pas requis ou qui n'y ont pas été appelées.

Tout jugement de rectification doit être inscrit sur les registres, par l'officier de l'état civil, aussitôt qu'il lui a été remis, et mention en doit être faite en marge de l'acte réformé.

Voyez les articles NAISSANCE, MARIAGE, DÉCÈS.

ACTE D'HÉRITIER.

C'est ce que fait celui qui dispose des biens d'une succession, comme il ne pourrait le faire sans sa qualité d'héritier.

L'engagement que contracte un majeur en faisant *acte d'héritier*, est irrévocable; en sorte que quand il se dépouillerait ensuite des biens, il n'en demeurerait pas moins sujet aux charges de la succession ; et celui qui, après avoir accepté, renoncerait en faveur d'un autre duquel il aurait reçu quelque chose pour cet effet, serait envisagé comme un héritier qui vend ses droits successifs.

Voyez SUCCESSION.

ACTE PUBLIC.

On désigne sous ce nom un acte émané du ministère d'un officier public quelconque.

On divise en plusieurs classes les actes publics ; les uns sont du droit des gens ; les autres s'appliquent au droit public d'une nation, et les autres font partie du droit civil.

Ceux de la première classe sont les traités de paix, d'alliance, de commerce, etc., qui ont lieu entre plusieurs puissances.

Les seconds, sont, parmi nous, les sénatus-consultes, les lois, les décrets impériaux, les décisions ministérielles, etc.

Les troisièmes, sont les exploits d'huissiers, les actes des notaires, les jugemens des tribunaux, les arrêts des Cours, etc.

Toutes ces sortes d'actes font foi jusqu'à inscription de faux.

ACTE RESPECTUEUX.

C'est un acte qui signifie, en général, la déférence qu'on a pour une personne à laquelle on est subordonné.

L'art. 151 du Code Napoléon a ordonné que les

fils de famille âgés de vingt-cinq ans accomplis, et les filles âgées de vingt-un ans, également accomplis, qui voudraient contracter mariage, seraient préalablement obligés de demander, par un acte respectueux et formel, le conseil de leur père et de leur mère, ou si ceux-ci sont dans l'impossibilité de manifester leur volonté, celui de leurs aïeuls et de leurs aïeules.

Depuis les âges qu'on vient de spécifier, jusqu'à celui de trente ans accomplis pour les fils, et de vingt-cinq ans pareillement accomplis pour les filles, l'article suivant veut que l'acte respectueux sur lequel il n'est point intervenu de consentement au mariage, soit renouvelé deux autres fois, de mois en mois, et que ce ne soit qu'après le troisième acte qu'il puisse être passé outre à la célébration du mariage.

Mais après l'âge de trente ans, et à défaut de consentement sur un acte respectueux, il peut être passé outre un mois après, à la célébration du mariage, en vertu de l'art. 153.

Il faut, suivant l'article 154, que l'acte respectueux soit notifié aux ascendans spécifiés dans l'article 151, par deux notaires, ou par un notaire et deux témoins; et que dans le procès-verbal de cette notification, il soit fait mention de la réponse.

Si l'ascendant auquel l'acte respectueux aurait dû être adressé se trouve absent, il doit être passé outre à la célébration du mariage, en représentant le jugement qui a déclaré l'absence, ou à défaut de ce jugement, celui qui a ordonné l'enquête; et s'il n'y a point encore eu de jugement, un acte de notoriété délivré par le juge de paix du lieu où l'ascendant a eu son dernier domicile connu. Il faut que cet acte contienne la déclaration de quatre témoins, appelés d'office par ce magistrat. C'est ce qui résulte de l'art. 155.

Lorsqu'il n'y a point eu d'actes respectueux dans les cas prescrits par la loi, l'officier de l'état civil qui a célébré le mariage doit être condamné à une amende, qu'on peut étendre jusqu'à 300 francs, et à un emprisonnement dont la durée ne peut être au-dessous d'un mois.

Voyez MARIAGE.

ACTION.

SOMMAIRES.

1. *Définition.*
2. *Formes à observer pour intenter une action.*
3. *Division des actions, et l'objet de chacune.*
4. *Devant qui une action doit-elle être portée?*
5. *De l'action intentée contre une femme avant son mariage.*
6. *De l'action résultant d'une obligation sous condition.*
7. *De l'action du créancier contre les cautions du principal obligé.*
8. *De l'action qu'on peut avoir contre des mineurs et des interdits.*
9. *Des actions dont la connaissance est attribuée aux juges de paix.*
10. *Des règles à suivre relativement à la manière dont les actions au nom de l'Etat doivent être intentées ou reprises.*
11. *Des actions en banque ou finances.*

1. Une action est une demande judiciaire fondée sur un titre ou sur la loi, par laquelle le demandeur requiert que celui contre qui il agit ait à le satisfaire, ou qu'il y soit condamné par le juge; et l'on dit, *avoir action pour quelqu'un*, pour dire,

avoir droit de former contre lui la demande dont on vient de parler.

2. *Formes à observer pour intenter une action.* Chez les Romains, l'ancien ordre judiciaire était que celui qui voulait agir contre quelqu'un, l'assignât à comparoir devant le préteur. Alors le demandeur déclarait l'action suivant laquelle il voulait poursuivre son adversaire : car il faut savoir que dans la même cause et pour le même fait, on pouvait intenter diverses sortes d'actions; et de toutes ces actions, le demandeur devait en choisir une à laquelle il se tenait et qu'il devait faire signifier à la partie adverse.

Dès que ce choix était fait, le demandeur devait proposer son action selon la formule qui lui était particulière; et cela était tellement de rigueur, que s'il arrivait que le demandeur ou son défendeur laissât échapper, même par inadvertance, quelque mot contraire à ce que prescrivait la formule propre à l'action qu'il avait choisie, il perdait sur le champ sa cause. Il est vrai que celui qui avait ainsi perdu sa cause, faute d'avoir observé la formule, était ordinairement rétabli par le préteur dans l'état où il était auparavant; et cela s'appelait *restituer en entier.*

Mais comme ces formalités scrupuleuses ne pouvaient qu'être souvent préjudiciables aux parties, l'usage en fut abrogé par l'empereur Constantin : depuis ce tems, les procès civils se jugèrent sur le simple exposé des demandes et des moyens des parties, celles-ci eurent la liberté de plaider leurs causes, en quelques termes que ce fût, et sans être obligés d'exprimer le nom de l'action dont elles voulaient se servir.

Enfin, il fut réglé que les actions seraient intentées par une briève et sommaire exposition du fait dont il s'agirait, avec des conclusions libellées, sans avoir égard aux termes dans lesquels l'exploit serait conçu.

Ces dispositions sont observées en France, où d'ailleurs il n'est pas nécessaire d'exprimer le nom de l'action qu'on intente; mais cette dispense n'empêche pas qu'il ne soit très-important, pour tirer des conclusions justes et convenables, de connaître la nature de chaque action; et c'est ce que nous tâcherons d'expliquer dans cet article.

3. Les actions se divisent en personnelles, en réelles et en mixtes.

Par l'*action personnelle*, nous agissons contre celui qui est obligé envers nous par une des quatre causes d'où peut dériver l'obligation personnelle. Ces causes sont le *contrat*, le *quasi-contrat*, le *délit* et le *quasi-délit*.

L'action réelle est celle que nous dirigeons pour nous faire remettre en possession d'une chose qui est détenue par un autre, et qui nous appartient. Si le détenteur dénie que celui qui le poursuit soit le propriétaire de la chose répétée, c'est à celui-ci à faire preuve de sa propriété, ou il perd sa cause.

L'action mixte est tout à la fois personnelle et réelle, c'est-à-dire, que nous agissons en revendication d'une chose qui nous appartient, et en demandant un payement. Ces trois actions principales se subdivisent en quantité d'autres.

Il y a l'action pétitoire, par laquelle nous revendiquons la propriété d'un fonds ou d'un droit réel, contre le possesseur.

L'action possessoire, par laquelle nous agissons pour être maintenus dans la possession d'un fonds ou d'un droit réel dont on veut s'emparer, ou pour être rétablis dans cette possession, quand on nous y a troublés.

L'action au pétitoire ne peut être intentée qu'il n'y ait jugement sur le possessoire, la loi défendant de *cumuler* l'un avec l'autre : *Spoliatus ante omnia restituendus est.*

L'action confessoire, par laquelle nous prétendons droit de servitude sur l'héritage d'autrui.

L'action négatoire, par laquelle nous dénions droit de servitude à celui qui le prétend sur notre héritage.

L'action de partage, par laquelle des héritiers agissent contre des cohéritiers, pour arriver au partage d'une succession.

L'action hypothécaire, par laquelle le créancier agit contre tout possesseur de l'héritage hypothéqué par le débiteur pour sûreté de la créance.

L'action redhibitoire, par laquelle l'acheteur agit contre le vendeur pour lui faire reprendre une marchandise défectueuse et lui faire rendre le prix qu'il en a touché. Par exemple, le vice caché d'un cheval, tel que la morve, la pousse, la courbature, donne ouverture à l'action redhibitoire en faveur de l'acheteur, contre celui qui a vendu le cheval.

L'action de réméré, par laquelle le vendeur agit contre l'acquéreur, pour que celui-ci ait à abandonner l'héritage aliéné, moyennant les offres que fait le demandeur de lui rendre le prix et les loyaux-coûts de l'acquisition.

L'action de bornage, par laquelle nous nous plaignons de l'usurpation d'un voisin sur notre fonds.

L'action héréditaire, ou celle qui passe de la personne du défunt à celles de ses héritiers. Cette action est active ou passive. Elle est active quand les héritiers poursuivent les débiteurs de la succession ; elle est passive quand ils sont eux-mêmes poursuivis par les créanciers du défunt.

L'action préjudicielle, par laquelle nous demandons le jugement d'une question incidente, pour déterminer le jugement principal. Par exemple, *Pierre* réclame une part dans la succession de *Jean;* ou lui dénie la qualité d'héritier : il doit donc, avant tout, prouver cette qualité; et s'il ne le peut, l'action principale n'a plus de consistance.

L'action *aquæ pluviæ arcendæ*, par laquelle le possesseur de l'héritage inférieur agit contre le possesseur de l'héritage supérieur, lorsque celui-ci, par le moyen de quelque ouvrage qu'il a fait dans son héritage, rassemble les eaux qui y tombent, de façon qu'il les fait passer dans l'héritage inférieur avec plus d'abondance et de rapidité qu'elles n'y passeraient naturellement, et occasionne ainsi quelque dommage.

La même action peut aussi être exercée par le possesseur de l'héritage supérieur contre le possesseur de l'héritage inférieur, lorsque celui-ci, par quelque digue qu'il a fait sur son héritage, repousse et fait refluer dans l'héritage supérieur les eaux qui en viennent.

Par cette action, le demandeur conclut à la destruction de l'ouvrage qui lui cause du préjudice.

L'action *pro socio*, par laquelle l'un des associés agit contre les autres pour leur faire remplir les obligations qui dérivent du contrat de société.

L'action *conducti* ou *ex conducto*, par laquelle le locataire conclut à ce que le propriétaire ait à le faire jouir de la chose louée, ou qu'il soit condamné aux dommages et intérêts qui résultent du défaut de jouissance.

L'action *ex locato*, par laquelle le propriétaire agit

agit contre le locataire pour être payé des loyers et pour faire rendre la chose louée en bon état.

L'action *ex empto*, par laquelle l'acheteur agit contre le vendeur pour qu'il ait à lui délivrer la chose vendue, moyennant la somme convenue; sinon qu'il soit condamné aux dommages et intérêts résultans de l'inexécution de son obligation.

L'action *venditi* ou *ex vendito*, par laquelle le vendeur agit contre l'acheteur pour être payé du prix de la chose vendue.

L'action *pignoratitia directa*, par laquelle on agit contre le créancier à qui l'on a donné des effets en nantissement, pour qu'il ait à les restituer, moyennant le payement de la dette contractée envers lui.

L'action *pignoratitia contraria*, par laquelle le créancier agit contre le débiteur, pour qu'il soit condamné à substituer à la place des choses qu'il a données en nantissement, d'autres choses d'égale valeur qui lui appartiennent; sinon, qu'il soit déchu des termes qui lui avaient été accordés, et contraint au payement de la dette.

Cette action a lieu lorsque le débiteur a donné en nantissement une chose qui ne lui appartenait pas.

L'action *commodati directa*, par laquelle le prêteur agit contre l'emprunteur pour l'obliger à rendre la chose prêtée, ou à en payer le prix s'il ne peut la représenter.

L'action *commodati contraria*, par laquelle l'emprunteur conclut à ce qu'il soit fait défense au prêteur de le troubler dans l'usage qu'il doit avoir de la chose qu'il lui a prêtée, et à ce qu'il soit condamné aux dommages et intérêts résultans du trouble.

Lorsque c'est une somme d'argent qui a été prêtée, le prêteur a l'action *ex mutuo* pour faire condamner l'emprunteur à lui rendre une pareille somme.

L'action *depositi directa*, par laquelle celui qui a donné une chose en dépôt agit contre le dépositaire pour se la faire rendre.

L'action *depositi contraria*, par laquelle le dépositaire agit contre le propriétaire de la chose mise en dépôt, pour être remboursé de tout ce que lui a coûté le dépôt.

L'action *mandati directa*, par laquelle le mandant agit contre le mandataire pour le faire condamner, ou à rendre compte du mandat s'il a été exécuté, ou aux dommages et intérêts résultans de l'inexécution du mandat, si, par une juste cause, le mandataire n'a pas été empêché de l'exécuter.

L'action *mandati contraria*, par laquelle le mandataire agit contre le mandant pour être remboursé des dépenses qu'il a faites, et se faire décharger des obligations qu'il a contractées pour l'exécution du mandat.

L'action *negotiorum gestorum directa*, par laquelle celui dont on a fait les affaires sans procuration de sa part, agit contre celui qui les a faites, pour s'en faire rendre compte.

L'action *negotiorum gestorum contraria*, par laquelle celui qui a fait sans procuration les affaires d'un autre, agit contre lui pour être remboursé et indemnisé de ce qu'il lui en a coûté pour les faire.

L'action *condictio indebiti*, par laquelle on répète une somme que l'on a payée par erreur et sans la devoir.

L'action *petitio hæreditatis*, par laquelle un héritier réclame une succession contre ceux qui s'en sont emparés à son préjudice, et qui refusent de la lui rendre.

L'action *de revendication*, par laquelle le propriétaire d'une chose la revendique contre celui qui s'en trouve possesseur, et le fait condamner à la lui restituer.

L'action est d'ailleurs *mobilière* ou *immobilière*, selon qu'elle tend à la possession d'un meuble ou d'un immeuble.

Les lois assignent et déterminent un tems pour poursuivre chaque espèce d'*action* : ce tems passé, on est *non-recevable*. C'est ce qu'on appelle *action prescrite*.

4. *Devant qui une action doit-elle être portée ?* En général, toute action doit être portée devant le juge du domicile du défendeur, suivant la maxime *actor sequitur forum rei*, parce qu'il est juste que celui qui est attaqué puisse se défendre de la manière la plus facile; mais cette règle est sujette à plusieurs exceptions. Par exemple : lorsqu'une partie, par un acte authentique, se soumet à la juridiction d'un autre juge que celui de son domicile actuel, pour raison de contestations qui pourront être relatives à cet acte, et que pour cet effet elle a élu un domicile fictif dans le territoire du juge à la juridiction duquel elle s'est soumise, on peut l'assigner, ainsi que ses héritiers, devant ce juge, parce qu'alors c'est le domicile choisi par les parties qui règle la compétence. C'est ce qui résulte de l'art. 111 du Code Napoléon.

Lorsqu'en matière personnelle il y a plusieurs défendeurs, l'art. 59 du Code de procédure civile autorise le demandeur à choisir le tribunal du domicile de l'un d'eux, pour y porter son action.

L'action purement réelle forme aussi une exception à la règle générale, qui veut que le défendeur soit poursuivi devant le juge de son domicile. Ainsi, l'action pétitoire en revendication, ou qui tend à faire quitter la possession d'un héritage, étant de cette nature, il est au choix du demandeur de la porter devant le juge du domicile du défendeur, ou devant le juge du lieu où l'héritage contentieux est situé. Cette exception est fondée sur ce que le juge dans le territoire duquel l'héritage est assis, peut plus facilement examiner l'objet de la contestation, et être mieux instruit de ce qui y a rapport, qu'un juge éloigné..

Les actions confessoires et négatoires doivent se régler sur les mêmes principes, parce que ce sont des actions réelles : il faut en dire autant des actions qui concernent le fonds et la propriété d'un héritage, ou les droits dont cet héritage est chargé, comme les rentes foncières ; car ces actions sont réelles : mais cela ne s'entend que des cas où l'action s'intente au pétitoire.

En matière mixte, l'action peut être portée devant le juge de la situation, ou devant le juge du domicile du défendeur.

En matière de société, tant qu'elle existe, l'action doit être portée devant le juge où la société est établie.

En matière de succession, les actions qui ont lieu entre héritiers jusqu'au partage inclusivement ; celles que des créanciers du défunt intentent avant le partage, et celles qui sont relatives à l'exécution des dispositions à cause de mort, jusqu'au jugement définitif, doivent être portées devant le tribunal du lieu où la succession est ouverte.

En matière de faillite, c'est au juge du domicile du failli qu'il appartient de connaître des actions relatives à la faillite.

En matière de garantie, l'action doit être portée devant le juge où la demande originaire est agitée.

En matière de commerce, le demandeur peut, à son choix, porter son action devant le tribunal du domicile du défendeur, ou devant celui dans l'arrondissement duquel la promesse a été faite et la marchandise livrée, ou devant celui dans l'arrondissement duquel le payement a dû être effectué.

Enfin, les actions intentées pour frais dus aux officiers ministériels, doivent être portées devant le tribunal où les frais ont été faits.

Toutes ces exceptions à la règle générale sont fondées sur les articles 59, 60 et 420 du Code de procédure civile.

5. *De l'action intentée contre une femme avant son mariage.* L'action intentée contre une femme avant son mariage, peut être suivie contre son mari, en le mettant en cause.

6. *De l'action résultant d'une obligation sous condition.* L'action qui résulte d'une obligation sous condition, ne peut être exercée avant que la condition n'ait eu lieu : mais celui au profit duquel l'obligation est passée, peut agir pour conserver son droit ; et c'est ce qu'on appelle *l'action conservatoire*, qu'il est d'autant plus juste d'accorder en pareil cas, que sans elle on courrait souvent risque de perdre son droit. *Voyez* ACTE CONSERVATOIRE.

7. *De l'action du créancier contre les cautions du principal obligé.* L'action du créancier qui a fait la discussion des biens du principal obligé, doit se diviser contre les cautions, eu égard à leur nombre, en sorte que chacune ne soit poursuivie que pour sa part, à moins qu'elles ne soient toutes solidaires, ou qu'elles n'aient renoncé à la division. Dans ces deux derniers cas, le créancier peut intenter son action entière contre l'une ou l'autre des cautions.

8. *De l'action qu'on peut avoir contre des mineurs et des interdits.* L'action qu'on a droit d'intenter contre les mineurs et les interdits, doit s'exercer contre leurs tuteurs ou curateurs, mais seulement en leur qualité de représentans de ces mineurs et interdits, et non sur les biens qui leur sont propres. Ainsi, la condamnation prononcée contre le tuteur,

est censée prononcée contre le mineur même, et s'exécute sur les biens de celui-ci.

9. *Des actions dont la connaissance est attribuée aux juges de paix.* L'art. 9 du tit. 3 de la loi du 16 août 1790, a attribué à chaque juge de paix la connaissance, sans appel, de toutes les causes purement personnelles et mobilières, jusqu'à la valeur de 50 livres.

Le même article avait statué que ce même magistrat jugerait, à la charge de l'appel, jusqu'à la valeur de 100 livres; mais cette dernière attribution a été augmentée par l'art. 17 du Code de procédure civile. Cet article porte que les jugemens des juges de paix seront exécutoires par provision jusqu'à concurrence de 300 francs, nonobstant l'appel, et sans qu'il soit besoin de fournir caution. Dans les autres cas, ces magistrats peuvent ordonner l'exécution provisoire de leurs jugemens, à la charge toutefois de donner caution.

10. *Des règles à suivre relativement à la manière dont les actions au nom de l'Etat doivent être intentées ou reprises.* Le Corps législatif ayant considéré qu'il importait de donner aux corps administratifs les moyens d'accélérer le recouvrement de tous les objets qui appartiennent à l'Etat, et de veiller à la conservation de toutes les propriétés nationales, a rendu, le 19 nivose de l'an 4, une loi qui contient les dispositions suivantes :

« Art. Ier. Toutes les actions en justice, principales, incidentes, ou en reprise, qui seront intentées par les corps administratifs, le seront au nom de la nation française, par le commissaire du directoire exécutif près de l'administration départementale, à la poursuite et diligence du commissaire du directoire exécutif près de l'administration municipale dans le ressort de laquelle se trouveront les objets contentieux.

» II. Si ces actions donnent lieu à des poursuites devant le tribunal de département, elles y » seront suivies et dirigées par le commissaire du » directoire exécutif près de l'administration dé- » partementale au nom de laquelle elles auront été » intentées. »

A la suite de cette loi, le directoire exécutif prit, le 10 thermidor suivant, un arrêté dans lequel il annonça que la loi qu'on vient de rapporter n'était pas exécutée dans tous les départemens avec l'uniformité qu'exigeait le bien du service et la conservation des droits nationaux, attendu que, dans plusieurs de ces départemens, les commissaires du directoire exécutif faisaient paraître des défenseurs officieux qui plaidaient au nom de la Nation, et que les administrations salariaient; et que dans d'autres départemens, les commissaires du directoire exécutif près les tribunaux portaient la parole pour les commissaires du directoire exécutif près des administrations, et faisaient valoir les moyens que leur fournissaient ces derniers par les mémoires qu'ils leur adressaient à cet effet: en conséquence, il considéra, 1°. qu'il importait de saisir toutes les occasions qui se présentaient d'économiser les deniers publics, et de retrancher toutes les dépenses superflues; 2°. qu'il était contraire à la dignité de la Nation, qu'elle ne fût représentée devant les tribunaux que par de simples particuliers, tandis qu'il existait auprès de ces tribunaux mêmes, des fonctionnaires publics chargés de stipuler ses intérêts et de défendre ses droits.

Ces motifs ont donné lieu aux dispositions suivantes :

« Art. Ier. Dans toutes les affaires portées devant » les tribunaux dans lesquelles la nation sera partie, » les commissaires du directoire exécutif près des » administrations, en vertu des arrêtés desquelles

» elles seront poursuivies, seront tenus d'adresser » au directoire exécutif près de ces tribunaux, des » mémoires contenant les moyens de défense de la » nation.

» Art. II. Les commissaires du directoire exécu- » tif près des tribunaux, pourront lire à l'audience » les mémoires qui leur auront été adressés par les » commissaires du directoire exécutif près des ad- » ministrations, et soit qu'il les lise ou non, ils » proposeront tels moyens, et prendront telles con- » clusions que la nature de l'affaire leur paraîtra » devoir exiger. »

Les anciens corps administratifs sont aujourd'hui remplacés par les préfets, les conseils de préfecture, les sous-préfets et les maires ; et les procureurs impériaux font les fonctions qui étaient précédemment attribuées aux commissaires du pouvoir exécutif près des administrations municipales.

On ne doit pas conclure des dispositions de l'art. 83 du Code de procédure civile, que la communication des causes concernant l'État, que cet article veut qu'on donne au procureur impérial, soit une dérogation à la loi et à l'arrêté qu'on vient de rapporter : rien n'empêche que ce magistrat ne soit le défenseur de l'Etat, en même tems qu'il s'occupe du maintien de l'ordre public.

11. *Des actions en banque ou finance.* Une action de cette espèce est l'intérêt qu'on a dans une compagnie formée pour un commerce ou autrement. Telles étaient autrefois les actions de la compagnie des Indes ou celles de la caisse d'escompte, et telles sont aujourd'hui les actions de la banque de France.

Suivant le paragraphe 2 de l'article 69 de la loi du 22 frimaire an 7, les cessions d'actions et de coupons d'actions mobilières, et tout autre effet négociable de particulier ou de compagnie, à l'exception des lettres de change tirées de place en place, sont soumis à un droit proportionnel d'enregistrement de 25 centimes par 100 francs; mais ils peuvent n'être présentés à l'enregistrement qu'avec les protêts qui en ont été faits.

Voyez les articles PROCÉDURE, POSSESSION, PRESCRIPTION, TUTELLE, INTERDICTION, BANQUE DE FRANCE, etc.

ACTION PUBLIQUE.

C'est celle qui a pour objet de faire appliquer à un crime ou délit quelconque, la peine spécifiée par la loi.

Lorsque les orateurs du Gouvernement présentèrent au Corps législatif le Code d'instruction criminelle, ils observèrent que l'action publique était d'une toute autre importance que l'action civile ou privée. Dans cette dernière, dirent-ils, deux citoyens se présentent devant un tribunal pour y faire prononcer sur un objet qui n'intéresse qu'eux: l'un expose sa demande, l'autre sa défense, et ensuite le tribunal rend son jugement.

Mais l'action publique n'est pas intentée par un simple citoyen: c'est le corps social qui est la véritable partie; il réclame la vengeance d'un attentat commis contre sa sureté ou sa tranquillité, et il demande que le coupable soit puni selon la loi.

Chez les Romains, l'action publique pouvait anciennement être exercée par chaque citoyen; mais il n'en est pas de même parmi nous; cette action n'appartient en France qu'aux fonctionnaires auxquels les législateurs l'ont confiée.

Quant à l'action en réparation du dommage causé par un crime, par un délit ou par une contravention, elle peut être exercée par tous ceux qui ont souffert de ce dommage. C'est ce qui résulte de l'art. 1er. du Code d'instruction criminelle.

L'art. 2 a réglé que l'action publique pour l'application de la peine s'éteindrait par la mort du prévenu ; mais que l'action civile pour la réparation du dommage pourrait être exercée tant contre le prévenu que contre ses représentans.

Il faut remarquer à cet égard, que l'action publique et l'action civile qui dérivent d'un crime de nature à entraîner la peine de mort, ou des peines afflictives ou infamantes, s'éteignent l'une et l'autre par le laps de dix années révolues à compter du jour où le crime a été commis, lorsque dans cet espace de tems il n'a été fait aucun acte d'instruction ni de poursuite.

Mais si quelqu'un de ces actes a eu lieu sans avoir été suivi de jugement, l'une et l'autre action peuvent être exercées pendant dix années à compter de la date du dernier de ces actes, même à l'égard des personnes qui n'avaient pas encore été impliquées dans la procédure.

Les dix années dont on vient de parler doivent être réduites à trois, s'il s'agit d'un délit de nature à être puni correctionnellement.

Quant aux peines prononcées par des jugemens rendus pour contravention de police, elles cessent d'être applicables aux condamnés après deux années à compter du jour de l'arrêt ou jugement en dernier ressort ; ou si la condamnation est émanée d'un tribunal de première instance, à compter du jour où elle ne peut plus être attaquée par la voie de l'appel.

L'action publique et l'action civile pour une contravention de police ne peuvent plus être exercées après une année révolue à compter du jour où la contravention a été commise, quand même il y aurait eu procès-verbal, saisie, instruction ou poursuite, si dans cet intervalle il n'est point intervenu de condamnation : et s'il y a eu un jugement définitif de première instance de nature à être attaqué par la voie de l'appel, l'action publique et l'action civile sont éteintes après une année révolue, à compter de la notification de l'appel qui en a été interjeté.

Ces différentes dispositions sont fondées sur les articles 637 à 640 du Code d'instruction criminelle.

Remarquez que l'action civile et l'action publique peuvent être poursuivies en même tems et devant les mêmes juges : mais lorsque l'action civile est poursuivie séparément, l'exercice en doit être suspendu aussi long-tems qu'il n'a pas été prononcé définitivement sur l'action publique intentée avant ou pendant la poursuite de l'action civile.

Remarquez aussi qu'une transaction sur l'intérêt civil de la partie lésée par un délit, ne mettrait point obstacle à ce que le ministère public continuât d'agir pour faire appliquer la peine établie contre les auteurs du délit. C'est ce qui résulte évidemment de l'article 2046 du Code Napoléon.

Voyez les articles ACCUSATEUR, ACCUSATION, ACCUSÉ, POLICE JUDICIAIRE, JUGE D'INSTRUCTION, etc.

ADJOINT.

C'est un officier civil qui supplée le maire. Il est également officier de police judiciaire, comme remplaçant le maire.

Voyez MAIRE.

M. DECOMBEROUSSE.

ADIRÉ.

Ce terme est synonime à égaré.

Il se dit particulièrement d'une lettre de change qui ne se trouve plus.

L'article 154 du Code de commerce indique au propriétaire de la lettre de change adirée, ce qu'il doit faire pour réparer cet accident. Il faut qu'il se procure une seconde lettre, et que, pour cet effet, il s'adresse à son endosseur immédiat, qui est tenu de lui prêter son nom et ses soins pour agir envers son propre endosseur; et ainsi en remontant d'endosseur en endosseur jusqu'au tireur de la lettre. L'article cité veut que les frais de cette opération soient à la charge du propriétaire de la lettre de change adirée.

ADITION D'HÉRÉDITÉ.

C'est l'acceptation d'une succession par un héritier légitime ou par un héritier institué.

Voyez ACCEPTATION, HÉRITIER, BÉNÉFICE D'INVENTAIRE.

M. DECOMBEROUSSE.

ADJUDICATAIRE ET ADJUDICATION.

SOMMAIRES.

1. *Définition.*
2. *Des adjudications de meubles saisis.*

3. *Des adjudications d'immeubles sur expropriation forcée.*

4. *Des cas où la faculté de se rendre adjudicataire est interdite à certaines personnes.*

5. *Une femme mariée et séparée de biens d'avec son mari, peut-elle, sans l'autorisation de celui-ci, mettre une enchère sur des immeubles qui se vendent judiciairement ?*

6. *D'une adjudication au rabais.*

1. L'adjudicataire est celui qui devient propriétaire d'une chose vendue à l'enchère, et dont il a offert le plus haut prix, soit judiciairement, soit autrement.

L'*Adjudication* est l'acte judiciaire ou volontaire par lequel on adjuge un meuble, un bail, un bien, etc., à celui qui est le plus offrant ou le dernier enchérisseur.

2. *Des adjudications de meubles saisis.* L'huissier qui procède à la vente d'effets saisis, est obligé de faire monter, le plus qu'il lui est possible, le prix de la vente, en profitant de la chaleur des enchères; et il ne doit adjuger la chose qu'au plus offrant et dernier enchérisseur, à la charge que le prix de l'adjudication sera payé sur-le-champ : car si l'huissier jugeait à propos de faire crédit à l'adjudicataire, il serait personnellement garant du prix de l'adjudication envers les créanciers saisissans et la partie saisie. D'ailleurs, comme il pourrait arriver que sous des noms supposés, ou par quelqu'autre manœuvre frauduleuse, l'huissier se rendît lui-même adjudicataire à vil prix des choses saisies, la loi l'oblige, sous peine de nullité, d'interdiction, d'amende et des dommages et intérêts des parties, d'indiquer dans son procès-verbal le nom et le domicile de l'adjudicataire, afin que les parties

intéressées soient en état de découvrir la fraude, s'il y en a, et d'en porter leurs plaintes (1).

Il est aussi défendu à l'huissier, sous peine de concussion, de rien recevoir de l'adjudicataire, directement ou indirectement, au-delà du prix de l'adjudication.

La vente des effets saisis doit se faire au plus prochain marché public, au jour et à l'heure ordinaires des marchés ou un jour de dimanche : mais il faut observer que l'article 617 du Code de procédure civile autorise le tribunal à permettre la

---

(1) *Formule d'un procès-verbal d'adjudication d'effets saisis.*

L'an . . . le . . . en vertu . . . et à la requête de . . . demeurant à . . . je . . . huissier . . . soussigné, me suis transporté au lieu et place du marché de . . . lieu ordinaire pour vendre les meubles, où étant, est comparu . . . commissaire établi à la garde des meubles et choses exécutés, à la requête dudit . . . sur . . . par exploit du . . . lequel m'a représenté les meubles et choses mentionnés audit exploit, dont il demeure, en ce faisant, bien et valablement déchargé.

Et à l'instant j'ai exposé en vente, publié et crié lesdits meubles et effets saisis à haute et intelligible voix et cri public, en la manière accoutumée, reçu les enchères, et délivré lesdits effets aux particuliers qui vont être nommés, comme plus offrans et derniers enchérisseurs.

Premièrement . . . à . . . demeurant à . . . pour prix et somme de . . . etc.

Le prix de la vente desquels meubles se monte en total à la somme de . . . de laquelle j'ai payé (*énoncer ici les payemens que l'huissier peut avoir faits, ou bien marquer si la somme est demeurée entre ses mains, attendu les oppositions.*)

Taxe des salaires de l'huissier par le juge. Vu par nous . . . le présent procès-verbal, avons taxé à . . . . huissier y dénommé, la somme de . . . pour ses salaires, à cause de la saisie et exécution et vente par lui faite des effets y mentionnés.

Fait à . . . .

vente de ces effets dans un lieu plus avantageux. Au reste, cette vente doit être annoncée un jour auparavant par quatre placards au moins, affichés, l'un au lieu où sont les effets, l'autre à la porte de la maison commune, le troisième au marché du lieu, et, s'il n'y en pas, au marché voisin, et le quatrième à la porte de l'auditoire de la justice de paix. Si la vente se fait ailleurs qu'au marché du lieu où sont les effets, un cinquième placard doit être apposé dans l'endroit où cette vente doit se faire. Il faut en outre qu'elle soit annoncée par la voie des journaux dans les villes où il y en a.

Le lieu, le jour et l'heure de la vente et la nature des objets doivent être indiqués dans les placards sans détail particulier.

Un exemplaire du placard doit être annexé à l'exploit qui en constate l'apposition.

S'il s'agit de barques, chaloupes et autres bâtimens de mer de dix tonneaux et au-dessous, ou de bacs, bateaux, et autres bâtimens de rivière, tels que moulins et autres édifices mobiles assis sur bateaux, ou autrement, l'adjudication doit s'en faire sur les ports, gares ou quais où ils se trouvent. Il faut, pareillement qu'il ait été affiché quatre placards au moins comme on l'a dit à l'égard de la vente des effets saisis, et il doit en outre être fait à trois jours divers consécutifs, trois publications au lieu où sont ces objets, dont la première ne peut être faite que huit jours au moins après la signification de la saisie : remarquez à ce sujet que, dans les villes où l'on imprime des journaux, on doit suppléer à ces significations par l'insertion d'une annonce de la vente au journal. L'art. 620 du Code de procédure civile veut que cette insertion soit répétée trois fois dans le cours du mois antérieur à l'adjudication.

La vaisselle d'argent, ainsi que les bagues et joyaux de la valeur de trois cents francs au moins, ne peuvent être adjugés qu'après des placards comme ceux dont on a parlé ci-dessus, et trois expositions, soit au marché, soit à l'endroit où sont ces effets, sans toutefois que, dans aucun cas, ils puissent être adjugés au-dessous de la valeur réelle, s'il s'agit de vaisselle d'argent, et de l'estimation des gens de l'art s'il s'agit de bagues et joyaux. C'est ce qui résulte de l'article 621 du Code de procédure civile.

Observez que cet article a implicitement dérogé à la déclaration du 14 décembre 1689, suivant laquelle la vaisselle d'argent, qui se trouvait parmi des effets saisis, devait être portée à la monnaie la plus prochaine, pour y être pesée et payée.

3. *Des adjudications d'immeubles sur expropriation forcée.* L'article 697 du Code de procédure civile veut qu'après les formalités antérieures à la première publication des immeubles à vendre, le poursuivant dépose au greffe le cahier des charges contenant, 1°. l'énonciation du titre en vertu duquel la saisie a eu lieu, ainsi que du commandement, de l'exploit de saisie et des actes et jugemens qui ont pu intervenir; 2°. la désignation des objets saisis, telle qu'elle a été insérée dans le procès-verbal; 3°. les conditions de la vente; 4°. enfin, une mise à prix de la part du même poursuivant.

Cette mise à prix rend ce dernier, adjudicataire, s'il ne se présente point de surenchérisseur.

Il faut que les dires, publications et adjudications soient mis sur le cahier des charges à la suite de la mise à prix.

Il faut aussi que ce cahier des charges soit publié pour la première fois, un mois au moins après que le procès-verbal d'affiches a été notifié à la partie saisie.

Il

Il ne peut y avoir moins d'un mois ni plus de six semaines entre cette notification et la première publication.

La loi veut que le cahier des charges soit publié à l'audience, successivement de quinzaine en quinzaine, trois fois au moins avant l'adjudication préparatoire.

Huit jours au moins, avant cette publication, outre un jour pour trois myriamètres de distance entre le lieu de la situation de la majeure partie des biens saisis et celui où siége le tribunal, il doit être inséré dans les journaux les annonces dont nous parlons à l'article SAISIE, et dans les quinze jours postérieurs à la même adjudication, ces annonces doivent être répétées, avec la mention du prix pour lequel cette adjudication a été faite, et l'indication du jour de l'adjudication définitive.

Le délai entre ces deux adjudications ne peut être au-dessous de six semaines.

Les enchères doivent avoir lieu à l'audience par le ministère d'avoués. Aussitôt qu'elles sont ouvertes, il doit être allumé des bougies préparées de manière que la durée de chacune soit d'environ une minute.

L'enchérisseur cesse d'être obligé si son enchère est couverte par une autre, quand même cette dernière serait déclarée nulle.

Aucune adjudication ne peut être faite qu'après l'extinction de trois bougies allumées successivement.

Lorsqu'il y a eu enchérisseur lors de l'adjudication préparatoire, l'adjudication ne devient définitive qu'après l'extinction de trois feux sans nouvelle enchère.

Si, pendant la durée d'une des trois premières bougies, il survient des enchères, l'adjudication ne peut être faite qu'après l'extinction de deux feux, sans enchère, tandis qu'elles duraient.

L'avoué, dernier enchérisseur, est tenu, dans les trois jours de l'adjudication, de déclarer l'adjudicataire, et de fournir son acceptation ou de représenter son pouvoir pour être annexé à la minute de la déclaration qu'il a faite ; à défaut de se conformer à cette règle, l'avoué doit être réputé adjudicataire en son nom.

Toute personne peut, dans la huitaine du jour où l'adjudication a été prononcée, faire au greffe du tribunal, par elle-même ou par un fondé de procuration spéciale, une surenchère, pourvu qu'elle soit du quart, au moins, du prix principal de la vente.

Observez qu'une telle surenchère ne peut être reçue qu'à la charge par le surenchérisseur d'en faire, à peine de nullité, la dénonciation dans les vingt-quatre heures aux avoués de l'adjudicataire, du poursuivant et de la partie saisie, si elle en a un, sans toutefois qu'il faille faire cette dénonciation à la personne ou au domicile de la partie saisie, lorsqu'elle n'a point d'avoué constitué.

La dénonciation doit avoir lieu par un simple acte contenant avenir à la prochaine audience, sans autre procédure.

Au jour indiqué, on ne peut admettre à concourir que l'adjudicataire et celui qui a enchéri du quart : en cas de folle enchère, ce dernier est tenu par corps, de payer la différence de son prix d'avec celui de la vente.

Il est défendu aux avoués de se rendre adjudicataires pour la partie saisie, pour les personnes notoirement insolvables, ainsi que pour les juges, les juges suppléans, les procureurs généraux impériaux, les substituts et les greffiers du tribunal où se poursuit la vente, à peine de nullité de l'adjudication, et des dommages-intérêts qui peuvent en résulter.

Le jugement d'adjudication n'est autre chose que la copie du cahier des charges. Il doit être revêtu de l'intitulé des jugemens et du mandement qui les termine, avec injonction à la partie saisie de délaisser la possession immédiate après signification du jugement, sous peine d'y être contrainte, même par corps.

Ce jugement ne peut être délivré à l'adjudicataire qu'en rapportant au greffier quittance des frais ordinaires de poursuite, et la preuve qu'il a satisfait aux conditions de l'enchère, lesquelles doivent être exécutées avant cette délivrance ; il faut que ces quittances soient annexées à la minute du jugement et qu'elles soient copiées à la suite de l'adjudication. S'il arrivait que l'adjudicataire ne fît pas ces justifications dans les vingt jours de l'adjudication, il y serait contraignable par la voie de la folle enchère, sans préjudice des autres voies de droit. Voyez *le titre* 12 *du livre* 3 *du Code de procédure civile.*

4. *Des cas où la faculté de se rendre adjudicataire est interdite à certaines personnes.* Il résulte de l'article 1596 du Code Napoléon, que des tuteurs ne peuvent, sous peine de nullité, soit par eux-mêmes, soit par personnes interposées, se rendre adjudicataires des biens des individus dont ils ont la tutelle.

Il en est de même des mandataires, relativement aux biens qu'ils sont chargés de vendre.

Cette défense est également applicable aux administrateurs des biens des communes ou des établissemens publics confiés à leurs soins, lorsqu'il s'agit de l'aliénation de ces biens.

Il est pareillement défendu aux officiers publics

de se rendre adjudicataires des biens nationaux dont les ventes se font par leur ministère.

C'est conformément à cette règle qu'un décret impérial du 11 avril 1810, a annullé l'adjudication faite le 24 janvier précédent, de deux articles de biens appartenant à la caisse d'amortissement, moyennant la somme de 30,500 francs, parce que l'adjudicataire était le secrétaire général de la préfecture du Bas-Rhin, devant laquelle la vente de ces biens avait eu lieu. En conséquence, il a été ordonné que les mêmes biens seraient remis en vente dans la forme ordinaire.

5. *Une femme mariée et séparée de biens d'avec son mari, peut-elle, sans l'autorisation de celui-ci, mettre une enchère sur des immeubles qui se vendent judiciairement?* La négative est incontestable. Si cette femme n'était point autorisée par son mari, son enchère serait tellement nulle que le bien qu'on lui aurait adjugé ne pourrait être vendu à sa folle enchère. Cette jurisprudence est fondée sur ce qu'une enchère est une sorte de contrat passé avec la justice, et que tout acte passé par une femme que son mari n'a point autorisée, est absolument nul.

6. *D'une adjudication au rabais.* On appelle ainsi une adjudication où les offres se font non pas par enchère, mais au rabais. Par exemple, Pierre a offert de construire un canal pour quinze mille francs, Paul offre de le faire pour quatorze mille francs, Antoine pour douze mille francs; l'adjudication se fait à celui qui offre de faire la chose à meilleur compte; c'est ce qu'on appelle *adjudication au rabais.*

Ces sortes d'adjudications sont usitées pour les étapes, munitions et fournitures des troupes de l'Empire, pour l'entreprise des travaux publics, tel que le pavage d'une ville, l'enlèvement des boues, le nettoiement des rues, et quelquefois pour l'entretien des enfans mineurs, duquel on fait un bail au rabais.

Voyez les articles SAISIE, EXPROPRIATION FORCÉE, ENCHÈRE.

ADMINISTRATEUR, ADMINISTRATION.

Un administrateur est en général celui à qui l'on a confié le soin de gérer une chose quelconque.

Et l'on appelle *administration*, l'action d'administrer.

On appelle aussi *administration*, le corps ou l'assemblée des administrateurs chargés de gouverner la chose publique et d'empêcher tout ce qui peut y être nuisible.

Voyez à cet égard l'article ORDRE ADMINISTRATIF.

ADOPTION.

L'adoption est une fiction de la loi par laquelle un individu né dans une famille passe dans une autre, et devient l'enfant d'un autre père.

Nous ne rechercherons point ce qu'était l'adoption chez les Grecs et chez les Romains, ni ce qu'elle pouvait être en France avant la révolution.

Le principe de l'adoption a été décrété par l'assemblée constituante, le 18 janvier 1792; mais la forme et les effets n'en ont point été déterminés.

Les règles de l'adoption sont consignées dans le titre 8 du Code Napoléon.

Les personnes de l'un ou de l'autre sexe, doivent, pour être en état d'adopter un individu, être âgées de plus de cinquante ans, avoir quinze ans au moins de plus que la personne qu'elles se proposent d'adopter, et n'avoir ni enfans ni descendans légitimes.

L'adoption ne peut être faite par plusieurs, si ce n'est par deux époux.

Nul époux ne peut adopter sans le consentement de l'autre conjoint, si ce n'est le tuteur officieux qui, après cinq ans révolus de soins donnés au pupille, peut lui conférer l'adoption par son testament, pourvu qu'il ne laisse point d'enfans légitimes. *Voyez* TUTEUR OFFICIEUX.

On ne peut adopter que l'individu à qui, dans sa minorité, et pendant six ans au moins, on a fourni des secours et donné des soins non interrompus, ou que celui qui vous aurait sauvé la vie, soit dans un combat, soit en vous retirant des flammes ou des flots. Il suffit, dans ces dernières circonstances, que l'adoptant soit majeur, plus âgé que l'adopté, sans enfans ni descendans légitimes, et que, s'il est marié, il obtienne le consentement de son conjoint.

On ne peut être adopté qu'à la majorité. Si l'adopté est au dessous de sa vingt-cinquième année, et que son père et sa mère, ou l'un d'eux vivent encore, il est tenu de rapporter leur consentement à l'adoption. S'il est majeur de vingt-cinq ans, il doit requérir leur conseil.

L'adopté prend le nom de l'adoptant et l'ajoute au sien propre.

L'adopté reste dans sa famille naturelle et y conserve tous ses droits.

L'adoptant ne peut pas épouser l'adopté ni ses descendans.

Un enfant adoptif ne peut pas épouser l'enfant adoptif du même individu.

L'adopté ne peut pas épouser l'enfant qui pourrait survenir à l'adoptant.

L'adopté ne peut pas épouser le conjoint de l'adoptant; l'adoptant ne peut pas épouser le conjoint de l'adopté.

Ainsi qu'il existe une obligation naturelle et réciproque entre l'adopté et ceux qui lui ont donné le jour, de se fournir des alimens, dans les cas que la loi a déterminés, de même cette obligation lie, l'un envers l'autre, l'adoptant et l'adopté.

L'adopté n'a aucun droit pour succéder aux biens des parens de l'adoptant; mais il a sur la succession de celui-ci les mêmes droits que ceux qu'y aurait l'enfant né en mariage, même quand des enfans de cette dernière qualité seraient nés depuis l'adoption.

L'adopté meurt-il sans descendans légitimes? les choses données par l'adoptant, ou que l'adopté a recueillies dans sa succession, retournent à l'adoptant ou à ses descendans, si elles existent en nature au décès de l'adopté, à la charge de contribuer aux dettes, et sans préjudice des droits des tiers.

Les parens de l'adopté prennent le surplus des biens, et excluent toujours, quant aux premiers objets déférés à l'adoptant ou à ses descendans, tous les héritiers de l'adoptant qui ne descendent pas de lui.

Si les enfans ou descendans laissés au décès de l'adopté meurent sans postérité, et que l'adoptant leur survive, celui-ci succède aux choses qu'il a données; mais ce droit est attaché à sa seule personne, et n'est pas transmissible à ses héritiers, même en ligne directe.

La personne qui veut conférer l'adoption, et celle qui veut la recevoir, se présentent devant le juge de paix du domicile de l'adoptant. Ils y passent acte de leurs consentemens mutuels.

Une expédition de cet acte est transmise, dans les dix jours suivans, au ministère public près le tribunal de première instance du domicile de l'adoptant, pour que l'acte soit soumis à l'homologation.

Le tribunal, en chambre du conseil, examine si toutes les conditions de la loi ont été remplies, et s'assure de la bonne réputation de la personne qui veut adopter; et sans autre procédure, sans énoncer aucun motif, après avoir entendu le procureur impérial, il prononce qu'*il y a lieu* ou qu'*il n'y a pas lieu à l'adoption.*

Dans le mois qui suit ce jugement, il est soumis à la Cour d'appel, par l'une ou l'autre des parties. La Cour d'appel instruit dans les mêmes formes, et sans énoncer de motif, elle prononce que *le jugement est confirmé* ou *réformé*, et qu'*en conséquence il y a lieu* ou qu'*il n'y a pas lieu à l'adoption.*

Le jugement de la Cour d'appel, lorsqu'il admet l'adoption, est prononcé à l'audience et affiché partout où la Cour d'appel le juge convenable.

Dans les trois mois qui suivent ce dernier jugement, l'adoption est inscrite, à la réquisition de l'une ou de l'autre partie, sur le registre de l'état civil du lieu du domicile de l'adoptant.

L'inscription n'est faite que sur le vu de l'expédition du jugement de la Cour d'appel; l'adoption reste sans effet si elle n'est inscrite dans le délai prescrit.

Si l'adoptant décède après l'acte reçu par le juge de paix et porté devant les tribunaux, et avant qu'ils aient définitivement prononcé, l'instruction est continuée et l'adoption admise s'il y a lieu. Les héritiers peuvent, en ce cas, s'ils croient l'adoption inadmissible, remettre au ministère public leurs mémoires et observations à ce sujet.

Tels sont les effets et les formes de l'adoption.

Comme il s'est écoulé un tems intermédiaire entre le principe de l'adoption, décrété le 18 janvier 1792, et la promulgation du Code Napoléon, il a été nécessaire de statuer sur les effets des adoptions conférées pendant cet intervalle. Tel a été le but de la loi du 25 germinal an 11.

Cette loi porte que toute adoption faite par acte authentique depuis le 18 janvier jusqu'à la publication des dispositions du Code, relatives à l'adoption, est valable quand elle ne serait pas accompagnée des conditions postérieurement imposées pour adopter ou être adopté;

Que la personne adoptée en minorité et majeure aujourd'hui peut renoncer à l'adoption dans les trois mois à dater de la publication de cette loi;

Que cette renonciation peut également être faite par tout adopté encore mineur dans les trois mois à dater de sa majorité;

Que cette renonciation, dans les deux cas, doit être faite devant l'officier de l'état civil du domicile de l'adopté, et notifiée à l'adoptant dans les trois mois à dater de la renonciation.

La loi ajoute que si l'adopté ne renonce point, l'adoption est ainsi réglée dans ses effets : si les droits de l'adopté sont constitués par un acte ou contrat authentique, par des dispositions entre-vifs ou testamentaires faites sans lésion de légitime d'enfant, par une transaction ou par un jugement passé en force de chose jugée, ces conventions doivent être exécutées selon leur forme et teneur; s'il n'existe ni acte, ni convention, l'adopté doit jouir de tous les droits que lui accorde le Code Napoléon, si, dans les six mois à dater de la publication de cette loi transitoire, l'adoptant ne se présente pas devant le juge de paix de son domicile, pour y affirmer qu'il n'a pas eu l'intention de conférer à l'adopté les droits de successibilité qui appartiendraient à un enfant légitime, faculté d'affimer qui ne passe point aux héritiers de l'adoptant.

Cette loi veut encore que, dans le cas où cette affirmation aurait ainsi lieu, les droits de l'adopté, quant à la successibilité, soient réduits au tiers de la portion d'un enfant légitime, et que dans le cas où les droits de l'adopté, réglés antérieurement par quelque acte authentique, seraient inférieurs à ceux qu'accorde le Code Napoléon, ces derniers droits puissent lui être conférés en entier par une nouvelle adoption dans les formes prescrites, sans autre condition pour l'adoptant que d'être sans enfans ni descendans légitimes, d'avoir quinze ans de plus que l'adopté, et d'obtenir, s'il est marié, le consentement de son conjoint.

Cette loi déclare enfin que les articles 341, 342, 343, 345 et 346 du Code, sont communs à tout individu adopté depuis le 18 janvier 1792.

Ainsi le système législatif a été complet, sous le double rapport du passé et de l'avenir.

Il s'est élevé quelques questions sur cette matière.

On a demandé si celui qui avait adopté un enfant pouvait en adopter d'autres. La question a été jugée affirmativement par les tribunaux de première instance et d'appel de Bourges. Elle devait l'être ainsi, puisque l'art. 348 du Code suppose la pluralité des enfans adoptifs d'une même personne, en interdisant le mariage entre *les enfans adoptifs* du même individu.

On a agité la question de savoir si, antérieurement au Code, une personne avait pu adopter son enfant naturel *non reconnu*, si la reconnaissance de cet enfant, faite ensuite, avait pu détruire les effets de l'adoption, lorsque l'enfant n'avait point acquiescé à cette reconnaissance, et si enfin une adoption consignée dans une simple déclaration adressée à une municipalité était valable.

Le 11 ventose an 12, la Cour d'appel de Paris a décidé que l'adoption avait été valable, que l'effet n'avait pu en être détruit par une reconnaissance subséquente, et que la déclaration faite devant la municipalité et souscrite par l'adoptant était un acte authentique.

La question de savoir si l'adoption d'un enfant naturel *reconnu*, faite dans l'intervalle de 1792 au Code Napoléon était valable, a également occupé les tribunaux.

Le 24 novembre 1806, arrêt de la Cour de cassation qui déclare cette adoption valable.

Depuis la publication du Code Napoléon a-t-on pu adopter un enfant naturel précédemment reconnu? Plusieurs Cours d'appel ont prononcé la négative. Mais si l'on a recours à la discussion que contient à cet égard le *Nouveau Répertoire de Jurisprudence universelle*, par M. Merlin, on pourra se convaincre que si la partie du procès-verbal du Code Napoléon sur cette matière, laquelle n'a pas été imprimée, avait été connue, ces Cours auraient donné sans doute une décision contraire; comme le prouve l'arrêt du 9 novembre 1807, rendu par la Cour d'appel de Paris, qui a déclaré valable une adoption de cette espèce, quoique précédemment elle eût embrassé un système opposé.

L'adoption faite par acte authentique, dans l'intervalle de 1792 au Code Napoléon, était-elle valable, lorsque le père naturel de l'adopté n'y avait pas consenti?

Arrêt de la Cour de cassation, du 16 fructidor an 12, qui a jugé l'affirmative.

On a demandé si, dans les pays réunis à la France, et dans lesquels le décret du 18 janvier 1792 n'avait pas été publié, les adoptions faites depuis la réunion jusqu'au Code Napoléon devaient être réglées par la loi du 25 germinal an 11, ou par les anciennes lois du pays sur cette matière.

Un arrêt de la Cour de Bruxelles, du 12 juillet 1806, a décidé que les anciennes lois locales devaient constituer le sort de ces adoptions.

Celui à qui on veut conférer l'adoption peut-il se faire représenter par un fondé de pouvoir spécial devant le juge de paix, pour y passer acte de son consentement?

L'affirmative a été jugée par la Cour de Bruxelles, par arrêt du 22 avril 1807.

La Cour de cassation, par un arrêt du 26 avril 1808, a également décidé, 1°. que l'adoption faite avant le Code Napoléon n'avait pu être révoquée par l'adoptant;

2°. Que, dans le cas d'avantages entre-vifs entre époux, l'enfant adoptif avait pu en demander la réduction;

3°. Que les fruits des objets ainsi retranchés étaient dus du jour de l'ouverture de la succession;

4°. Qu'un acte simplement confirmatif de la révocation de l'adoption n'avait pu tenir lieu de l'affirmative, que prescrit à l'adoptant devant le juge de paix l'art. 4 de la loi du 25 germinal an 11, affirmation portant qu'il n'a pas eu l'intention de conférer à l'enfant adoptif tous les droits de successibilité appartenans à un enfant légitime.

Les mariés Maire avaient deux filles; l'une mariée au sieur Dormoy, l'autre au sieur Talbert.

Celle-ci quitte la France. Elle avait deux enfans, qui, le 5 pluviose an 4, sont adoptés par les mariés Maire, sous cette clause que ces deux enfans entreraient dans tous leurs biens-meubles et immeubles, de quelque nature et en quelque lieu qu'ils fussent, en conformité des lois.

La prévention d'émigration de la dame Talbert cesse, et les mariés Maire font un testament séparé, dans lequel ils disposent d'un quart de leur succession en faveur de la dame Talbert, aux conditions de prélever sur ce quart une somme en faveur de leurs petits-enfans, sans faire mention de leur qualité d'enfans adoptifs.

Décès des mariés Maire. La dame Talbert a prétendu que les successions de son père et de sa mère devaient être partagées entre quatre portions, puisque l'adoption avait placé ses enfans au même degré que les enfans légitimes.

La dame Dormoy a soutenu que ses neveux, nonobstant l'adoption, n'avaient droit qu'à la délivrance de leur legs.

1er. mai 1807, jugement du tribunal civil, qui a réduit les enfans de la dame Talbert à la somme portée par le testament de l'aïeul et de l'aïeule, et rejeté la prétention de la dame Talbert.

Le 28 janvier 1808, arrêt confirmatif de la Cour d'appel de Besançon, d'après le motif que la clause de l'acte d'adoption ne spécifiait que vaguement les droits que les adoptans avaient entendu conférer aux adoptés, et que la loi transitoire du 25 germinal an 11 avait maintenu les dispositions testamentaires par lesquelles ces droits avaient pu être réglés.

Le 6 octobre 1808, arrêt de la Cour de cassation qui a confirmé l'arrêt précédent.

M. Decomberousse.

ADULTÈRE.

L'adultère est commis lorsque le mari ou la femme manquent à la fidélité conjugale ; il est également commis par le complice de l'un ou de l'autre.

Parmi les causes du divorce est placé l'adultère commis par la femme.

La femme peut également demander le divorce pour cause d'adultère du mari, lorsqu'il tient sa concubine dans la maison commune.

La séparation de corps peut être demandée par l'un ou l'autre époux pour cause d'adultère.

Si le divorce est admis pour cause d'adultère, celui qui en est déclaré coupable ne peut se marier avec son complice.

Celui dont l'adultère fait prononcer le divorce perd tous les avantages que son conjoint lui avait faits, soit par le contrat de mariage, soit depuis le mariage contracté. L'autre époux conserve ces avantages, encore qu'ils aient été stipulés réciproques et que la réciprocité n'ait pas lieu.

La femme adultère est, en outre, condamnée à la réclusion dans une maison de correction pour un tems qui sera au moins de trois mois, et n'excédera pas deux années. Le mari peut faire cesser cette peine, en consentant à reprendre sa femme. (Articles 298 et 309 du Code Napoléon; art. 397 du Code pénal.)

Le mari peut seul poursuivre sa femme pour cause d'adultère; cette faculté lui est interdite, s'il entretient lui-même une concubine dans la maison commune. (Art. 336 du Code pénal.)

Le mari convaincu, sur la plainte de la femme, d'avoir entretenu une concubine dans la maison conjugale, est puni d'une amende de cent francs à deux mille francs. (Art. 339 du Code pénal.)

Le complice de la femme adultère, lequel ne peut être déclaré coupable qu'autant qu'il est surpris en flagrant délit, ou que son délit est prouvé par des lettres ou autres pièces écrites de sa main, est puni de la même réclusion que la femme et pour le même tems, outre une amende de cent à deux mille francs. (Art. 338 du même Code.)

Dans le *Nouveau Répertoire de Jurisprudence*, il a été remarqué que la femme accusée d'adultère ne pouvait pas, pour se défendre, accuser son mari du même délit, et que le complice de la femme adultère n'encourait aucune peine.

On vient de voir qu'il a été formellement dérogé à ces principes par les principes contraires que le Code pénal a établis.

Au reste, l'action du mari pour l'adultère de sa femme, comme cause de divorce, est éteinte par la réconciliation des époux, survenue depuis les faits qui auraient pu autoriser l'action, ou depuis l'action intentée, sous la condition de prouver cette réconciliation, si elle est niée. (Art. 272 et 274 du Code Napoléon.)

Peut-on, de la part de la femme, faire valoir comme preuve de réconciliation, la résidence qu'elle a continué de faire dans la maison conjugale, depuis la connaissance des faits d'adultère pour lesquels le mari entend provoquer le divorce?

Cette question s'est présentée devant la Cour d'appel de Bordeaux. Si on pouvait admettre un tel motif de réconciliation, il s'ensuivrait que le mari qui intenterait l'action du divorce pour cause d'adultère, devrait commencer par chasser sa femme. Or, si, pendant la poursuite même du divorce, la femme ne doit pas quitter le domicile du mari, mais en a seulement la faculté (art. 268 du Code Napoléon), sans que la réconciliation puisse s'induire de la continuation de sa résidence, à plus forte raison cette induction n'a-t-elle point de fondement lorsque la femme continue de résider, avant l'action du divorce, depuis les faits qui y donnent lieu.

Aussi la Cour de Bordeaux, par son arrêt du 9 fructidor an 12, a-t-elle décidé qu'une telle exception n'était pas admissible.

Une femme avait introduit une action en séparation de corps pour causes d'excès, menaces, etc. Elle prouve les faits articulés. Dans une enquête contraire, le mari fait entendre des témoins qui déposent de faits étrangers à ceux sur lesquels ils étaient interrogés, et tendant à imputer à la femme des familiarités indécentes avec un particulier.

Sans avoir égard à ces faits, regardés comme diffamatoires, le tribunal de Fontainebleau prononce la séparation de corps.

Le mari interjette appel; mais au lieu d'en suivre l'objet, il intente une action nouvelle en divorce pour cause d'adultère, et se prévaut sur ce point des dépositions qu'il avait obtenues dans l'instance en séparation.

La femme oppose que ces témoignages ne pouvaient tenir lieu de pièce justificative, puisqu'ils étaient étrangers à la cause actuelle; elle opposa même, comme une sorte de réconciliation, l'opposition formée par son mari à la séparation de corps.

Néanmoins, les faits furent déclarés pertinens; les enquêtes eurent lieu; les reproches faits aux témoins furent écartés, et le divorce fut admis pour cause d'adultère.

Sur l'appel, la Cour de Paris, considérant que pour caractériser une plainte en adultère, il faut désigner le jour, le lieu, l'heure et les circonstances du fait; que la plainte du mari ne porte point

point ce caractère ; que les témoins entendus dans l'instance en séparation n'ont pu l'être dans l'instance du divorce, parce que dans la première enquête, ils s'étaient rendus suspects de partialité en venant déposer d'office sur des faits dont il n'était alors nullement question, parce que ces témoins, liés par une première déclaration, ne pouvaient que la répéter ; que ces dépositions mêmes, quoique énonçant des familiarités indécentes, n'avaient pas une liaison nécessaire ni prochaine avec le fait d'adultère, a confirmé le jugement de première instance, déclaré le mari non-recevable dans sa demande en divorce, et supprimé ses mémoires contre sa femme comme calomnieux. Arrêt du 18 février 1806.

Un divorce pour cause d'adultère avait été admis par arrêt de la Cour de Bruxelles, du 12 frimaire an 14, en faveur d'un mari contre sa femme.

Le mari décède trois jours après l'arrêt, et avant que l'officier de l'état civil ait pu prononcer le divorce.

Entre les héritiers du mari et la veuve, la question s'est agitée de savoir, si la femme avait conservé les avantages qui lui avaient été faits par le mari dans leur contrat de mariage, ou si, au contraire, la perte de ces avantages n'avait pas été consommée du jour de la prononciation de l'arrêt qui avait ordonné le divorce.

Un premier jugement du 27 février 1806 a décidé que la femme n'avait perdu aucun de ses avantages, puisque le divorce n'avait pas été prononcé.

Sur l'appel, la Cour de Bruxelles considérant que la privation des avantages matrimoniaux résulte non de la prononciation du divorce par l'officier de l'état civil, mais de la nature et de la gravité des faits dont la preuve juridique détermine l'admission du divorce ; que l'arrêt du 12 frimaire an 14 a constaté le délit d'adultère; que l'action qui en dérive passe à l'héritier lorsqu'elle a été commencée par le mari; que la remise d'un semblable outrage ne se présume point; que le mari a persévéré à reconnaître sa femme coupable, d'après l'arrêt qui l'a déclarée telle; que la mort du mari, quelques jours après l'arrêt, n'a point épuisé le délai de deux mois qui était à peine ouvert : mais que ce délai ne peut avoir aucune application dans un cas imprévu qui élève bien un obstacle à la prononciation du divorce, mais n'en élève aucun à la peine attachée aux faits qui ont fait admettre le divorce; qu'il suit de là que c'est l'arrêt portant la reconnaissance juridique de l'adultère imputé à la femme, qui doit régler le sort des parties, a infirmé le jugement de première instance, et a prononcé en faveur des héritiers la distraction de tous les avantages que le mari avait pu promettre à la femme. (Arrêt du 26 avril 1806.)

Il s'est élevé, dans une autre affaire, les questions suivantes; celle de savoir si, quoique la concubine ait été introduite par la femme dans la maison commune, le mari n'est pas censé tenir la concubine dans cette même maison; si l'adultère du mari est une cause de divorce ou de séparation, quoique l'épouse ait ignoré le commerce du mari avec la concubine pendant le séjour de cette dernière dans la maison commune; si la reconnaissance faite par le mari de l'enfant adultérin, la qualification d'épouse donnée à la concubine dans cette reconnaissance, et l'abandon de l'épouse par le mari pour suivre la concubine, constituent une injure grave qui puisse fonder la séparation ou le divorce; si ces faits constituent l'ingratitude et peuvent opérer la révocation des dons faits par la femme au mari dans le contrat de mariage, quoique ces dons aient été stipulés mutuels; si enfin, la femme, dans ce cas, peut demander la réformation des actes de l'état civil, en ce qu'ils contiennent la reconnaissance d'un enfant adultérin faite pendant le mariage, et en ce qu'ils attribuent la qualité d'épouse à une concubine.

Ces questions ont toutes été jugées affirmativement par le tribunal de première instance de Paris, le 2 juillet 1806.

Il s'est agi de la question de savoir si des lettres passionnées, écrites par la femme, soutenues par beaucoup de faits caractérisant une intrigue amoureuse, et surtout la notoriété publique d'un commerce illégitime, suffisaient pour constituer l'adultère et donner lieu au divorce, quoique les amans n'eussent pas été surpris en flagrant délit.

Arrêt de la Cour de Bordeaux, du 27 février 1807, qui a jugé l'affirmative.

M. DECOMBEROUSSE.

ADULTÉRIN (ENFANT).

L'enfant adultérin est celui qui naît d'un adultère.

Un tel enfant ne peut être légitimé par le mariage subséquent du père avec la mère. (Art. 331 du Code Napoléon.)

Cet enfant ne peut être reconnu. (Art. 335 du même Code.)

Il ne peut rechercher quel est son père, ni quelle est sa mère. (Art. 342.)

L'enfant adultérin n'a aucun droit sur la succession de ceux dont il est né. La loi ne lui accorde que des alimens. Ces alimens se règlent d'après la fortune du père ou de la mère, et eu égard au nombre et à la qualité des héritiers légitimes. Si le père ou la mère de cet enfant lui ont fait apprendre un art mécanique, ou si l'un d'eux lui a assuré des alimens de son vivant, il n'a rien à répéter contre leur succession. (Art. 762, 763, 764 du Code Napoléon.)

Une loi transitoire du 14 floréal an 11 a décidé que le sort des enfans nés hors mariage dont les pères et les mères seraient morts depuis la promulgation de la loi du 12 brumaire an 2, jusqu'à la promulgation des titres du Code civil sur la *Paternité* et la *Filiation* et sur les *Successions*, serait réglé par les dispositions de ces titres.

L'application de cette loi a donné lieu à une contestation dont voici l'espèce :

M. Brunel, député à la Convention nationale, marié et père de plusieurs enfans, avait eu pendant son mariage, d'une femme étrangère, une fille nommée Apolline-Marie-Florine. Prisonnier à la Conciergerie du Palais en l'an 2, il y fit le 15 brumaire un testament olographe, par lequel il reconnut sa fille naturelle, et lui donna sur les biens qu'il laisserait à son décès, la part dont la loi lui permettait de disposer.

Rendu à la liberté, M. Brunel décéda à Toulon le 29 floréal an 3. Sa fille adultérine dirigea contre les enfans légitimes une action en partage de la succession. Sa demande fut accueillie par le tribunal de Beziers, et sur l'appel par le tribunal du Tarn.

Ces jugemens furent cassés par arrêt de la Cour de cassation du 30 thermidor an 10, et l'affaire fut renvoyée à la Cour d'appel de Montpellier.

Devant cette Cour, la fille *Apolline* restreignit ses conclusions à de simples alimens, en se conformant à la loi du 14 floréal an 11, et aux dispositions du Code qui venait d'être promulgué.

De leur côté, les enfans légitimes soutenaient qu'*Apolline* n'était pas recevable, parce que toute reconnaissance d'enfant adultérin était interdite, et qu'elle n'était pas fondée, parce que le testament qui contenait la reconnaissance n'avait pas été fait dans les formes légales. Ils ajoutèrent que le testateur ayant son domicile réel dans un pays de droit écrit, le testament ne pouvait être valable que dans l'intérêt des enfans et descendans, et que d'ailleurs le testateur étant détenu, n'avait pas eu la liberté nécessaire pour faire un testament.

Par arrêt du 9 germinal an 12, la Cour de Montpellier considéra que la loi transitoire du 14 floréal an 11 avait maintenu indistinctement les dispositions testamentaires antérieures au Code civil, faites en faveur des enfans naturels, sauf réduction à la quotité disponible, et qu'aux termes de l'art. 762, l'enfant adultérin pouvait avoir des alimens; en conséquence, elle en adjugea à *Apolline*, ordonna que les héritiers donneraient l'état des biens de la succession, et elle fixa provisoirement à 401 fr. la pension annuelle.

Les héritiers Brunel se pourvurent en cassation: mais leur demande fut rejetée par arrêt du 28 prairial an 13.

Qu'un enfant adultérin ne puisse pas être légitimé par un mariage subséquent; que la mère de cet enfant ne puisse pas recevoir des libéralités de son complice dans le fait d'adultère, parce que ces libéralités passeraient ainsi à l'adultérin par une personne interposée, en contravention à la loi; c'est ce qui a été décidé par un arrêt de la Cour d'appel de Paris du 11 janvier 1808, dans la fameuse affaire entre la demoiselle Champeaux-Grammont et les héritiers Cardon.

On a vu que l'enfant adultérin ne pouvait faire la recherche de son père, ni de sa mère; mais on a agité la question de savoir si des tiers, les héritiers légitimes, par exemple, du testateur pouvaient être admis, *par voie d'exception*, à prouver que les enfans institués dans son testament étaient ses enfans adultérins, quoiqu'il fût constaté par leur acte de naissance qu'ils étaient nés d'un père inconnu.

La Cour d'appel de Paris, par un arrêt du 6 juin 1809, a jugé que la recherche de la paternité n'était pas plus permise aux tiers, qui prétendaient contester à des enfans l'état dont ils jouissaient, qu'à ces mêmes enfans quand ils réclamaient un état différent de celui que leur attribuait leur acte de naissance.

La Cour de Limoges a jugé, au contraire, que les héritiers légitimes pouvaient faire la preuve de la naissance adultérine des héritiers testamentaires, quoiqu'ils fussent qualifiés, et dans l'acte de leur naissance, et dans le testament d'enfans d'un père inconnu.

Mais cet arrêt a été cassé par la Cour de cassation le 14 mai 1810, pour violation de l'art. 340 du Code. On ne peut donc enfreindre cet article, ni par voie d'action, ni par voie d'exception.

M. Decomberousse.

AFFAIRE.

SOMMAIRES.

1. *Définition.*
2. *De ceux qui font les affaires d'autrui, soit par obligation ou volontairement.*
3. *De celui qui se charge des affaires d'un absent.*
4. *Du cas où l'on se mêle des affaires d'un autre sans y être obligé.*
5. *De la gestion de celui qui s'est chargé d'une*

affaire pour une personne dont le décès est arrivé avant que l'affaire fût consommée.

6. *Du cas où l'on a géré une affaire qu'on avait cru par erreur être de son ami.*

7. *Des fautes de celui qui s'ingère dans les affaires d'autrui.*

8. *Des obligations de la personne dont les affaires ont été bien conduites.*

9. *Des dépenses imprudentes de celui qui s'est chargé des affaires d'un autre.*

1. Ce terme s'emploie pour signifier toutes les choses qui concernent la fortune et les intérêts du public et des particuliers.

2. *De ceux qui font les affaires d'autrui, soit par obligation ou volontairement.* Les lois n'obligent personne à prendre soin des affaires d'autrui, excepté ceux qui en sont chargés par quelque devoir particulier, comme les tuteurs, les curateurs et les autres administrateurs; mais celui qui s'engage volontairement à prendre soin de l'affaire d'un autre, n'est plus le maître de l'abandonner, et il doit continuer ce qu'il a commencé jusqu'à ce qu'il l'ait achevé, ou que la personne intéressée soit en état d'y travailler elle-même; en un mot, il tient lieu d'un procureur constitué; c'est pourquoi il devient responsable du préjudice qui peut être causé, non-seulement par sa mauvaise foi, mais même par un défaut de soin de sa part.

3. *De celui qui se charge des affaires d'un absent.* Si celui qui a entrepris la conduite des affaires d'un absent en néglige une partie, et que son engagement en éloigne d'autres personnes qui auraient pu y pourvoir, il doit répondre du dommage selon les circonstances.

Lorsque celui qui fait les affaires d'un absent entreprend sans nécessité quelque affaire nouvelle

P 4

que rien n'obligeait l'absent d'entreprendre, comme s'il achète pour lui des marchandises ou qu'il l'intéresse dans quelque commerce, il supportera seul les pertes qui pourront arriver, quoique si par l'événement, il y avait du profit, il serait pour l'absent. Cependant si, dans la même affaire, il se trouvait de la perte d'une part et du profit de l'autre, le profit s'emploierait à diminuer la perte de celui qui aurait entrepris l'affaire.

Lorsque, dans l'administration des affaires d'un absent, il reste entre les mains de celui qui a géré, des deniers qu'il emploie à son profit, ou qu'il néglige d'employer au profit de l'absent, en acquittant, par exemple, une dette produisant des intérêts, il peut être obligé de payer l'intérêt de ces deniers à proportion du tems qu'il les aura gardés.

4. *Du cas où l'on se mêle des affaires d'un autre sans y être obligé.* Celui que rien n'oblige à se mêler des affaires d'un autre, peut se borner à une, et s'abstenir des autres, s'il n'y a pas de connexité entr'elles. Il n'est d'ailleurs pas tenu des cas fortuits et des autres événemens qui pourraient rendre inutiles ses bons offices.

5. *De la gestion de celui qui s'est chargé d'une affaire pour une personne décédée avant que l'affaire fût consommée.* Si la personne pour laquelle un particulier a entrepris une affaire, vient à mourir avant que l'affaire soit consommée, ce particulier sera obligé de continuer ses opérations pour l'intérêt des héritiers ou des autres personnes que l'affaire pourra concerner. C'est une suite de l'engagement qu'il a pris, et qu'il faut considérer dans son origine, indépendamment des changemens de maître qui peuvent arriver.

6. *Du cas où l'on a géré une affaire qu'on avait cru par erreur être de son ami.* Si quelqu'un, par

erreur, a géré une affaire qu'il croyait être celle de son ami, mais qui était l'affaire d'une autre personne, il se forme un engagement entre lui et cette personne comme si la vérité de la chose lui eût été connue.

7. *Des fautes de celui qui s'ingère dans les affaires d'autrui.* Quoique ceux qui s'ingèrent dans les affaires d'autrui soient régulièrement tenus, comme on l'a dit, d'en prendre un soin très-exact, cependant si les circonstances étaient telles qu'il y eût de la dureté d'exiger un tel soin, on pourrait apporter du tempérament à cette règle, et ne pas les rendre responsables des fautes où il n'y aurait aucune mauvaise foi. On considère, en pareil cas, la qualité des personnes, leur liaison d'amitié ou de proximité, la nature de l'affaire, la nécessité qu'il y avait d'y pourvoir, comme si c'était pour prévenir une saisie ou une vente de biens de l'absent, etc.

8. *De l'obligation de la personne dont les affaires ont été bien conduites.* Celui de qui l'affaire a été bien conduite, est obligé envers la personne qui en a pris soin, de la dégager des engagemens qu'elle a contractés pour lui, et de ratifier ce qu'elle a fait.

Les dépenses nécessaires ou utiles, et telles que l'absent aurait pu ou dû les faire, doivent être remboursées; mais si, pour une dépense de cette nature, on a employé plus qu'il ne fallait, on n'est pas en droit d'exiger ce surplus.

Si, pour ces dépenses, la personne qui les a faites a été obligée d'emprunter à intérêt ou de faire des avances qui lui aient été onéreuses, l'absent doit payer les intérêts des sommes avancées, quand même la personne qui les a fournies aurait été dans la nécessité de se charger du soin de l'affaire.

9. *Des dépenses imprudentes de celui qui s'est chargé des affaires d'un autre.* Les dépenses faites imprudemment pour une personne qui ne voulait pas, ou même qui n'était pas en état de les faire, ne peuvent pas être exigées; telles sont, par exemple, les changemens faits dans une maison, et que le maître n'aurait pu ni voulu faire. Mais si la dépense a été telle que le maître aurait dû la faire, et que ce qui a été fait utilement vienne à périr ou à se perdre par quelque cas fortuit, il sera tenu de rembourser cette dépense à la personne qui l'aura faite, parce que l'événement ne peut lui être imputé. Tel serait le cas d'une personne qui, voyant en péril de ruine la maison de son ami absent, la ferait appuyer : si cette maison venait ensuite à périr par un incendie ou quelque autre accident, la dépense faite pour la conserver ne serait pas moins légitimement due.

Si celui dont on a géré les affaires a ensuite approuvé ce qui a été fait, après l'avoir connu, il ne peut plus se rétracter, quand même il aurait sujet de se plaindre, à moins qu'il n'y ait eu quelque dol secret.

AFFAIRES CONTENTIEUSES.

SOMMAIRES.

1. *Définition.*

2. *Des instances introduites au conseil d'Etat à la requête des parties.*

3. *Dispositions particulières aux affaires contentieuses introduites sur le rapport d'un ministre.*

4. *Des demandes incidentes survenues pendant l'instruction d'une affaire.*

5. *De l'inscription de faux.*
6. *De l'intervention.*
7. *De la reprise d'instance et de la constitution de nouvel avocat.*
8. *Du désaveu.*
9. *Des décisions du conseil d'Etat.*
10. *De l'opposition aux décisions du conseil d'Etat rendues par défaut.*
11. *Du recours contre les décisions émanées du conseil contradictoirement.*
12. *De la tierce-opposition.*
13. *Des dépens.*
14. *Des avocats au conseil.*
15. *Des huissiers au conseil.*

1. Les affaires contentieuses dont nous avons à parler sont les procès portés au conseil d'Etat, en vertu du décret impérial du 22 juillet 1806.

2. *Des instances introduites au conseil d'Etat à la requête des parties.* Le recours des parties au conseil d'Etat en matière contentieuse doit être formé par une requête signée d'un avocat au conseil; il faut qu'elle contienne l'exposé sommaire des faits et des moyens, les conclusions, les noms et les demeures des parties, avec l'énonciation des pièces dont on entend se servir, lesquelles doivent y être jointes.

Il est nécessaire que les requêtes, et en général toutes les productions des parties soient déposées au secrétariat du conseil d'Etat; elles doivent y être inscrites sur un registre, suivant leur ordre de date, ainsi que la remise qui s'en fait à l'auditeur nommé par le grand juge, pour préparer l'instruction.

Le recours au conseil d'Etat n'a point d'effet suspensif, à moins qu'il n'en soit autrement ordonné.

Lorsque l'avis de la commission établie par le décret impérial du 11 juin précédent, est d'accorder le sursis, il doit en être fait rapport au Conseil d'Etat qui est chargé de prononcer.

Si la communication aux parties intéressées a été ordonnée par le grand juge, elles sont obligées de répondre et de fournir leurs défenses dans les délais suivans ; savoir,

Dans quinze jours, si leur demeure est à Paris ou n'en est pas à une distance de plus de cinq myriamètres ;

Dans un mois, si elles demeurent à une distance plus éloignée dans le ressort de la Cour d'appel de Paris, ou dans l'un des ressorts des Cours d'appel d'Orléans, Rouen, Amiens, Douai, Nancy, Metz, Dijon et Bourges ;

Dans deux mois, pour les ressorts des autres Cours d'appel en France ;

Et à l'égard des colonies et des pays étrangers, le décret veut que les délais soient réglés comme il convient, par l'ordonnance de *soit communiqué*.

Ces délais courent du jour de la signification de la requête à personne ou domicile, par le ministère d'un huissier.

Remarquez que le grand juge est autorisé à abréger les délais quand il s'agit de matières provisoires ou urgentes.

La signature de l'avocat au pied de la requête concernant soit la demande, soit la défense, vaut constitution et élection de domicile chez lui.

Le demandeur a la faculté de donner une seconde requête, dans la quinzaine postérieure aux défenses fournies, et le défendeur peut répondre dans la quinzaine suivante ; mais il ne peut y avoir plus de deux requêtes de la part de chaque partie, y compris la requête introductive.

Quand le jugement est poursuivi contre plusieurs parties, dont les unes ont fourni leurs défenses et les autres ont négligé d'en fournir, il doit être statué à l'égard de toutes par la même décision.

Les avocats des parties sont autorisés à prendre, sans frais, au secrétariat, communication des pièces de l'instance ; elles ne peuvent être déplacées, à moins qu'il n'y en ait minute, ou que les parties intéressées n'y consentent.

Vous observerez que quand il y a déplacement de pièces, le récépissé signé de l'avocat doit porter son obligation de les rendre dans un délai qui ne peut pas excéder huit jours : lorsque ce délai est expiré sans qu'elles aient été rétablies, le grand juge a la faculté de condamner personnellement l'avocat à dix francs au moins, de dommages-intérêts par chaque jour de retard, et même d'ordonner qu'il sera contraint par corps à ce rétablissement.

Dans aucun cas, les délais pour fournir ou signifier les requêtes ne peuvent être prolongés par l'effet des communications.

Il importe de remarquer que le recours au conseil contre la décision d'une autorité qui y ressortit, ne peut plus être exercé, lorsqu'il s'est écoulé trois mois depuis que cette décision a été notifiée.

Si un tel recours a eu lieu dans le délai de trois mois, et qu'il ait été rendu une ordonnance de *soit communiqué*, il faut que cette ordonnance soit signifiée dans un même délai de trois mois, sous peine de déchéance.

Outre ce délai de trois mois, ceux qui demeurent hors de la France continentale ont en outre celui qu'a réglé l'article 73 du Code de procédure civile, et dont nous parlons au nombre 5 de l'article AJOURNEMENT.

Si, d'après l'examen d'une affaire, il y a lieu d'ordonner la vérification de certains faits ou écritures, ou qu'une partie soit interrogée, le décret dont il s'agit attribue au grand juge le droit de désigner pour ces objets un maître des requêtes, ou de commettre sur les lieux, et de régler la forme dans laquelle il sera procédé à ces actes d'instruction.

Au reste, dans tous les cas où les délais ne sont pas fixés par ce décret, c'est au grand-juge qu'il appartient de les déterminer par ses ordonnances.

Tout ce qui précède dérive de la 1re. section du titre 1er. du décret dont il s'agit.

3. *Dispositions particulières aux affaires contentieuses introduites sur le rapport d'un ministre.* Dans les affaires contentieuses, introduites au conseil sur le rapport d'un ministre, l'article 16 du décret veut qu'il soit donné, dans la forme administrative ordinaire, avis à la partie intéressée, de la remise faite au grande-juge des mémoires et pièces fournis par les agens du gouvernement, afin qu'elle puisse en prendre communication selon la forme dont on a parlé dans le nombre précédent, relativement aux communications que les avocats sont autorisés à prendre au secrétariat du conseil. Elle doit ensuite fournir ses réponses dans le délai du réglement. Au reste, le rapport du ministre ne peut pas être communiqué.

Lorsque dans les affaires où le gouvernement a des intérêts opposés à ceux d'une partie, l'instance est introduite à la requête de cette partie, le dépôt de la requête et des pièces au secrétariat du conseil vaut notification aux agens du Gouvernement, et il en est de même pour la suite de l'instruction : c'est ce qui résulte de l'article 17.

4. *Des demandes incidentes, survenues pendant*

l'instruction d'une affaire. Il faut, suivant l'art. 18, que ces demandes soient formées par une requête sommaire, déposée au secrétariat du conseil : le grand-juge en ordonne, s'il y a lieu, la communication à la partie intéressée, pour y répondre dans les trois jours de la signification, ou dans tel autre bref délai que ce ministre détermine.

L'article 19 veut que les demandes incidentes soient jointes au principal pour y être statué par la même décision.

Observez cependant que s'il y avait lieu à quelque disposition provisoire et urgente, il faudrait que le rapport en fût fait par l'auditeur à la prochaine séance de la commission, pour y être pourvu par le conseil ainsi qu'il appartiendrait.

5. *De l'inscription de faux.* L'article 20 a réglé que dans les cas d'une demande en inscription de faux contre une pièce produite, le grand-juge fixerait le délai dans lequel il faudrait que la partie qui aurait produit cette pièce déclarât si elle entendait s'en servir.

Lorsque la partie ne satisfait pas à cette ordonnance, ou qu'elle déclare qu'elle n'entend pas se servir de la pièce, elle doit être rejetée.

Mais si la partie déclare qu'elle entend se servir de cette pièce, le conseil d'État statue, sur l'avis de la commission, soit en ordonnant qu'il sera sursis à la décision de l'instance principale jusqu'après jugement du faux par le tribunal compétent, soit en prononçant la décision définitive, si elle ne dépend pas de la pièce arguée de faux.

6. *De l'intervention.* Il faut que l'intervention soit formée par requête : le grand-juge est chargé d'ordonner, s'il y a lieu, la communication de cette requête aux parties intéressées, pour y répondre dans le délai fixé par l'ordonnance de ce ministre ; mais on observe que la décision d'une

affaire principale qui est instruite, ne peut pas être retardée par une intervention : telles sont les dispositions de l'article 21.

7. *De la reprise d'instance, et de la constitution de nouvel avocat.* Dans les affaires qui ne sont pas en état d'être jugées, l'article 22 a statué que la procédure serait suspendue par la notification du décès de l'une des parties, ou par le seul fait du décès, de la démission, de l'interdiction, ou de la destitution de son avocat.

Cette suspension doit durer jusqu'à la mise en demeure pour reprendre l'instance ou constituer avocat.

Remarquez que dans aucun des cas qu'on vient de spécifier, la décision d'une affaire qui est en état, ne peut être différée. C'est ce que porte l'article 23.

Remarquez aussi que l'acte de révocation d'un avocat par sa partie, est sans effet, relativement à la partie adverse, s'il ne contient pas la constitution d'un autre avocat. *Article* 24.

8. *Du désaveu.* Lorsqu'une partie veut former un désaveu relativement à des actes ou procédures qu'on a faits sous son nom ailleurs qu'au Conseil d'Etat, et qu'elle croit pouvoir influer sur la décision de la cause qui lui est soumise, il est nécessaire que sa demande soit communiquée aux autres parties. Si le grand juge estime que le désaveu mérite d'être instruit, il renvoie l'instruction et le jugement devant les juges compétens pour y être statué dans un délai déterminé.

A l'expiration de ce délai, il doit être passé outre au rapport de l'affaire principale sur le vu du jugement du désaveu ou faute de le rapporter. C'est ce qu'a réglé l'article 25.

L'article suivant a ordonné que si le désaveu était relatif à des actes ou procédures faits au Conseil d'Etat, d'Etat, il serait procédé contre l'avocat sommairement et dans les délais fixés par le grand-juge.

9. *Des décisions du conseil d'Etat.* Ces décisions doivent contenir les noms et les qualités des parties, leurs conclusions, et le vu des pièces principales.

Vous remarquerez qu'elles ne peuvent être mises à exécution contre une partie avant d'avoir été préalablement signifiées à l'avocat au conseil qui a occupé pour elle. C'est ce qu'ont prescrit les articles 27 et 28.

10. *De l'opposition aux décisions du conseil d'Etat rendues par défaut.* L'article 29 a déclaré que ces décisions seraient susceptibles d'opposition, mais qu'une telle opposition ne serait point suspensive, à moins qu'il n'en eût été ordonné autrement.

Au reste, il faut qu'elle soit formée dans le délai de trois mois, à compter du jour où la décision par défaut a été notifiée ; lorsque ce délai est écoulé, l'opposition n'est plus recevable.

Quand la commission est d'avis d'admettre l'opposition, l'article 30 veut qu'elle fasse son rapport au conseil, et il remet, s'il y a lieu, les parties dans l'état où elles étaient auparavant.

Observez que l'opposition d'une partie défaillante à une décision rendue contradictoirement avec une autre partie ayant le même intérêt, ne peut pas être admise. *Article* 31.

11. *Du recours contre les décisions émanées du conseil contradictoirement.* L'article 32 a défendu aux avocats, sous peine d'amende, et même en cas de récidive, sous peine de suspension ou de destitution, de présenter requête en recours contre une décision contradictoire, à moins qu'elle n'ait été rendue sur pièces fausses ou que la partie n'ait été

condamnée faute de représenter une pièce décisive qui était retenue par son adversaire.

Il faut, suivant l'article 33, que dans les deux cas qu'on vient d'exprimer, le recours soit dans le même délai et admis de la même manière que l'opposition à une décision par défaut.

Lorsque le recours contre une décision contradictoire a été admis dans l'année où cette décision est intervenue, la communication doit en être donnée, soit au défendeur, soit au domicile de l'avocat qui a occupé pour lui, et qui est obligé d'occuper encore sur ce recours, sans qu'il soit besoin d'un nouveau pouvoir. *Article* 34.

Quand le recours n'a été admis qu'après l'expiration de l'année postérieure à la décision, l'art. 35 veut que la communication en soit faite aux parties, à personne ou domicile, pour qu'elles y répondent dans le délai du réglement.

Vous observerez que quand le conseil a prononcé sur un premier recours contre une décision contradictoire, un second recours contre cette décision n'est pas recevable; et si un avocat présentait une requête pour faire admettre ce second recours, il encourrait l'une des peines dont parle l'article 32. Telles sont les dispositions de l'article 36.

12. *De la tierce-opposition.* Ceux qui veulent s'opposer à des décisions du conseil d'Etat rendues en matière contentieuse, et lors desquelles ni eux ni ceux qu'ils représentent n'ont été appelés, sont tenus de former leur tierce-opposition par requête, et de procéder selon les règles établies au nombre 2 ci-dessus. C'est ce qui résulte de l'article 37.

La partie qui succombe dans sa tierce-opposition, doit, en vertu de l'article 38, être condamnée à 150 francs d'amende, sans préjudice des dommages-intérêts de la partie, s'il y a lieu.

Les art. 34 et 35, concernant les recours contre

les décisions contradictoires, sont communs à la tierce-opposition. *Article* 39.

Quand une partie se croit lésée dans ses droits par l'effet d'une décision du conseil d'Etat rendue en matière non contentieuse, elle est autorisée par l'article 40 à présenter une requête à l'Empereur, pour, sur le rapport qui doit en être fait à Sa Majesté Impériale, être l'affaire renvoyée, s'il y a lieu, soit à une section du conseil d'Etat, soit à une commission.

13. *Des dépens.* L'article 41 a réglé qu'en attendant qu'il fût fait un nouveau tarif des dépens, et statué sur la manière dont ils seraient liquidés, on suivrait provisoirement les réglemens antérieurs concernant les avocats au conseil, et qui étaient applicables aux procédures spécifiées ci-dessus.

Il ne peut être employé dans la liquidation des dépens, nuls frais de voyage, séjour ou retour des parties, ni des frais de voyage d'huissier au-delà d'une journée. *Article* 42.

La liquidation et la taxe des dépens doivent être faites, suivant l'art. 42, à la commission du contentieux, par un maître des requêtes, sauf la révision par le grand-juge.

14. *Des avocats au conseil.* Ces avocats ont, conformément au décret impérial du 11 juin précédent, le droit exclusif de faire tous les actes d'instruction et de procédure devant la commission du contentieux. C'est ce que porte l'article 44.

L'article 45 défend de passer en taxe l'impression d'aucun mémoire, et il veut que les écritures soient réduites au nombre de rôles qui doit être réputé suffisant pour l'instruction de l'instance.

Il faut, suivant l'article 46, que les requêtes ainsi que les mémoires soient écrits correctement et lisiblement, en demi-grosse seulement; chaque rôle doit contenir au moins cinquante lignes, et chaque ligne au moins douze syllabes : s'il se trouve dans un rôle moins de lignes et de syllabes, l'article cité veut que le rôle soit rayé en entier, et que l'avocat soit tenu de restituer ce qu'il s'est fait payer pour un tel rôle.

Les copies signifiées des requêtes et des mémoires et de tout autre acte, doivent être pareillement écrites lisiblement et correctement : il faut aussi que ces copies soient conformes aux originaux, et l'avocat en est déclaré responsable par l'article 47.

L'article 48 veut que les écritures des parties qui sont signées par les avocats au conseil soient sur papier timbré : mais les pièces, que ces parties produisent, ne sont point assujetties au droit d'enregistrement, à l'exception néanmoins des exploits d'huissier, pour chacun desquels il doit être perçu un droit fixe d'un franc.

Remarquez néanmoins que les pièces produites devant le conseil d'Etat ne sont pas dispensées des droits d'enregistrement auxquels l'usage, qui en serait fait ailleurs, pourrait donner ouverture.

La dispense n'a pareillement pas lieu à l'égard des pièces produites devant le conseil d'Etat, lorsqu'elles sont de nature à être soumises à l'enregistrement dans un délai fixé.

Les avocats au conseil sont, suivant les circonstances, assujettis, en vertu de l'article 49, aux peines énoncées ci-dessus, dans le cas de contravention aux règlemens, et surtout s'ils présentent, comme contentieuses, des affaires qui ne le sont pas, ou s'ils portent au conseil d'Etat des affaires dont la connaissance est attribuée à quelqu'autre autorité.

Les avocats au conseil sont tenus de prêter serment entre les mains du grand-juge, ministre de la justice.

15. *Des huissiers au conseil.* Ces huissiers ont le droit de faire toutes les significations d'avocat à avocat, et celles qui s'adressent aux parties dont le domicile est à Paris.

Voyez CONSEIL D'ETAT.

AFFÉRENTE.

Dans le partage d'une succession ou d'une autre chose commune, on appelle *part afférente*, la portion qui doit appartenir à chacun de ceux qui ont droit à ce partage.

AFFICHES.

1. *Définition.*
2. *Des cas où les affiches sont nécessaires.*
3. *De ce que les affiches doivent contenir.*
4. *Formalités que les affiches exigent.*

1. L'affiche est un placard manuscrit ou imprimé, qui a pour objet de rendre une chose publique.

2. *Des cas où les affiches sont nécessaires.* C'est pour donner aux actes des autorités toute la publicité qu'ils doivent avoir.

C'est également par des affiches que les jugemens et les actes émanés de l'autorité judiciaire, dont l'impression est ordonnée, parviennent à la connaissance des citoyens.

Elles sont d'un usage indispensable dans les ventes mobilières ou immobilières qui se poursuivent devant les tribunaux.

L'article 617 du Code de procédure civile veut

que les ventes de meubles sur saisie-exécution, soient annoncées par quatre placards au moins qui doivent être apposés, l'un au lieu où sont les effets, l'autre à la porte de la maison commune, le troisième au marché du lieu ; le quatrième à la porte de l'auditoire de la justice de paix.

Il en est de même des ventes de fruits pendans par racine, et de toutes les ventes mobilières ordonnées par justice ou faites en vertu de titres-exécutoires.

Quant aux ventes immobilières, l'article 684 veut que l'extrait du cahier des charges soit imprimé en forme de placard, et affiché, 1°. à la porte de la partie saisie, à la principale porte des édifices saisis, aux portes des maisons communes où les biens sont situés, dans les différens marchés de ces communes, et aux portes des tribunaux et de la justice de paix. Il faut, de plus, qu'elles soient renouvelées huit jours au moins avant l'adjudication préparatoire, et que quinze jours après cette adjudication préparatoire, nouvelles affiches soient encore apposées, le tout à peine de nullité. Articles 703 et 704.

Ces mêmes affiches sont également nécessaires pour les ventes volontaires de biens de mineurs, et pour celles qui se font par licitation entre majeurs, soit qu'elles se poursuivent devant le tribunal, soit qu'elles soient renvoyées devant un notaire pour y procéder, en observant cependant qu'elles n'exigent pas les mêmes détails que celles des saisies immobilières, et que les délais, dans lesquels elles s'apposent, sont plus rapprochés.

3. *De ce que les affiches doivent contenir.* Toutes ces affiches doivent contenir ; savoir, celles qui concernent les ventes de meubles, les lieux, jour et heure de la vente, et la nature des objets, sans détail particulier.

Celles qui concernent les fruits pendans par racine, les jours, lieu et heure de la vente, les noms et demeure du saisi et du saisissant, la quantité d'hectares, la nature de chaque espèce de fruits, et la commune dans laquelle ils sont situés.

Celles qui concernent les ventes sur saisies-immobilières doivent énoncer la date de la saisie et celle des enregistremens, les noms, professions et demeures du saisi et du saisissant ; l'arrondissement, la commune et la rue où sont situées les maisons saisies ; le détail sommaire des biens par nature, quotité et situation ; les noms des fermiers qui les exploitent ; le jour de la première publication, et enfin, les noms des maires et greffiers de juges de paix auxquels la saisie a été notifiée.

On observe que pour les biens de mineurs, il suffit d'indiquer sommairement la nature et la situation des biens, d'y ajouter les noms, professions et domiciles des mineurs, tuteurs et du notaire chargé de procéder à la vente ; et que les affiches soient apposées par trois dimanches consécutifs.

4. *Des formalités que les affiches exigent.* Toutes ces affiches doivent être sur papier timbré, et leur apposition doit être constatée par le procès-verbal de l'huissier, et un exemplaire de l'affiche doit être annexé à ce procès-verbal.

M. Broyart.

Addition *à l'article* Affiche.

Les jugemens ne peuvent être affichés qu'autant que ces actes l'ordonnent ou en contiennent la permission ; et lorsque la réputation d'un tiers y est intéressée, on doit s'abstenir d'en afficher ailleurs qu'aux lieux indiqués, et d'excéder le nombre d'exemplaires que le juge a spécifié.

L'art. 27 du titre 1er. de la loi du 19 juillet 1991 veut que, dans le cas de récidive, les amendes prononcées contre les délits énoncés dans les articles précédens, soient doubles, et que les jugemens soient affichés aux dépens des condamnés.

La même règle, quant à l'affiche des jugemens, doit être observée relativement à ceux dont il est question dans les art, 35, 38, 39 et 40 du titre 2 de la loi qu'on vient de citer.

Suivant l'art. 11 de la loi du 22 mai 1791, les officiers municipaux doivent désigner des lieux exclusivement destinés à recevoir les affiches des lois et des actes de l'autorité publique. Il est défendu à tout citoyen de faire apposer des affiches particulières dans ces lieux, sous peine d'une amende de cent francs.

Aucun citoyen et aucune réunion de citoyens ne peuvent rien afficher sous le titre d'arrêtés ou de délibération, ni sous aucune autre forme obligatoire et impérative.

Aucune affiche ne peut pareillement être faite sous un nom collectif; elle doit être signée par tous les citoyens qui y ont coopéré. C'est ce qui résulte des articles 13 et 14 de la loi du 22 mai 1791 qu'on vient de citer.

Suivant l'art. 15, toute contravention à ces deux articles doit être punie d'une amende de cent francs, qui ne peut point être modérée.

Par une autre loi du 28 juillet suivant, il a été ordonné que les affiches des actes émanés de l'autorité publique, seraient seules imprimées sur papier blanc ordinaire, et que celles qui seraient faites par des particuliers ne pourraient être que sur papier de couleur.

L'article 36 du Code pénal veut que tous les arrêts qui ont prononcé la peine de mort ou celle des travaux forcés, soit à perpétuité ou à tems, ainsi que la déportation, la réclusion, la peine du carcan, le bannissement et la dégradation civique, soient imprimés par extrait, et affichés dans la ville centrale du département, dans celle où l'arrêt aurait été rendu, dans la commune du lieu où le délit aurait été commis, dans celle du lieu de l'exécution et dans celle du domicile du condamné.

Tout individu qui, sans une autorisation de la police, fait le métier de crieur ou d'afficheur d'écrits imprimés, de dessins ou de gravures, encourt une punition de six jours à deux mois d'emprisonnement, en vertu de l'art. 290 du Code pénal.

AFFINAGE.

C'est l'action par laquelle on purifie l'or et l'argent.

L'art. 12 de la loi du 7 germinal an 11 a réglé que quand les matières d'argent, portées à la monnaie, seraient au-dessous du titre monétaire, elles supporteraient les frais d'affinage ou de départ.

Le montant de ces frais doit être calculé sur la portion des mêmes matières qui doit être purifiée pour élever la totalité au titre monétaire.

Quant aux matières et espèces d'or, les frais d'affinage ont été fixés par un arrêté du Gouvernement, du 4 prairial suivant, à trente-deux francs par kilogramme de fin contenu dans la portion des matières qu'on pourra soumettre à l'affinage.

Par un autre arrêté du 26 du même mois, le Gouvernement a ordonné que les piastres, qui seraient portées aux hôtels des monnaies pour y être converties en monnaies nationales, ne seraient point assujetties aux frais d'affinage dont la retenue doit être faite en conformité de la loi qu'on vient de citer.

AFFINITÉ.

C'est l'alliance que produit le mariage d'un conjoint entre ce même conjoint et les parens de l'autre époux. Ainsi le mari devient l'allié des parens de la femme, au même degré qu'ils sont parens à cette dernière, et réciproquement.

L'affinité est également le produit d'un commerce illicite.

Cette affinité, en ligne directe, équivaut à la parenté. Ainsi, de même que, dans cette ligne, le mariage est prohibé entre tous les ascendans et descendans légitimes ou naturels, de même l'est-il entre les *alliés* dans la même ligne. (Art. 161 du Code Napoléon.)

Dans la ligne collatérale, l'effet de l'affinité, comme celui de la parenté, ne passe pas, quant au mariage, le degré de frère et de sœur légitimes ou naturels. Hors ce degré, le mariage n'est point prohibé entre les *alliés* dans cette ligne. (Art. 162 du même Code.)

Cela est confirmé par l'art. 163, qui prohibe le mariage entre l'oncle et la nièce, la tante et le neveu, et qui ne comprend point, dans la prohibition, les *alliés* au même degré.

On doit même inférer de ce que l'article n'ajoute point à la désignation d'oncle, nièce, tante et neveu les adjectifs *légitimes* ou *naturels*, que la prohibition ne s'étend point à ceux qui ne se raient à ces degrés que dans l'ordre *naturel*.

L'affinité n'engendre point l'affinité, c'est-à-dire que l'alliance du mari formée avec les parens de la femme, n'embrasse point les alliés de ceux-ci, et réciproquement.

Ainsi un individu qui aurait vu passer sa mère dans les bras d'un beau-père, lequel, à son tour, après la mort de cette première, en aurait épousé une seconde, pourrait épouser cette seconde femme, veuve de son beau-père, *et vice versâ.*

Ainsi le mari peut épouser la belle-sœur de sa femme, et la femme peut épouser le beau-frère de son mari; la raison en est que l'alliée de la femme n'est pas l'alliée du mari, et que l'allié du mari n'est pas l'allié de la femme.

L'affinité, suivant ses degrés, peut produire des moyens de récusation contre les témoins et même contre les juges.

Voyez RÉCUSATION, TÉMOIN.

M. DECOMBEROUSSE.

AFFIRMATION.

SOMMAIRES.

1. *Définition.*
2. *Explication du principe que l'affirmation ne doit pas se diviser.*
3. *A qui doit-on déférer l'affirmation?*
4. *Du cas où celui à qui l'affirmation a été déférée décède avant de l'avoir prêtée.*
5. *L'affirmation peut-elle être prêtée par procureur?*
6. *Du cas où celui qui doit affirmer ne peut pas se transporter devant le juge.*
7. *De l'affirmation déférée à une communauté d'habitans.*
8. *L'appel d'un jugement qui a terminé un procès en recevant l'affirmation ordonnée, est-il admissible?*
9. *De l'affirmation en matière de compte.*

1. L'affirmation est l'acte d'assurer avec serment la vérité d'un fait.

2. *Explication du principe que l'affirmation ne doit pas se diviser.* C'est une maxime de notre droit, que l'affirmation ne saurait être divisée; c'est-à-dire, qu'il faut faire droit sur toutes les parties de la déclaration, et non pas avoir égard à une partie et rejeter l'autre. Si, par exemple, une personne à qui on défère le serment en justice sur la question de savoir si elle a reçu un dépôt qu'on lui demande, répond qu'elle l'a reçu, mais qu'elle l'a restitué depuis, on ne pourra pas, en conséquence de l'aveu qu'elle fait de l'avoir reçu, la condamner à restituer; il faudra, au contraire, la décharger de la demande à fin de restitution, en conséquence de ce qu'elle affirme avoir restitué.

3. *A qui doit-on déférer l'affirmation?* L'affirmation doit régulièrement être déférée au défendeur, quand le demandeur ne justifie pas sa demande par un titre. Ainsi, lorsqu'un marchand répète à un particulier le prix des marchandises qu'il prétend lui avoir fournies, si ce particulier déclare ne rien devoir, il doit être renvoyé des fins de la demande, en affirmant sa déclaration. Cela est fondé sur ce que le marchand n'a pas voulu d'autre titre que la foi de ce particulier, puisqu'il n'a exigé de lui aucun écrit. Il en serait de même de l'ouvrier qui répéterait des salaires, et du domestique qui répéterait des gages: l'affirmation du défendeur déciderait la contestation en sa faveur, à moins qu'il n'y eût un titre.

Cependant, comme le défendeur ne doit pas être le maître du prix de la marchandise qu'on lui a fournie, ni de celui de l'ouvrage qu'on a fait pour lui, le marchand ou l'ouvrier dont la fourniture ou l'ouvrage sont avoués, peuvent demander que le défendeur qui soutient avoir payé, soit tenu préalablement de déclarer quelle somme il a délivrée. Sur cette déclaration, le juge défère l'affirmation à l'un ou à l'autre, selon les circonstances : il la défère au défendeur, si la somme qu'il dit avoir payée paraît suffisante, et qu'il offre d'affirmer que le marchand s'en est contenté; mais si la somme déclarée ne paraît pas suffire pour payer la marchandise fournie, le juge admet le marchand à affirmer qu'il ne s'en est pas contenté, et il ordonne que le défendeur payera suivant l'estimation, sauf à déduire la somme qu'il dit avoir délivrée; et si le demandeur ne convient pas d'avoir reçu cette somme, le juge ordonne, en outre, que le défendeur affirmera qu'il la lui a payée.

Il y a aussi quelques cas qui sont exceptés de la règle générale, et dans lesquels l'affirmation se défère au demandeur. 1°. Si l'action est intentée par un marchand contre un autre marchand pour raison de marchandises dont ils font commerce, et que le demandeur ait un registre en bonne forme, contenant les fournitures qu'il répète, l'affirmation doit lui être déférée, parce que, dans ce cas, son registre lui tient lieu de titre. La faveur due au commerce a introduit cette jurisprudence.

2°. Si l'action est intentée par un propriétaire de maison contre un locataire, pour raison des loyers, l'affirmation doit être déférée au demandeur, parce que la jouissance du locataire fait un titre contre lui, et qu'il n'a pas dû payer les loyers sans en tirer quittance.

3°. Le propriétaire auquel le maçon demanderait le prix de la construction d'une maison, ne serait pas admis à affirmer qu'il a payé, à moins que l'action ne fût intentée après l'année, parce que des objets de cette nature ne se payent ordinairement pas sans quittance, et que l'existence des ouvrages forme une espèce de titre en faveur de l'ouvrier.

4°. Le pensionnaire auquel on répète le payement de la pension ne doit pas être admis à affirmer qu'il ne le doit pas, quand même il serait sorti de la maison du maître de pension, pourvu néanmoins que celui-ci ait intenté son action immédiatement après la sortie du pensionnaire; car s'il s'était écoulé un certain intervalle entre les poursuites du demandeur et la sortie du défendeur, il faudrait déférer l'affirmation à ce dernier.

5°. Si le créancier est nanti d'un gage, la dette ne s'éteint pas non plus par l'affirmation du débiteur : c'est au demandeur que le serment doit être déféré, mais seulement jusqu'à concurrence de la valeur du nantissement, et il est obligé d'affirmer que c'est à titre de nantissement qu'il tient le gage. Si le créancier répétait une somme plus considérable que la valeur du nantissement, le défendeur serait déchargé de l'excédant, en affirmant qu'il ne le doit pas.

4. *Du cas où celui à qui l'affirmation a été déférée décède avant de l'avoir prêtée.* Lorsque celui auquel le juge a déféré l'affirmation décède sans l'avoir prêtée, quoiqu'il eût été sommé de le faire, elle doit être référée à l'autre partie, parce qu'on présume dans ce cas que le défunt a reconnu la vérité de la demande; mais si le décès était arrivé avant que le défunt eût été sommé de prêter l'affirmation mise à sa charge, elle serait censée prêtée, parce que le défaut de sommation fait présumer la remise du serment et un désistement tacite de la demande.

5. *L'affirmation peut-elle être prêtée par procureur?* L'affirmation ordonnée pour décider une contestation doit être prêtée en personne devant le juge et non au greffe; mais s'il ne s'agit que d'une affirmation sur une saisie-arrêt, elle peut être prêtée par procureur.

6. *Du cas où celui qui doit affirmer ne peut pas se transporter devant le juge.* Si celui auquel l'affir-

mation est déférée, ne peut pas se transporter devant le tribunal pour la prêter en personne, les juges peuvent commettre un d'entre eux pour se transporter avec le greffier chez la partie afin d'y recevoir l'affirmation ordonnée.

7. *De l'affimation déférée à une communauté d'habitans.* Lorsque le serment est déféré à une communauté, il faut qu'elle donne un pouvoir spécial à quelqu'un d'affirmer ce qui doit l'être dans l'affaire contentieuse. Le notaire ou autre officier public rédacteur de ce pouvoir, doit même faire affirmer entre ses mains, par ceux qui le donnent, la vérité des faits qu'il y spécifie.

8. *L'appel d'un jugement qui a terminé un procès en recevant l'affirmation ordonnée est-il admissible?* Dès qu'une affirmation ordonnée pour terminer une contestation est une fois prêtée, l'appel du jugement qui l'a admise n'est plus recevable : telle est la règle générale. Cependant, s'il arrivait que le juge reçût l'affirmation à l'instant même où il l'aurait ordonnée, il faudrait admettre l'appel : la raison en est que dans ce cas il n'aurait pas été au pouvoir de l'appelant d'empêcher que l'affirmation ne se prêtât.

9. *De l'affirmation en matière de compte.* L'affirmation en fait de compte est l'acte par lequel un comptable certifie et affirme que son compte est vrai dans toutes ses parties. On dresse un procès-verbal de cette affirmation à la tête du compte présenté, et le comptable le signe.

Voyez les articles PREUVE, PRÉSOMPTION, SERMENT, SERMENT LITISDÉCISOIRE et SERMENT ORDONNÉ D'OFFICE, etc.

AFFRÉTEMENT.

SOMMAIRES.

1. *Définition.*
2. *De l'objet et de la nature de l'affrètement.*
3. *Du cas où le navire étant loué en totalité, l'affréteur ne lui donne pas toute sa charge.*
4. *De l'indemnité due par l'affréteur qui rompt le voyage avant le départ sans y avoir rien chargé.*
5. *De la déclaration de ce que le navire peut porter.*
6. *De la faculté de retirer, avant le départ du navire, les marchandises qui y sont chargées.*
7. *De l'omission d'avoir déclaré au capitaine les marchandises qu'on a chargées dans le navire.*
8. *Des obligations du chargeur qui retire ses marchandises pendant le voyage.*
9. *Du retard de l'arrivée du navire au lieu pour lequel il est destiné.*
10. *De l'obligation où se trouve le capitaine de faire radouber le navire pendant le voyage.*
11. *Du cas où le capitaine a fait voile, quoique le navire fût hors d'état de naviguer.*
12. *Du fret relatif aux marchandises vendues pour subvenir aux besoins urgens du navire.*
13. *Que résulte-t-il de l'ordre d'une puissance qui a fait arrêter le navire dans le cours du voyage?*
14. *Du jet des marchandises à la mer.*
15. *Du fret des marchandises perdues par naufrage ou prises par l'ennemi.*
16. *Du rachat des marchandises et du navire qui ont été pris.*
17. *Du refus que fait le consignataire de recevoir les marchandises.*

18. *Le capitaine peut-il retenir les marchandises dans son navire pour le payement du frêt?*

1. On désigne par le terme d'affrétement, une convention pour le louage d'un vaisseau. Et l'on appelle affréteur celui qui prend un vaisseau à louage.

On dit sur la Méditerranée nolissement, dans le même sens qu'on dit affrétement sur l'Océan.

2. *De l'objet et de la nature de l'affrétement.* On peut affréter les navires et les autres bâtimens de mer pour différens usages dont le plus ordinaire, et celui dont nous parlons ici, concerne le transport des marchandises.

Par cette sorte de convention, l'affréteur loue le vaisseau en entier ou pour partie, et s'oblige à payer au maître (1) une certaine somme, à la charge que celui-ci transportera les marchandises de l'affréteur au lieu pour lequel elles sont destinées.

Quelquefois l'affrétement d'un navire se fait au quintal ou au tonneau, sous la condition que le maître trouvera dans un tems déterminé un nombre suffisant d'affréteurs pour achever de remplir son navire : c'est ce qu'on appelle *louer à la cueillette.*

3. *Du cas où le navire étant loué en totalité, l'affréteur ne lui donne pas la charge dont il est susceptible.* Cette circonstance n'autorise pas le maître ou capitaine à prendre d'autres marchandises, sans le consentement de l'affréteur. C'est d'ailleurs à ce dernier, que doit appartenir le frêt des marchandises avec lesquelles il a consenti que le chargement du navire qu'il a loué en entier, fût com-

---

(1) On donne ce nom au capitaine d'un vaisseau marchand.

plété. La raison en est qu'il est obligé de payer la totalité du fret de la quantité de marchandises qui est énoncée dans la convention.

Il faut remarquer à ce sujet, que si l'affréteur chargeait sur le navire plus de marchandises que cette quantité, il faudrait qu'il payât le fret de l'excédant proportionnément au prix fixé par la charte-partie.

C'est ce qui résulte des articles 287 et 288 du Code de commerce.

4. *De l'indemnité due au capitaine par l'affréteur qui rompt le voyage avant d'avoir rien chargé.* L'art. 288 qu'on vient de citer, a réglé cette indemnité, à la moitié du fret convenu pour la totalité du chargement que l'affréteur devait faire.

Et si le navire a reçu une partie du chargement que devait faire l'affréteur, et qu'il parte sans le reste, le fret est dû en entier au capitaine.

5. *De la déclaration de ce que le navire peut porter.* Lorsque le capitaine a déclaré le navire d'un plus grand port qu'il n'est, il est tenu des dommages et intérêts de l'affréteur.

Mais lorsque la déclaration est conforme au certificat de jauge, ou que l'erreur qui dérive de cette déclaration n'excède pas le quarantième du tonnage du navire, la responsabilité du capitaine est à couvert.

6. *De la faculté de retirer, avant le départ du navire, les marchandises qui y sont chargées.* Lorsqu'un navire est chargé soit à la cueillette, soit au tonneau, soit au quintal ou à forfait, le chargeur peut retirer ses marchandises avant le départ de ce navire; mais à condition de payer le demi-fret. Il faut d'ailleurs qu'il supporte les frais de charge, ainsi que ceux de décharge et de rechargement des autres marchandises qu'il est nécessaire de déplacer, et en outre, ceux du retardement. Telles sont

les dispositions de l'article 291 du Code de commerce.

7. *De l'omission d'avoir déclaré au capitaine les marchandises qu'on a chargées dans le navire.* Cette omission autorise le capitaine à faire mettre à terre, dans le lieu du chargement, les marchandises qui se trouvent dans le navire, à moins qu'il ne préfère d'en prendre le fret au plus haut prix qu'on en paye dans le lieu pour les marchandises de même nature. C'est ce que porte l'art. 292.

8. *Des obligations du chargeur qui retire ses marchandises pendant le voyage.* Il faut faire, à cet égard, une distinction : si ces marchandises sont retirées sans autre motif que la volonté arbitraire du chargeur, il est obligé de payer le frêt en entier, et tous les frais de déplacement occasionnés par le déchargement. Mais, si elles ont été retirées pour cause des faits ou des fautes du capitaine, l'article 293 déclare ce dernier responsable de tous les frais.

9. *Du retard de l'arrivée du navire au lieu pour lequel il est destiné.* Quand l'arrivée du navire a été retardée par le fait de l'affréteur, il doit l'intérêt du retard. Si c'est au contraire par le fait du capitaine que le navire n'est pas arrivé en tems utile, ce capitaine doit des dommages-intérêts. La loi veut que ces dommages-intérêts soient réglés par des experts. Mais si le retard a été l'effet d'une force majeure, on considère si l'affrétement a été fait au voyage ou au mois. Dans le premier cas, le fret est dû selon la convention, parce que personne ne devant être garant de ce qui arrive par force majeure, le capitaine et l'affréteur ne peuvent avoir aucune prétention l'un contre l'autre.

Dans le second cas, c'est-à-dire, si l'affrétement a été fait au mois, il n'est dû aucun fret pour le tems que le navire a été arrêté ; mais il faut que l'affréteur contribue aux frais de la nourriture et des loyers des matelots, attendu que c'est le prix des services qu'ils rendent pour la garde et la conservation des marchandises de l'affréteur, tandis que le navire est arrêté.

S'il arrivait interdiction de commerce avec le pays pour lequel le navire serait en route et qu'il fût obligé de revenir avec la cargaison, il ne serait dû au capitaine, suivant l'art. 299 du Code de commerce, que le fret de l'aller, quoique le navire eût été affrété pour l'aller et le retour.

10. *De l'obligation où se trouve le capitaine de faire radouber le navire pendant le voyage.* Il faut, dans ce cas, que l'affréteur attende que le navire soit réparé, ou qu'il paye le fret en entier.

Mais s'il n'était pas possible de réparer ce navire et que le capitaine ne voulût ou ne pût pas en louer un autre promptement, le fret ne serait dû qu'à proportion de ce que le voyage serait avancé.

11. *Du cas où le capitaine a fait voile, quoique le navire fût hors d'état de naviguer.* Cette circonstance fait perdre au capitaine le fret, et elle le rend responsable des dommages-intérêts de l'affréteur, pourvu toutefois que celui-ci prouve le vice du navire; et cette preuve doit être admise nonobstant et contre le certificat de visite du départ. (Article 297.)

12. *Du fret des marchandises vendues pour subvenir aux besoins urgens du navire.* Le capitaine qui s'est trouvé forcé de vendre des marchandises soit pour se procurer des vivres, soit pour faire radouber son navire ou pour d'autres nécessités pressantes, ne doit pas être privé du fret de ces marchandises : mais il est obligé de tenir compte de ce qu'elles valaient au prix que le reste ou autre marchandise de la même qualité s'est vendu au lieu

de la décharge, si le navire y est arrivé à bon port.

Si le navire s'est perdu, l'affréteur ne peut exiger du capitaine que ce qu'il lui fasse compte de ces marchandises sur le pied qu'il les a vendues, en retenant le fret stipulé par la convention.

13. *Que résulte-t-il de l'ordre d'une puissance qui a fait arrêter le navire dans le cours du voyage?* L'art. 300 du Code de commerce répond qu'il n'est dû aucun fret pour le tems de la détention du navire, lorsqu'il est affrété au mois, et qu'il n'est dû aucune augmentation de fret, s'il est loué au voyage.

On regarde d'ailleurs comme avaries la nourriture et les loyers de l'équipage durant la détention du navire.

14. *Du jet des marchandises à la mer.* Quoiqu'il soit du devoir du capitaine de veiller attentivement à la conservation des marchandises chargées sur le navire, il arrive quelquefois qu'il est nécessaire d'alléger ce navire, pour le sauver dans le cas d'une tempête, ou lorsqu'il est poursuivi par des corsaires : il convient qu'en pareille circonstance, le capitaine, après avoir pris l'avis de l'équipage et des personnes intéressées qui se trouvent présentes, fasse jeter à la mer telles marchandises des affréteurs qu'on juge à propos, à la charge d'indemniser celui auquel elles appartiennent, par une contribution à laquelle doivent être appelés tous ceux qui ont intérêt à la conservation du navire.

15. *Du fret des marchandises perdues par naufrage ou prises par l'ennemi.* Quoique, suivant la loi, il ne soit dû aucun fret des marchandises naufragées ou prises par les ennemis, il est néanmoins permis de stipuler que le fret sera payé quel que soit l'événement, et alors la convention doit être exécutée.

Si l'affréteur n'a perdu qu'une partie de ses marchandises, il n'est déchargé du fret que pour celles qui ont péri ou qui ont été prises. Le fret de celles qui ont été sauvées, est dû en entier, lorsque depuis l'accident le capitaine les a conduites au lieu de la destination; mais s'il a été obligé de les laisser dans l'endroit où elles ont été sauvées, le fret n'est exigible qu'à proportion du voyage.

16. *Du rachat du navire et des marchandises qui ont été pris.* Lorsque ce rachat se fait, le capitaine doit être payé du fret jusqu'au lieu de la prise, et même du fret entier, en contribuant au rachat, s'il conduit les marchandises dans l'endroit pour lequel elles sont destinées.

La contribution pour le rachat se fait sur le prix courant des marchandises dans le lieu où elles sont déchargées, déduction faite des frais, et sur la moitié du navire et du fret. Mais les loyers des matelots n'entrent pas en contribution.

17. *Du refus que fait le consignataire de recevoir les marchandises.* Il résulte de ce refus, que le capitaine a le droit de faire vendre, par autorité de justice, une quantité suffisante de ces marchandises pour le payement de son fret, et de faire ordonner le dépôt du surplus.

S'il y a insuffisance, il conserve son recours contre le chargeur.

18. *Le capitaine peut-il retenir les marchandises dans son navire faute de payement du fret?* Il ne le peut pas; mais, dans le tems de la décharge, il est autorisé à demander que les marchandises soient déposées en mains tierces, jusqu'au payement de son fret.

Il doit être préféré pour ce payement sur les marchandises de son chargement pendant quinze jours, après qu'elles sont délivrées, si elles n'ont pas été déposées en mains tierces.

Remarquez qu'en cas de faillite des chargeurs ou réclamateurs avant l'expiration de ces quinze jours, le capitaine est privilégié sur tous les créanciers, pour le payement de son fret et des avaries qui lui sont dus.

Remarquez aussi que, dans aucun cas, le chargeur n'est fondé à demander une diminution sur le prix du fret. Il n'est pareillement pas fondé à abandonner pour le fret les marchandises diminuées de prix ou détériorées par quelque vice qui y soit inhérent, ou par cas fortuit.

Il y a néanmoins une exception à faire à cette règle, relativement aux futailles qui contiennent du vin, de l'huile, du miel ou d'autres liquides, et qui ont tellement coulé qu'elles sont vides ou presque vides : on peut alors abandonner ces futailles pour le fret.

Voyez le titre 8 *du livre* 2 *du Code de commerce, et les articles* ASSURANCE, GROSSE, AVENTURE, AVARIE, etc.

AGE.

L'âge est le tems qu'un individu a vécu depuis sa naissance.

A la naissance de chaque individu, il est dressé, par l'officier de l'état civil, un acte qui énonce le jour et l'heure où l'individu est né.

Dans la célébration du mariage, l'acte qu'en rédige le même officier énonce l'âge des époux.

Le même officier fait mention de l'âge de la personne qui décède, dans l'acte qu'il dresse à cet effet.

Dans tous les actes de l'état civil est énoncé

l'âge de tous ceux qui y sont dénommés. (Art. 43, 57, 76 et 79 du Code Napoléon.)

La preuve de l'âge peut être faite, même par témoins, en cas de non-existence ou de perte de régistres. (Art. 46 du Code.)

Pour contracter mariage, l'homme doit avoir l'âge de dix-huit ans révolus, la femme l'âge de quinze également accomplis. Le Gouvernement, néanmoins, pour des motifs graves, peut accorder des dispenses d'âge.

Avant l'âge de vingt-cinq ans révolus, pour le fils, et de vingt-un ans, pour la fille, ils ne peuvent contracter mariage, sans le consentement de ceux qui sont appelés à le donner.

Après cet âge respectif, l'un ou l'autre ne peuvent contracter mariage, que préalablement ils ne fassent notifier, par trois fois successives, un acte respectueux à ceux dont le consentement doit être requis.

A l'âge de trente ans, pour le fils, et de vingt-cinq, pour la fille, il n'est plus besoin que d'un acte respectueux. (Art. 144, 145, 148, 151, 152 et 153 du Code Napoléon.)

Le divorce, par consentement mutuel, n'est point admis, si le mari n'a pas l'âge de vingt-cinq ans, ou si la femme n'a pas l'âge de vingt-un ans, ou si elle a passé l'âge de quarante-cinq ans. (Art. 275 et 276 du Code.)

L'adoptant doit avoir l'âge de cinquante ans, à moins qu'il n'adopte celui qui lui a sauvé la vie, cas où il suffit qu'il ait vingt-un ans, et qu'il soit plus âgé que l'adopté. L'adopté doit toujours avoir l'âge de vingt-un ans. (Art. 343, 345 et 346 du Code.)

« L'enfant, à tout âge, doit honneur et respect à son père et à sa mère. » (Art. 371 du Code; voyez *Puissance paternelle*.)

L'individu qui n'a pas l'âge de vingt-un ans, est appelé *mineur*. (Art. 388.)

Celui qui a l'âge de 65 ans, peut refuser le poids de la tutelle. S'il est nommé tuteur avant cet âge, il pourra se faire décharger, quand il aura atteint l'âge de 70 ans. (Art. 433.)

A l'âge de quinze ans révolus, on peut obtenir le bienfait de l'émancipation. (Art. 477.)

L'individu qui a l'âge de vingt-un ans accomplis, est appelé *majeur*. (Art. 486.)

Quand plusieurs personnes périssent dans un même événement, sans qu'on puisse reconnaître laquelle est décédée la première, la présomption de survie se détermine par les circonstances et par la force du sexe et de l'âge. (Art. 720 et suivans.)

Avant l'âge de seize ans, nul individu ne peut disposer de ses biens, à moins que ce ne soit en contrat de mariage et en faveur de son conjoint, avec le consentement de ceux desquels il est requis pour la validité du mariage. (Art. 903 et 1095.)

A l'âge de seize ans, on ne peut disposer que par testament et jusqu'à concurrence de la moitié des biens dont le majeur pourrait disposer. (Art. 904.)

On ne peut être exécuteur testamentaire, si on n'a pas l'âge de vingt-un ans. (Art. 1030.)

Celui qui n'a pas l'âge de vingt-un ans, ne peut contracter une obligation conventionnelle. (Article 1124.)

Celui qui a l'âge de 70 ans commencés, ne peut subir la contrainte par corps en matière civile, si ce n'est dans le cas du stellionat. (Art. 2066.)

Quant à l'âge propre à être promu à des fonctions publiques, il sera énoncé sous le titre des divers fonctionnaires publics.

M. DECOMBEROUSSE.

AGENS DE L'ADMINISTRATION FORESTIERE.

Un décret impérial du 18 juin 1809, a ordonné que dans les audiences publiques tenues par les tribunaux correctionnels pour le jugement des délits de bois, poursuivis à la requête de l'administration des eaux et forêts, les conservateurs, les inspecteurs, les sous-inspecteurs et les gardes généraux chargés de poursuivre au nom de leur administration, auraient une place particulière à la suite du parquet du procureur impérial et de ses substituts, où ils se tiendraient découverts.

AGENT DE CHANGE.

C'est celui dont les fonctions consistent à s'entremettre entre les marchands, les négocians, les banquiers et autres particuliers pour faciliter entre eux le commerce de l'argent, ainsi que des lettres et des billets de change.

Dans toutes les villes où il y a des agens ou courtiers de change, leurs noms et leurs demeures doivent être inscrits sur un tableau affiché dans les tribunaux de commerce, ainsi qu'à la maison commune et aux lieux où les négocians ont coutume de s'assembler.

Il n'est pas permis d'exercer tout à la fois la profession d'agent ou courtier de change et celle de négociant, banquier, marchand, fabricant ou commissionnaire, ni même d'être commis dans une maison de commerce.

Le citoyen qui aurait fait un contrat d'attermoiement ou faillite à ses créanciers, ne pourrait pas non plus être admis à la professsion d'agent ou courtier de change, à moins qu'il n'eût été réhabilité, ce qu'il serait tenu de justifier.

Les agens de change ne peuvent faire pour leur compte aucune espèce de commerce ou négociation, à peine de destitution et de 1500 francs d'amende. Il leur est pareillement défendu, sous les mêmes peines, d'endosser aucune lettre ou billet commerçable, de donner aucun aval, de tenir caisse, de contracter aucune société, de faire ou signer aucune assurance, et de s'intéresser directement ou indirectement dans aucune affaire; les actes, promesses, contrats et obligations qu'ils pourraient faire à cet égard, seraient nuls et de nul effet.

Il est aussi défendu aux négocians, banquiers ou marchands, de prêter leurs noms directement ou indirectement à aucun courtier ou agent de change pour faire le commerce et l'intéresser dans le leur, sous peine d'être responsables et garans de toutes les condamnations pécuniaires qui viendraient à être prononcées contre tout courtier et agent de change qui aurait agi sous leurs noms.

Les courtiers et agens de change sont obligés de tenir des livres ou registres-journaux en papier timbré, qui doivent être signés, cotés et paraphés par un des juges du tribunal de commerce. Il faut, pour que ces registres fassent foi en justice, qu'on y ait écrit par ordre de daté, sans aucun blanc, et par articles séparés, toutes les négociations et opérations de commerce pour lesquelles les agens de change ont été employés, et qu'on y ait énoncé les noms des parties contractantes, ainsi que les différentes conditions dont elles sont convenues. Ces agens de change sont tenus de donner aux parties intéressées un extrait signé d'eux, des négociations et opérations dont il s'agit, dans le jour même où elles ont été arrêtées.

Un agent de change ne peut, sous peine de destitution et de responsabilité, négocier un effet qui aurait été cédé par un négociant dont la faillite serait déclarée ouverte, ou qui lui aurait été remis par un particulier non connu et non domicilié.

Il est défendu, sous peine d'interdiction, aux courtiers et agens de change, de banque et de commerce, de se servir de commis, facteurs et entremetteurs pour traiter et conclure les marchés et négociations dont ils peuvent être chargés.

Tout ce qui vient d'être dit est fondé sur les dispositions tant de la loi du 8 mai 1791 que de celle du 29 juillet 1792.

Par une autre loi du 28 ventose an 9, il a été statué que les agens de change et les courtiers de commerce nommés par le Gouvernement, auraient seuls le droit d'en exercer la profession, de constater le cours du change, celui des effets publics, des marchandises, des matières d'or et d'argent, et de justifier devant les tribunaux ou arbitres la vérité et le taux des négociations, ventes et achats.

La même loi a défendu, sous peine d'une amende qui serait au plus du sixième des cautionnemens des agens de change et des courtiers de commerce, et au moins du douzième, à tout individu autre que ceux qui seraient nommés par le Gouvernement, d'exercer les fonctions d'agens de change ou courtiers de commerce.

Cette amende doit être prononcée correctionnellement par le tribunal de première instance, et être payable par corps, au profit des enfans abandonnés.

Les agens de change et les courtiers de commerce sont obligés de fournir un cautionnement que le Gouvernement règle, et qui ne peut pas excéder 60,000 francs pour les agens de change, ni être au-dessous de 6,000 francs, en numéraire.

Quant au cautionnement des courtiers de commerce, il ne peut pas être au-dessus de 12,000 fr., ni au-dessous de 2,000 francs.

Le montant de ces cautionnemens doit être versé à la caisse d'amortissement, qui est chargée d'en payer les intérêts à raison de cinq pour cent par année.

En cas de démission ou de décès, les cautionnemens doivent être remboursés par la caisse d'amortissement, aux agens de change ou aux courtiers, ou à leurs héritiers ou ayans cause.

L'article 84 du Code de commerce veut que les agens de change aient un livre revêtu des formes prescrites par l'article 11 de ce Code; c'est-à-dire, qu'il faut que ce livre soit coté, paraphé et visé par un juge du tribunal de commerce ou par le maire ou un adjoint.

Ils sont obligés de consigner dans ce livre, jour par jour, et par ordre de date, sans ratures, entrelignes ni transpositions, et sans abréviations ni chiffres, toutes les conditions des ventes, achats, assurances, négociations, et en général toutes les opérations faites par leur ministère.

L'article suivant réitère les défenses que les lois antérieures avaient déjà faites aux agens de change, de s'immiscer pour leur propre compte, sous quelque prétexte que ce fût, dans aucune opération de commerce ou de banque.

Il ne leur est pas plus permis de s'intéresser directement ou indirectement, sous leurs noms ou sous des noms interposés, dans aucune entreprise commerciale.

Il leur est également interdit de recevoir ou de payer pour le compte de leurs commettans.

L'article 86 défend encore aux agens de change de se rendre garans de l'exécution des marchés dans lesquels ils s'entremettent.

Toute contravention aux dispositions des articles 85 et 86, que nous venons de spécifier, entraîne, en vertu de l'article 87, la peine de destitution et une condamnation à l'amende qui doit être prononcée par le tribunal correctionnel, et qui ne peut excéder 3,000 francs, sans préjudice de l'action des parties en dommages et intérêts.

L'agent de change destitué par suite d'une contravention telle que celle dont on vient de parler, ne peut pas être réintégré dans ses fonctions. C'est ce que porte l'article 88.

Et l'article 89 veut que l'agent de change qui fait faillite, soit poursuivi comme banqueroutier.

Le 2 mai 1809, le Conseil d'Etat a donné un avis que l'Empereur a approuvé le 17 du même mois, relativement aux moyens de réprimer l'exercice illicite des fonctions d'agent de change sur les places de commerce.

Cet avis est ainsi conçu :

« Le Conseil d'Etat, qui, d'après le renvoi ordonné par Sa Majesté, a entendu le rapport de » la section de l'intérieur, sur celui du ministre » de ce département, relatif aux moyens de réprimer l'exercice illicite des fonctions d'agens » de change et de courtiers sur les places de commerce, par des individus non commissionnés à » cet effet, et en contravention aux dispositions » de la loi du 28 ventose an 9, qui a réorganisé » les bourses de commerce.

« Considérant qu'il importe sans doute de garantir aux agens de change et aux courtiers de commerce, patentés et institués légalement, l'exercice des fonctions qui leur sont attribuées par la loi, exclusivement à tout autre; mais que la mesure proposée de faire prononcer administrativement sur les délits qui sont de la compétence des tribunaux, n'atteindrait pas le but qu'on désire, puisque les maires et les conseils de préfecture ne seraient pas investis, pour constater les contraventions et appliquer les peines de la loi, de moyens plus puissans que les tribunaux de première instance jugeant correctionnellement, à qui cette compétence appartient;

» Est d'avis que le projet de décret présenté par le ministre, tendant à donner à l'autorité administrative locale l'attribution de la police de l'agence du change et du courtage, ne peut être adopté;

» Qu'il convient d'appliquer à toutes les bourses de commerce les dispositions des articles 2 et 3 du décret impérial, du 10 septembre 1808, rendu pour l'établissement de la bourse d'Amiens, portant, article 2, *que le grand juge ministre de la justice, donnera aux procureurs généraux et impériaux l'ordre de poursuivre suivant la rigueur des lois, tout agent de change, courtier et négociant contrevenant aux lois sur les bourses de commerce et au Code de commerce, même par information, et sans procès-verbaux préalables, ni dénonciation des syndics et adjoints des courtiers et agens de change;*

» Que le ministre de la police générale donnera des ordres particuliers aux commissaires de police pour veiller à l'exécution des lois sur cette

» matière, et informera les Cours et tribunaux » des faits parvenus à sa connaissance. »

Voyez BOURSE.

AGENT DU GOUVERNEMENT.

Suivant l'article 75 de l'acte constitutionnel de l'an 8, les agens du Gouvernement, autres que les ministres, ne peuvent être poursuivis pour des faits relatifs à leurs fonctions, qu'en vertu d'une décision du Conseil d'État, et alors la poursuite a lieu devant les tribunaux ordinaires.

Un décret impérial du 9 août 1806, a statué par l'article 1er., que quand, sur la demande d'une autorité locale ou de quelque partie, il y aurait lieu d'autoriser ou d'empêcher la mise en jugement d'un agent du Gouvernement, inculpé dans ses fonctions, il y serait pourvu comme avant le décret impérial du 11 juin 1806, que l'Empereur a déclaré inapplicable au cas où la poursuite n'émanerait point de l'ordre exprès de Sa Majesté impériale.

Si la demande dont on vient de parler est transmise à l'Empereur par le grand juge, et qu'elle soit dirigée contre un agent ou fonctionnaire étranger au département de ce ministre, il faut, suivant l'article 2, qu'il en donne avis au ministre du département de l'agent inculpé, et qu'il remette en même tems son rapport à Sa Majesté impériale.

Vous remarquerez, d'après l'article 3, que la disposition de l'article 75 de l'acte constitutionnel cité ci-dessus, ne met point obstacle à ce que les magistrats chargés de la poursuite des délits, informent et recueillent tous les renseignemens relatifs

tifs aux délits commis par les agens du Gouvernement dans l'exercice de leurs fonctions; mais il ne peut être, dans ce cas, décerné aucun mandat ni subi aucun interrogatoire juridique, sans l'autorisation préalable du Gouvernement.

AGENT JUDICIAIRE.

C'est un fonctionnaire attaché au ministère du trésor public.

Il est chargé de faire exécuter les contraintes décernées par le ministre du trésor public, ainsi que les arrêtés de la Cour des comptes, et ceux du conseil général de liquidation contre les comptables en débet.

Il est également chargé de suivre les affaires contentieuses qui intéressent le trésor public, et d'examiner les cautionnemens.

Voyez l'article Trésor public.

AGENT DE LA FAILLITE.

Voyez Faillite.

AGRÈS ET APPARAUX.

Termes de marine par lesquels on désigne les voiles, les cordages, les poulies, les vergues, les ancres, les cables, et tout ce qui est nécessaire aux manœuvres d'un vaisseau pour le mettre en état de naviguer.

Les tribunaux de commerce sont, en vertu de

l'article 633 du Code de commerce, compétens pour connaître des contestations relatives aux achats ou ventes d'agrès, apparaux et avitaillemens.

AGRICULTURE.

SOMMAIRES.

1. *Définition.*
2. *Ancienneté, utilité et étendue de l'agriculture.*
3. *Des anciennes lois concernant l'agriculture.*
4. *Des lois françaises sur la même matière.*
5. *Des chambres d'agriculture établies dans les Colonies françaises.*

1. L'agriculture est l'art de cultiver la terre, de la fertiliser et de lui faire produire les grains, les fruits, les plantes et les arbres.

2. *Ancienneté, utilité et étendue de l'agriculture.* L'agriculture est le premier, le plus utile et le plus étendu des arts.

Les Egyptiens en attribuèrent l'invention à Osiris, les Grecs à Cérès et à Triptolème, son fils; les Italiens à Saturne, ou à Janus, leur roi, qu'ils placèrent au rang des dieux, en reconnaissance de ce bienfait. L'agriculture était presque l'unique emploi des anciens patriarches, qui furent si recommandables par la simplicité de leurs mœurs. Elle fit d'ailleurs les délices des plus grands hommes chez les anciens peuples. Cyrus le jeune avait lui-même planté la plupart des arbres de ses jardins, et il s'appliquait à les cultiver. Hieron de Syracuse, Attalus, Philopator de Pergame, Archelaüs de Macédoine et plusieurs autres sont loués par Pline et par Xénophon de l'amour qu'ils ont eu pour les champs et pour les travaux de la campagne. La culture des champs fut le premier objet du législateur des Romains, et pour manifester la haute idée qu'il en avait, la fonction des premiers prêtres qu'il institua, fut d'offrir aux dieux les prémices de la terre, et de leur demander des récoltes abondantes. Ces prêtres étaient au nombre de douze, et on les appelait *Arvales*, du mot *arva*, qui signifie *champs* ou *terres labourables*. Un d'entr'eux étant mort, Romulus lui-même prit sa place.

Dans ces premiers tems, chacun faisait valoir son héritage et en tirait sa subsistance. Les consuls trouvèrent les choses dans cet état et n'y firent aucun changement. Toute la campagne de Rome était cultivée par les vainqueurs des nations. On vit, pendant plusieurs siècles, les plus célèbres d'entre les Romains, passer de la campagne aux premiers emplois de la république; et, ce qui est infiniment plus digne d'être observé, revenir des premiers emplois de la république aux occupations de la campagne. Ce n'était point indolence, ce n'était point dégoût des grandeurs ou éloignement des affaires publiques : on retrouvait, dans les besoins de l'Etat, ces illustres agriculteurs toujours prêts à devenir les défenseurs de la patrie. Serranus semait son champ, quand on l'appela à la tête de l'armée romaine ; Quintius Cincinnatus labourait une pièce de terre qu'il possédait au-delà du Tibre, quand il reçut ses provisions de dictateur ; Quintius Cincinnatus quitta ce tranquille exercice, prit le commandement des armées, vainquit les ennemis, fit passer les captifs sous le joug, reçut les honneurs du triomphe et fut à son champ au bout de seize jours. Tout, dans les premiers tems de la république et les plus beaux jours de Rome, marqua la haute estime qu'on y faisait de l'agriculture; les gens riches *locuplètes*, n'étaient autre chose que ce que nous appelons aujourd'hui de *gros laboureurs* et de *riches fermiers*. La première monnaie porta l'empreinte d'un mouton ou d'un bœuf, comme symboles principaux de l'opulence. Dans la distinction des citoyens Romains, les premiers et les plus considérables furent ceux qui formaient les tribus rustiques; c'était une ignominie d'être réduit, par le défaut d'une bonne et sage économie de ses champs, au nombre des habitans de la ville et de leurs tribus. Quand on eut pris d'assaut la ville de Carthage, tous les livres qui en remplissaient les bibliothèques furent donnés en présens à des princes, amis du peuple; on ne réserva pour Rome que les vingt-huit livres d'agriculture du capitaine Magon. Décius Syllanus fut chargé de les traduire, et l'on conserva l'original, ainsi que la traduction, avec un très-grand soin. Le vieux Caton étudia la culture des champs et en écrivit; Cicéron la recommanda à son fils et en fait l'éloge suivant:

Omnium rerum, lui dit-il, *ex quibus aliquid exquiritur, nihil est agricultura melius, nihil uberius, nihil dulcius, nihil homine libero dignius.* De tout ce qui peut être entrepris ou recherché, rien au monde n'est meilleur, plus utile et plus doux, enfin, plus digne d'un homme libre, que l'agriculture.

3. *Des anciennes lois concernant l'agriculture.* Les prérogatives qu'on a accordées de tout tems à la culture des terres, ont été communes à tous ceux qui se sont occupés de cette culture, sous quelque dénomination que ce fût, comme de *laboureurs*, de *fermiers*, d'*économes*, etc. Ces prérogatives ont même quelquefois été étendues aux

animaux qui partageaient avec les hommes les travaux de la campagne. Il était défendu, par une loi des Athéniens, de tuer le bœuf qui servait à la charrue ; il n'était même pas permis de l'immoler en sacrifice. Celui qui commettait cette faute ou qui volait quelques outils d'agriculture, devait être puni de mort. Un jeune Romain, accusé et convaincu d'avoir tué un bœuf pour satisfaire à la bizarrerie d'un ami, fut condamné au bannissement, comme s'il eût, dit Pline, tué son propre métayer.

Mais ce n'était pas assez de protéger par des lois les choses nécessaires au labourage, il fallait encore veiller à la tranquillité et à la sûreté du laboureur et de tout ce qui lui appartenait.

Ce fut par cette raison que l'empereur Constantin défendit à tout créancier de saisir, pour dettes civiles, les bœufs et les instrumens servant au labourage. S'il arrivait aux créanciers, aux cautions, aux juges mêmes, d'enfreindre cette loi, ils encouraient une peine arbitraire, à laquelle ils devaient être condamnés par un juge supérieur. Le même empereur étendit cette défense par une autre loi, en enjoignant, sous peine de mort, aux receveurs des deniers publics de laisser en paix le laboureur indigent. Il savait que les obstacles qu'on apporterait aux succès de l'agriculture diminueraient l'abondance des vivres et du commerce, et par contre-coup l'étendue de la recette du trésor public. Il fut un tems où l'habitant des campagnes était tenu de fournir des chevaux de poste aux courriers et des bœufs aux voitures publiques ; Constantin eut l'attention d'excepter de ces corvées le cheval et le bœuf servant au labourage. *Vous punirez sévèrement*, dit cet empereur à ceux qu'il avait rendus dépositaires de son autorité, *quiconque contreviendra à ma loi; si c'est un homme d'un rang qui ne permette pas de sévir contre lui, dénoncez-le moi, et j'y pourvoirai; s'il n'y a point de chevaux ou de bœufs que ceux qui travaillent aux terres, que les voitures et les courriers attendent.*

Les campagnes de l'Illyrie étaient désolées par de petits seigneurs de village qui mettaient le laboureur à contribution et le contraignaient à des corvées nuisibles à la culture des terres. Les empereurs Valens et Valentinien, instruits de ces désordres, les arrêtèrent par une loi portant exil perpétuel et confiscation de tout bien contre ceux qui oseraient, à l'avenir, exercer une telle tyrannie.

Au reste, les lois qui protégeaient la terre, le laboureur et le bœuf, veillaient aussi à ce que le laboureur remplît son devoir. L'empereur Pertinax voulut que le champ laissé en friche appartînt à celui qui le cultiverait; que celui qui le défricherait fût exempt d'impositions pendant dix ans, et que s'il était esclave il devînt libre. Aurélien ordonna aux officiers municipaux des villes, d'appeler des citoyens à la culture des terres abandonnées sur leur territoire, et il accorda trois ans d'immunité à ceux qui rempliraient cet objet. Une loi de Valentinien, de Théodose et d'Arcade mit le premier occupant en possession des terres abandonnées, et les lui accorda sans retour, si dans l'espace de deux ans, personne ne les réclamait.

4. *Lois françaises sur l'agriculture.* Quoique les anciennes ordonnances de France eussent tâché de favoriser l'agriculture jusqu'à un certain point, l'état de cet art important n'avait pas été convenablement fixé parmi nous avant la loi du 5 juin 1791, qui est ainsi conçue:

« Art. Ier. Le territoire de la France, dans » toute son étendue, est libre comme les per-

» sonnes qui l'habitent; ainsi, toute propriété ter-» ritoriale ne peut être sujette, envers les parti-» culiers, qu'aux redevances et aux charges dont » la convention n'est pas défendue par la loi; et » envers la nation, qu'aux contributions publiques » établies par le corps législatif, et aux sacrifices » que peut exiger le bien général, sous la condi-» tion d'une juste et préalable indemnité.

» II. Les propriétaires sont libres de varier à » leur gré la culture et l'exploitation de leurs ter-» res, de conserver à leur gré leurs récoltes, et » de disposer de toutes les productions de leurs » propriétés dans l'intérieur de la république et » au-dehors, sans préjudicier aux droits d'autrui, » et en se conformant aux lois.

» III. Nul agent de l'agriculture ne pourra être » arrêté dans ses fonctions agricoles extérieures, » excepté pour crime, avant qu'il ait été pourvu » à la sûreté des bestiaux servant à son travail ou » confiés à sa garde; et même, en cas de crime, » il sera toujours pourvu à la sûreté des bestiaux, » immédiatement après l'arrestation, et sous la » responsabilité de ceux qui l'auront exercée.

» IV. Aucun engrais, meuble ou ustensile de » l'exploitation des terres, ni les bestiaux servant » au labourage, ne pourront être saisis ni vendus » pour cause de dettes, si ce n'est par la personne » qui aura fourni les ustensiles ou les bestiaux, ou » pour l'acquittement de la créance du fermier en-» vers le propriétaire; et ce seront toujours les » derniers objets saisis, en cas d'insuffisance d'au-» tres objets mobiliers.

» V. La durée et les clauses des baux des » biens de campagne seront purement convention-» nelles.

» VI. Nulle autorité ne pourra suspendre ou

» intervertir les travaux de la campagne dans les » opérations de la semence et de la récolte. »

Toutes les dispositions qu'on vient de lire se trouvent répétées dans la loi du 28 septembre de la même année.

5. *Des chambres d'agriculture établies dans les Colonies françaises.* Par un arrêté du 23 ventose de l'an 11, le Gouvernement a ordonné qu'il serait établi des chambres d'agriculture dans chacune des colonies de Saint-Domingue, de la Martinique, de la Guadeloupe, de Cayenne, de l'Ile-de-France et de l'île de la Réunion.

Chaque chambre doit être composée de cinq membres, et pour être admis dans ce nombre, il faut avoir vingt-cinq ans accomplis, et être propriétaire d'une habitation qui ait au moins quarante noirs attachés à la culture, pour les colonies de Saint-Domingue, de la Martinique et de la Guadeloupe; mais il suffit qu'il y en ait vingt-cinq pour Cayenne, l'Ile-de-France et l'île de la Réunion. Il faut en outre, pour être élu, avoir résidé trois années dans la colonie.

Les fonctions attribuées aux chambres d'agriculture sont, 1°. de présenter des vues sur les moyens d'améliorer la culture des colonies;

2°. De faire connaître au Gouvernement les causes qui en arrêtent les progrès;

3°. De correspondre chacune avec le député qu'elle doit avoir à Paris.

Ces chambres ont d'ailleurs la faculté de correspondre directement avec le ministre de la marine et des colonies.

Le mode de nomination des membres de chaque chambre est le suivant:

Le capitaine général et le préfet colonial sont chargés de faire, chacun séparément, une liste d'un nombre d'habitans ayant les qualités requises que nous avons indiquées ci-devant.

Il faut que cette liste soit double du nombre des membres dont chaque chambre d'agriculture doit être composée. Les deux listes doivent être adressées au ministre de la marine et des colonies, afin qu'il les mette sous les yeux du Gouvernement, qui nomme en conséquence les membres de la chambre parmi les citoyens portés sur ces listes; il nomme aussi sur les mêmes listes deux suppléans.

La durée des fonctions de chacun de ces membres est de cinq ans. Dans le cas de mort ou de démission, les défunts ou les démissionnaires sont remplacés dans leurs fonctions par les suppléans, selon l'ordre dans lequel ils sont désignés, et à défaut de ces derniers, le Gouvernement y pourvoit d'après le mode employé pour la première formation des chambres dont il s'agit.

Les chambres d'agriculture se réunissent quand elles le jugent à propos, sous la présidence du doyen d'âge. Le préfet peut les présider quand il le juge convenable. Elles choisissent un secrétaire hors de leur sein.

Le service de ces chambres est gratuit, sauf les frais de secrétariat, que les préfets, sous-préfets et les chefs d'administration sont chargés de régler, et qui doivent être portés sur les états de dépense intérieure de la colonie.

Chaque chambre doit nommer un député pris hors de son sein, et dont la résidence est fixée à Paris. Il doit être élu au scrutin secret et à la pluralité absolue des suffrages. Au surplus, il faut que son élection soit préalablement soumise à l'approbation du Gouvernement.

Les députés des chambres d'agriculture sont en exercice pendant cinq ans, et ils peuvent être réélus indéfiniment, le tout sous le consentement du Gouvernement.

Ces députés doivent se réunir en conseil près du ministre de la marine et des colonies.

Le traitement de chaque député est fixé à 14,000 f., qui doivent être portés sur l'état des dépenses intérieures de la colonie.

AINÉ.

C'est le plus âgé des enfans mâles. A ce titre, il avait, dans plusieurs coutumes, le droit de prendre dans les successions de son père et de sa mère une portion plus considérable que celle de chacun des autres enfans. Ce droit d'aînesse a été aboli par différentes lois. Il l'a été plus solennellement encore par l'article 745 du Code Napoléon, qui porte que les enfans ou leurs descendans succèdent à leur père et à leur mère ou autres ascendans, sans distinction de sexe ni de *primogéniture*.

Cependant, on trouve une exception dans le Code même, à l'article 896, et dans le sénatus-consulte du 14 août 1806. A cet égard, *voyez* MAJORAT.

M. DECOMBEROUSSE.

AJOURNEMENT.

SOMMAIRES.

1. *Définition et objet de l'ajournement.*
2. *Ce qu'il doit contenir pour être régulier.*
3. *Devant quel juge il doit être donné.*

4. *Comment et à quel domicile il doit être notifié.*

5. *Quels sont les délais de l'ajournement.*

6. *Par qui l'ajournement doit-il être notifié : observation à ce sujet.*

1. *Définition et objet de l'ajournement.* L'ajournement ou citation judiciaire est l'acte par lequel on assigne quelqu'un à comparaître devant un juge, pour se voir condamner à remplir l'obligation qu'il a contractée, ou que la loi lui impose. C'est ce qu'on appelle en droit *in jus vocatio.*

Il a pour objet de faire connaître à celui qu'on assigne, la demande que l'on forme contre lui, le délai dans lequel il doit y défendre et le tribunal devant lequel il doit se présenter à cet effet. Il sert également à saisir le juge et le mettre à portée de statuer.

2. *Ce que doit contenir l'ajournement pour être valable.* Il doit contenir d'abord la date précise du jour, du mois et de l'année où il est signifié.

En second lieu, les noms, profession et domicile du demandeur afin que le défendeur puisse savoir à la requête de qui il est assigné, et prévenir les suites de cette demande, s'il le juge convenable.

Troisièmement, la constitution de l'avoué qui doit occuper sur la demande, attendu qu'aucune demande judiciaire ne peut être présentée devant les tribunaux que par le ministère d'un avoué, au domicile duquel se font toutes les significations relatives à l'instruction de la procédure.

Quatrièmement, les noms et demeure de l'huissier, ainsi que son immatricule, c'est-à-dire, l'indication du tribunal où il a été reçu ; cette indication étant nécessaire pour mettre le défendeur à portée de vérifier si l'huissier avait le droit d'instrumenter dans le lieu où l'assignation a été donnée.

Cinquièmement, les noms et demeure du défendeur, avec mention expresse de celui à qui la copie est remise, et des rapports qui existent entre eux.

Il faut de plus, que l'ajournement soit libellé, c'est-à-dire, qu'il contienne l'objet de la demande et l'exposé sommaire des moyens sur lesquels elle est fondée, l'indication du tribunal qui doit en connaître, l'indication du délai dans lequel l'assigné doit comparaître, et quand il s'agit de matière réelle ou mixte, que les terres, prés, bois, vignes, maisons et autres biens qui donnent lieu à la contestation, soient désignés par leur nature, situation, bouts et côtés, de manière que le défendeur puisse les bien connaître.

Il faut, enfin, que l'ajournement contienne notification du procès-verbal de non conciliation ou copie de la mention de non comparution, quand l'une ou l'autre des parties ne se présente pas. L'art. 48 du Code de procédure veut qu'aucune demande principale introductive d'instance ne puisse être reçue, que le défendeur n'ait été préalablement appelé en conciliation devant le juge de paix de son domicile, en matière personnelle ou réelle, et quand il s'agit de succession devant le juge de paix du lieu où la succession est ouverte.

Cette formalité, qui n'existait pas dans les anciens tribunaux, a, pour objet, de prévenir les procès, et d'empêcher, autant qu'il est possible, toute discussion judiciaire entre les parties.

Quand les parties comparaissent et ne se concilient pas, il doit en être dressé procès-verbal, et, en cas de non comparution de l'une d'elle, il doit en être fait mention sur le registre du greffe de la justice de paix, et sur l'original de la citation en conciliation.

C'est de ce procès-verbal ou de cette mention, dont l'art. 65 veut qu'il soit donné copie en tête de l'ajournement, à peine de nullité, en observant, cependant, que les demandes qui intéressent le domaine de l'Etat, le trésor public, les communes, les administrations, les mineurs, les interdits, les curateurs aux successions vacantes, les demandes en réglement de juges, en matière de séparation, et autres du même genre, dans lesquelles la conciliation ne peut pas avoir lieu, sont dispensées de cette formalité.

3. *Devant quel juge doit être donné l'ajournement ?* Voici, à cet égard, ce que prescrit l'article 69 du Code : Quand il s'agit de matière purement personnelle, le défendeur doit être assigné devant le tribunal dans le ressort duquel il a son domicile, ou devant celui de sa résidence, quand il n'a point de domicile légal, et, quand il y a plusieurs défendeurs, l'assignation peut être donnée devant le tribunal du domicile de l'un d'eux, au choix du demandeur.

En matière réelle, c'est toujours devant le tribunal de la situation des biens que l'assignation doit être donnée ; et en matière mixte, c'est-à-dire, quand la demande est à la fois personnelle et réelle, on peut assigner, soit devant le juge du domicile, soit devant celui de la situation des biens.

Sont cependant exceptées de cette règle, les demandes en matière de société, qui doivent être portées devant le juge du lieu où la société est établie, ou devant le tribunal de commerce, quand il s'agit de négoce ;

Celles qui concernent les successions qu'on doit porter devant le tribunal du lieu où les successions sont ouvertes, tant qu'elles ne sont ni partagées ni liquidées ;

Les demandes en garantie, qui, en raison de leur connexité avec la demande principale, doivent toujours être portées devant le tribunal qui est saisi de cette demande ;

Celles qui ont pour objet l'exécution d'un acte contenant élection de domicile, et qui peuvent être valablement formées, soit devant le tribunal du domicile élu, soit devant celui du domicile du défendeur ;

Et, enfin, les demandes des officiers ministériels pour le payement de leurs frais qui doivent être portées devant le tribunal où les frais ont été faits.

4. *Comment et à quel domicile l'ajournement doit-il être notifié?* Le but de l'ajournement étant d'avertir le défendeur de la demande formée contre lui, et de le mettre à portée d'y défendre, la loi a dû prendre toutes les précautions nécessaires pour que cet ajournement lui fut remis, et l'art. 68 du Code de procédure contient à ce sujet les dispositions les plus expresses.

Il faut, aux termes de cet article, que la notification soit faite à personne ou domicile, c'est-à-dire, remise au défendeur lui-même ou à celui qui, en son absence, est chargé de le représenter et de répondre pour lui.

Quand l'huissier ne trouve personne, la loi veut qu'il remette la copie à un voisin, et qu'il lui fasse signer l'original, et si ce voisin ne veut, ni recevoir la copie, ni signer l'original, la copie doit être portée au maire de la commune ou à son adjoint qui doit viser l'original sans frais, et l'huissier doit faire mention du tout, tant dans l'original que dans la copie.

C'est ainsi que tous les ajournemens doivent être

notifiés, à l'exception néanmoins de ceux qui concernent le domaine de l'Etat, le trésor national, les administrations publiques, les communes, les directions de créanciers, les individus qui n'ont en France, ni domicile, ni résidence connue, et ceux qui demeurent dans les colonies ou en pays étrangers.

La notification de ces sortes d'ajournemens exigeait une forme particulière, qui se trouve réglée par l'art. 69.

Aux termes de cet article, c'est au domicile du préfet que l'Etat doit être assigné pour ses domaines; le trésor public doit l'être au domicile de son agent; les administrations publiques, aux bureaux de leurs préposés; l'Empereur, au domicile du procureur impérial de l'arrondissement; les communes, au domicile du maire; les directions de créanciers, au domicile de leurs syndics; ceux qui n'ont point de domicile connu, au domicile du procureur impérial, avec affiche à la porte du tribunal, et au même domicile pour ceux qui habitent les colonies ou le pays étranger: dans ce dernier cas, le procureur impérial transmet les notifications aux ministres des relations extérieures ou des colonies, qui se chargent de les faire parvenir à leur destination.

5. *Quels sont les délais ordinaires des ajournemens?* Ces délais sont fixés par les art. 72, 73, 74 et 1033 du Code de procédure

Le premier de ces articles veut que le délai ordinaire des ajournemens, pour ceux qui sont domiciliés en France, soit de huitaine, en observant que, dans les cas qui requièrent célérité, le président pourra, par ordonnance rendue sur requête, permettre d'assigner en bref délai; et il est dit, art. 1033, 1°. que le jour de la signification ni celui de l'échéance ne sont pas compris dans le délai ordinaire; 2°. que, quand le domicile de la partie assignée est éloigné du lieu où siége le tribunal, le délai doit être augmenté dans la proportion d'un jour pour trois myriamètres.

Il résulte de la combinaison de ces articles, qu'une assignation à huitaine, donnée le premier du mois à une personne résidente dans le lieu où siége le tribunal, n'est que pour le dix, parce que la huitaine doit être entière, et que, quand le domicile du défendeur est éloigné de trois myriamètres, la comparution ne doit avoir lieu que le onzième jour.

Quant aux individus dont le domicile est hors la continent de la France, le délai est fixé par l'article 73; savoir, à deux mois pour ceux qui demeurent en Corse, dans l'île d'Elbe en Angleterre, et autres Etats limitrophes de la France; de quatre mois pour ceux qui habitent les autres Etats de l'Europe; de six mois pour ceux qui demeurent hors d'Europe, en-deçà du cap de Bonne-Espérance; et d'un an pour ceux qui demeurent au-delà.

Néanmoins, par exception à cette règle, il est dit, art. 74, que quand l'assignation sera donnée à la personne même de l'étranger trouvé en France, elle n'emportera que les délais ordinaires, sauf au tribunal à les proroger s'il y a lieu.

On observe que le délai établi pour les tribunaux ordinaires, n'est point applicable aux ajournemens ou citations qui se donnent devant les tribunaux de paix ou de commerce, dans lesquels il suffit qu'il y ait un jour d'intervalle entre celui de la citation et celui de la comparution, et où le juge peut, dans les cas urgens, permettre de citer jour par jour et même d'heure à heure. (Art. 5, 416 et 417 du Code de procédure.)

6. *Par qui l'ajournement doit-il être notifié; ob-*

servations

servations à ce sujet. La notification ne peut être faite que par un huissier ayant pouvoir d'instrumenter dans le lieu où elle est signifiée. Il est de principe constant que l'huissier ne peut exercer ses fonctions que dans le ressort du tribunal auquel il est attaché. Le caractère d'huissier ne suffit donc pas pour pouvoir faire un ajournement; il faut de plus avoir droit d'instrumenter dans le lieu où l'assignation est donnée.

Il suit de cette règle que les huissiers immatriculés dans un tribunal, et domiciliés dans l'étendue de son ressort, n'ont pas pour cela le droit de faire tous les ajournemens et actes qui peuvent le concerner. Et que quand il s'agit d'appeler au tribunal de Paris des personnes domiciliées à Lyon, à Bordeaux et autres lieux situés au-delà du ressort de Paris, c'est par des huissiers ayant droit d'instrumenter dans ces différens lieux que les ajournemens doivent être notifiés.

Une autre espèce de notification que les huissiers ne peuvent pas faire, même dans le ressort du tribunal auquel ils sont attachés, ce sont celles qui concernent leurs parens au degré prohibé. L'article 66 du Code défend expressément aux huissiers d'instrumenter pour leurs parens et alliés et ceux de leurs femmes, en ligne directe à l'infini, et en ligne collatérale jusqu'au degré de cousin issu de germain inclusivement; le tout à peine de nullité.

Après avoir indiqué les notifications que les huissiers peuvent faire, et celles qui leur sont interdites par la loi, il convient de rappeler les formes qu'ils doivent suivre pour la remise de ces notifications.

On observe 1°. qu'elles ne peuvent être faites un jour de fête légale, si ce n'est en vertu d'ordonnance expresse du président du tribunal. (Article 63);

2°. Qu'elles ne peuvent être données depuis le 1er. octobre jusqu'au 31 mars, avant six heures du matin et après six heures du soir, et depuis le 1er. avril jusqu'au 30 septembre, avant quatre heures du matin et après neuf heures du soir. (Article 1037);

3°. Qu'elles ne peuvent être faites ni dans les temples, pendant le service divin, ni dans les salles d'audience, pendant la tenue des séances, ni dans les bourses où se tiennent les assemblées des négocians: quoique le Code ne renferme aucune disposition à ce sujet, l'usage constamment suivi jusqu'à ce jour n'en doit pas moins être maintenu, et l'on conçoit sans peine tous les inconvéniens auxquels un usage contraire pourrait donner lieu.

On croit devoir ajouter, en terminant cet article, 1°. que les huissiers doivent avoir soin de donner, avec l'ajournement, copie des pièces sur lesquelles la demande est fondée, et qui, sans cela, n'entreraient point en taxe. (Art. 66);

2°. Qu'ils doivent mettre leur reçu au bas de chaque exploit, à peine d'amende et même d'interdiction. (Art. 66 du tarif.)

M. Broyart.

AIRE.

C'est le nom que l'ordonnance des eaux et forêts donne aux nids des faucons, des aigles et des autres oiseaux de poie.

L'article 8 du titre 30 des eaux et forêts, du mois d'août 1669, a défendu à toute personne de prendre dans les forêts, garennes, buissons et plaisirs du souverain, aucune aire d'oiseaux, de quelque espèce que ce soit, et en tout autre lieu, les œufs de cailles, de perdrix et de faisans, à peine de cent livres d'amende pour la première fois, du double pour la seconde fois, et du fouet et bannissement à six lieues de la forêt, pendant cinq ans, pour la troisième fois.

Voyez CHASSE.

AISANCES.

SOMMAIRES.

1. *Définition.*
2. *Des obligations des propriétaires des maisons de Paris, relativement aux aisances.*
3. *De l'établissement des aisances contre un mur mitoyen.*
4. *Des aisances communes entre deux maisons voisines.*

1. Le terme d'*aisances* signifie quelquefois une commodité, un service qu'un voisin retire d'un autre en vertu d'une convention; mais communément on entend par aisances au pluriel, les latrines d'une maison. Ce n'est que dans cette acception qu'il en est question dans cet article.

2. *Des obligations des propriétaires des maisons de Paris, relativement aux aisances.* Les propriétaires des maisons situées à Paris, sont obligés, par la coutume, d'y avoir des aisances ou privés suffisans, et lorsqu'ils les vident, ils doivent en faire transporter les matières hors de la ville.

Un décret impérial, du 10 mars 1809, contenant vingt-cinq articles, a établi les règles qui doi-

T 2

vent être suivies relativement aux fosses d'aisances, lorsqu'on bâtit de nouvelles maisons dans cette ville. *Voyez ce décret.*

3. *De l'établissement des aisances contre un mur mitoyen.* Celui qui veut établir des aisances contre un mur mitoyen, doit faire un contre-mur d'un pied d'épaisseur. Il faut d'ailleurs qu'il y ait quatre pieds de maçonnerie, d'épaisseur, entre des aisances et un puits, lorsque les aisances sont d'un côté du mur mitoyen et le puits de l'autre côté. C'est ce que prescrit l'article 191 de la Coutume de Paris.

4. *Des aisances communes entre deux maisons voisines.* Lorsque des aisances sont communes entre deux maisons voisines, situées dans une ville ou dans les faubourgs, chacun des propriétaires peut obliger son voisin à contribuer aux frais nécessaires pour vider et rétablir ces aisances; il le peut de même si les maisons sont situées à la campagne, à moins que le voisin n'aime mieux renoncer à l'usage des aisances; mais si, après cette renonciation, le voisin veut rentrer dans son ancien droit, il le peut, en payant de nouveau la moitié des aisances.

Au reste, l'article 674 du Code Napoléon a réglé que, pour les constructions du genre de celles dont il s'agit, on devait s'en rapporter aux usages des lieux pour éviter de nuire aux voisins.

ALÉATOIRE (CONTRAT.)

C'est une convention réciproque, dont l'effet, soit avantageux soit préjudiciable, dépend d'un événement incertain, et embrasse l'intérêt de toutes les parties, ou de l'une, ou de plusieurs d'entre elles.

On range parmi ces contrats le contrat d'assurance, et le prêt à grosse aventure que régissent les lois maritimes.

Voyez ASSURANCES et PRÊT A GROSSE AVENTURE.

Le jeu et le pari sont des conventions aléatoires.

Voyez JEU et PARI.

Le contrat de rente viagère tient aussi sa place parmi ces contrats.

Voyez RENTE VIAGÈRE.

M. DECOMBEROUSSE.

ALIBI.

SOMMAIRES.

1. *Définition.*
2. *L'alibi est un des meilleurs moyens qu'on puisse employer pour repousser une accusation.*
3. *De la preuve de l'alibi.*

1. *Alibi* est un mot latin qui signifie *ailleurs*, et qui s'emploie pour désigner la présence d'une personne dans un lieu éloigné ou différent de celui où l'on prétend qu'elle était dans le même tems.

2. *L'alibi est un des meilleurs moyens qu'on puisse employer pour repousser une accusation.* L'*alibi* est un des meilleurs faits justificatifs qu'un accusé puisse employer pour repousser l'accusation intentée contre lui ; mais il faut qu'il soit tellement circonstancié, qu'il ne soit pas possible que l'accusé ait pu se trouver dans l'endroit où le délit a été commis. Tel serait le cas où un homme accusé d'avoir fait un vol à Marseille un tel jour, viendrait à prouver que ce jour même il était à Rouen.

3. *De la preuve de l'alibi.* La preuve de l'alibi peut se faire par titres, comme si l'accusé a passé devant notaires un acte le jour même du délit, et loin du lieu où il a été commis.

Cette preuve peut aussi se faire par témoins.

Voyez ACCUSÉ, TÉMOINS, etc.

ALIÉNATION.

C'est en général un acte par lequel on transfère à quelqu'un la propriété d'un fonds ou d'une chose qui tient lieu de fonds.

Ainsi, une vente, un échange, une donation d'immeubles sont des aliénations.

Voyez les articles VENTE, ACHAT, ÉCHANGE, DONATION.

ALIGNEMENT.

SOMMAIRES.

1. *Définition.*
2. *Obligation de requérir l'alignement des maisons qu'on rétablit.*
3. *L'ouvrier ne doit pas démolir un mur mitoyen avant que l'alignement ait été déterminé.*
4. *Manière de prendre l'alignement.*

1. L'alignement est le plan que donnent les officiers municipaux pour la construction des bâtimens qui bordent les rues ou les chemins publics. Ce plan détermine la longueur, les angles et les dispositions de ces bâtimens.

On entend aussi par alignement, le plan donné par des experts ou par des propriétaires, pour construire ou réparer des maisons ou édifices.

2. *Obligation de requérir l'alignement des maisons qu'on rétablit.* Il est défendu, par divers réglemens, aux propriétaires des maisons, de faire réédifier et rétablir celles qu'ils ont sur les rues, et aux maçons d'y travailler, avant d'avoir pris l'alignement en présence des officiers municipaux, à peine de démolition et d'amende.

3. *L'ouvrier ne doit pas démolir avant que l'alignement ait été déterminé.* Un entrepreneur ou maçon ne doit pas démolir un mur mitoyen au rez-de-chaussée, avant que l'alignement soit déterminé par un rapport d'experts nommé par les parties ou par le juge, ou qu'il n'ait reçu de la part des deux voisins propriétaires cet alignement par écrit, à peine de répondre en son nom des changemens, usurpations, altérations et entreprises qui pourraient se faire sur l'héritage de l'un ou de l'autre voisin.

4. *Manière de prendre l'alignement.* C'est toujours au *droit du sol*, appelé rez-de-chaussée, que les héritages sont séparés, et qu'on doit prendre l'alignement de la séparation, s'il n'y a titre au contraire, en sorte que s'il s'agit de refaire quelque ancien mur ou cloison mitoyenne entre deux héritages, on doit en examiner l'assiette et l'endroit où était le rez-de-chaussée dans le tems que le mur a été construit; et il ne faut avoir aucun égard à l'aplomb de la partie supérieure ou élevée de ce mur. *Voyez les articles* VOIRIE, CHEMIN, MUR, etc.

ALIMENS.

Les alimens comprennent la nourriture et les

autres choses nécessaires à la vie, tels que les vêtemens et l'habitation. Les deniers accordés pour tenir lieu de ces choses, s'appellent alimens.

Le premier devoir des époux est de donner des alimens à leurs enfans. (Article 203 du Code Napoléon.)

Les époux séparés par le divorce doivent remplir le même devoir. (Art. 303 du Code). Il en doit être de même s'ils ne sont que séparés de corps et de biens.

Ce devoir cesse, lorsque les enfans ont acquis, par leur travail ou par leur industrie, des moyens de subsister.

En général, les alimens, ou ce qui en tient lieu, ne sont accordés que dans la proportion des besoins de celui auquel ils sont dus, et de la fortune de celui qui les doit. Ils peuvent être réduits ou même supprimés, si, les parties changeant d'état, l'une est au-dessus du besoin, ou l'autre devient incapable de faire cette fourniture. Si celui qui est obligé de payer une pension alimentaire, prouve qu'un tel tribut lui impose trop de gêne, il peut être autorisé par les tribunaux à recevoir, nourrir et entretenir dans sa demeure celui à qui il doit des alimens. Les tribunaux peuvent également prononcer si le père ou la mère, offrant de recevoir, nourrir et entretenir dans sa demeure l'enfant à qui il est dû des alimens, sera dans le cas d'être dispensé de payer la pension alimentaire. (Art. 208, 209, 210 et 211 du Code.)

Les enfans, à leur tour, sont tenus de fournir des alimens à leur père, à leur mère et autres ascendans, quand ceux-ci éprouvent des besoins. Les alliés mêmes, dans la ligne directe, comme les gendres et belles-filles doivent, dans le même cas, des alimens au beau-père et à la belle-mère, à moins que la belle-mère n'ait contracté un nouveau mariage, ou que celui des époux qui produisait l'affinité ne soit décédé, ainsi que les enfans issus de son union avec l'autre époux. Le beau-père et la belle-mère sont tenus de la même obligation envers le gendre et la belle-fille. (Art. 205, 206 et 207 du Code.)

Il n'est pas douteux que le mari et la femme ne se doivent mutuellement des secours alimentaires. La prévoyance de la loi est allée plus loin. Pendant l'instance de divorce, la femme autorisée à quitter le domicile du mari, peut demander une pension alimentaire proportionnée aux facultés de son époux. (Art. 268.) Et quand le divorce est prononcé, si la subsistance de l'un des conjoints n'est pas assurée, l'autre conjoint est obligé de lui fournir un secours alimentaire à concurrence du tiers de ses revenus. (Art. 301.)

Autrefois, et dans plusieurs coutumes, on adjugeait des alimens aux parens ou alliés collatéraux indigens. Aujourd'hui, ces dispositions sont abrogées, et il ne paraît pas qu'on veuille les faire revivre.

Le donataire doit-il des alimens au donateur qui tombe dans l'indigence ? Il faut répondre affirmativement d'après l'art. 955 du Code lequel range parmi les causes d'ingratitude qui peuvent provoquer la révocation d'une donation, le refus d'alimens que le donataire pourrait faire au donateur.

Outre les droits que la loi assure aux enfans naturels reconnus sur les successions de son père et de sa mère, des alimens provisoires leur sont dus. Si le père ou la mère de l'enfant naturel étaient eux-mêmes dans le besoin, et qu'il fût en état de les secourir, la nature et la loi l'y condamneraient.

Le créancier qui fait emprisonner son débiteur est obligé de consigner au moins la valeur de la fourniture d'un mois d'alimens. (Art. 789 du Code de procédure civile.)

Les provisions alimentaires, ainsi que les sommes et pensions pour alimens sont déclarées insaisissables par l'article 581 du même Code.

On ne peut pas admettre de compensation en matière d'alimens.

Quand des alimens donnent lieu à une contestation, la cause doit être jugée comme matière sommaire, et le jugement doit être exécuté par provision, nonobstant l'appel.

Si des alimens sont dus par un héritier absent, ou qui diffère d'accepter la succession, le juge doit ordonner que les alimens seront payés par provision.

Les enfans adultérins ou incestueux ont droit à des alimens. (Art. 762 du Code Napoléon.)

Il s'est élevé plusieurs questions devant les tribunaux sur la matière des alimens.

Première question. Un père de dix enfans demandait un secours alimentaire de 1,000 fr., et ne s'adressait qu'à son fils aîné et à deux de ses gendres, pour les faire condamner à lui payer *solidairement* cette somme par année.

Les défendeurs ne contestaient pas le fond de la demande ; mais il se réduisaient à contester la *solidité*.

Jugement du tribunal civil de la Seine, du 11 frimaire an 12, qui a écarté la solidité, et a condamné chaque enfant à payer annuellement à son père une somme de cent francs.

Deuxième question. Après la prononciation du divorce, des époux liquident leurs droits respectifs. La liquidation produit pour le mari un résultat avantageux. Onze ans s'écoulent, et le mari se prétendant dans le besoin, forme contre son ancienne femme une demande en alimens.

Premier jugement qui condamne la femme à lui payer une pension alimentaire de huit cents francs.

Le 24 messidor an 12, arrêt de la Cour d'appel de Paris qui déclare le mari non recevable, attendu que le divorce date de plus de onze ans, qu'à cette époque le mari avait des ressources pour subsister, et qu'*actuellement* le fait de son besoin n'est pas suffisamment établi.

Il est intervenu, dans une espèce semblable, un semblable arrêt, rendu par la même Cour le 18 germinal an 13.

Troisième question. Un père avait deux filles : il en maria une et lui fit donation, ainsi qu'à son gendre, de tous ses biens, sous la réserve de sa nourriture, de son logement et de son entretien et de ceux de son épouse ; sous la réserve des droits dus à ses autres enfans inégalement fixés ; et sous la réserve, enfin, de 96 fr. pour ses menues dépenses.

L'autre fille se prétendant maltraitée par son père, et injuriée par son beau-frère, abandonne la maison paternelle, et forme contre l'un et l'autre une demande en pension alimentaire de deux cents francs.

Un premier jugement lui accorde, pendant la vie du père, cent cinquante francs de pension annuelle.

Le 12 fructidor an 12, ce jugement a été réformé par la Cour d'appel de Nismes.

Cette Cour a considéré que la preuve des faits qui concernaient les mauvais traitemens essuyés par la jeune femme, était *irrévérente* et inadmissible ; que les alimens dus aux enfans devaient être donnés et reçus dans la maison paternelle ; qu'on ne peut quitter cette maison sans manquer au respect dû aux parens; que lorsqu'elle est quittée sans le consentement du père, il est affranchi du devoir de nourrir son enfant, lorsqu'il est en état de se procurer sa subsistance; que cette fille était dans cet état, et que, d'ailleurs, le père avait toujours offert de recevoir sa fille chez lui.

Quatrième question. Un menuisier, père de famille, est réduit à la misère : il s'adresse à son père pour en obtenir un secours alimentaire. Le père offre de le recevoir chez lui. Le fils refuse et se pourvoit devant le tribunal de l'Esparre. Dans l'instance, il est constaté que le fils éprouve des besoins réels et pressans, et que la fortune permet au père de venir à son secours. Une pension alimentaire est adjugée au premier.

Devant la Cour de cassation, en vain le père a soutenu que son offre l'acquittait de toutes ses obligations, et devait être accueillie. Cette Cour s'appuyant sur les art. 210 et 211 du Code Napoléon, qui laissent à la prudence des juges à fixer la quotité et le mode de la prestation des alimens, a rejeté sa réclamation, par arrêt du 14 germinal an 13.

Cinquième question. Pendant l'instance en divorce, une femme avait obtenu contre son mari une pension alimentaire par un jugement du 23 messidor an 5, qui était devenu définitif; cependant la liquidation des droits des époux divorcés se diffère par le concours de nombreuses contestations, et les arrérages de la pension s'accumulent.

La femme se pourvoit en expropriation forcée des biens du mari.

Sur l'appel, le mari soutenait qu'un jugement de provision était insuffisant pour autoriser l'expropriation, aux termes de l'art. 8 du titre 27 de l'ordonnance de 1667.

La Cour d'Orléans a écarté ce moyen de nullité, par la raison que le jugement du 23 messidor an 5 était définitif.

Le 1er. prairial an 13, arrêt de la Cour de cassation qui a rejeté le pourvoi du mari, d'après le même motif.

Sixième question. Après la prononciation du divorce qu'une femme avait obtenu contre son mari, elle lui demande une pension alimentaire de 1,500 fr. pour elle, et de 1,500 fr. pour ses deux enfans. Elle se fonde sur l'art. 301 du Code Napoléon, duquel il résulte que le secours alimentaire dû par l'époux peut aller au moins au tiers de ses revenus; et il n'était pas contesté que l'époux n'eût 10,000 francs de revenus affranchis d'impositions.

Elle obtient du tribunal civil de Paris une pension de 700 francs pour elle, de 600 francs pour son fils et de 400 francs pour sa fille, cette dernière partie ne courant que du jour du jugement.

Elle se pourvoit devant la Cour d'appel de la Seine. Le 25 thermidor an 13, arrêt qui réforme et qui adjuge à la femme une pension de 1,500 fr., une pension de 500 fr. à chacun des enfans, et qui fait courir la pension du plus jeune, du jour de sa naissance, intervenue pendant l'instance du divorce.

Septième question. Deux acteurs de l'opéra-comique avaient, en l'an 4, fait prononcer leur divorce.

La femme, atteinte d'une extinction de voix, avait été forcée de quitter le théâtre, et ne pouvait plus que se livrer à l'enseignement de la musique, qui ne paraissait pas lui offrir des moyens suffisans de subsistance.

Elle forme une demande en pension alimentaire contre son ancien époux ; elle est accueillie par le tribunal civil de Paris qui lui adjuge 1,000 francs de pension.

Le 4 vendémiaire an 14, ce jugement a été infirmé par la Cour d'appel qui a considéré qu'il était constant dans la cause que la femme possédait des talens pour l'enseignement de la musique, dont l'exercice pouvait lui assurer une subsistance honnête, et qu'alors elle ne se trouvait point dans le cas où la loi impose à l'époux divorcé l'obligation de fournir des secours à l'autre.

Huitième question. Le directeur du théâtre de la Gaîté et sa femme, actrice à ce théâtre, étaient en instance de divorce. Le mari refusait de garder la femme dans son domicile. Cette dernière demande par provision des meubles pour garnir une chambre, et une pension alimentaire ; elle demande encore à être autorisée à prendre des engagemens avec tout directeur de théâtre, et à louer un appartement.

Le tribunal civil de Paris accueille ses conclusions et lui adjuge 1,200 fr. de pension.

Sur l'appel, le mari a soutenu qu'il n'avait aucune fortune que les produits de son industrie ; que ces produits dépendaient de chances multipliées, qui souvent pouvaient les anéantir ; que chargé de la direction d'un théâtre, il ne pouvait percevoir aucune somme qu'après le payement de tous ceux qui y avaient un emploi quelconque, et de toutes les dépenses qu'entraînait ce genre de spéculation ; que les recettes souvent n'y suffisaient pas, et qu'alors, au lieu de gains, il éprouvait des pertes ; tandis que sa femme était sûre de trouver, dans l'emploi de ses talens, une subsistance certaine.

Le 19 frimaire an 14, la Cour d'appel de Paris a

réformé le premier jugement, en ce qui concernait la pension alimentaire.

Neuvième question. Un septuagénaire et sa femme vivaient en province. Bientôt ils sont attirés à Paris par les instances d'un fils qui faisait un commerce étendu, et jouissait d'une grande aisance. Ils vendent leurs effets mobiliers, et en livrent à leur fils le produit, montant à 12,500 fr.

Accueillis d'abord par le respect et la tendresse filiale, ils éprouvent bientôt que ces sentimens font place à des sentimens contraires. On en vient jusqu'à leur refuser les secours nécessaires aux besoins multipliés que la vieillesse amène avec elle.

Ils sont forcés de réclamer contre leur fils et leur belle-fille une pension alimentaire, et une somme suffisante pour retourner aux lieux qu'ils ont quittés.

La belle-fille oppose qu'elle ne peut être tenue d'aucune obligation, puisqu'elle n'est qu'alliée. Le fils obtient de mettre en cause ses frères et ses sœurs pour partager avec lui le poids qu'on veut lui opposer, et cependant offre 400 fr. de pension pour sa part personnelle.

Un jugement du tribunal de la Seine a condamné le fils et la belle-fille à payer aux vieillards une pension alimentaire de 400 fr., et 300 fr. pour effectuer leur retour, sauf à eux à se pourvoir contre leurs autres enfans, ainsi qu'ils aviseront.

Appel de leur part. Ils ont représenté que le secours accordé n'offrait pas même l'intérêt légal de la somme dont ils avaient gratifié leur fils, et que la somme de 300 fr. était évidemment trop faible pour les frais d'un voyage pénible et lointain, et pour l'achat d'un mobilier qui leur devenait nécessaire.

Le 30 frimaire an 14, arrêt de la Cour d'appel de Paris qui a porté à 500 fr. le secours alimentaire, et à une somme égale les frais de voyage et de l'achat du mobilier.

Dixième question. Une femme divorcée était parvenue à l'état d'indigence; elle avait demandé à son ancien mari un secours alimentaire. Elle avait succombé en première instance et en instance d'appel.

Elle a éprouvé le même sort devant la Cour de cassation, qui, par arrêt du 8 janvier 1806, a rejeté sa requête, d'après le motif que, conformément au texte et à l'esprit de l'art. 8, §. 3 de la loi du 20 septembre 1792, la demande en alimens formée par un époux contre l'autre, devait l'être à l'instant même où le divorce était prononcé, et n'était plus admissible pour cause d'indigence survenue postérieurement.

Onzième question. Une fille enceinte fait citer au bureau de paix, le 15 octobre 1793, un individu pour le contraindre à se charger de l'enfant dont elle doit accoucher, et à lui payer 4,000 francs de dommages-intérêts.

L'individu comparaît et nie la paternité. Le 18 frimaire an 2, il est cité devant le tribunal.

Deux jugemens successifs accueillent la demande de la fille. Ils sont fondés sur ce que la loi du 12 brumaire an 2 n'avait point abrogé le privilége, d'après lequel toute fille enceinte pouvait constater la paternité de l'enfant qu'elle portait ou qu'elle avait mis au monde, et réclamer pour elle des dommages.

Pourvoi en cassation, et arrêt de cette Cour, du 26 mars 1806, qui casse les jugemens précédens. Les motifs ont été que l'action judiciaire avait été intentée postérieurement à la loi du 12 brumaire an 2; que, d'après cette loi, toute recherche de paternité était interdite, non seulement eu égard aux droits successifs, mais encore relativement aux alimens;

alimens; et que la paternité étant indivisible, un homme ne pouvait pas être père pour un cas et ne l'être pas pour l'autre.

Douzième question. Le 26 avril 1784, un enfant est inscrit sur les registres, sous le nom d'Antoine, fils de *Mahul*, négociant, et de Marthe *Combe*.

Mahul fait élever cet enfant à ses frais, et dans sa correspondance avec ses instituteurs, il lui donne le nom de fils; en écrivant à sa mère, il donne le nom de fils à cet enfant.

Cependant il contracte mariage avec Béatrice Airollas dont il obtient plusieurs enfans, et décéda en l'an 10.

Antoine, se prétendant enfant naturel reconnu, demande le douzième de la succession de Mahul. Un jugement du tribunal de Carcassonne, du 27 germinal an 12, reconnaît la qualité, et lui adjuge le douzième des biens.

Sur l'appel, les héritiers Mahul lui disputaient, non seulement une quotité des biens, mais encore des alimens, parce qu'il n'avait pas pour titre une reconnaissance authentique, comme l'exigeait la loi.

Le 28 janvier 1806, arrêt de la Cour d'appel de Montpellier qui a réformé le premier jugement, quant aux droits de successibilité qu'il avait accordés à *Antoine*, et cependant lui a adjugé une pension alimentaire de 600 fr.

Cette Cour a considéré que l'espèce de successibilité accordée aux enfans naturels par l'art. 334 du Code Napoléon, est attachée à une reconnaissance légale qui ne peut résulter que d'un acte authentique, lorsqu'elle n'est pas contenue dans l'acte de naissance; que Mahul, père, n'avait point paru à l'acte de naissance et ne l'avait point signé; que la correspondance n'offrait que des actes privés;

qu'*Antoine* n'avait donc aucun droit à une portion de la succession ; mais que la loi du 4 juin 1793, ayant donné des droits aux enfans naturels, Antoine ayant une possession constante de son état, il avait droit à des alimens, et ne pouvait être traité plus rigoureusement que les enfans adultérins ou incestueux, auxquels des alimens étaient accordés, quoiqu'ils ne pussent pas être reconnus.

Treizième question. La dame Legon avait demandé à sa mère une pension alimentaire pour elle et sa fille âgée de cinq ans. Un jugement du tribunal civil de la Seine lui avait adjugé une pension de 1000 fr. ; mais une disposition de ce jugement portait que la pension serait restreinte à 450 francs, si l'aïeule préférait, d'après l'option qui lui était laissée, de prendre, nourrir et entretenir chez elle sa petite-fille.

Pouvait-on faire ainsi dépendre le secours accordé à une mère, d'un sacrifice aussi douloureux que celui qui ravissait à ses soins un jeune enfant au moment où il en avait le plus besoin. Cette question a fait la matière principale de l'appel. L'aïeule répondait que cette disposition du jugement prouvait que les juges avaient senti que le taux de la pension était pour elle un fardeau trop pesant, et qu'ils avaient voulu l'alléger en lui laissant une faculté qui ne faisait aucun tort à sa fille.

Le 2 août 1806, arrêt de la Cour de Paris qui a laissé subsister la pension telle qu'elle avait été adjugée, et a autorisé la dame Legon à garder près d'elle sa fille.

Une espèce, à peu près semblable, a été jugée dans le même sens par un arrêt de la Cour d'appel de Turin du 28 novembre 1807.

Quatorzième question. Le sieur *Mayre*, absent, est désigné, dans l'acte de naissance, le père d'une fille née de la demoiselle *Monty* ; bientôt après, ne désavouant point cette paternité, il dépose, dans les mains d'un tiers, 12,000 fr., dont les intérêts doivent être employés à l'éducation de cette fille, et dont le capital doit servir à l'établir ou à la marier.

Cependant la demoiselle Monty, portant plus loin ces prétentions, cita Mayre devant le bureau de paix, et réclama, sous le prétexte qu'elle a été la victime de la séduction, une indemnité de la somme de 80,000 fr., sur laquelle somme seraient prélevés les deniers suffisans pour l'éducation et l'établissement ou le mariage de sa fille.

Un procureur fondé paraît pour le sieur Mayre, et fait l'aveu du dépôt dont il a été parlé. L'instance se lie, et le 8 août 1806, jugement du tribunal de la Seine qui déclare la demoiselle Monty non recevable dans sa demande en indemnité, et dans les conclusions qui avaient pour objet la recherche de la paternité, et par suite l'exercice des droits de successibilité, et condamne le sieur Mayre à payer à l'enfant un secours alimentaire de 600 fr., et à lui compter un capital de 12,000 fr. à l'époque de sa majorité ou de son mariage.

Le tribunal s'est fondé sur ce que la recherche de la paternité étant interdite, la reconnaissance en doit être constatée par un acte authentique; que l'acte de naissance représenté avait été fait hors de la présence du sieur Mayre; que les aveux faits au bureau de paix, n'avaient pu suppléer à un acte authentique; que, quoique la prohibition de la recherche de la paternité ne dût pas être restreinte seulement au cas où s'agissait de droits successifs, la faveur des alimens avait fait admettre une exception, lorsque la volonté des parties s'était manifestée sur cet objet, sans que cette exception pût tirer à aucune conséquence pour la filiation ni pour les droits successifs.

Sur l'appel respectif des parties, arrêt du 31 janvier 1807 de la Cour de Paris, qui a confirmé le jugement de première instance.

Cet arrêt attaqué par le sieur Mayre devant la Cour de cassation, a reçu une nouvelle sanction par arrêt de cette Cour, du 10 mars 1808.

Quinzième question. Le sieur *Gombaut* obligé, à l'occasion de l'emprunt forcé, de faire une déclaration de ses revenus, s'en acquitte le 28 novembre 1793, à la municipalité de Bordeaux. Après avoir énoncé ses revenus, il fait mention des charges auxquelles il est assujéti, et il y comprend la somme de 1000 fr. pour la pension annuelle de *Rosalie*, *sa fille naturelle*, *à sa charge*, *chez les citoyennes Duverger*, *à Bordeaux*, *rue du Loup*.

Une demoiselle *Claire*, épouse du sieur Daurion, demande, en l'an 8, à prouver qu'elle est cette même *Rosalie*, et que, par conséquent, elle a des droits à répéter.

Les héritiers légitimes du sieur Gombaut soutiennent qu'une déclaration de paternité faite en termes énonciatifs, dans un acte qui avait en vue un objet étranger, n'était pas une reconnaissance en vertu de laquelle l'enfant pût même aspirer à un secours alimentaire.

Un jugement de première instance décide le contraire, en permettant à *Claire* de prouver son identité avec *Rosalie*.

Sur l'appel, la Cour de Bordeaux laisse subsister le même préjugé, en ordonnant que la signature *Gombaut*, mise au bas de la déclaration, sera vérifiée.

Recours en cassation de la part des héritiers Gombaut. L'arrêt de la Cour de Bordeaux a été cassé par arrêt du 16 mai 1809. On a considéré que la déclaration transmise à la municipalité de Bordeaux, n'était, ni un acte émané de cette municipalité, ni un acte reçu par un officier public, qui eût qualité pour lui imprimer un caractère d'authenticité, tel qu'il dût faire foi jusqu'à inscription de faux; que si cet acte avait été authentique, il eût été inutile d'en vérifier la signature; que la déclaration ayant eu pour objet l'emprunt forcé, l'énonciation, qui concernait *Claire*, était étrangère à la disposition, et ne pouvait servir que d'un commencement de preuve; que toute preuve était interdite à cet égard, et qu'ainsi l'arrêt avait violé les art. 334 et 1317 du Code Napoléon.

Seizième question. Lorsque l'époux divorcé, qui était dans le besoin au moment de la prononciation du divorce, et dont l'indigence n'a pas cessé, réclame contre l'autre époux un secours alimentaire, et que, pendant l'instance, l'époux qui doit les alimens décède, ses héritiers sont-ils tenus de fournir ces alimens?

La question a été décidé affirmativement par un arrêt de la Cour de Rennes, du 7 janvier 1808, confirmé par un arrêt de la Cour de cassation, du 18 juillet 1809.

Dix-septième question. Le 28 décembre 1789, il naît un enfant, inscrit aux registres comme né de père et mère inconnus.

Par un acte devant notaire, du 8 décembre 1791, le sieur *Gauthier* reconnaît qu'il a obtenu cet enfant de la demoiselle *Bougault*; il consent même qu'il soit rendu un jugement qui ordonne la rectification de l'acte de naisssance, et qui le condamne à payer à l'enfant une pension annuelle de cinq cents francs.

Cependant, antérieurement à cet acte et à ce jugement, il s'était marié avec la demoiselle Cretté le 29 novembre 1791.

Il décède en l'an 3, laissant des enfans de son mariage.

Instance entre ses héritiers et l'enfant qui réclame des alimens. Il s'agissait de savoir si la demande de l'enfant pouvait être repoussée par l'art. 337 du Code Napoléon, portant : « La reconnaissance, faite pendant le mariage, par l'un des époux, au profit d'un enfant naturel qu'il aurait eu, avant son mariage, d'un autre que de son époux, ne pourra nuire à celui-ci, ni aux enfans nés de ce mariage. »

On nuisait à ceux-ci si on accordait des alimens sur la succession de leur père.

La question a été jugée en faveur de l'enfant, par un jugement du tribunal civil de la Seine du 30 août 1808, confirmé par un arrêt de la Cour d'appel de Paris d[illegible] 13 juin 1809.

Le fondement de cette décision a été que l'action en alimens repose tant sur la loi naturelle que sur la loi civile, quand elle ne méconnaît pas la filiation; que la loi civile accorde des alimens même aux enfans adultérins ou incestueux; que l'art 337 ne met aucun obstacle à la reconnaissance de la filiation, et admet, par conséquent, le droit que cette filiation donne à des alimens; que, dans l'espèce, l'enfant étant né en 1789, et ayant été reconnu en 1791, il avait acquis, sous les auspices de l'ancienne législation, un droit à des alimens, qui n'avait pu lui être ravis par une loi postérieure, avec d'autant plus de raison que la quotité de ces alimens avait été fixée en 1792, par un jugement acquiescé par le père de l'enfant.

Dix-huitième question. Le père peut-il se défendre de fournir des alimens à sa fille, sous le prétexte qu'elle s'est mariée sans son consentement et après des sommations respectueuses, avec un homme dont elle savait d'avance qu'elle allait partager la pauvreté ?

La question a été décidée négativement par arrêt de la Cour d'appel de Grenoble du 19 février 1808, confirmé par un arrêt de la Cour de cassation du 7 décembre de la même année.

Dix-neuvième question. L'art. 268 du Code Napoléon, qui, en autorisant la femme à quitter le domicile commun pendant l'instance en divorce, l'admet également à demander une pension alimentaire suivant les facultés du mari, est-il applicable au cas où il s'agit seulement d'une demande en séparation de corps ?

La Cour d'appel d'Angers a décidé l'affirmative, par un arrêt du 18 juillet 1808.

La Cour de cassation a consacré le même principe, dans la cause de la dame *Lussy*, par arrêt du 8 mai 1810.

Vingtième question. Un individu se présente devant l'officier de l'état civil pour épouser la fille qu'il prétend être enceinte de ses œuvres. Il est repoussé parce qu'il ne représente pas l'acte qui constate le décès de son père. Il expose alors, dans une pétition qu'il adresse à l'officier de l'état civil, que son père, né en Corse, y est mort en 1776, âgé de 98 ans; qu'il fera de vains efforts pour se procurer l'acte propre à justifier ce fait, à cause des entraves accumulées par la guerre, que, cependant, les motifs les plus louables le portent à presser son mariage avec la demoiselle Hurel, qui est enceinte de ses œuvres, et à confirmer l'état de son enfant, etc.

Le refus est réitéré. Il s'adresse au préfet par une autre pétition, et s'y adresse dans les mêmes termes. Il n'obtient rien.

Il écrit en Corse; l'acte requis arrive; mais l'individu décède avant d'avoir pu célébrer son mariage.

La déclaration géminée, dont il s'agit, a-t-elle pu être envisagée comme un acte authentique suffisant pour constater la reconnaissance de la paternité, dont l'enfant, né depuis, ait pu se prévaloir pour acquérir des droits sur l'hérédité du défunt, ou du moins pour obtenir des alimens ?

La Cour d'appel de Rouen a décidé la négative, par arrêt du 18 février 1809.

Vingt-unième question. Le père, frappé de mort civile, peut-il, lorsqu'il est dans le besoin, demander des alimens à son fils ? Cette question n'a fait aucune difficulté à la Cour d'appel de Paris, qui l'a décidée affirmativement par un arrêt du 18 août 1808.

Vingt-deuxième question. Le sieur *Péterlon*, amant de la demoiselle *Brocard*, remet à celle-ci un écrit signé de lui, portant reconnaissance de l'enfant dont elle est enceinte, et autorisation de le faire inscrire sous son nom aux registres de l'état civil.

Bientôt après il révoque cet écrit. La demoiselle Brocard met au monde une fille, et forme sa demande d'une pension alimentaire pour l'entretien et l'éducation de l'enfant.

Le 2 floréal an 9, jugement du tribunal de Chartres qui accorde une pension de 600 fr. payable *jusqu'à la promulgation du Code civil*; jugement confirmé le 13 ventose an 10, par la Cour d'appel de Paris.

A la promulgation du Code Napoléon, le sieur Péterlon cesse de payer la pension, sous le prétexte que l'enfant n'avait point en sa faveur une reconnaissance authentique, comme l'exigeait l'art. 334 du Code.

Nouvelle instance et nouveau jugement du tribunal de Chartres, du 14 thermidor an 12, qui condamne le sieur Péterlon à continuer le payement de la pension, sur le fondement qu'il avait été irrévocablement jugé qu'il était le père de l'enfant; et que, d'ailleurs, l'enfant naturel, pour obtenir des alimens, n'avait pas besoin d'une reconnaissance authentique; jugement successivement confirmé par la Cour d'appel de Paris, le 25 prairial an 13, et par la Cour de cassation, le 13 novembre 1808.

M. DECOMBEROUSSE.

ALLIANCE.

C'est le degré de proximité que le mariage attribue à un homme avec les parens de sa femme, et à une femme avec les parens de son mari. *Voyez* MARIAGE.

ALLUVION.

On appelle *alluvion*, le terrein qu'ajoute le tems, d'une manière successive et imperceptible, aux fonds voisins d'un fleuve ou d'une rivière.

Le possesseur de ces fonds profite de cet accroissement, de quelque nature que soit le fleuve ou la rivière. Seulement, si la rivière est navigable ou flottable, il doit laisser un chemin de *hallage*.

Si une eau courante se retire insensiblement de l'une de ses rives pour couvrir l'autre, l'accroissement de terrein se fait au profit du propriétaire de la rive découverte, sans que le propriétaire de la rive opposée puisse réclamer le terrein qu'il a perdu.

Les relais de la mer ne sont pas soumis au droit d'alluvion.

Quant aux lacs et aux étangs, le terrein que l'eau couvre, quand elle est à la hauteur de la décharge de l'étang, appartient toujours au propriétaire, lors même que le volume d'eau viendrait à diminuer; et réciproquement ce propriétaire n'acquiert aucun droit sur le terrein que l'eau viendrait à couvrir dans des crues extraordinaires.

Si l'accroissement n'est pas imperceptible, et qu'au contraire, le fleuve ou la rivière, quelle qu'en soit la nature, emporte, par une force subite, une portion de champ considérable et qu'on puisse distinguer, pour l'unir au champ inférieur ou à la rive opposée, le propriétaire de la portion enlevée peut réclamer sa propriété, s'il se pourvoit dans l'année; ce délai est de rigueur, à moins que le propriétaire du champ, auquel la partie détachée s'est unie, n'ait pas encore pris possession de celle-ci. On ne peut jamais fonder un droit sur l'effet d'une force majeure.

Le droit d'alluvion ne comprend pas les îles, îlots, attérissemens qui se forment dans les eaux navigables ou flottables. Ils appartiennent au domaine public; mais on peut les acquérir par des titres ou même par la prescription.

Quant aux îles et attérissemens formés dans des rivières qui ne sont ni navigables ni flottables, s'ils se sont formés plus près de l'un des rivages, ils appartiennent aux propriétaires riverains; s'ils se sont formés dans le centre du lit de la rivière, ils appartiennent aux propriétaires riverains des deux côtés, et la ligne, tracée au milieu du lit, sert de séparation aux nouvelles propriétés.

Si une rivière, même navigable ou flottable,

s'ouvrant une nouvelle issue, coupe et embrasse le champ du propriétaire riverain, et en forme une île, ce propriétaire conserve la propriété de son champ.

Si la rivière, quelle qu'elle soit, quittant son ancien lit, se forme un nouveau cours, les propriétaires des terreins envahis par les eaux, prennent, à titre d'indemnité, les terreins mis à sec, dans la proportion respective de ce qui leur a été enlevé.

C'est par une espèce de droit d'alluvion ou d'accroissement que les *pigeons*, *lapins*, *poissons* qui passent dans un autre colombier, garenne ou étang, appartiennent au propriétaire de ces nouveaux gîtes, si d'ailleurs la fraude ou l'artifice ne les y a point attirés. (Art. 556 du Code Napoléon et les suivans.)

M. DECOMBEROUSSE.

AMBASSADEUR.

SOMMAIRES.

1. *Définition.*
2. *Des ambassadeurs chez les Grecs et chez les Romains.*
3. *Privilèges des ambassadeurs.*
4. *Les envoyés ou résidens jouissent des privilèges des ambassadeurs.*

1. Un ambassadeur est un ministre public qu'un souverain envoie à un autre souverain pour représenter sa personne.

2. *Des ambassadeurs chez les Grecs et chez les Romains.* Les délices d'Athènes et de Sparte florissantes, étaient de voir dans leurs assemblées beaucoup d'ambassadeurs. Ils montaient, à Athènes,

dans la tribune des orateurs pour exposer leurs commissions. A Rome, on les introduisait dans le sénat. Parmi nous, c'est au Gouvernement qu'ils s'adressent immédiatement.

3. *Priviléges des ambassadeurs.* Les hôtels des ambassadeurs sont des maisons de sûreté, où personne ne doit être arrêté que de leur agrément. Les injures qu'on leur fait doivent être punies plus sévèrement que si elles s'adressaient à d'autres particuliers. Alexandre fit passer au fil de l'épée les habitans de Tyr, parce qu'ils avaient insulté ses ambassadeurs. La jeunesse de Rome ayant outragé des ambassadeurs, elle fut livrée entre leurs mains afin qu'ils pussent se venger à leur gré : tout cela dérive du droit des gens. Mais si les ambassadeurs abusaient de leur caractère, on le ferait cesser en les renvoyant chez eux. On peut aussi les accuser devant la puissance qu'ils représentent, laquelle devient par là, comme l'observe Montesquieu, leur juge ou leur complice.

Les ambassadeurs et les gens de leur suite peuvent disposer de leurs biens par testament et par toute autre disposition selon les lois de leur pays ; et s'ils décèdent en France sans avoir disposé de leur succession, leurs héritiers légitimes l'y recueillent.

4. *Les envoyés ou résidens jouissent des priviléges des ambassadeurs.* Ce qui vient d'être dit des ambassadeurs, s'applique également aux envoyés ou résidens : ceux-ci sont comme ceux-là des ministres publics ; et le droit des gens exige, par conséquent, qu'ils jouissent les uns et les autres de toute sûreté relativement à leurs personnes et à leurs effets.

Voyez MINISTRES PUBLICS.

AMÉLIORATION.

SOMMAIRES.

1. *Définition.*
2. *Des différentes sortes d'améliorations.*
3. *De l'estimation des dépenses faites pour l'amélioration d'un bien.*
4. *Du prêt fait pour améliorer un fonds.*
5. *Du cas où quelqu'un est condamné à se désister de la possession d'un héritage, à la charge que les améliorations, qu'il y a faites, lui seront remboursées.*

1. Le terme d'*amélioration* désigne ce qu'on fait dans une maison ou dans un héritage pour les mettre en meilleur état.

2. *Des différentes sortes d'améliorations.* On distingue, en droit, trois sortes d'améliorations : 1°. celles qui sont indispensables pour ne pas laisser dépérir le bien ; 2°. celles qui sont utiles, qui augmentent la valeur du bien, et sans lesquelles, néanmoins, il ne dépérirait pas ; 3°. celles qui ne sont que de pur agrément.

Les premières sont exigibles en toute circonstance, pourvu qu'il y ait un rapport judiciaire qui en ait constaté la nécessité. Si l'on refuse le payement des secondes, elles peuvent être enlevées, pourvu que cela puisse avoir lieu sans dégradation de la chose principale. Elles fournissent même à celui qui les a faites, une action contre le propriétaire. Celles de la troisième espèce ne peuvent régulièrement être répétées.

3. *De l'estimation des dépenses faites pour l'amélioration d'un bien.* Dans l'estimation des dépenses faites par l'acquéreur d'un héritage pour l'amé-

liorer, comme s'il y a planté un bois, une vigne, il faut déduire sur ces dépenses les fruits provenus de l'amélioration, et qui ont augmenté le revenu de l'héritage; de sorte que si les jouissances des fruits acquittent le principal et les intérêts des avances faites pour améliorer, il n'en sera point dû de remboursement, parce qu'il suffit que l'acquéreur ne souffre aucune perte : mais si les jouissances sont moindres, on doit l'indemniser du surplus de ses avances, tant en principal qu'en intérêts : si au contraire les jouissances excèdent ce que les améliorations ont pu coûter, le bénéfice est pour l'acquéreur, pourvu, néanmoins, qu'il les ait perçues de bonne foi, et avant qu'on ait formé contre lui aucune demande en justice.

Au reste, les difficultés relatives aux améliorations doivent se régler selon les circonstances : il est, tout à la fois, de la prudence du juge de ne pas priver l'acquéreur des dépenses raisonnables, et de ne pas trop charger le vendeur ou celui qui évince l'acquéreur.

4. *Du prêt fait pour améliorer un fonds.* Ceux de qui les deniers ont été employés pour améliorer un fonds, ont un privilége sur les améliorations, comme sur une acquisition faite par leurs deniers.

Mais cette préférence pour les améliorations est bornée à ce qui en reste en nature, et n'affecte pas le corps de l'héritage comme il en est des réparations qui l'ont conservé. C'est pourquoi, lorsqu'il ne reste rien des améliorations, l'héritage n'en étant pas plus précieux, et personne n'en profitant, il n'y a plus de cause de préférence.

5. *Du cas où quelqu'un est condamné à se désister de la possession de son héritage, à la charge que les améliorations, qu'il y a faites, lui seront remboursées.* Lorsque les juges ont condamné quel-

qu'un à se désister de la possession d'un héritage, à la charge qu'on le remboursera des sommes par lui employées aux améliorations qu'il a faites, il ne peut être contraint à quitter l'héritage qu'il n'ait été remboursé; mais il doit faire liquider ces améliorations dans le délai prescrit par le jugement, sinon l'autre partie doit être mise en possession de l'héritage, en donnant caution de payer les améliorations après qu'elles auront été liquidées.

Voyez les articles Réparation, Éviction, Bail, etc.

AMENDE.

C'est, en général, une peine pécuniaire, imposée par la justice pour quelque infraction aux lois ou pour réparation de quelque délit ou contravention.

Le Gouvernement ayant considéré que la loi du 24 août 1790, en prescrivant aux Cours d'appel de condamner à l'amende les parties dont les appels seraient mal fondés, n'avait établi aucune disposition qui dispensât de cette amende les appels en matière de commerce, quoiqu'ils y fussent assujettis avant cette loi, il a, par un arrêté du 10 floréal an 11, ordonné ce qui suit :

1°. Tout appel des jugemens des tribunaux de commerce, est, en conformité de la déclaration du 21 mars 1671, et de l'édit de février 1691, sujet à l'amende, comme l'appel des jugemens de première instance et des juges de paix.

2°. Il doit être consigné 12 francs à compte sur l'amende de 60 francs, pour l'appel des jugemens des tribunaux de première instance, et de ceux des tribunaux de commerce ;

3°. L'amende de 9 fr., relative à l'appel des tribunaux de paix, doit continuer d'être consignée en totalité;

4°. Il faut que les consignations qu'on vient d'indiquer, soient toujours faites avant les jugemens même par défaut qui interviennent sur l'appel, et les greffiers ne peuvent en délivrer aucune expédition ou extrait avant qu'il leur ait été justifié de la consignation d'amende.

Si l'appelant négligeait de faire cette consignation, l'intimé serait obligé de l'effectuer, sauf en définitive la répétition contre l'appelant, si celui-ci succombait;

5°. La Cour d'appel est chargée de condamner l'appelant au payement du surplus de l'amende, quand l'arrêt qu'elle rend confirme le jugement dont est appel.

Mais, si cet arrêt déclare l'appel bien fondé, il doit, en même tems, ordonner la restitution du montant de la consignation. Cette restitution doit être faite par le préposé entre les mains duquel la consignation a eu lieu.

Observez que toute contravention aux dispositions précédentes, concernant la consignation, entraîne l'amende de 500 fr., établie par l'art. 9 de la déclaration du 21 mars 1671.

Amendes forestières. Le Gouvernement ayant pensé qu'il convenait que la totalité du produit des amendes forestières fût distribuée à titre d'encouragement et de récompense aux agens forestiers qui auraient le mieux concouru à la conservation des forêts, il a présenté, à ce sujet, un projet que le corps législatif a érigé en loi le 2 ventôse an 12.

Cette loi porte qu'à compter du 1er. vendémiaire de cette année, le produit des amendes forestières,

forestières, déduction de tous les frais de poursuites et de recouvrement, pourra être réparti annuellement entre les agens forestiers à titre d'indemnité ; et en conséquence il a été dérogé à l'article 15 du titre 15 de la loi du 29 septembre 1791, qui n'avait attribué à ces agens que la moitié de ce produit.

Amendes prononcées par des tribunaux français contre des habitans des départemens réunis. L'Empereur ayant renvoyé à l'examen du conseil d'Etat la question de savoir si les habitans des départemens réunis, qui, avant leur réunion, avaient été condamnés à des amendes par des tribunaux français, devaient être admis à exciper de leur ancienne qualité d'étranger, pour se soustraire à l'exécution pure et simple de ces condamnations ; ce conseil a donné l'avis suivant :

En matière personnelle, a-t-il dit, les étrangers ne sont justiciables que de leurs juges naturels et domiciliaires : mais en matière de police et de délits, ils sont aussi justiciables des tribunaux du lieu où le délit a été commis.

Ainsi les jugemens prononcés contre eux dans ces matières peuvent être exécutés sur les propriétés qu'ils ont en France, et même sur leurs personnes, si l'on peut s'en saisir.

La réunion de leur territoire à l'Empire français ne peut pas leur donner, contre l'exécution des jugemens dont il s'agit, une exception dont ils ne jouissaient pas avant cette réunion.

Il suit de là que l'administration de l'enregistrement peut procéder au recouvrement des amendes prononcées par des tribunaux français contre des étrangers devenus français par la réunion de leur pays au territoire français.

Cet avis a été approuvé par un décret impérial du 4 juin 1806.

La contribution mobilière ayant été supprimée dans plusieurs grandes communes, et n'ayant point été établie dans des contrées nouvellement réunies, l'Empereur et Roi a jugé nécessaire et urgent de pourvoir à l'exécution des lois qui ont prononcé des amendes proportionnées à la contribution mobilière : en conséquence, Sa Majesté a rendu, le 31 juillet 1806, un décret impérial, par l'article premier duquel elle a ordonné que, dans les lieux où il n'existait point de contribution mobilière, les amendes déterminées par les lois, d'après cette contribution, seraient réglées comme il suit :

1°. Lorsque la loi prononce une amende du quart, du tiers, de la moitié ou de la totalité de la contribution mobilière des délinquans, les juges doivent les condamner à une amende qui ne peut pas être au-dessous de trois francs, ni excéder deux cents francs.

2°. Si la loi prononce une amende plus forte que la contribution mobilière des délinquans, il faut que les juges prononcent une amende, qu'ils peuvent étendre depuis cinquante francs jusqu'à cinq cents francs.

C'est ce qui résulte des art. 2 et 3.

L'art. 4 charge les juges de se conformer dans la prononciation de ces amendes, et autant que les circonstances le leur permettront, aux proportions indiquées par les lois qui ont réglé les amendes d'après la contribution mobilière.

On distingue plusieurs autres sortes d'amendes de l'espèce et de la quotité desquelles nous parlons, en traitant les objets auxquels elles sont applicables.

L'Empereur ayant, par un décret du 16 frimaire an 14, accordé grâce à 386 condamnés aux travaux publics, et ordonné qu'on les incorporât dans divers régimens, il est résulté de cette grâce une double question, dont l'une consistait à savoir si ceux des condamnés qui avaient payé l'amende de 1500 fr., étaient fondés à en demander la restitution ; et l'autre, si ceux qui étaient encore débiteurs de cette amende devaient en être déchargés.

Ces deux questions ayant été renvoyées à l'examen du conseil d'Etat, il a été d'avis, sur la première, que la grâce ne pouvait comporter un effet rétroactif; qu'elle faisait cesser la peine, mais qu'elle ne lui rendait point ce qu'il avait perdu ou payé, parce qu'elle ne devait point être onéreuse au trésor public en le soumettant à des restitutions.

Quant à la seconde question, il a pensé que si la grâce n'était pas susceptible d'un effet rétroactif, elle devait avoir un effet présent qui fît cesser toute peine et toute poursuite de la part de la partie publique ;

Que si la grâce ne remettait pas les amendes acquises à des parties civiles ou à des tiers auxquels elles devaient tenir lieu d'indemnité, il n'en était pas de même à l'égard du Prince, dont les grâces qu'il n'a pas restreintes, sont, de plein droit, entières et absolues ;

Que l'amende de 1500 francs étant destinée, par l'art. 12 de la loi du 17 ventose an 8, à remplacer, par des enrôlemens volontaires, les déserteurs condamnés; ceux qui ont obtenu leur grâce, et qui sont incorporés pour huit ans dans la ligne, acquittent de leur personne cette destination ;

Que le non recouvrement de l'amende, pendant leur détention, prouve que ce recouvrement était d'une exécution difficile et peut-être impossible ; en sorte qu'en donnant à la grâce toute l'étendue dont elle était susceptible, on ferait, d'une part, cesser des poursuites vraisemblablement frustratoires ; et, d'autre part, on ne distrairait pas de leur devoir, par des inquiétudes sur leurs biens ou sur ceux de leurs parens, des soldats que S. M. a jugés dignes de rentrer au service : comme on les a rappelés à l'inviolable fidélité qu'ils devaient à leurs drapeaux, il paraissait convenable qu'il en résultât un entier oubli de leur faute.

D'après ces motifs, le conseil d'Etat a été d'avis que la grâce accordée remît aux condamnés l'amende de 1500 francs, si elle n'avait pas été acquittée.

Cet avis a été approuvé par l'Empereur, au camp impérial de Varsovie, le 25 janvier 1807.

AMEUBLISSEMENT.

On désigne, sous ce nom, une convention par laquelle des époux, ou l'un d'eux, font entrer en communauté la totalité ou une partie des immeubles présens ou futurs, dont ils ont ou auront la propriété.

Suivant l'art. 1506 du Code Napoléon, l'ameublissement peut être déterminé ou indéterminé.

Il est déterminé, quand l'époux a déclaré ameublir et mettre en communauté un tel immeuble, soit en totalité, soit jusqu'à concurrence d'une certaine somme.

Il est indéterminé, lorsque l'époux a simplement déclaré apporter en communauté ses immeubles, jusqu'à concurrence d'une certaine somme.

L'effet de l'ameublissement déterminé, est que l'immeuble ou les immeubles, qui y sont compris, sont des biens de la communauté comme les meubles mêmes.

Il résulte de cette disposition de l'article 1507,

que quand un immeuble ou tous les immeubles de la femme sont ameublis, le mari a la faculté d'en disposer comme des autres effets de la communauté, et de les aliéner en totalité.

Mais si l'immeuble de la femme n'est ameubli que pour une certaine somme, le mari ne peut l'aliéner, à moins qu'elle n'ait consenti à l'aliénation. Il a, toutefois, le droit de l'hypothéquer sans qu'il lui faille ce consentement, pourvu que ce ne soit que jusqu'à concurrence de la somme ameublie.

L'art. 1508 a statué que l'ameublissement indéterminé ne rendait pas la communauté propriétaire des immeubles qui en étaient frappés; et que l'effet qu'il fallait en dériver consistait seulement à obliger l'époux du chef duquel provenait cet ameublissement, à comprendre dans la masse, lors de la dissolution de la communauté, quelques-uns de ses immeubles, jusqu'à concurrence de la somme promise.

Au reste, le mari ne peut pas plus que dans l'article précédent, aliéner en tout ou en partie, sans le consentement de sa femme, les immeubles sur lesquels est établi l'ameublissement indéterminé; mais il a le droit de les hypothéquer jusqu'à concurrence de cet ameublissement.

L'art. 1509 attribue à l'époux, qui a ameubli un héritage, la faculté de le retenir lors du partage de la communauté, en le précomptant sur sa part pour le prix qu'il vaut alors, et ses héritiers ont le même droit.

Voyez les articles COMMUNAUTÉ et CONTRAT DE MARIAGE.

AMIABLE COMPOSITEUR.

C'est celui qui termine une difficulté, un procès par les voies de la douceur.

Voyez ARBITRAGE.

AMIRAL.

C'était, sous l'ancien régime, le titre d'un grand officier qui commandait en chef à tous les vaisseaux de guerre. Il était chef et généralissime des armées navales. Ses prérogatives étaient d'ailleurs très-étendues; mais comme il n'en existe plus rien, nous ne nous y arrêterons pas.

Aujourd'hui le titre d'amiral est temporaire. La loi du 3 brumaire de l'an 4, concernant l'organisation de la marine militaire, veut que le titre dont il s'agit soit conféré aux officiers généraux de la marine chargés du commandement des armées navales composées de quinze vaisseaux de ligne et au-dessus, et seulement pendant la durée de la campagne.

Voyez VICE-AMIRAL, CONTRE-AMIRAL, CAPITAINE, etc.

AMNISTIE.

SOMMAIRES.

1. *Définition de l'amnistie.*
2. *Exemples d'amnisties chez les Anciens.*
3. *Des caractères généraux de l'amnistie en France.*

4. *A quelle occasion les amnisties sont publiées.*
5. *Amnistie en France avant* 1789.
6. *Amnisties depuis* 1789 *jusqu'à l'an* 4.
7. *Amnisties depuis l'an* 4 *jusqu'en* 1810.
8. *Amnisties militaires.*
9. *Effets de l'amnistie quant aux jugemens rendus.*
10. Idem, *à l'égard des crimes commis par haine et par vengeance.*
11. Idem, *à l'égard des intérêts civils.*
12. Idem, *à l'égard des complices.*

1. L'amnistie est un acte du Souverain qui couvre du voile éternel de l'oubli certains crimes, certains délits, certains attentats, spécialement désignés dans l'acte même d'abolition, et qui ne permet plus aux tribunaux d'exercer aucune poursuite contre ceux qui s'en sont rendus coupables; l'amnistie a quelquefois aussi pour objet de prononcer la décharge de tels ou tels comptables, ou la remise d'amendes énormes pour contraventions aux lois.

2. *Exemples d'amnisties chez les Anciens.* La Grèce en offre un exemple dans l'amnistie qui fut proclamée sur la proposition de Trasybule, après l'expulsion successive des trente et des dix tyrans d'Athènes.

Après l'assassinat de César, Cicéron, en rappelant l'amnistie d'Athènes, proposa la même mesure pour Rome.

Outre les amnisties générales, les Romains connurent d'autres pardons sous le nom *d'abolitions.* Ils s'accordaient par le sénat ou le prince, dans des momens d'allégresse publique, à l'occasion des victoires éclatantes, etc. etc. Divers crimes, tels que ceux de lèze-majesté, de haute trahison, de péculat, de désertion, etc. ne pouvaient pas être amnistiés à Rome. L'amnistie opérait en faveur des coupables la remise de la peine; mais elle laissait subsister l'infamie.

3. En France, on a publié fréquemment des actes *d'amnistie* et *d'abolition*, sans que la distinction entre ces deux espèces de pardon puisse être exactement aperçue et tracée. On peut remarquer seulement que les effets de l'amnistie ont toujours été plus étendus qu'à Rome, et qu'elle soustrait les coupables à l'infamie, en même tems qu'elle abolit les poursuites.

Il serait impossible d'établir une théorie exacte et générale sur cette matière. Les actes d'amnistie ou d'abolition n'ayant, à proprement parler, d'autres règles que la volonté du législateur, il peut, suivant les circonstances, les étendre ou les restreindre. Ainsi chaque amnistie doit être exécutée suivant les dispositions qu'elle contient.

L'amnistie pour crime est générale ou particulière, absolue ou conditionnelle.

Elle est générale, lorsqu'elle s'étend à tous les individus qui ont pris part à l'espèce de délit pour laquelle elle est accordée.

Elle est particulière, lorsqu'elle ne comprend pas tous les coupables et qu'elle en excepte quelques-uns.

Elle est absolue, lorsque, pour en jouir, on n'est assujetti à aucune condition.

Elle est conditionnelle, lorsque, pour en profiter, il faut remplir des conditions prescrites.

Quelquefois l'amnistie abolit les jugemens rendus; dans d'autres circonstances, elle ne s'applique qu'aux individus qui ne sont pas encore jugés.

4. *A quelle occasion les amnisties sont publiées.* Le trop grand nombre de coupables à punir, l'avantage que peut avoir l'État à user d'indulgences envers des citoyens trompés ou égarés, à éteindre des haines que prolongerait une trop grande sévé-

rité, à rappeler dans son sein des sujets qui s'en sont éloignés; le couronnement, le mariage du Souverain, la naissance d'un héritier du trône sont les motifs les plus ordinaires des amnisties; et, loin que les crimes de lèze-majesté et de désertion soient exceptés nécessairement de la faveur du pardon, comme il paraît qu'ils l'étaient à Rome, on cite plusieurs exemples contraires en faveur du premier; et en parcourant les actes d'amnistie ou d'abolition publiés en France, il est aisé de se convaincre que le plus grand nombre de ces actes a eu pour but de remettre la peine de la désertion.

5. *Amnistiés en France avant* 1789. Depuis le commencement du quinzième siècle, sous le règne de Charles VI, jusques vers la fin du dix-huitième, on compte trente et quelques actes d'amnistie ou d'abolition publiés, soit pour troubles ecclésiastiques, pour séditions, pour émigration, pour crime de lèze-majesté, pour émeutes populaires, pour rébellion, etc. etc. etc., soit pour remettre des amendes et peines pécuniaires; et depuis 1693 seulement jusqu'en 1780, on cite presqu'autant d'amnisties rendues en faveur des déserteurs de l'armée de terre ou de l'armée navale.

On établit, en général, dans ces différentes amnisties militaires des distinctions entre les déserteurs, à raison de leur situation respective; on distingue entre les déserteurs qui étaient sortis et ceux qui étaient restésdans le royaume, et parmi les déserteurs qui étaient restés, on distingue encore entre ceux qui n'avaient servi dans aucun corps et ceux qui n'avaient abandonné le leur que pour entrer dans un autre.

Le tems de paix ou de guerre influait sur l'extension que l'on donnait au pardon; pendant la paix, il était ordinairement absolu pour ceux qui n'étaient pas sortis du royaume.

Pendant la guerre, au contraire, les déserteurs n'étaient amnistiés qu'à la charge de s'engager dans quelque corps au service du roi.

L'ordonnance de 1730, contre l'usage antérieur, étendait l'amnistie au cas où celui qui s'était engagé avait donné un faux signalement.

Celle de 1757 appliquait l'amnistie aux déserteurs passés en pays étranger, à la charge de prendre parti dans les troupes d'Allemagne et non ailleurs, et d'y servir jusqu'à la signature de la paix et la délivrance des congés.

Celle du 12 décembre 1775 était absolue et générale pour les déserteurs, sauf l'obligation à ceux qui étaient sortis du royaume de revenir dans l'espace de deux ans, à compter du 1er. janvier 1776.

Celle du 24 juillet 1780 s'appliquait aux officiers, mariniers et déserteurs; elle était générale, mais à la charge aux amnistiés de se présenter dans un délai déterminé devant les administrateurs de marine en France, ou les consuls français en pays étranger.

6. *Amnistiés depuis* 1789 *jusqu'en l'an* 4. Les amnisties qui ont été successivement accordées dans le cours de la révolution et depuis l'établissement de l'Empire, ont presque toujours eu pour objet des crimes ou des délits politiques, ou le crime de désertion. Elles ont été, comme les précédentes, ou générales ou partielles, ou absolues ou conditionnelles, ou patentes ou tacites. On ne peut s'occuper ici des amnisties qui n'ont point été l'effet d'un acte public ou authentique.

On cite depuis 1790 jusqu'en l'an 4:

Une loi du 5 avril sur l'élargissement des personnes condamnées par les juridictions prévotales à d'autres peines que celles qui sont afflictives;

Une autre du 15 septembre de la même année, qui abolit tous les jugemens et les procès relatifs aux événemens de la révolution;

Celle du 30 septembre 1791, en faveur des individus enfermés, bannis ou condamnés aux galères depuis 1788, pour émeutes ou révoltes;

Celle du 28 mars 1792, pour tous les crimes commis à Avignon;

Celle du 3 septembre de la même année, qui abolit également tous les procès et jugemens criminels pour délits relatifs à la liberté de la presse,

Celle du même jour, pour toutes émeutes relatives au transport et accaparement des grains, et aux partages des biens communaux;

Celle du 17 du même mois, qui abolit tous les procès et jugemens pour provocation en duel;

Celle du 30 décembre, qui suspend tous les jugemens sur des faits relatifs aux droits féodaux, et n'excepte que les assassinats et les incendies;

Celle du 11 février 1793, relative aux insurrections concernant les subsistances;

Celles du lendemain, pour insurrections relatives aux droits féodaux;

Celle du 12 août, qui *abolit toutes actions civiles et privées*, et les jugemens qui s'en sont ensuivis relativement à la révolution;

Celle du 8 frimaire an 2, qui abolit les procédures et jugemens relatifs aux insurrections populaires pour cause d'accaparement ou de surhaussement du prix des denrées;

Celle du 12 frimaire an 3, en faveur des Vendéens et chouans, à la charge de déposer leurs armes;

Celle du 29 nivose, qui étend l'amnistie du 12 frimaire précédent aux personnes qui ont pris part à la révolte dans l'arrondissement des armées de l'Ouest, des côtes de Brest et de Cherbourg.

7. *Amnisties depuis l'an 4 jusques et compris* 1810. Une des lois d'amnistie les plus étendues est celle qui fut portée le 4 brumaire de l'an 4 par la Con-

vention nationale, au moment où elle allait cesser ses fonctions et remettre ses pouvoirs aux différens corps institués et créés par la loi du 1er. vendémiaire an 4, connue sous le nom de constitution de l'an 3.

Cette loi, à l'instar de celle qui avait été rendue le 14 septembre 1791 et sanctionnée le 15, abolit, à compter du jour de sa publication, « tout décret » d'accusation ou d'arrestation, tous autres man» dats d'arrêt mis ou non à exécution, toutes pro» cédures, poursuites et *jugemens* portant sur des » faits purement relatifs à la révolution »; et d'après ces dispositions, tous les individus détenus par l'effet des événemens révolutionnaires durent être et furent effectivement rendus à la liberté.

La loi du 7 frimaire étendit aux citoyens détenus dans les départemens insurgés l'amnistie accordée par la loi du 4 brumaire an 4.

Celle du 8 fructidor, même année, interprétative des lois des 12 frimaire et 29 nivose an 3, sur la pacification des départemens de l'Ouest, ordonna que les militaires et tous autres citoyens armés pour la défense de la patrie dans ces départemens, ne pourraient être ni recherchés, ni poursuivis, ni mis en jugement pour cause des troubles, *et que ceux qui avaient été précédemment jugés seraient élargis.*

La loi du 14 frimaire an 5 modifia et rapporta même quelques dispositions de celle du 4 brumaire an 4.

La loi du 1er. complémentaire an 5 annulla les arrestations et les procédures faites à l'occasion des assemblées primaires de l'an 5;

Celle du 25 pluviose an 6, faisant aux départemens de la Corse l'application de l'amnistie du 4 brumaire an 4, y abolit toutes procédures et *tous jugemens* pour faits révolutionnaires.

Le 7 nivose an 8, le Gouvernement consulaire, au moment de son installation, prit des mesures pour pacifier les départemens de l'Ouest ; il rendit un arrêté pour rappeler dans leurs foyers les habitans de ces pays, et leur accorda « amnistie entière » et absolue pour tous les événemens passés, sans » que ceux qui avaient pris part aux troubles pussent, en aucun cas, être recherchés ni poursui» vis à cette occasion. »

Les termes de cet arrêté pouvaient laisser quelques doutes sur les individus condamnés par jugemens antérieurs ; mais l'arrêté du 14 ventose même année vint bientôt les dissiper, en appliquant à quatre départemens de l'Ouest les dispositions de l'amnistie du 7 nivose précédent, et en déclarant que tous mandats d'arrêt, actes d'accusation et *jugemens de condamnation* pour faits relatifs aux troubles, seraient considérés comme non avenus à l'égard de ceux qui avaient rempli les conditions prescrites.

L'arrêté du 25 thermidor suivant est conçu d'une manière aussi générale ; il s'étend à tous les départemens mis hors de la constitution par la loi du 23 nivose ; il défend de rechercher aucun habitant de ces contrées pour les faits relatifs aux troubles, soit par action publique au nom de la Nation, soit par *action civile* au nom des individus qui prétendraient avoir été lésés, et annulle sans restriction tout mandat d'arrêt, *de quelque autorité qu'il soit émané*, tout acte d'accusation ou *jugement* pour fait de cette nature antérieur à sa publication.

En l'an 10, un arrêté du 10 messidor, relatif seulement au Piémont, y accorda une amnistie générale pour tous les délits politiques ; cet arrêté ne prononça point implicitement l'abolition des condamnations ; mais les jugemens rendus jusqu'alors en ce pays pour les crimes politiques portaient ordinairement la peine capitale; ils étaient exécutés de suite, et ne donnaient plus lieu à aucune mesure, lorsque l'arrêté fut publié. Quant aux individus qui étaient frappés de mandats d'arrêt, en détention ou contumax, on n'a jamais douté que l'arrêté ne pût leur être appliqué.

Le Gouvernement a pris aussi, dans certaines circonstances, des arrêtés particuliers d'indulgence et d'amnistie pour différens départemens méridionaux, et a chargé l'autorité militaire de leur exécution; mais ces arrêtés, étendus ou modifiés, suivant les cas particuliers, ne semblent pas devoir trouver place dans cette analyse.

Enfin, le 6 floréal an 10, un sénatus-consulte accorda une amnistie générale à tous les prévenus d'émigration qui n'étaient pas rayés définitivement, détermina les formalités à remplir pour en profiter, fixa les exceptions et établit des règles, soit pour la surveillance à laquelle devait alors donner lieu la rentrée des émigrés, soit pour la restitution, qui, dans certains cas, devait leur être faite de leurs biens.

Cette loi d'amnistie, qui rappela dans le sein de la patrie une foule de citoyens que les circonstances en avaient éloignés, est la dernière qui ait été promulgnée pour des délits révolutionnaires et politiques; la grande nation, unanime dans ses sentimens d'admiration et d'attachement pour le Souverain auquel elle avait confié le soin de son bonheur, en lui déférant la couronne impériale, ne pouvait plus être agitée par le feu des discordes civiles.

Parcourons maintenant les amnisties qui, depuis 1789, ont eu pour objet les délits militaires, et notamment la désertion.

8. *Amnisties militaires*. La loi du 8 février 1792, accorda amnistie aux sous-officiers et soldats qui étaient passés en pays étrangers avant le 1er. juin

1789, à la charge de rentrer en France en 1792.

Celle du 4 avril 1793 ordonna la mise en liberté de tous les déserteurs *condamnés aux galères* avant le 20 avril 1792, *et annulla les jugemens rendus contre eux.*

Le 10 thermidor de l'an 3, une nouvelle amnistie fut publiée en faveur des militaires qui avaient abandonné leur corps pour rentrer à l'intérieur; et le 23 du même mois, une loi interprétative de cette amnistie, déclara qu'elle était *applicable aux militaires condamnés à des peines* pour désertion à l'intérieur.

Le 20 thermidor de la même année, les marins qui avaient déserté leurs quartiers ou les ports d'armement et de relâche furent également amnistiés.

La loi du 4 frimaire an 4 prorogea jusqu'au moment de sa promulgation l'amnistie générale accordée aux déserteurs par les lois des 10 et 23 thermidor de l'an 3; et nous avons déjà remarqué que la deuxième de ces lois, interprétative de la première, annullait tous les jugemens rendus.

La loi du 17 vendémiaire an 6 accorda une amnistie pour tous les délits militaires commis antérieurement à sa date, autres que ceux qu'elle jugea devoir être exceptés, et cette loi ordonna en termes formels la mise en liberté et l'emploi des *militaires condamnés.*

Le 14 messidor de l'an 7, tous les sous-officiers et soldats déserteurs à l'intérieur furent rappelés à l'armée, et les *jugemens rendus contre eux furent déclarés non avenus.*

La loi du 18 du même mois contient les mêmes dispositions à l'égard des marins déserteurs.

Le 24 floréal de l'an 10, le crime de désertion à l'intérieur fut remis et pardonné à tous sous-officiers et soldats des troupes françaises.

L'annullation des jugemens rendus fut la conséquence naturelle des termes de cette loi; et ses dispositions parurent si générales, si absolues, que d'après la décision formelle du Conseil d'Etat, provoquée par le ministre de la guerre, on a considéré comme amnistiés *tous les delits qui avaient servi à préparer ou consommer la désertion, pourvu qu'il n'y eût point d'homicide.*

Toutefois l'amnistie ne dut pas être étendue à des crimes étrangers à la désertion; et par un avis en date du 15 prairial, qui fut approuvé le lendemain par S. M. l'Empereur, le Conseil d'Etat décida que l'amnistie n'était pas applicable aux soldats condamnés aux fers pour cause d'insubordination.

Le 5 brumaire an 11, le Gouvernement détermina les formalités que les marins déserteurs avaient à remplir pour jouir de l'amnistie, *en conséquence de la loi du 24 floréal an* 10, et cet arrêté porte qu'au moyen de ces formalités, *tous les jugemens rendus pour désertion seront réputés non avenus.*

L'arrêté du 1er. frimaire an 12, en amnistiant les conscrits déserteurs, a dispensé les classes de l'an 7 et des années antérieures de reprendre du service, et n'a imposé cette condition qu'aux conscrits des classes postérieures. Cet arrêté a excepté ceux qui étaient jugés définitivement; mais cette exception même a rendu l'arrêt applicable à ceux qui avaient été condamnés par contumace, et qui remplissaient les conditions prescrites en rejoignant leur corps; et si cette amnistie n'a pas été aussi entière, aussi absolue que les précédentes, c'est sans doute parce que la désertion était alors extrêmement nombreuse et nécessitait les mesures de sévérité qu'avait introduites l'arrêté du 19 vendémiaire précédent.

L'arrêté du 15 floréal, même année, relatif aux marins déserteurs, est restrictif, comme celui du 1er.

1er. frimaire, et ne porte point amnistie en faveur de ceux qui avaient été jugés précédemment.

Le décret du 13 prairial an 12, donné à l'occasion de l'avénement de S. M. à l'Empire, accorde amnistie aux sous-officiers et soldats des troupes de terre et de mer condamnés aux travaux publics pour fait de désertion, et à tous les conscrits réfractaires condamnés à l'amende en vertu de la loi du 6 floréal an 11.

Ce décret fait aussi remise de diverses amendes et condamnations pécuniaires.

Par son décret du 20 juin 1807, S. M. l'Empereur a accordé amnistie aux sous-officiers et soldats déserteurs non jugés définitivement, détenus ou non détenus au moment du décret. On voit que cette amnistie a dû produire les mêmes effets que l'arrêté du 1er. frimaire an 12.

Le 25 mars 1810, l'Empereur a rendu, à l'occasion de son mariage, un décret contenant des actes de bienfaisance et d'indulgence, et proclamé une amnistie en faveur des déserteurs de l'armée de terre et de l'armée navale; le pardon est entier et absolu à l'égard des militaires dont la désertion est antérieure au 1er. janvier 1806; ceux qui ont déserté postérieurement, sont obligés de reprendre du service.

Ce décret, comme celui du 13 prairial an 12, remet diverses peines pécuniaires; il ordonne, en outre, la mise en liberté des individus condamnés pour délits forestiers; ces dernières dispositions ont été expliquées et interprétées par un avis du Conseil d'Etat, du 23 juin 1810, donné sur le rapport de S. E. le grand-juge, et approuvé par l'Empereur le 26 du même mois.

Le décret impérial du 24 avril 1810 accorde amnistie à tous les Français qui, depuis le 1er. septembre 1804, ont porté les armes contre leur pays au service des puissances continentales avec lesquelles la France est actuellement en paix, à la charge de rentrer sur le territoire de l'Empire avant le 1er, janvier 1811.

Enfin, le décret impérial du 30 juin 1810 autorisa les marins déserteurs actuellement prisonniers en Angleterre, et ceux qui ont été ou se trouvent encore employés sur des bâtimens ennemis, à profiter de l'amnistie prononcée par le décret du 25 mars précédent.

Ce décret impose seulement aux déserteurs l'obligation de faire la déclaration de leur repentir dans un délai qu'il détermine, et à demander du service à leur retour en France; il a cela de remarquable, que les parens ou alliés des déserteurs désignés sont autorisés à faire devant le sous-préfet de l'arrondissement la déclaration du repentir présumé.

Il a été aussi rendu, à la date du 30 juillet 1810, un décret d'amnistie en faveur du sieur Pelati, sujet français, major en retraite, au service d'Autriche. Le sieur Pelati a été autorisé à rentrer en France. Le décret de S. M. défend de le rechercher pour le fait d'avoir porté les armes contre la France; cet acte public d'amnistie individuelle est le seul de cette espèce dont nous ayons connaissance, à moins que l'on ne veuille ranger dans la même classe tous les arrêtés particuliers rendus en faveur de chaque émigré, en exécution du sénatus-consulte du 6 floréal an 13, qui leur accordait amnistie, à la charge de remplir certaines conditions.

9. *Effets de l'amnistie quant aux jugemens rendus.* Le rapprochement de tous ces actes, soit en ce qui concerne les délits politiques ou ordinaires, soit relativement à la désertion, établit d'une manière évidente que l'amnistie a toujours eu l'effet d'annuller les jugemens rendus à l'occasion des

crimes ou des délits qu'elle remettait; et que si, dans quelques circonstances, cette volonté du législateur ou du souverain n'a pas été formellement énoncée, ce silence doit être considéré, ou comme une omission, ou comme une exception à la règle générale commandée par quelque grande considération.

10. *Effets de l'amnistie à l'égard des crimes commis par haine et par vengeance.* C'est un point de jurisprudence bien constant que les actes d'amnistie publiés à l'occasion des crimes commis dans des momens de troubles, de sédition ou de divisions intestines, ne doivent point être appliqués aux délits particuliers commis par haine et par vengeance. Cette jurisprudence, consacrée avant la nouvelle législation par divers arrêts, et notamment par celui du parlement de Paris, du 1er. février 1653, a été également adoptée par les nouveaux tribunaux; et lorsque dans les pays qui avaient été le théâtre de la guerre civile ou du brigandage, il s'est agi de poursuivre les auteurs de crimes isolés commis pendant ces momens de troubles et étrangers à leur cause, les magistrats, organes de la loi, n'ont pas hésité à punir les coupables, malgré les amnisties publiées en faveur de ceux qui avaient pris part aux mouvemens séditieux.

11. *Effets de l'amnistie à l'égard des intérêts civils.* L'amnistie éteint, en général, les actions civiles résultant des faits qu'elle a couverts; un arrêt du parlement de Paris l'a jugé ainsi le 8 mars 1659. La loi du 12 août 1793, que nous avons rappelée, abolissait textuellement toutes actions civiles et privées et les jugemens qui en avaient été la suite; c'est d'après ce principe qu'ont été exécutées les diverses amnisties proclamées à l'occasion des événemens de la révolution, et si cette règle forme une exception qui paraît blesser les droits particuliers; si, en gé-

néral, les grâces du Souverain ne doivent pas plus influer sur les intérêts des parties que les transactions n'ont d'influence sur les poursuites du ministère public, on ne peut se dissimuler que les inconvéniens qui naîtraient des actions privées pour des faits couverts de l'amnistie, seraient aussi graves que nombreux, qu'elles perpétueraient des souvenirs, entretiendrait des haines et renouvelleraient peut-être des troubles que le Souverain a voulu éteindre ; et qu'enfin, l'avantage de la société toute entière se trouvant alors en opposition avec celui de quelques individus, le premier doit l'emporter.

12. *Effets de l'amnistie à l'égard des complices.* Lorsqu'un acte d'amnistie est promulgué en faveur de quelques crimes, de quelques délits spécialement désignés, on ne peut pas douter que les auteurs et les complices ne doivent tous y participer également, si la complicité est directe, c'est-à-dire, si elle se rattache aux faits qui sont jugés dignes de pardon ; mais si la complicité résulte d'un fait qui caractérise lui-même un crime ou un délit distinct et particulier, l'application de l'amnistie peut souffrir des difficultés, et il semble même au premier aperçu qu'en interprétant ainsi la loi, ce serait lui donner une extension dangereuse.

Cependant les amnisties publiées en faveur des déserteurs ont été déclarées applicables à ceux qui avaient *favorisé la désertion*, de quelque manière que ce fût, ou *recelé les déserteurs* (quoique ces faits établissent des délits correctionnels spécialement prévus par la loi). On les a même étendues à ceux qui s'étaient rendus coupables de faux, lorsque ces crimes n'avaient évidemment eu pour objet que de favoriser les déserteurs et d'assurer la consommation du crime de désertion. Divers arrêts de la Cour de cassation attestent cette jurisprudence, notamment celui du 9 germinal an 8, rendu en faveur de Genest Maspatier, qui avait été recherché en qualité de complice de l'évasion d'un individu arrêté comme déserteur, et que le tribunal criminel du Puy-de-Dôme avait condamné à l'amende et à l'emprisonnement, nonobstant l'amnistie accordée à ce déserteur.

Le même principe a servi de base à un autre arrêt du 6 janvier 1809, concernant un individu convaincu d'avoir commis des faux pour favoriser la désertion de plusieurs conscrits réfractaires; enfin, l'amnistie du 25 mars 1810 a fait naître des questions semblables, que la Cour de cassation a résolues dans le même sens.

Le 2 juin de la même année, cette Cour a pareillement déclaré qu'il n'y avait lieu de statuer sur le pourvoi d'un procureur général contre un arrêt de Cour criminelle qui avait acquitté un prévenu de complicité avec un réfractaire; et le motif de sa décision a été que le décret de S. M., du 25 mars, portant amnistie aux conscrits réfractaires, d'après l'article 69 de l'instruction du 8 avril suivant, était applicable aux fauteurs et complices.

Ainsi la jurisprudence de la Cour de cassation paraît invariable à cet égard; toutefois, malgré l'autorité de ces arrêts, la meilleure interprétation des actes d'amnistie, la seule même qui soit certaine et irréfragable, est celle qui émane directement du Souverain ou de son conseil; c'est lui seul qui peut fixer le terme de son indulgence et déterminer exactement le cercle dans lequel *l'amnistie doit être circonscrite*; et si, dans son silence, la Cour suprême doit éclairer par ses décisions la marche des Cours et des tribunaux de l'Empire, et assurer l'uniformité de leurs arrêts, les interprétations qu'elle a pu donner, en conservant la force de la chose jugée envers des individus auxquels elles sont relatives, cessent d'avoir aucun effet à l'égard de ceux qui n'auraient pas encore été jugés définitivement, quoique leur situation fût entièrement semblable dans tous les points où elles ne s'accordent pas avec des avis interprétatifs qui viennent à être donnés par le Conseil d'Etat.

Ainsi, d'après le décret impérial rendu le 30 juin 1810, en interprétation de celui du 25 mars, et malgré les arrêts contraires de la Cour de cassation, les fauteurs et complices des déserteurs amnistiés sont également exclus aujourd'hui du bénéfice de l'amnistie, lorsqu'ils ont favorisé et assuré la désertion, soit au moyen du crime de faux, soit par attaque, résistance ou assistance donnée contre la force armée; et comme ce décret d'interprétation doit servir à l'avenir de règle générale pour l'exécution des actes d'amnistie à l'égard des complices, toutes les fois qu'ils ne seront pas spécialement désignés, nous croyons devoir en insérer ici les dispositions.

« Au Palais de Saint-Cloud, le 30 juin 1810.

» NAPOLÉON, Empereur des Français, Roi » d'Italie, Protecteur de la Confédération du » Rhin, Médiateur de la Confédération suisse.

» Des difficultés se sont élevées sur l'application » de notre décret du 25 mars dernier, portant am» nistie *à tous sous-officiers et soldats de nos troupes* » *de terre et de mer, et à tous gens de mer en état* » *de désertion*, ainsi qu'à tous conscrits réfractaires,

» NOUS avons pensé qu'il était nécessaire d'en pré» venir, par une explication, l'abus qu'on pourrait » faire d'un acte d'indulgence, en l'étendant à des » personnes et à des délits qu'il n'avait pas été dans » notre intention d'y comprendre;

» A ces causes,

» Sur le rapport de notre grand-juge ministre de » la justice,

» Notre Conseil d'Etat entendu,

» Nous avons décrété et décrétons ce qui suit :

» Art. Ier. L'amnistie accordée par notre décret » du 25 mars dernier aux sous-officiers et soldats » de nos troupes de terre et de mer, et à tous gens » de mer, ainsi qu'aux conscrits réfractaires, n'est » pas applicable à leurs fauteurs et complices dans » le cas d'attaque, résistance ou assistance donnée » contre la force armée, ni en cas de fabrication ou » d'altération de passe-ports, certificats d'infirmité » de service, de remplacement, d'obéissance aux » lois de la conscription et autres pièces publiques » ou privées.

» Nos ministres sont chargés, chacun en ce qui » le concerne, de l'exécution du présent décret, » qui sera inséré au Bulletin des Lois.

M. J.-M. LE GRAVEREND.

AMPLIATION.

On donne ce nom au double qu'on tire d'une quittance ou de tout autre acte. C'est ce qu'on appelle autrement *Duplicata*.

ANATOCISME.

On a donné ce nom à un contrat qu'on réputait autrefois usuraire, et par lequel on avait réuni des intérêts avec la somme principale, pour former du tout un capital portant intérêt.

Cette sorte de convention était autrefois sévèrement défendue en France ; mais elle y est maintenant autorisée par l'art. 1154 du Code Napoléon, qui est ainsi conçu :

« Les intérêts échus des capitaux peuvent produire des intérêts ou par une demande judiciaire, » ou par une convention spéciale, pourvu que, » soit dans la demande, soit dans la convention, » il s'agisse d'intérêts dus au moins pour une » année entière. »

ANCRE.

On donne ce nom à une grosse pièce de fer dont on se sert pour fixer et arrêter les vaisseaux.

Les ancres tirées du fond de la mer, et qu'on ne réclame pas dans les deux mois après la déclaration qui en a été faite, doivent appartenir en entier aux personnes qui les ont tirées. C'est la disposition de l'article 28 du titre 9 du quatrième livre de l'ordonnance de la marine, du mois d'août 1681.

ANIMAUX.

On ne fait ici mention de l'animal que par rapport au rang qu'il occupe parmi les objets mobiliers ou immobiliers ; ainsi que relativement aux engagemens sans convention dont il peut être la cause.

Les animaux pouvant naturellement se transporter d'un lieu dans un autre, sont rangés parmi les choses mobilières. (Article 528 du Code Napoléon.)

Les animaux que le propriétaire d'un domaine confie au fermier ou au métayer pour la culture, sont censés *immeubles*, tant qu'ils demeurent attachés au domaine par l'effet de la convention; tandis que ceux que le propriétaire donne à cheptel à d'autres qu'au fermier ou métayer, sont meubles.

Outre les animaux qui sont censés immeubles lorsqu'ils sont attachés à la culture, il faut comprendre au même rang les *pigeons* des colombiers, les *lapins* des garennes, les ruches à miel et les *abeilles* qui les contiennent, et les *poissons* des étangs. (Art. 522 et 524 du Code.)

Ces divers animaux, déclarés immeubles par destination, ne peuvent point être compris dans une saisie mobilière.

Lors même qu'ils ne seraient pas immeubles par destination, on doit laisser au saisi une vache, ou trois brebis, ou deux chèvres, à son choix, avec les pailles, fourrages et grains nécessaires pour la litière et la nourriture de ces animaux pendant un mois. (Art. 592 du Code de Procédure civile.)

Ils peuvent néanmoins être saisis pour cause d'alimens fournis à la partie saisie, ou pour sommes dues à celui qui les a vendus, ou qui a prêté son argent pour les acheter, ou, enfin, pour fermages ou moissons des terres, à la culture desquelles ils ont été employés. (Art. 593 du même Code.)

Quand un animal cause quelque dommage, soit qu'il soit gardé, soit qu'il s'égare ou s'échappe, la responsabilité du dommage pèse sur le propriétaire de l'animal; elle pèse sur celui qui a emprunté l'animal, si le dommage a lieu pendant qu'il est à son usage. (Art. 1385 du Code Napoléon.)

CROÎT DES ANIMAUX, *Voyez* ACCESSION.

M. DECOMBEROUSSE.

ANNÉE.

SOMMAIRES.

1. *Définition.*

2. *De l'étendue, des variations, et du commencement de l'année chez la plupart des peuples.*

3. *De l'année telle qu'elle a été organisée en France depuis l'abolition de la royauté jusqu'au 1er. janvier 1806.*

1. On appelle année le tems que le soleil met à parcourir les signes du zodiaque, et qui est composé de douze mois.

2. *De l'étendue, des variations, et du commencement de l'année chez la plupart des peuples.* Les Egyptiens furent, dit-on, les premiers qui partagèrent l'année en douze mois. Mais comme ces douze mois ne se trouvèrent d'abord composés que de trois cent soixante jours, on prétend que Thot ou Mercure y en ajouta cinq, et que Thalès institua l'année sur le même pied dans la Grèce.

L'*année des Romains* a varié en différens tems. Sous le règne de Romulus, elle était de trois cent quatre jours. Numa la régla sur le cours de la lune. Servius Tullius, ou les décemvirs, y firent d'autres changemens ; enfin, quand Jules-César se fut rendu maître de la république, il régla l'année sur le cours du soleil ; il ordonna, pour remettre les choses dans l'ordre, que l'année 708 de Rome serait composée de quatre cent quarante-cinq jours (d'où cette année fut appelée l'*année de confusion*), et que dans la suite l'année aurait trois cent soixante-cinq jours et six heures.

Les Juifs et la plupart des Orientaux ont une année civile qui commence avec la nouvelle lune de septembre, et une année ecclésiastique qui commence avec la nouvelle lune de mars.

Les Chinois et beaucoup de nations indiennes commencent l'année avec la première lune de mars, et les brachmanes avec la nouvelle lune d'avril.

Les Turcs commencent leur année lorsque le soleil entre dans le signe du bélier, et les Persans dans le mois de fernadin, qui répond à notre mois de juin.

D'Acosta rapporte que les Mexicains commençaient l'année le 23 février, tems auquel la verdure commençait à paraître. Dix-huit mois de vingt jours chacun composaient leur année, et les cinq jours qui excédaient ces dix-huit mois, étaient consacrés aux plaisirs, sans qu'il fût permis de vaquer à aucune affaire, pas même au service des temples. Alvarès en dit autant des Abyssins.

Les Grecs commencent l'année au premier septembre, et datent du commencement du monde.

En France, sous la première race des rois, l'année commençait le premier de mars, jour auquel se faisait la revue des troupes. Sous les rois Carlovingiens, elle commençait le jour de Noël; et sous les Capétiens, le jour de Pâques. Ce fut Charles IX qui ordonna, en 1563, qu'elle commencerait dans la suite au premier de janvier.

L'année établie par Jules-César a été suivie chez les nations chrétiennes jusqu'au moment où Grégoire XIII y fit une correction.

La raison de cette correction fut que l'année julienne avait été supposée de trois cent soixante-cinq jours six heures, c'est-à-dire, de onze minutes onze secondes plus longue qu'elle n'est réellement.

Cette erreur était devenue considérable en s'accumulant depuis le tems de Jules-César; car lors du concile de Nicée, quand il fut question de fixer les termes du tems auquel on devait célébrer la Pâque, l'équinoxe du printems se trouvait au 21 de mars; mais cet équinoxe ayant continuellement anticipé, on s'aperçut, l'an 1582, lorsqu'on proposa de réformer le calendrier de Jules-César, que le soleil entrait dans l'équateur dès le 11 mars; c'est-à-dire, dix jours plutôt que du tems du concile de Nicée. Pour remédier à cet inconvénient, qui pouvait aller plus loin, le pape Grégoire XIII fit venir les plus habiles astronomes de son tems, et concerta avec eux les corrections qu'il fallait faire, afin que l'équinoxe tombât au même jour que dans le tems du concile de Nicée; et comme il s'était glissé une erreur de dix jours depuis ce tems-là, on retrancha ces dix jours de l'année 1582, dans laquelle on fit cette correction; et au lieu du 5 d'octobre de cette année, on compta tout de suite le 15.

La France, l'Espagne, les pays catholiques d'Allemagne et d'Italie, en un mot, tous les pays qui reconnaissaient le pape, reçurent cette réforme dès son origine; mais les protestans la rejetèrent d'abord.

En l'an 1700, l'erreur des dix jours avait augmenté encore, et était devenue de onze; c'est ce qui détermina les protestans d'Allemagne à accepter la réformation grégorienne, aussi bien que les Danois et les Hollandais; mais les Anglais et plusieurs peuples du nord de l'Europe conservèrent le calendrier julien, qu'ils ont enfin abandonné en 1752, pour adopter le grégorien.

Au reste, l'année grégorienne n'était pas parfaite; car les astronomes qui dirigèrent la réforme supposaient l'année plus longue de 23 secondes qu'elle n'est réellement.

3. *De l'année telle qu'elle a été organisée en France depuis l'abolition de la royauté jusqu'au 1er. janvier* 1806. Le 21 septembre 1792, les représentans du peuple, réunis en convention nationale,

ouvrirent leur session, et prononcèrent l'abolition de la royauté. Comme ce jour était pour eux le dernier de la monarchie, on jugea qu'il convenait qu'il fût aussi pour la France le dernier de l'ère vulgaire et de l'année.

Les lois du 22 septembre 1792 et du 2 janvier 1793 avaient ordonné que tous les actes publics porteraient à l'avenir la date de l'année de la fondation de la république française. Ainsi, à compter du premier janvier 1793, les actes publics de cette année devaient porter la date de la seconde année de la république; ceux de l'année 1794, la date de la troisième année de la république; et ainsi du reste : mais la loi du 4 frimaire de l'an 2 établit, comme on va le voir, l'ère française et une nouvelle organisation de l'année; en voici les dispositions :

« Article Ier. L'ère des Français compte de la » fondation de la république, qui a eu lieu le 22 » septembre 1792 de l'ère vulgaire, jour où le » soleil est arrivé à l'équinoxe vrai d'automne, en » entrant dans le signe de la balance à 9 heures » 18 minutes 30 secondes du matin, pour l'observatoire de Paris.

» II. L'ère vulgaire est abolie pour les usages » civils.

» III. Chaque année commence à minuit, avec » le jour où tombe l'équinoxe vrai d'automne pour » l'observatoire de Paris.

» IV. La première année de la république française a commencé à minuit le 22 septembre 1792, » et a fini à minuit, séparant le 21 du 22 septembre 1793.

» V. La seconde année a commencé le 22 septembre 1793 à minuit, l'équinoxe vrai d'automne étant arrivé ce jour-là, pour l'observatoire » de Paris, à 3 heures 11 minutes 38 secondes du » soir.

» VI. Le décret qui fixait le commencement de » la seconde année au premier janvier 1793, est » rapporté; tous les actes datés l'an second de la » république, passés dans le courant du premier » janvier au 21 septembre inclusivement, sont re- » gardés comme appartenant à la première année » de la république.

» VII. L'année est divisée en douze mois égaux » de trente jours chacun : après les douze mois, » suivent cinq jours pour compléter l'année ordi- » naire; ces cinq jours n'appartiennent à aucun » mois.

» VIII. Chaque mois est divisé en trois parties » égales de dix jours chacune, qui sont appelées » *décades*.

» IX. Les noms des jours de la décade sont :

» *Primidi*, *duodi*, *tridi*, *quartidi*, *quintidi*, » *sextidi*, *septidi*, *octidi*, *nonidi*, *décadi*.

» Les noms des mois sont, pour l'automne :

» *Vendémiaire*, *brumaire*, *frimaire*.

» Pour l'hiver :

» *Nivose*, *pluviose*, *ventose*.

» Pour le printems :

» *Germinal*, *floréal*, *prairial*.

» Et pour l'été :

» *Messidor*, *thermidor*, *fructidor*.

» Les cinq derniers jours s'appellent les *complé-* » *mentaires*.

» X. L'année ordinaire reçoit un jour de plus, » selon que la position de l'équinoxe le comporte, » afin de maintenir la coïncidence de l'année civile » avec les mouvemens célestes. Ce jour, appelé » *jour de la révolution*, est placé à la fin de l'an- » née, et forme le sixième des *complémentaires*.

» La période de quatre ans, au bout de laquelle » cette addition d'un jour est ordinairement néces- » saire, est appelée *la franciade*, en mémoire de

» la révolution, qui, après quatre ans d'efforts, a
» conduit la France au gouvernement républicain.
» La quatrième année de la franciade est appelée
» *sextile.* »

Il fut d'ailleurs ordonné que tous les actes publics seraient datés suivant la nouvelle organisation de l'année.

La gêne qu'éprouvaient, par cette nouvelle organisation, les relations de la France avec les autres peuples de l'Europe, a donné lieu au sénatus-consulte du 22 fructidor an 13, qui a statué qu'à compter du 11 nivose an 13 (1er. janvier 1806) le calendrier grégorien serait rétabli dans tout l'empire français.

ANTICIPATION.

C'était autrefois l'assignation qu'un intimé faisait donner à l'appelant afin d'accélérer le jugement sur l'appel.

Mais l'article 456 du Code de procédure civile a abrogé implicitement cette forme de procéder, en ordonnant que l'acte d'appel contiendrait assignation à comparoir dans les délais de la loi, et serait signifié à personne ou domicile à peine de nullité.

ANTICHRESE.

C'est la jouissance d'un immeuble qu'un débiteur donne à son créancier pour assurance du payement dû à ce dernier.

L'antichrèse doit être rédigée par écrit. Elle n'attribue au créancier que la faculté de percevoir les fruits de l'immeuble sous la condition de les imputer annuellement sur les intérêts, s'il lui en est dû, et ensuite sur le capital de la créance.

Le créancier est obligé, à moins qu'il n'en soit autrement convenu, d'acquitter les contributions et les charges annuelles de l'immeuble qu'il tient en antichrèse.

Il faut aussi qu'il pourvoie, sous peine de dommages et intérêts, à l'entretien et aux réparations utiles et nécessaires de l'immeuble, sauf à prélever sur les fruits les dépenses relatives à ces objets.

Avant d'avoir acquitté la dette, le débiteur n'est pas fondé à réclamer la jouissance de l'immeuble donné en antichrèse : mais le créancier qui veut se décharger des obligations qu'on vient d'exprimer, a toujours la faculté de forcer le débiteur à reprendre la jouissance de son immeuble, à moins qu'il n'ait renoncé à cette faculté.

Un créancier ne devient pas propriétaire de l'immeuble donné en antichrèse, quand le débiteur ne s'est pas libéré au terme convenu : toute clause contraire serait nulle ; mais il a le droit de poursuivre l'expropriation de ce débiteur par les voies légales.

Quand les parties ont stipulé que les fruits se compenseraient avec les intérêts, ou totalement, ou jusqu'à une certaine concurrence, cette convention doit être exécutée comme toutes celles que les lois autorisent.

Si le créancier, auquel un immeuble a été remis à titre d'antichrèse, a d'ailleurs, sur cet immeuble, des priviléges ou hypothèques légalement établis, il n'est pas douteux qu'il ne soit fondé à les faire valoir comme tout autre créancier en aurait le droit.

Les dispositions précédentes ont pour base le chapitre 2 de la loi du 25 ventose an 12, qui fait partie du Code Napoléon.

ANTIDATE.

ANTIDATE.

Sommaires.

1. *Définition.*
2. *Peut-on regarder l'antidate comme un crime ?*
3. *Loi qui défend d'antidater les ordres des effets de commerce, et motifs de cette loi.*

1. L'antidate est une date mensongère mise à un acte quelconque, et qui désigne un tems antérieur à celui auquel l'acte a été passé.

2. *Peut-on regarder l'antidate comme un crime ?* L'antidate peut être un crime de faux qu'on punit selon les circonstances, mais plus sévèrement quand il s'agit d'actes pardevant notaires, ou qui emportent hypothèque, que quand il n'est question que d'écrits chirographaires. C'est principalement pour prévenir cette espèce de délit que le contrôle, auquel a succédé l'enregistrement des exploits et des actes de notaires, a été établi.

3. *Loi qui défend d'antidater les ordres des effets de commerce, et motifs de cette loi.* L'art. 139 du Code de commerce a défendu d'antidater les ordres, à peine de faux. Cela est ainsi ordonné pour prévenir les tromperies qui pourraient avoir lieu dans le commerce en cas de faillite, attendu que ceux qui ont des lettres de change ou billets avec des ordres en blanc, pourraient antidater ces ordres long-tems avant leur faillite, pour recevoir le montant de ces lettres sous le nom de quelque personne interposée, ou pour les donner à quelqu'un de leurs créanciers en payement, au préjudice des autres, sans que ceux-ci pussent en demander le rapport à la masse.

Au reste, le créancier qui veut attaquer ces

ordres de faux, comme antidatés, doit fournir les preuves du délit, par titres ou par témoins.

ANTINOMIE.

C'est une contradiction réelle ou apparente entre deux lois.

APOSTILLE.

C'est en général une addition, une annotation qu'on fait à la marge d'un acte, d'un écrit.

Les apostilles que l'on fait aux contrats, doivent être paraphées par les parties et par les notaires; autrement on n'y aurait aucun égard.

Les apostilles d'un compte sont les débats et contestations qui se font lors de l'examen d'un compte : on met une apostille à la marge et à côté de chaque article que l'on conteste.

APPEL.

SOMMAIRES.

1. *Définition.*
2. *Ce que l'acte d'appel doit contenir.*
3. *A quel tribunal l'appel doit être porté.*
4. *De quels jugemens on peut interjeter appel.*
5. *Quel est le délai de l'appel.*
6. *Contre qui court le délai de l'appel, et quand est-il suspendu.*

7. *Quels sont les effets de l'appel.*
8. *De l'instruction et du jugement de l'appel.*

1. *Définition de l'appel.* C'est le recours au tribunal supérieur contre un jugement dont on demande la réformation.

Ce recours est autorisé par la loi qui veut que l'erreur ou l'injustice des premiers juges puissent être réparées.

On distingue plusieurs sortes d'appels ; savoir, l'appel simple, l'appel qualifié, l'appel indéfini et l'appel restreint.

L'appel simple est celui qui s'interjette pour causes et moyens à déduire en tems et lieu.

L'appel qualifié est celui par lequel on attaque un jugement, pour cause d'incompétence ou abus de pouvoir.

L'appel indéfini est celui qui embrasse toutes les dispositions du jugement.

L'appel restreint ne porte que sur un ou plusieurs chefs.

Quoique l'appel soit une voie de droit, il donne cependant lieu à une amende contre l'appelant, quand le jugement est confirmé. Cette amende est de dix francs pour les jugemens des tribunaux ordinaires et de cinq francs pour ceux des juges de paix. Elle doit être consignée avant que la cause soit portée à l'audience. C'est la peine encourue pour l'irrévérence commise envers le juge dont on a mal à propos attaqué le jugement.

2. *Ce que l'acte d'appel doit contenir.* L'appel étant une véritable demande portée devant le tribunal supérieur, il en résulte que l'acte d'appel est soumis aux mêmes formes que l'ajournement, à l'exception néanmoins de la conciliation qui n'a plus

lieu, et des motifs de l'appel dont le détail n'est pas nécessaire, au moyen des griefs que l'appelant est autorisé à signifier conformément à l'art. 462. L'acte d'appel doit donc contenir la date du jour, du mois et de l'an où il est signifié, les noms, professions et domicile de l'appelant, la constitution de l'avoué qui doit occuper sur l'appel, les noms, demeure et immatricule de l'huissier, les noms et demeure de l'intimé, la désignation du tribunal qui doit connaître de l'appel, et à la différence de ce qui s'observait dans les anciens tribunaux où l'on pouvait se porter appelant par une simple déclaration, l'acte d'appel doit aujourd'hui contenir assignation dans les délais de l'ordonnance, et être signifié à personne ou domicile, à peine de nullité. (Art. 456.)

3. *A quel tribunal l'appel doit-il être porté.* L'appel doit être porté devant le juge supérieur immédiat de celui qui a rendu le jugement ; ainsi l'appel d'un jugement de justice de paix doit être porté devant le tribunal de première instance qui est le supérieur immédiat du juge de paix, et ceux des tribunaux de première instance ou de commerce, devant les Cours d'appel.

4. *De quels jugemens peut-on interjeter appel.* On peut appeler de tous les jugemens qui ne sont point rendus en dernier ressort ou qui n'ont point acquis force de chose jugée.

On appelle jugemens en dernier ressort ceux qui sont ainsi qualifiés par la loi, tels sont 1°. les jugemens des justices de paix, quand l'objet de la demande n'excède pas cinquante francs ; 2°. les jugemens rendus par les tribunaux de première instance ou par les tribunaux de commerce, quand l'objet de la contestation n'excède pas mille francs. Cette fixation est de droit rigoureux, et quand les tribunaux s'en écartent, leurs jugemens, quoique qualifiés en dernier ressort, n'en sont pas moins susceptibles d'appel. Mais on observe, qu'indépendamment de cet appel, et pour empêcher l'exécution du jugement, il est indispensable d'assigner à bref délai, pour obtenir provisoirement des défenses d'exécuter. L'art. 457 porte que l'exécution des jugemens mal à propos qualifiés en dernier ressort, ne pourra être suspendue, qu'en vertu de défenses obtenues par l'appelant sur assignation à bref délai.

Il est inutile d'observer que les arrêts de Cours d'appel sont également des jugemens en dernier ressort. Cette qualité leur appartient éminemment et sans exception d'aucune espèce.

Quant aux jugemens passés en force de chose jugée, ce sont ceux auxquels la partie a formellement acquiescé ou dont elle a exécuté les condamnations sans protestations, ni réserve. Il en est de même de ceux dont elle n'a pas interjeté appel dans les délais fixés par la loi.

Hors les cas ci-dessus exprimés, on peut appeler de tout jugement, préparatoire ou interlocutoire, définitif ou par défaut, en observant cependant qu'à l'égard des jugemens préparatoires qui n'ont d'autre objet que de régler la procédure et qui ne peuvent influer en rien sur le fond de la contestation, l'appel ne peut en être interjeté qu'avec celui du jugement définitif, et à l'égard des jugemens par défaut, que l'appel n'en peut être interjeté qu'après les délais de l'opposition.

5. *Quels sont les délais de l'appel.* Ces délais qui étaient autrefois fort longs, ne sont aujourd'hui que de trois mois, à compter du jour de la signification à personne ou domicile pour ceux qui habitent la France continentale.

Ceux qui demeurent au-delà du Continent, ont, indépendamment du délai ordinaire de trois mois, à compter de la signification du jugement, un autre délai pareil à celui qui est réglé pour les ajournemens donnés à ceux qui demeurent en pays étrangers.

Et à l'égard de ceux qui demeurent hors le Continent européen, le délai est d'un an, outre le délai ordinaire de trois mois.

On a dit ci-dessus que ces délais commençaient à courir du jour où le jugement a été signifié à personne ou au domicile de la partie condamnée. Celle-ci n'est cependantpas obligée d'attendre cette signification pour former son appel; l'intérêt qu'elle a de faire réformer le jugement, est un motif plus que suffisant pour lui donner le droit d'anticiper le délai, si elle le juge convenable. Mais quelque pressant que soit cet intérêt, elle ne peut cependant former son appel avant la huitaine du jour de la prononciation du jugement. L'art. 449 est précis à cet égard; il porte que tout appel ne sera pas recevable, s'il est interjeté avant la huitaine, à compter du jour de la prononciation du jugement.

Il n'y a d'exception à cette règle que pour les jugemens qui sont exécutoires par provision, à l'égard desquels il ne serait pas juste, d'un côté, de suspendre cette exécution, pendant les huit jours; de l'autre, d'empêcher, pendant le même intervalle, la partie condamnée de se pourvoir pour en empêcher l'effet.

6. *Contre qui court le délai de l'appel, et quand est-il suspendu.*

Ce délai court contre toute partie condamnée sans distinction de toute espèce, même contre les mineurs, les interdits, les femmes mariées et autres, sauf leur recours contre les tuteurs et administrateurs qui, dans ce cas, sont susceptibles des dommages et intérêts.

On observe à l'égard des mineurs que, pour faire courir le délai en ce qui les concerne, il faut que le jugement soit signifié, non-seulement au tuteur mais encore au subrogé tuteur, quoique ce dernier n'ait pas été appelé en cause : c'est la disposition de l'art. 444.

En cas de mort de la partie condamnée et jusqu'à l'expiration du tems accordé à l'héritier, pour faire inventaire et pour délibérer, le délai de l'appel est nécessairement suspendu, et il ne reprend son cours que du jour où l'héritier a une connaissance légale du jugement, par la signification qui lui en est faite. On observe, à l'égard de cette signification, qu'il suffit qu'elle soit remise au domicile du défunt pour ses héritiers collectivement, quand il y en a plusieurs, et sans aucune désignation de leurs noms et qualités. (Art. 447.)

Un autre cas où le délai de l'appel se trouve suspendu, c'est celui où le jugement a été rendu sur une pièce fausse, ou faute de représentation d'une pièce décisive, retenue par le fait de celui qui a gagné la cause. L'article 448 veut, en ce cas, que les délais de l'appel ne courent que du jour où le faux a été reconnu juridiquement, ou que la pièce a été recouvrée, pourvu toutefois qu'il existe une preuve écrite du jour où elle l'a été.

7. *Quels sont les effets de l'appel.*

Il semble que le premier effet de l'appel devrait toujours être de suspendre l'exécution du jugement attaqué. Cependant il n'en est pas ainsi. Suivant l'art. 457, l'appel est suspensif, si le jugement ne prononce pas l'exécution provisoire dans les cas où elle est autorisée. D'où il suit que quand cette exécution provisoire est ordonnée, l'appel n'est que dévolutif et n'a d'autre effet que de saisir le tribunal supérieur de la connaissance du jugement, pour le réformer, s'il y a lieu.

Mais il peut arriver que cette exécution provisoire ne soit pas ordonnée, comme elle aurait dû l'être, ou qu'elle ait été prononcée sans motif, et dans l'un et l'autre cas, il doit exister un moyen de réparer l'erreur des premiers juges à cet égard, sans être obligé d'attendre le jugement de l'appel.

Les articles 458 et 459 indiquent la marche que l'on doit suivre alors. Le premier de ces articles dispose, que si l'exécution provisoire n'a pas été prononcée dans les cas où elle est autorisée, l'intimé, que cette exécution intéresse, pourra, sur un simple acte, la faire ordonner à l'audience, avant le jugement de l'appel; et il est dit, dans le second, que, si l'exécution provisoire a été ordonnée hors des cas prévus par la loi, l'appelant pourra obtenir des défenses à l'audience, sur l'assignation à bref délai, sans néanmoins qu'il puisse en être accordé sur requête non communiquée, comme cela se pratiquait dans les anciens tribunaux.

Ainsi, en thèse générale, l'appel est suspensif ou simplement dévolutif, suivant que l'exécution provisoire est ou n'est pas ordonnée par le jugement, et sauf les cas prévus par les art. 458 et 459.

Sur le point de savoir quels sont les cas où l'exécution provisoire est autorisée;

Voyez EXÉCUTION PROVISOIRE ET JUGEMENT.

8. *De l'instruction et du jugement de l'appel.*

L'instruction, suivie en première instance, réglait autrefois celle qui devait avoir lieu sur l'appel, et un procès jugé sur appointement devait toujours être instruit et jugé de la même manière par le tribunal supérieur.

Suivant le nouveau Code, au contraire, tout appel doit être porté à l'audience, soit que l'affaire ait été jugée sur plaidoirie, soit qu'elle l'ait été sur une instruction par écrit; sauf aux juges d'appel à ordonner cette instruction, s'ils le croyent nécessaire. (Art. 461.)

L'instruction des appels qui se jugent à l'audience, est infiniment simple : dans la huitaine du jour de la constitution d'avoué de l'intimé, l'appelant est tenu de signifier ses griefs contre le jugement, l'intimé doit y répondre dans la huitaine suivante, et l'audience doit être poursuivie, sans autre procédure par la partie la plus diligente : telle est la règle qu'on doit suivre, quand il ne s'agit que de savoir si le jugement dont est appel, a été bien ou mal jugé.

Mais des réclamations inattendues peuvent s'élever ; et quoique le Code établisse en principe, qu'on ne peut former aucune demande nouvelle en cause d'appel, cependant il autorise les demandes en compensation qui sont toujours favorables, même celles qu'on a négligé de former devant les premiers juges. Il permet également toutes les demandes qui peuvent servir de défenses à l'action principale. Enfin, il autorise les demandes d'intérêt, arrérages, loyers, et autres accessoires échus depuis le jugement. La manière dont ces différentes demandes peuvent être formées est réglée par l'article 465, qui porte qu'elles ne pourront l'être que par de simples actes de conclusions motivées et qu'il y sera défendu de la même manière.

L'instruction par écrit, en matière d'appel, n'étant pas réglée par le Code, on doit en conclure qu'elle doit être la même que celle qui se fait devant les premiers juges, c'est du moins ce qui résulte de l'art. 470 du Code dans lequel il est dit que les règles établies pour les tribunaux de première instance seront observées dans les Cours d'appel.

Quant à la procédure qui doit être suivie en pareil cas, *voyez* INSTRUCTION PAR ÉCRIT.

Les jugemens qui interviennent sur les appels, doivent, comme ceux de première instance, être prononcés à l'audience publique, et la manière dont ils doivent être rédigés et portés sur la feuille d'audience, est absolument la même.

Voyez Arrêt, Jugement, Dispositif, Feuilles d'audience.

On observe que tout ce que l'on vient de dire, ne concerne que les jugemens rendus en matière civile ou de commerce, et n'a aucune sorte d'application aux jugemens rendus en matière de police simple ou correctionnelle ou en matière criminelle.

Voyez Police simple, Police correctionnelle, Tribunaux criminels.

M. Broyart.

APPOINTEMENT.

En termes de palais, l'appointement est le jugement par lequel le tribunal, attendu l'importance de l'affaire, et l'examen approfondi qu'elle exige, ordonne que les parties écriront et produiront, pour éclaircir les points de difficulté qui n'ont pu être suffisamment expliqués à l'audience.

On en distinguait, autrefois, de plusieurs espèces, qu'il est inutile de rappeler ici, attendu que cette forme de procéder n'est point autorisée par le nouveau Code judiciaire.

Il faut aujourd'hui que toutes les affaires, de quelque nature qu'elles puissent être, soient portées à l'audience; celles qui sont de nature à exiger une instruction par écrit, donnent lieu à des requêtes et productions qui se remettent au greffe, et dont un juge du tribunal est chargé de faire le rapport à l'audience où l'affaire doit être jugée, à la différence des anciens procès appointés, qui donnaient lieu à de nombreux écrits, et qui se jugeaient toujours à huis-clos.

Sur la procédure qui a lieu aujourd'hui dans ces sortes d'affaires, *Voyez* INSTRUCTION PAR ÉCRIT.

M. BROYART.

APPORT.

Terme usité dans les contrats de mariage, pour désigner ce qu'un conjoint met en communauté.

Il arrive souvent qu'au lieu de former une communauté de tout le mobilier qu'on peut avoir respectivement, on se contente de stipuler qu'on apportera simplement une certaine somme en communauté, et que, par conséquent, tout ce qui aurait pu y entrer naturellement lors de la célébration du mariage, en sera exclus; car les conjoints sont, dès l'instant du mariage, communs pour tout le mobilier qu'ils peuvent avoir, à moins que le contraire ne soit stipulé entr'eux. Cette promesse d'apporter une certaine somme, forme dès-lors une dette de laquelle il résulte que, si lors de la dissolution de communauté, l'apport ne se trouve point encore fait, celui qui s'y est obligé est dans le cas, ou de l'effectuer, ou de souffrir une compensation sur la part qui lui revient des profits de cette communauté.

Lorsqu'il s'agit de faire valoir cet apport, on peut en retenir le montant sur le mobilier qu'avait le conjoint qui y était obligé par le contrat de mariage; on peut même dire, à ce sujet, que la communauté a reçu ce mobilier comme en payement, jusqu'à concurrence de l'apport. On retient encore, si l'on veut, le montant de l'apport sur les dettes actives qui sont rentrées durant la communauté ; car on n'est pas obligé de le déduire sur celles qui ont été payées auparavant ; et c'est au mari, lorsqu'il est tenu de l'apport, à prouver, par des actes ou des indices non suspects, que le payement en a été fait dans le tems de la communauté. Lorsqu'au contraire la femme est tenue de cet apport, les créances qui lui étaient dues, sont censées être rentrées durant la communauté, et dès-lors elles servent à compenser ce qu'elle devait apporter, à moins que le mari, qui était obligé de les faire rentrer, ne prouve, par ses diligences, qu'il n'a pu en être payé.

Observez encore que, dès qu'il y a un apport stipulé, les dettes, antérieures au mariage, sont par cela seul censées exclues de la communauté. Le Brun pense différemment ; mais l'opinion contraire de Pothier, conforme à celle de la Thaumassière, dans ses questions sur la coutume de Berri, nous paraît mieux dans les principes ; parce qu'enfin, dès qu'on promet d'apporter une somme ou un objet particulier, on annonce par-là que la valeur n'en sera point absorbée par les dettes antérieures de celui qui s'est rendu comme caution que l'apport s'effectuerait.

La doctrine qu'on vient d'établir, se trouve confirmée par l'article 1511 du Code Napoléon, dont voici les termes :

« Lorsque les époux apportent, dans la com-
» munauté, une somme certaine ou un corps cer-
» tain, un tel apport emporte la convention tacite
» qu'il n'est point grevé de dettes antérieures au
» mariage, et il doit être fait raison par l'époux,
» débiteur envers l'autre, de tout ce qui diminue-
» rait l'apport promis. »

Observez qu'une femme a la faculté de stipuler qu'en cas de renonciation à la communauté, elle reprendra tout ou partie de ce qu'elle y aura apporté, soit lors du mariage, soit postérieurement : mais cette stipulation ne peut s'étendre au-delà des choses formellement exprimées, ni au profit d'autres personnes que celles qui sont désignées.

Ainsi, le droit de reprendre le mobilier que la femme a apporté, lors du mariage, ne s'étend point à celui qui est échu pendant le mariage.

Le même droit ne s'étend point aux enfans ; et s'il a été stipulé en faveur de la femme et des enfans, les héritiers, soit ascendans, soit collatéraux, n'y peuvent rien prétendre.

Au surplus, les apports ne peuvent jamais être repris que déduction faite des dettes personnelles à la femme, quand la communauté les a acquittées. C'est ce qui résulte de l'article 1514 du Code Napoléon.

Voyez COMMUNAUTÉ.

APPRENTISSAGE.

Ce terme signifie l'occupation d'un apprenti, et le tems qu'on met à apprendre un métier.

Quoique tout héritier soit obligé, par l'art. 845 du Code Napoléon, de rapporter à ses cohéritiers tout ce qu'il a reçu du défunt par donation entre-vifs, soit directement ou indirectement ; l'art. 852 a fait une exception à cette règle, relativement aux frais d'apprentissage : il a déclaré que ces frais n'étaient point assujettis au rapport ordonné par l'art. 845.

L'action des maîtres, pour le prix de l'apprentissage, doit être exercée dans le cours de l'année postérieure à l'époque qui a terminé cet apprentissage ; sinon, elle est prescrite, en vertu de l'article 2272 du Code qu'on vient de citer.

APPROBATION.

C'est le consentement qu'on donne à quelque chose, le jugement favorable qu'on en porte.

La loi du 28 fructidor de l'an 3, concernant l'ordre des délibérations et la police du corps législatif, porte à l'art. 16 du paragraphe relatif à la disposition de la salle, que tout signe d'*approbation* ou d'*improbation* est sévèrement interdit, tant aux membres de chacun des conseils, qu'aux citoyens présens aux délibérations.

Et l'article 2 du paragraphe concernant les tribunes, porte que tout citoyen qui donnera des marques d'approbation ou d'improbation, sera sur-le-champ exclu des tribunes par l'huissier chargé d'y maintenir la police.

Lorsqu'une personne s'engage envers une autre, par un acte sous seing privé, à payer une somme ou à livrer une chose appréciable, il faut que cet acte soit écrit de la main du débiteur, ou du moins que celui-ci, outre sa signature, ait approuvé en toutes lettres la somme à payer ou la chose à livrer.

L'art. 1326 du Code Napoléon, qui, d'après la déclaration du 22 septembre 1733, a établi cette règle, a excepté le cas où l'acte est émané de marchands, d'artisans, de laboureurs, de vignerons et de gens de journée ou de service.

Cette exception paraît fondée sur la présomption que cette formalité gênerait le commerce, attendu que la plupart de ces sortes de gens ne savent guères écrire que pour donner une signature.

APPROVISIONNEMENT.

C'est la provision de vivres et autres choses nécessaires à la subsistance des citoyens.

L'approvisionnement des villes, et principalement de Paris, a toujours été regardé comme une partie importante du Gouvernement et de la police.

Le moyen principal, dont on a fait usage jusqu'ici pour procurer cet approvisionnement, a été de tenir la main à ce que toutes les denrées fussent amenées au marché, et de ne point souffrir que le débit s'en fît ailleurs. L'abondance ainsi réunie dans un même lieu, chacun peut s'y pourvoir avec moins de risque d'être trompé, soit pour la qualité des denrées, parce qu'elles sont soumises à l'inspection des officiers de police, soit pour le prix, parce qu'on a la liberté de s'adresser à plusieurs vendeurs. Telle est la première règle générale qu'établissent la plupart des ordonnances sur cette matière.

La seconde règle consiste à empêcher ceux qui achètent pour revendre, de faire leur commerce au préjudice du public. C'est pourquoi on leur défend d'acheter avant une certaine heure, qui varie selon les lieux et les professions.

ARBITRAGE. — ARBITRES.

Les arbitres sont des personnes choisies par les parties pour rendre un jugement sur les contestations qui les divisent.

La voie de l'arbitrage paraît avoir été employée dans tous les tems et chez tous les peuples.

Les Romains en ont permis l'usage, cet usage a passé parmi nous ; on en trouve des règles dans les ordonnances de 1510, de 1560, de 1629, de 1667, de 1673.

Sous l'assemblée constituante, le mode de l'arbitrage a été consacré par la loi du 24 août 1790. Cette loi avait même rendu l'arbitrage forcé dans les contestations entre les parens et les alliés, jusqu'au degré d'oncle et de neveu inclusivement, et entre les pupilles et leurs tuteurs pour faits relatifs à la tutelle. Une loi du 10 juin 1693 renvoyait également à des arbitres forcés le jugement des contestations relatives à la propriété des biens communaux ou prétendus tels. Mais l'arbitrage forcé, dans ces deux cas, a été aboli par une loi du 9 ventose an 4, ainsi que les dispositions analogues, contenues dans la loi du 17 nivose an 2.

Aujourd'hui, quant à l'arbitrage en matière civile, on n'a plus à consulter que le Code de procédure civile ; et pour l'arbitrage en matière de commerce, le même Code et le Code de commerce.

De l'arbitrage en matière civile.

Qui a le pouvoir de compromettre sur ses droits? Toute personne qui en a la libre disposition, répond l'article 1003 du Code de procédure civile.

Ainsi le mineur, même émancipé, ne peut pas compromettre, puisqu'il n'a pas la libre disposition de ses droits.

Il en est de même de l'interdit.

Quant aux objets qui peuvent être la matière du compromis, il faut en exclure les dons et legs d'alimens, logement et vêtemens, les séparations d'entre mari et femme, les divorces, les questions d'État, d'Etat, et toutes les contestations sujettes à communication au ministère public.

Le compromis est fait par procès-verbal devant les arbitres choisis, ou par acte devant notaire, ou sous signature privée. Cet acte désigne les objets en litige, et les noms des arbitres choisis, à peine de nullité.

Il est valable, encore qu'il ne fixe pas le délai dans lequel les arbitres doivent décider; en ce cas, le pouvoir des arbitres ne dure que trois mois, à compter du jour du compromis.

Pendant le délai de l'arbitrage, les arbitres ne peuvent être révoqués que du consentement unanime des parties.

Les parties et les arbitres sont tenus de suivre, dans la procédure, les délais et les formes établis pour les tribunaux, s'il n'y a pas de convention contraire.

Les parties peuvent renoncer à l'appel, à l'époque du compromis et depuis qu'il est passé. Si l'arbitrage est sur appel ou sur requête civile, la décision est définitive et sans appel.

L'instruction et les procès-verbaux des arbitres sont l'ouvrage de tous, si le compromis ne les autorise à commettre l'un d'eux pour cet objet.

Le compromis finit 1°. par le décès, refus, départ ou empêchement de l'un des arbitres, s'il n'y a clause qu'il sera passé outre, ou que le remplacement sera au choix des parties ou au choix de l'arbitre restant; 2°. par l'expiration du délai stipulé, ou de celui de trois mois, s'il n'en a point été réglé; 3°. par le partage, si les arbitres n'ont pas le pouvoir de choisir un tiers-arbitre.

Le décès d'une partie, lorsque tous les héritiers sont majeurs, ne met pas fin au compromis; seulement le délai, pour instruire et juger, est suspendu pendant le tems accordé pour faire inventaire et pour délibérer.

Les arbitres ne peuvent se déporter, si leurs opérations sont commencées ; ils ne peuvent être récusés que pour une cause survenue depuis le compromis.

En cas d'une inscription de faux, même purement civile, ou d'un incident criminel, les arbitres doivent délaisser les parties à se pourvoir, et les délais de l'arbitrage continuent à courir du jour du jugement de l'incident.

Chaque partie est tenue de produire ses défenses et ses pièces quinze jours, au moins, avant l'expiration du délai du compromis, et les arbitres sont obligés de juger sur ce qui est produit.

Le jugement est signé par chaque arbitre ; et si, lorsqu'ils sont plus de deux, la minorité refuse de signer, les autres en font mention, et le jugement a le même effet que s'il était signé par tous. Le jugement arbitral n'est, dans aucun cas, sujet à opposition.

En cas de partage, les arbitres, autorisés à nommer un tiers, doivent faire ce choix par la décision qui prononce le partage ; s'ils ne peuvent en convenir, ils le déclarent sur le procès-verbal, et le tiers est nommé par le président du tribunal qui doit ordonner l'exécution de la décision arbitrale, à la réquisition de la partie la plus diligente. Dans les deux cas, les arbitres divisés sont tenus de rédiger leur avis distinct et motivé dans le même procès-verbal, ou dans des procès-verbaux séparés.

Le tiers-arbitre doit juger dans le mois de son acceptation, à moins que ce délai n'ait été prolongé par l'acte de la nomination ; il ne peut prononcer qu'après avoir conféré avec les arbitres divisés, qui sont sommés de se réunir à cet effet. Si tous les arbitres ne se réunissent pas, le tiers-arbitre prononce seul, et néanmoins, il est tenu de se conformer à l'un des avis des autres arbitres.

Les arbitres et tiers-arbitre décideront, d'après les règles du droit, si le compromis ne leur donne pas le pouvoir de prononcer comme *amiables compositeurs*.

Le jugement arbitral est rendu exécutoire par une ordonnance du tribunal de première instance dans le ressort duquel il est rendu. A cet effet, la minute du jugement est déposée dans les trois jours, par l'un des arbitres, au greffe du tribunal.

S'il a été compromis sur l'appel d'un jugement, la décision arbitrale est déposée au greffe du tribunal d'appel, et l'ordonnance est rendue par le président de ce tribunal.

Les poursuites pour les frais de dépôt et les droits d'enregistrement, ne peuvent être faites que contre les parties.

Le jugement arbitral, même celui qui est préparatoire, ne peut être exécuté qu'après l'ordonnance qui est accordée par le président du tribunal, au bas ou en marge de la minute, sans aucune communication au ministère public; et cette ordonnance est expédiée à la suite de l'expédition de la décision.

La connaissance de l'exécution du jugement appartient au tribunal qui a rendu l'ordonnance par l'intermédiaire de son président.

On ne peut jamais opposer à des tiers un jugement arbitral.

L'appel du jugement arbitral est porté devant le tribunal de première instance, pour les matières qui auraient été de la compétence du juge de paix, soit en premier, soit en dernier ressort, s'il n'y avait point eu arbitrage; et devant la Cour d'appel, pour les matières qui, dans le même cas, auraient été, soit en premier, soit en dernier ressort, de la compétence des tribunaux de première instance.

Les règles sur l'exécution provisoire des jugemens des tribunaux, sont applicables aux jugemens arbitraux.

Si l'appel est rejeté, l'appelant est condamné à la même amende que s'il s'agissait de l'appel d'un jugement des tribunaux ordinaires.

La requête civile peut avoir lieu contre les jugemens arbitraux, dans les délais, les formes et les cas désignés pour qu'elle soit prise contre les jugemens des tribunaux ordinaires. Elle est portée devant le tribunal qui eût été compétent pour connaître de l'appel. On ne peut néanmoins proposer pour ouvertures, 1°. l'inobservation des formes ordinaires, si les parties étaient convenues qu'on ne s'y astreindrait point, en procédant à l'arbitrage ; 2°. le moyen résultant de ce qu'il aurait été prononcé sur choses non demandées, sauf à se pourvoir en nullité.

Il ne sera nul besoin de se pourvoir par appel ou par requête civile, 1°. si le jugement a été rendu sans compromis, ou hors des termes du compromis; 2°. s'il l'a été sur compromis nul ou expiré ; 3°. s'il n'a été rendu que par quelques arbitres non autorisés à juger en l'absence des autres ; 4°. s'il l'a été par un tiers, sans en avoir conféré avec les arbitres divisés ; 5°. s'il a été prononcé sur choses non demandées.

Dans tous ces cas, les parties se pourvoient simplement par opposition à l'ordonnance d'exécution devant le tribunal qui l'a rendue, et demandent la nullité de l'acte qualifié *jugement arbitral*.

Il ne peut y avoir recours en cassation que contre

les jugemens des tribunaux rendus, soit sur requête civile, soit sur appel d'un jugement arbitral.

Telles sont les règles sur cette matière contenues dans le Code de procédure civile. (Article 1003 et suivans.)

Il s'est élevé quelques questions sur des points qui n'étaient pas prévus ou qui paraissaient mériter une interprétation.

Deux commerçans, divisés d'intérêt, nomment des arbitres pour décider leurs différends sans appel et sans recours en cassation, dans un délai déterminé.

Les arbitres prononcent quatre jours avant l'expiration de leurs pouvoirs. Trois jours après, une des parties révoque ses arbitres. Deux jours après cette révocation, enregistrement et dépôt au greffe du jugement arbitral. Le lendemain, ordonnance d'exécution.

La partie condamnée interjette appel de cette ordonnance, et forme incidemment une demande en entérinement de requête civile contre la décision arbitrale.

Elle motive ses conclusions sur ce que le jugement arbitral ne pouvait avoir d'autre date que celle de l'ordonnance d'exécution, qui n'avait été obtenue que six jours après l'expiration des pouvoirs des arbitres; que le jugement arbitral, quoique signé par les arbitres avant cette expiration, ne pouvait être considéré que comme un écrit privé, et ne pouvait acquérir une date certaine que par l'enregistrement.

Il s'agissait donc de savoir si un jugement arbitral faisait, entre les parties, foi de sa date, du moment de la signature apposée par les arbitres.

La question a été successivement décidée affirmativement par la Cour d'appel de Paris, et par la Cour de cassation dont l'arrêt est daté du 15 thermidor an 11. La Cour d'appel de Paris a porté la même décision, par arrêt du 12 juin 1806.

On agitait la question de savoir si la clause d'un compromis, par laquelle les arbitres étaient autorisés à prononcer en dernier ressort, et sans recours à aucun autre tribunal, excluait même la voie extraordinaire de la requête civile.

La Cour d'appel de Paris s'est prononcée pour l'affirmative, dans un arrêt du 3 ventose an 13.

Dans une espèce qui présentait la question dans les mêmes termes, la Cour de Nîmes l'a jugée négativement par arrêt du 30 germinal de la même année.

Un enfant avait été arraché des entrailles de sa mère, qui était morte en subissant l'opération césarienne. Il s'agissait de savoir, pour régler la succession, si l'enfant avait survécu. Les parties avaient nommé des arbitres, en leur donnant la faculté de s'adjoindre un tiers.

L'une des parties s'est pourvue en nullité du compromis, soit parce qu'elle a prétendu qu'il s'agissait de l'état de l'enfant sur lequel on ne pouvait compromettre, soit parce que les arbitres ne pouvaient valablement choisir un tiers qu'après avoir fait l'examen de la contestation.

Par arrêt du 26 février 1807, la Cour de Bruxelles a écarté ces prétentions, en décidant que la question de savoir si l'enfant dont il s'agissait était né viable ou non, ne constituait point une véritable question d'état qui ne pouvait s'entendre que de l'état des *personnes*, et qu'aucune loi ne défendait aux parties d'autoriser les arbitres à en choisir un troisième pour juger concurremment avec eux.

Le tribunal compétent pour prononcer la nullité du compromis, l'est-il également pour déclarer nulle la décision arbitrale, suite du compromis?

L'affirmative a été jugée par arrêt de la Cour de cassation du 4 février 1807.

Le mandataire qui a le pouvoir de transiger, peut-il valablement compromettre pour le mandant, lorsque celui-ci lui a successivement adressé plusieurs lettres, dans lesquelles, en l'autorisant à nommer des arbitres, il lui a tracé les moyens à faire valoir devant eux, soit pour faire accueillir ses demandes, soit pour repousser celles de son adversaire ?

La question a été jugée affirmativement par l'arrêt de la Cour de cassation du 15 février 1808.

Une sentence arbitrale doit-elle être signée par le tiers-arbitre, à peine de nullité ?

La Cour d'appel de Paris n'a pas hésité de le déclarer ainsi par un arrêt du 17 février 1808.

Quand une partie a nommé un arbitre, que cet arbitre n'acceptant pas, elle est mise en demeure d'en nommer un autre, et qu'il en est nommé un d'office, peut-elle faire cesser l'effet de cette nomination, en désignant un arbitre avant que les opérations de l'arbitrage soient commencées ?

Arrêt de la Cour d'appel de Paris, du 14 février 1809, qui l'a décidé affirmativement.

Le jugement arbitral signé par la majorité des arbitres, en l'absence de l'un d'eux, est-il nul, lorsqu'il n'est pas constant que l'arbitre absent ait participé à toutes les séances ?

L'affirmative a été décidée par un arrêt de la Cour d'appel de Montpellier, confirmé par celui de la Cour de cassation du 4 mai 1809. Ce dernier arrêt a pour fondement l'art. 1028 du Code de procédure civile.

Une sentence arbitrale est-elle nulle pour n'avoir pas été déposée dans les trois jours de sa date au greffe du tribunal, comme le prescrit l'art. 1020 du Code de procédure civile ?

La négative a été jugée par arrêt de la Cour d'appel de Paris du 11 juillet 1809. Cet arrêt est fondé sur ce que l'article cité ne porte point la peine de nullité en cas d'inexécution.

Une sentence arbitrale, rendue en pays étranger sur des intérêts privés, est-elle exécutoire en France, quand elle est revêtue d'une ordonnance d'un tribunal français?

La Cour d'appel de Paris a jugé affirmativement cette question par un arrêt du 16 décembre 1809.

Deux arbitres nommés pour décider un différend se trouvent partagés. Un tiers-arbitre est choisi; il ne rend sa décision que deux mois après: de-là naît la question de savoir si la décision est nulle, pour n'avoir pas été prononcée dans le mois, comme le prescrit l'art. 1018 du Code de procédure civile.

Par un arrêt du 21 décembre 1808, la Cour d'appel de Rouen a décidé que le jugement arbitral n'était pas nul. Elle s'est fondée sur ce que l'article 1018, en fixant le délai d'un mois, n'a pas cependant dépouillé le tiers-arbitre de sa mission après l'échéance de ce terme, et sur ce que, dans l'espèce, l'arbitre avait prononcé dans les trois mois à compter de l'acte du compromis.

De l'arbitrage en matière de commerce.

Le titre 25 du Code de procédure civile s'occupe de la procédure devant les tribunaux de commerce.

Après quelques règles générales, le législateur veut, art. 429, que, s'il y a lieu à renvoyer les parties devant des arbitres pour examen de comptes, etc., il soit nommé un ou trois arbitres pour entendre les parties et les concilier, si faire se peut, sinon, donner leur avis; que, s'il est question d'estimation d'ouvrages, il soit nommé un ou trois experts; que les arbitres ou les experts soient nommés d'office par le tribunal de commerce, si les parties n'en conviennent pas à l'audience.

La récusation ne peut en être proposée que dans les trois jours de la nomination. Le rapport des arbitres ou des experts est déposé au greffe du tribunal. (Art. 430 et 431.)

Le Code de commerce établit les règles suivantes :

Toute contestation entre associés, et pour raison de la société, doit être jugée par des arbitres. Il y a lieu à l'appel du jugement arbitral, ou au pourvoi en cassation, si les parties n'y renoncent pas. L'appel est porté devant la Cour d'appel. (Art. 51 et 52.)

La nomination des arbitres se fait par acte sous seing privé, par acte devant notaires, par acte extra-judiciaire, par un consentement donné en justice. — Le délai pour le jugement est fixé par les parties au moment qu'elles nomment les arbitres, ou réglé par les juges, si les parties ne s'accordent point. — Si l'un ou plusieurs des associés refusent de nommer des arbitres, ceux-ci sont nommés d'office par le tribunal de commerce. (Articles 53, 54 et 55.)

Les pièces et mémoires des parties sont remis aux arbitres sans aucune formalité de justice. — La partie en retard de remettre, est sommée de le faire dans les dix jours. — Selon la qualité des faits, les arbitres peuvent proroger le délai pour effectuer cette remise. — Si le délai n'est point renouvelé, ou que le nouveau délai soit expiré, les arbitres jugent sur les pièces et mémoires remis. (Art. 56, 57, 58 et 59.)

En cas de partage, si le compromis n'a pas désigné le sur-arbitre, il est nommé par les arbitres. — Le jugement arbitral est motivé. — Il est déposé au greffe du tribunal de commerce. — Il est rendu exécutoire sans modification, et transcrit sur les registres, en vertu d'une ordonnance du président du tribunal, lequel est tenu de la rendre pure et simple, dans le délai de trois jours du dépôt au greffe. (Art. 60 et 61.)

Toutes ces dispositions sont communes aux veuves, héritiers ou ayant cause des associés. — Si des mineurs sont intéressés dans des contestations de ce genre, le tuteur ne peut renoncer à la faculté d'appeler du jugement arbitral. — Toutes actions contre les associés, non liquidateurs, et leurs veuves, héritiers ou ayant cause, sont prescrites avant la fin ou la dissolution de la société, si l'acte de société, qui en énonce la durée ou l'acte de dissolution, a été affiché et enregistré conformément aux art. 42, 43, 44 et 45, et si, depuis cette formalité remplie, la prescription n'a été interrompue, à leur égard, par aucune poursuite judiciaire. (Art. 62, 63 et 64.)

Il s'est également élevé quelques questions concernant les arbitres en matière de commerce.

Celle de savoir si ces arbitres pouvaient être récusés péremptoirement, en conformité de l'art. 3 de la loi du 23 vendémiaire an 4, a été jugée négativement par arrêt de la Cour de cassation du 13 germinal an 12.

Celle de savoir si, lorsque la loi prescrit l'arbitrage en matière de société de commerce, une des parties peut révoquer, sans le concours de l'autre, le consentement mutuel qu'elles ont d'abord donné à ce que les arbitres prononçassent en dernier ressort, a été également négativement décidée par un arrêt de la Cour de cassation du 8 octobre 1806.

Les sieurs Cogniasse-des-Jardins et Robquin père avaient eu des difficultés sur un compte relatif à une société de commerce. Des arbitres chargés de les décider ayant été partagés, un tribunal de commerce avait nommé un tiers-arbitre, auquel, postérieurement, les parties avaient déféré la mission de juger en dernier ressort. Le tiers-arbitre était sur le point de rendre son jugement, lorsque Robquin père décéda. Quelques jours après ce décès, qui ne lui fut pas notifié, le tiers-arbitre prononça et condamna le défunt.

Pourvoi en nullité de la part des héritiers. Il s'agissait de savoir si la mission du tiers-arbitre qui avait reçu des pouvoirs des parties, lesquelles l'avaient autorisé à juger en dernier ressort sans le concours des premiers arbitres, avait cessé par la mort de l'une des parties. L'affirmative a été jugée par un arrêt de la Cour d'appel de Paris du 15 décembre 1807.

Quand des arbitres, en matière de société, diffèrent d'opinion sur l'étendue du pouvoir qui leur a été conféré, peuvent-ils appeler un tiers-arbitre ou le faire appeler par le tribunal de commerce, pour les départager et fixer leur compétence? Ou appartient-il exclusivement aux tribunaux ordinaires de faire cesser le partage, en déterminant l'étendue et les bornes du pouvoir des arbitres?

La Cour d'appel de Paris a embrassé la dernière opinion par un arrêt du 25 mars 1808.

L'exécution d'un jugement arbitral en matière de société, rendu en dernier ressort, et revêtu de l'ordonnance du président du tribunal, est-elle suspendue par la demande en nullité formée contre ce même jugement?

Arrêt de la Cour d'appel de Paris du 14 septembre 1808, qui prononce le contraire.

Un jugement arbitral, en matière de société, peut-il être attaqué en nullité, sous le prétexte que les arbitres auraient, au fond, jugé en contravention à la loi.

La Cour d'appel de Paris a décidé la négative par un arrêt du 28 mai 1810.

Lorsqu'en matière de société de commerce, les parties, pour décider leurs contestations, sont convenues de choisir des arbitres dans la classe des négocians *banquiers*, l'une d'elles peut-elle élire un arbitre autre qu'un banquier?

Dans le même cas, lorsqu'une des parties refuse de choisir son arbitre dans la classe désignée, ce refus autorise-t-il l'autre partie à demander que les contestations soient décidées par les tribunaux ordinaires?

Ces deux questions ont été jugées négativement par un arrêt de la Cour d'appel de Paris du 6 août 1810.

M. DECOMBEROUSSE.

ARBRE.

SOMMAIRES.

1. *Définition et notice des dénominations qu'on donne aux différentes sortes d'arbres dans l'administration forestière, avec indication des peines qui doivent être appliquées aux délits concernant les principaux de ces arbres.*

2. *De la distance qu'il doit y avoir entre les arbres qu'on plante et le fonds voisin.*

3. *Des fruits des arbres plantés sur un terrain dans le voisinage d'un autre fonds.*

4. *Du cas où un arbre se trouve directement sur la ligne qui sépare deux héritages.*

5. *Les arbres plantés en pleine terre font partie du fonds où ils ont été plantés. Exception à cette règle.*

6. *De la propriété des arbres plantés le long des chemins.*

7. *Du dommage qu'on fait aux arbres d'autrui et à ceux qui sont plantés sur les routes.*

8. *De la défense de gêner la navigation des rivières par des plantations d'arbres.*

9. *De l'obligation d'écheniller les arbres.*

1. Un arbre est une plante boiseuse qui croît en grosseur et en hauteur plus que toutes les autres plantes.

Les *arbres de délit* sont ceux qui ont été coupés en contravention, soit dans les bois nationaux, soit dans ceux des communautés d'habitans ou des particuliers.

Les *arbres déshonorés* sont ceux dont on a coupé la cîme et les branches. Ceux qui ont déshonoré des arbres doivent être condamnés aux mêmes amendes et dommages et intérêts que s'ils avaient coupé ces arbres.

Les *arbres charmés* sont ceux qu'on a entamés pour les faire périr. On nomme communément *arsins* ceux auxquels on a mis le feu.

Quiconque est convaincu d'avoir charmé ou écorcé des arbres, doit être puni corporellement. C'est la disposition de l'art. 22 du titre 27 de l'ordonnance des eaux et forêts.

Les *arbres chablis* sont ceux qui ont été abattus par les vents.

Les *arbres faux ventés* sont ceux que l'on a fait tomber par le moyen de quelque machine, en sorte qu'il semble que c'est le vent qui les a abattus, ou bien ceux que l'on a déchaussés pour que le vent pût les abattre plus facilement.

L'amende pour ce délit est la même que pour les bois abattus par pied.

Les *arbres de réserve* sont proprement les baliveaux laissés dans chaque coupe pour repeupler la forêt.

On appelle aussi *arbres de réserve* les pieds corniers, parois ou arbres de lisière, que l'arpenteur laisse autour des ventes, pour en marquer les limites.

Les *arbres* ou *pieds corniers*, sont ceux qu'on marque dans les angles : on appelle particulièrement *pieds tournans*, ceux qui sont dans les angles rentrans.

Ces arbres doivent être marqués sur les deux faces qui regardent la vente,

L'amende pour chaque pied cornier abattu, est de 100 liv.; et s'il a été arraché, de 200 liv.

Les *arbres de lisière*, autrement dits *parois*, sont ceux qu'on laisse sur les lignes entre les pieds corniers.

Ces arbres doivent aussi être marqués sur le côté qui regarde la vente.

L'amende pour arbre de lisière, est de 50 liv.

Les *arbres de lumière* sont ceux que les arpenteurs laissent au milieu des brisées pour faciliter leurs opérations. Ces arbres sont marqués sur les deux faces qui regardent les pieds corniers.

Les *arbres empruntés* sont ceux que l'arpenteur marque ou emploie comme pieds corniers, quoiqu'ils ne soient pas directement dans les angles des ventes à couper : ceci a lieu lorsque dans ces angles il ne se trouve point d'arbre assez considérable pour pied cornier.

Les arbres empruntés doivent être spécialement désignés dans les procès-verbaux d'assiette, par leur âge, qualité, nature et grosseur, et par la distance où ils se trouvent de l'angle et des autres pieds corniers.

Si, durant l'exploitation d'une vente, les arbres réservés sont abattus par les vents ou quelqu'autre accident, les adjudicataires doivent les laisser sur la place, et en donner promptement avis au garde, qui, de son côté, est obligé d'avertir les officiers pour en marquer d'autres; et tout cela doit se faire sans frais.

Si l'adjudicataire a abattu lui-même des arbres de réserve, ou si ayant été abattus par d'autres, lui ni ses facteurs n'en ont point dressé de procès-verbal, il doit être condamné à l'amende de 100 livres pour pied cornier abattu, ou de 200 livres si l'arbre a été arraché, et à celle de 50 livres pour les autres arbres de réserve, comme *baliveaux*, *parois*, *arbres de lisière*, à moins toutefois que les baliveaux ne soient de l'âge du taillis au-dessous de vingt ans : dans ce cas, l'amende n'est que de 10 livres. Il doit en outre être condamné aux dommages et intérêts, qui ne peuvent être de moindre somme que l'amende.

Non-seulement l'adjudicataire est sujet à être condamné pour les arbres de réserve de la vente qu'il exploite actuellement, mais encore pour ceux qu'il a abattus dans les ventes précédentes. C'est ce qu'a décidé l'arrêt du conseil du 7 février 1705, qui, en confirmant une sentence de la maîtrise de Compiègne contre les adjudicataires des bois des ordinaires de 1701 et 1702, pour avoir coupé des arbres dans les ventes précédentes, a fait défense à tout adjudicataire de couper aucun arbre de réserve, tant des ventes actuelles que des précédentes, à peine de 50 liv. d'amende pour chaque arbre, et de pareille somme de dommages et intérêts, conformément aux articles 4 et 8 du titre 32 de l'ordonnance des eaux et forêts.

L'amende ordinaire pour les arbres fruitiers coupés en délit, est la même que pour le chêne, c'est-à-dire, de 4 liv. pour chaque pied de tour.

Les arbres fruitiers qui croissent dans les bois des

communautés d'habitans, doivent être réservés lors des coupes, de même que les baliveaux, et sous les mêmes peines.

Ceux qui se trouvent dans les forêts nationales doivent aussi être réservés.

L'article 609 du Code des délits et des peines décrété le 3 brumaire de l'an 4, a ordonné l'exécution des dispositions, tant de l'ordonnance des eaux et forêts de 1669, que de la loi du 20 messidor de l'an 3 : il suit de-là, que dans le cas où l'ordonnance de 1669 n'a pas prononcé une amende et une restitution proportionnées à la valeur actuelle des arbres sur lesquels se sont étendus les délits, le montant de cette amende et de cette restitution doit, suivant l'article 10 de la loi du 20 messidor, être déterminé provisoirement par les tribunaux, d'après la valeur dont on vient de parler.

2. *De la distance qu'il doit y avoir entre les arbres qu'on plante et le fonds voisin.* Comme il n'est pas permis de nuire à autrui, il faut en tirer la conséquence que, quand on plante des arbres, ils doivent se trouver à une telle distance du fonds voisin, qu'il ne puisse recevoir de cette plantation aucun dommage. Mais quelle doit être cette distance ?

Suivant le droit romain, fondé à cet égard sur les lois de Solon, on avait le droit de planter une haie sur les limites mêmes de son héritage ; mais un olivier ou un figuier ne pouvait être planté qu'à neuf pieds de distance du fonds voisin, et un autre arbre à cinq pieds.

Dans la suite, les préteurs ajoutèrent à ces dispositions : comme il pouvait arriver qu'un arbre, quoique planté à la distance prescrite par la loi, fût néanmoins nuisible au voisin par son branchage, ils autorisèrent, dans ce cas, à exiger la suppression

sion entière de l'arbre, s'il tombait sur une maison, et à demander qu'il fût élagué à quinze pieds de terre, s'il ne tombait que sur un champ.

La coutume de Paris ne fixe point de distance pour planter un arbre de haute tige ou futaie vers l'héritage voisin : cela dépend de la nature des arbres et de leur situation. Si, par exemple, ce sont des ormes, 18 pieds de distance ne suffiraient pas entre le pied de ces arbres et l'héritage voisin, pour que celui-ci ne souffrît aucun dommage, à moins qu'on n'eût soin de couper les racines de ces arbres, pour les empêcher de s'étendre. Si, d'ailleurs, ces arbres sont situés de manière à couvrir de leur ombre l'héritage voisin, il n'est pas douteux que le propriétaire ne doive les retirer, de telle sorte qu'ils n'interceptent plus les rayons du soleil, surtout dans les heures où la chaleur agit le plus efficacement sur les fruits.

Suivant l'article 5 du réglement du 17 août 1751, relativement aux plantations d'arbres qui ont lieu dans les départemens substitués à la ci-devant province de Normandie, le propriétaire d'un héritage ne peut planter aucun poirier ou pommier, qu'il ne soit éloigné de sept pieds du fonds voisin : il doit d'ailleurs retrancher la partie des branches de son arbre qui s'étend sur ce fonds.

La coutume d'Orléans porte, qu'*il n'est loisible de planter ormes, noyers et chênes au vignoble d'Orléans, plus près des vignes de son voisin que de quatre toises.*

L'article 671 du Code Napoléon porte, « qu'il n'est permis de planter des arbres de haute tige qu'à la distance prescrite par les réglemens particuliers qui existent ou par les usages constans et reconnus; et à défaut de réglemens et d'usages, qu'à la distance de deux mètres de la ligne de séparation des deux héritages, pour les arbres à haute tige ; et à la distance d'un demi-mètre pour les autres arbres et haies vives. »

Le voisin peut, conformément à l'article 672, exiger que les arbres et les haies qui sont plantés à une moindre distance, soient arrachés.

Celui sur la propriété duquel avancent les branches des arbres du voisin, peut contraindre celui-ci à couper ces branches. Et si ce sont les racines qui avancent sur son héritage, il a droit de les y couper lui-même.

Lorsque des arbres se trouvent dans une haie mitoyenne, ils sont mitoyens comme la haie ; et l'article 673 autorise chacun des deux propriétaires à requérir qu'ils soient abattus.

3. *Des fruits des arbres qui sont plantés sur un terrain dans le voisinage d'un autre fonds.* Quant aux difficultés qui peuvent naître au sujet de la propriété des fruits des arbres plantés sur les confins des héritages dans les terres des voisins, il faut se conformer aux usages des lieux.

Le droit romain permet au propriétaire de l'arbre d'aller amasser les fruits qui en sont tombés dans l'héritage du voisin, pourvu qu'il le fasse dans l'espace de trois jours.

L'art. 193 de la coutume de Bassigni veut que la moitié des fruits appartienne au propriétaire de l'arbre, et l'autre moitié au propriétaire du fonds dans lequel ils sont tombés : sur quoi Saint-Yon observe qu'il est juste que le voisin, qui pourrait, à la rigueur, contraindre le maître de l'arbre à en retrancher les branches à quinze pieds de hauteur, perçoive cette portion des fruits tombés de son côté, tant à cause de l'incommodité qu'il reçoit de l'arbre, que parce qu'il n'est guère possible qu'une partie des racines se soit nourrie par son propre fonds.

Dans la coutume de Paris, l'usage est d'accorder

le fruit des branches à celui qui est propriétaire de l'héritage sur lequel elles pendent.

4. *Du cas où un arbre se trouve directement sur la ligne qui sépare deux héritages.* Lorsqu'un arbre se trouve directement sur la ligne qui sépare deux héritages, il appartient aux deux propriétaires; en sorte que l'un ne peut le faire couper ni ébrancher sans le consentement de l'autre.

Si l'arbre porte des fruits, chacun des voisins recueille celui des branches qui pendent sur son héritage.

5. *Les arbres plantés en pleine terre font partie du fonds où ils ont été plantés. Exception à cette règle.* Les arbres plantés en pleine terre font partie du fonds de terre où ils ont été plantés, aussitôt qu'ils y ont été plantés.

Cependant si, par erreur, quelqu'un avait planté dans sa terre un arbre qui ne lui appartînt pas, ou qu'il eût planté son arbre dans le terrain d'autrui, l'arbre conserverait sa qualité de meuble, et ne serait censé faire partie de la terre où il aurait été planté, que quand il y serait attaché par les racines qu'il y aurait poussées.

La règle souffre une autre exception par rapport aux arbres des pépinières qu'on enlève de la terre qui les a produits, pour les transplanter dans une autre terre, où ils sont mis comme en dépôt pour s'y nourrir et s'y fortifier, jusqu'à ce qu'on les en arrache pour les vendre. Ces arbres conservent la qualité de meuble qu'ils ont acquise lorsqu'ils ont été arrachés de la terre où ils ont été produits.

Les arbres plantés par un fermier sur l'héritage qu'il a pris à ferme, n'appartiennent pas non plus au propriétaire, à moins toutefois qu'il ne veuille en payer la valeur au fermier. Dans ce cas-ci, il peut empêcher le fermier de les enlever.

6. *De la propriété des arbres plantés le long des*

chemins. Lorsque la France était surchargée de seigneurs féodaux, c'était eux qui avaient la propriété des arbres plantés le long des chemins; mais aujourd'hui ces arbres appartiennent aux propriétaires riverains, en vertu de l'art. 14 de la loi du 28 août 1792, qui a été confirmé par une autre loi du 9 février 1793.

7. *Du dommage qu'on fait aux arbres d'autrui et à ceux qui sont plantés sur les routes.* L'art. 14 du titre 2 de la loi du 28 septembre 1791 veut que ceux qui détruisent les greffes des arbres, ainsi que ceux qui écorcent ou coupent en tout ou en partie des arbres sur pied qui ne leur appartiennent pas, soient condamnés à une amende double du dédommagement dû au propriétaire, et à une détention de police correctionnelle qui néanmoins ne peut s'étendre au-delà de six mois.

La même détention doit être prononcée contre quiconque coupe ou détériore des arbres plantés sur les routes, et il doit, en outre, être condamné à une amende du triple de la valeur des arbres. C'est ce qui résulte de l'art. 43 du titre cité.

8. *De la défense de gêner la navigation des rivières par des plantations d'arbres.* Les propriétaires des héritages qui aboutissent aux rivières navigables, sont tenus de laisser le long des bords un espace de vingt-quatre pieds au moins en largeur pour le trait des chevaux, et ils ne peuvent planter aucun arbre ni haie plus près que de trente du côté que les bateaux se tirent, et de dix l'autre côté.

Les mêmes propriétaires doivent fai enlever les arbres qui se détachent de leurs terres.

9. *De l'obligation d'écheniller les arbres.* On s'est souvent occupé du soin de faire écheniller les arbres, haies et buissons pour prévenir le dommage que les chenilles occasionnent souvent aux propriétaires et

aux fermiers des héritages. La loi du 26 ventose de l'an 4 contient à cet égard les dispositions suivantes :

« Art. Ier. Dans la décade de la publication de la » présente loi, tous propriétaires, fermiers, loca» taires ou autres faisant valoir leurs propres héri» tages ou ceux d'autrui, seront tenus, chacun en » droit soi, d'écheniller ou faire écheniller les ar» bres étant sur lesdits héritages, à peine d'a» mende, qui ne pourra être moindre de trois » journées de travail, et plus forte de dix.

» II. Ils sont tenus, sous les mêmes peines, de » brûler sur le champ les bourses et toiles qui sont » tirées des arbres, haies ou buissons, et ce dans » un lieu où il n'y aura aucun danger de communi» cation de feu, soit pour les bois, arbres et » bruyères, soit pour les maisons et bâtimens.

» III. Les administrateurs de département feront » écheniller, dans le même délai, les arbres étant » sur les domaines nationaux non affermés.

» IV. Les agens et adjoints des communes sont » tenus de surveiller l'exécution de la présente loi » dans leurs arrondissemens respectifs ; ils sont res» ponsables des négligences qui y sont décou» vertes.

» Les commissaires du directoire exécutif près » des municipalités, sont tenus, dans la deuxième » décade de la publication, de visiter tous les ter» rains garnis d'arbres, d'arbustes, haies ou buis» sons, pour s'assurer que l'échenillage aura été » fait exactement, et d'en rendre compte au mi» nistre chargé de cette partie.

» Dans les années suivantes, l'échenillage sera » fait, sous les peines portées par les articles ci» dessus, avant le 1er. ventose.

» Dans le cas où quelques propriétaires ou fer» miers auraient négligé de le faire pour cette

» époque, les agens et adjoints le feront faire aux » dépens de ceux qui l'auront négligé, par des ouvriers qu'ils choisiront; l'exécutoire des dépenses » leur sera délivré par le juge de paix, sur les quittances des ouvriers, contre lesdits propriétaires » et locataires, et sans que ce payement puisse les » dispenser de l'amende. »

Le paragraphe 8 de l'art. 471 du Code pénal veut que ceux qui ont négligé d'écheniller dans les campagnes ou jardins, où ce soin est prescrit par la loi ou les réglemens, soient condamnés à une amende, depuis 1 franc jusqu'à 5 francs inclusivement; et qu'en cas de récidive, ils soient, en outre, condamnés à un emprisonnement de trois jours au plus, en vertu de l'art. 474 du même Code.

Voyez les articles BOIS, USUFRUIT, COMMUNAUTÉ, etc.

ARCHICHANCELIER DE L'EMPIRE.

Voyez le nombre 14 de l'article CONSTITUTIONS DE L'EMPIRE.

ARCHICHANCELIER D'ETAT.

Voyez le nombre 15 de l'article CONSTITUTIONS DE L'EMPIRE.

ARCHITECTE.

C'est celui qui sait l'art de bâtir, qui en fait profession.

Pour être bon archirecte, il faut beaucoup de

talens et de connaissances : on doit être versé dans les mathématiques, posséder le dessin, entendre les métiers du maçon, du tailleur de pierres, du charpentier, du couvreur, et en général de tous ceux qui travaillent à la construction d'un édifice.

Il est par conséquent plus rare qu'on ne le pense communément, de trouver quelqu'un digne du nom d'architecte. Quel homme cependant est plus utile à la société ?

Les architectes qu'on appelle *architectes-entrepreneurs*, sont ceux qui emploient leur travail pour des bâtimens ou pour d'autres ouvrages, et qui fournissent quelquefois, en même tems, les matériaux nécessaires pour les constructions ou pour les réparations dont ils sont chargés. Ils ont privilége sur les objets construits ou réparés, pour leurs salaires et leurs fournitures, à peu près comme le vendeur en a un sur le prix de la chose vendue. Mais pour exercer ce privilége sur d'autres créanciers, il faut, conformément à l'article 2103 du Code Napoléon, que par un expert que le tribunal de première instance a nommé d'office, il ait été dressé préalablement un procès-verbal à l'effet de constater l'état des lieux relativement aux ouvrages que le propriétaire a déclaré avoir dessein de faire, et que les ouvrages aient été reçus par un expert également nommé d'office, dans les six mois, au plus tard, après qu'ils ont été faits.

Au surplus, le montant du privilége ne peut excéder les valeurs constatées par le second procès verbal; et il se réduit à la plus value existante à l'époque de l'aliénation de l'immeuble, et résultant des travaux qui y ont été faits.

Ceux qui ont prêté les deniers pour payer ou rembourser les ouvriers ou entrepreneurs, jouissent du même privilége, pourvu que cet emploi soit authentiquement constaté par l'acte d'emprunt et par la quittance des ouvriers.

Si, après l'ouvrage fait, il survenait quelqu'accident extraordinaire, tel qu'un incendie, un tremblement de terre, qui le fît périr, l'architecte n'en serait point responsable, quand même l'ouvrage n'aurait point encore été reçu, parce qu'à mesure qu'il se fait, il appartient à celui qui l'a commandé, et que la chose périt pour celui qui en est le maître. Il en serait différemment des bois de construction que l'architecte aurait rassemblés sur place, et qui seraient consumés par un incendie avant d'avoir été employés; la perte en serait pour l'architecte, qui n'est déchargé de l'obligation de fournir ce qu'il a promis, qu'après que la fourniture a été faite.

Si l'architecte, au lieu de travailler ou de faire travailler solidement, ne produisait qu'un ouvrage défectueux, non-seulement il perdrait son travail et ses matériaux, il serait encore obligé d'indemniser le propriétaire du dommage que celui-ci aurait souffert, soit pour les accidens qui s'en seraient suivis, soit pour le tems pendant lequel ce propriétaire aurait manqué de gagner, surtout s'il était un homme de commerce ou d'un état qui lui rendît le bâtiment plus nécessaire qu'à un autre particulier.

Un architecte ou un entrepreneur est garant plus ou moins long-tems de son travail, suivant la nature de l'ouvrage entrepris. Ce tems est celui qui est moralement requis pour une épreuve; il y a des constructions dont on est responsable pendant dix ans.

Voyez les articles BATIMENS, EXPERTS, PRIVILÉGE, etc.

ARCHITRESORIER DE L'EMPIRE.

Voyez le nombre 16 *de l'article* CONSTITUTIONS DE L'EMPIRE.

ARCHIVES.

On appelle en général *archives*, d'anciennes chartes ou d'anciens titres, et autres papiers importans. Et l'on donne le même nom au lieu où l'on garde ces sortes de titres.

Le titre d'*archiviste* désigne le *garde des archives.*

Les archives nationales ou de l'Empire, consistent dans le dépôt de tous les actes qui établissent le droit public et les lois de la France.

Ce dépôt est au Palais de Justice, cour de la Sainte-Chapelle.

ARGENT.

SOMMAIRES.

1. *Définition.*

2. *Défense d'exporter hors du territoire français les matières d'or et d'argent, et peines auxquelles sont assujettis les contrevenans.*

3. *Dispositions concernant les étrangers et les ministres des puissances étrangères, relativement à l'exportation des matières d'or et d'argent.*

4. *Ouvrages exceptés de la prohibition.*

5. *De la vente des matières d'or et d'argent à Paris et dans les places de commerce où il y a bourse.*

6. *Lorsqu'un testateur ou un donateur lègue ou*

donne à un individu les meubles qui sont dans la maison qu'il habite, le legs ou la donation s'étendent-ils à l'argent comptant ?

7. *De la punition que la loi applique au vendeur qui trompe l'acheteur sur le titre des matières d'or ou d'argent.*

1, On appelle argent un métal parfait, d'un blanc brillant et éclatant.

Ce terme s'emploie particulièrement pour désigner toutes sortes de monnaies, soit d'or, d'argent, de cuivre ou d'autre métal, quel qu'il soit.

2. *Défense d'exporter hors du territoire français les matières d'or et d'argent, et peines auxquelles sont assujettis les contrevenans.* On a regardé comme préjudiciable, l'exportation des matières d'or et d'argent hors de France : en conséquence, il est intervenu une loi le 5 septembre 1792, par laquelle cette exportation a été défendue, soit que ces matières fussent en lingots ou travaillées, ou converties en numéraire.

Les peines portées contre chaque contravention, sont, 1°. la confiscation des objets saisis au profit du Gouvernement ; 2°. une amende équivalant au quart de la valeur des objets saisis, et qui doit appartenir à celui ou à ceux qui ont arrêté les contrevenans ; 3°. six mois de détention.

3. *Dispositions concernant les étrangers et les ministres des puissances étrangères, relativement à l'exportation de l'or et de l'argent.* Le droit des gens a fait excepter de la prohibition les ambassadeurs et envoyés des puissances étrangères ; mais les autres étrangers y sont assujettis comme les citoyens français : cependant, si, en entrant en France, les étrangers faisaient constater sur les frontières la nature et la quantité des matières d'or et d'argent

dont ils se trouveraient porteurs, ils pourraient les emporter en quittant la France.

4. *Ouvrages exceptés de la prohibition.* Le Corps législatif ayant considéré que s'il était utile de conserver en France les matières d'or et d'argent, il importait aussi de favoriser les objets de l'industrie nationale, a rendu, le 15 du même mois de septembre 1792, un décret par lequel il a été excepté de la prohibition dont on a parlé, les ouvrages de joaillerie neufs, et poinçonnés de la marque existante, la bijouterie neuve, ornée en or ou argent, les tissus neufs mêlés d'or ou d'argent, et les ouvrages d'orfévrerie qui ne seraient ni des vaisselles d'or ou d'argent, ni des vases de pareille matière servant à un culte.

5. *De la vente des matières d'or et d'argent à Paris et dans les places de commerce où il y a bourse.* Le 13 fructidor de l'an 3, il est intervenu relativement à la vente des matières d'or et d'argent, une loi qui contient les dispositions suivantes :

« Il est défendu à tout individu, à Paris et dans » toutes les places de commerce où il y a bourse, » de vendre de l'or et de l'argent, soit monnoyés, » soit en barre, en lingos, ou œuvrés, ou de faire » des marchés qui auraient ces matières pour ob» jet, sur les places et dans les lieux publics autres » que la Bourse. Tout contrevenant sera condamné » à deux années de détention, à l'exposition en » public, avec écriteau sur la poitrine, portant ce » mot : AGIOTEUR ; et tous ses biens seront, par » le même jugement, confisqués au profit de » l'Etat. »

6. *Lorsqu'un testateur ou un donateur lègue ou donne à un individu les meubles qui sont dans la maison qu'il habite, le legs ou la donation s'étendent-ils à l'argent comptant?* La négative est établie

par l'article 533 du Code Napoléon, dont voici les termes :

Le mot *meubles*, employé seul dans les dispositions de la loi ou de l'homme, sans autre addition ou désignation, ne comprend ni l'argent comptant, ni les dettes actives.

7. *De la punition applicable à celui qui trompe l'acheteur sur le titre des matières d'or ou d'argent.* L'article 423 du Code pénal a ordonné que tout vendeur qui aurait trompé l'acheteur sur le titre des matières d'or ou d'argent, serait puni de l'emprisonnement pendant trois mois au moins, et un an au plus, et d'une amende qui ne pourrait excéder le quart des restitutions et dommages-intérêts, ni être au-dessus de 50 francs.

ARMATEUR, ARMEMENT.

SOMMAIRES.

1. *Définition.*
2. *Autorisation pour armer en course.*
3. *Du nombre des matelots qu'on peut employer sur les bâtimens armés en course.*
4. *Conditions sous lesquelles l'armement en course peut avoir lieu.*
5. *De l'usage que les armateurs doivent faire des objets pris sur les bâtimens ennemis, et qui sont propres à favoriser les progrès des sciences et des arts, ou à enrichir le Muséum impérial.*

1. Le terme d'armateur s'applique également à celui qui commande un vaisseau armé pour croiser sur l'ennemi, et au négociant qui équipe un vaisseau pour le commerce. Et l'on appelle *armement*,

la provision de tout ce qui est nécessaire à la subsistance, à la manœuvre et à la sûreté d'un vaisseau.

Il n'est question dans cet article que de l'armement en course.

2. *Autorisation pour armer en course.* Par décret du 31 janvier 1793, la convention nationale a autorisé les citoyens français à armer en course. Il doit, pour cet effet, leur être délivré des lettres de marque.

3. *Du nombre des matelots qu'on peut employer sur les bâtimens armés en course.* Il ne peut être employé sur les bâtimens armés en course, qu'un sixième des matelots inscrits en état de servir le Gouvernement : pour cet effet, on ne doit recevoir d'enrôlemens, ni délivrer de permis d'embarquer pour la course, qu'autant que le nombre des matelots employés à ce service n'excède pas le sixième des gens inscrits de leur arrondissement. Les préposés sont, ainsi que les armateurs, responsables de toute contravention à cette loi.

On ne peut, dans aucun cas, forcer les capitaines des bâtimens armés en course, à en débarquer aucun matelot qu'autant que le nombre de ceux qui sont inscrits excède le sixième dont on vient de parler. C'est ce qui résulte des art. 4 et 5 du décret déjà cité, du 31 janvier 1793.

Et par un autre décret du 17 février suivant, interprétatif du précédent, la convention nationale a déclaré que voulant favoriser, par tous les moyens possibles, les armemens en course, elle n'avait pas entendu comprendre, dans le sixième des marins accordés pour la formation des équipages des bâtimens armés en course, les états majors, armateurs, et tous les autres marins non sujets aux levées.

Mais par une loi postérieure, du 23 thermidor

de l'an 3, cette dernière disposition a été modifiée : l'art. 4 porte que les armateurs ne pourront employer les marins qui auront été mis en réquisition et qu'on aura reconnus indispensables au service des bâtimens du Gouvernement.

4. *Conditions sous lesquelles l'armement en course peut avoir lieu.* Suivant l'article 5 de la même loi, les armateurs sont tenus, à la poudre près qu'ils achètent du Gouvernement, de se munir de tout ce qui est nécessaire pour compléter leurs armemens. On peut néanmoins leur fournir, dans les magasins des ports, les objets dont il est possible de disposer sans nuire aux besoins du service.

Il faut aussi que les armateurs fournissent un cautionnement par écrit de la somme de cinquante mille livres. C'est ce que prescrit l'art. 6 de la loi citée.

5. *De l'usage que les armateurs doivent faire des objets pris sur les bâtimens ennemis, et qui sont propres à favoriser les progrès des sciences et des arts, ou à enrichir le Muséum impérial.* Les objets que les armateurs prennent sur les bâtimens ennemis, et qui sont propres à faciliter les progrès des sciences et des arts, ou à enrichir le *Muséum impérial*, doivent être adressés, par ces armateurs, au Gouvernement : au rang de ces objets, sont les graines, plants, plantes, arbres et arbustes exotiques, les échantillons de carrières et de mines, les livres et manuscrits étrangers, les machines ou modèles de machines inconnues en France, et en général tout ce qui appartient à de nouvelles découvertes, ainsi que les tableaux, médailles, statues, antiquités, estampes, cartes et gravures.

Il doit, en conséquence, être accordé à ces armateurs des dédommagemens convenables.

C'est ce qui résulte de la loi du 4 brumaire de l'an 3.

Voyez les articles PRISE, MARINE.

ARMÉE.

C'est un nombre considérable de troupes d'infanterie et de cavalerie jointes ensemble pour agir contre l'ennemi.

Cette définition s'applique aux armées de terre. On peut définir celles de mer, qu'on appelle *armées navales*, la réunion ou l'assemblage d'un grand nombre de vaisseaux de guerre qui portent des troupes destinées à agir contre les vaisseaux ennemis.

Voyez CONSCRIPTION MILITAIRE.

ARMES.

SOMMAIRES.

1. *Définition et motifs pour mettre en grande activité les manufactures impériales d'armes de guerre.*
2. *De l'administration des manufactures d'armes.*
3. *Des matières premières, des modèles, et de la fabrication des armes.*
4. *De la fixation du prix des armes.*
5. *Les ouvriers, relativement à ce qui doit leur être payé pour prix de leur travail dans les manufactures d'armes, sont divisés en trois classes.*
6. *Règles à suivre envers les entrepreneurs des manufactures d'armes, et conditions auxquelles ils sont assujettis.*

7. *Conduite que doivent tenir les ouvriers employés dans les manufactures d'armes.*

8. *Des fautes de ces ouvriers, et des punitions qu'ils peuvent encourir.*

9. *Des gratifications et des récompenses auxquelles les ouvriers des manufactures d'armes peuvent prétendre.*

10. *Des prix d'encouragement.*

11. *Des défenses faites aux membres du conseil d'administration de prendre intérêt dans les marchés de l'entrepreneur, et de s'immiscer dans la fabrication des armes.*

12. *Du traitement des membres du conseil d'administration d'une manufacture d'armes.*

13. *Obligations particulières imposées aux municipalités des lieux où il y a des manufactures d'armes.*

14. *Dispositions de la loi du 22 août* 1792, *relativement à l'importation et à l'exportation des armes de toute espèce.*

15. *Des mesures prises contre la vente et l'achat des armes des soldats.*

16. *De la défense faite aux fourbisseurs et autres marchands, de vendre des armes avant de l'avoir déclaré à leur municipalité.*

17. *Des peines que la loi prononce contre les canonniers qui abandonnent leurs canons, et contre les soldats qui abandonnent leurs armes.*

18. *Du port d'armes.*

19. *Des armes qui ne peuvent être légalement fabriquées que dans les manufactures impériales d'armes, ou avec l'autorisation du ministre de la guerre.*

20. *De la peine encourue par les Français qui portent*

portent les armes contre la France, ou qui en ont fourni aux ennemis.

1. On appelle *armes*, les divers instrumens qui servent à attaquer et à se défendre.

La conjuration des puissances de l'Europe contre la France, a fixé l'attention du Gouvernement sur la nécessité de mettre les manufactures impériales d'armes de guerre dans la plus grande activité, et de déterminer les moyens qui peuvent en perfectionner les travaux. Tels sont les objets de la loi du 19 août 1792, dont nous allons analyser et faire connaître les principales dispositions.

2. *De l'administration des manufactures d'armes.* Toute administration des manufactures d'armes, antérieure à la loi dont on vient de parler, a été révoquée: on y a substitué un conseil d'administration, composé, 1°. d'un officier capitaine en premier d'artillerie, sous le titre d'inspecteur; d'un contrôleur et d'un réviseur, nommé par le Gouvernement.

2°. D'un inspecteur, de deux contrôleurs et d'un réviseur nommés pour deux ans par la municipalité de la commune, dans le territoire de laquelle les ouvriers ou la majeure partie des ouvriers font leur résidence.

Le conseil d'administration, formé comme on vient de le dire, doit nommer, à la majorité des voix, un secrétaire et un garde-magasin, qui peuvent être révoqués de la même manière.

Il choisit pareillement parmi ses membres, à la majorité absolue des suffrages, un président qui doit être renouvelé tous les six mois: le même peut être réélu, mais une fois seulement; après quoi il faut, pour qu'il soit rééligible, qu'il se soit écoulé un intervalle de six mois.

Le président convoque le conseil quand il le juge

à propos, ou quand il en est requis par un membre du conseil, ou par l'entrepreneur, ou par deux maîtres ouvriers reçus et travaillant dans la manufacture.

Le conseil d'administration est chargé de veiller, sous sa responsabilité, à ce que le magasin de l'entrepreneur soit toujours suffisamment pourvu de matières premières et des pièces ouvrées, afin que, dans aucun cas, les fournitures ordonnées par le Gouvernement ne puissent éprouver de retard.

3. *Des matières premières, des modèles, et de la fabrication des armes.* Il ne doit être employé dans les manufactures impériales, pour la fabrication des armes et outils de guerre destinés pour l'Etat, aucune espèce de matière première, qu'elle n'ait été examinée et choisie avec soin par le conseil d'administration, en présence de l'entrepreneur, et contradictoirement avec lui.

Il doit être fait, pour chaque manufacture, trois modèles de chacune des différentes armes et outils de guerre qu'on veut y fabriquer. Un de ces modèles doit être mis en dépôt dans les bureaux du Gouvernement; un autre, chez le président du conseil d'administration, et le troisième, chez l'entrepreneur de la manufacture.

Lorsque ces modèles s'exécutent dans la manufacture même, ils doivent être payés aux ouvriers le double du prix ordinaire des fabrications des armes et outils de même espèce.

Chaque maître employé pour l'état aux fabrications est obligé de faire à ses frais, pour lui servir de guides, une copie de chacune des pièces à la fabrication desquelles il est destiné.

Cette pièce doit être parfaitement conforme au modèle remis à l'entrepreneur, et vérifiée sur celui qui est déposé entre les mains du président de l'administration.

Les armes et outils qu'on fabrique pour l'Etat dans les différentes manufactures d'armes de guerre doivent être parfaitement semblables dans toutes leurs proportions et configurations aux modèles dont on vient de parler.

4. *De la fixation du prix des armes.* Le rapport relatif à l'augmentation comme à la diminution du prix des armes pour la main-d'œuvre et la fabrication, doit être rédigé par le conseil d'administration. Il s'assemble pour cet effet toutes les décades, en présence de quatre commissaires nommés par la municipalité, lesquels ont voix délibérative et séance après le président.

L'entrepreneur assiste aussi à l'assemblée, ainsi qu'un nombre déterminé de maîtres de chaque branche; mais ils n'ont que la voix consultative.

Lorsque le nombre des maîtres d'une branche ne s'élève pas au-dessus de trois, ils peuvent tous assister à l'assemblée du conseil d'administration; mais il n'en doit être appelé que moitié lorsqu'ils sont quatre jusqu'à six, et un tiers seulement quand ils sont au-delà de six.

Dans ces deux derniers cas, les maîtres destinés à se trouver à l'assemblée doivent être choisis par tous les maîtres de leur profession.

Les maîtres admis à l'assemblée doivent, ainsi que l'entrepreneur, en signer les délibérations. Le président du conseil d'administration est chargé d'en faire avertir la municipalité de l'endroit, au moins huit jours avant la tenue des assemblées, du jour précis, de l'heure et du lieu où elles se tiendront, afin que les commissaires qui doivent être présens à toutes les délibérations concernant la fixation des prix de fabrication, puissent être nommés et s'y rendre.

Ces commissaires doivent signer les procès-verbaux de chaque séance, et ils peuvent faire par écrit, au bas de ces procès-verbaux, les observations qu'ils jugent convenables.

Le prix de fabrication pour chaque pièce d'ouvrage doit être déterminé par le conseil d'administration, en telle sorte que le maître de force moyenne, par un travail de journée ordinaire, ait dans le cours d'un mois, pour le prix de son industrie et de son travail, une somme de 50 à 66 livres de produit net; et les compagnons ordinaires et de force moyenne, 25 à 35 livres aussi de produit net: le Gouvernement a laissé à la religion et à la justice du conseil d'administration le soin de déterminer le produit net qui doit résulter du travail des foreurs ou autres ouvriers âgés de moins de seize ans.

5. *Division des ouvriers en trois classes.* La différence entre le *minimum* et le *maximum* du prix de fabrication ayant sa base dans la plus ou moins grande difficulté du travail, tous les ouvriers attachés aux manufactures nationales d'armes de guerre doivent, à cet égard, être divisés en trois classes: les différentes professions ou branches du même art doivent être rangées dans ces classes, en raison de la difficulté et de l'importance du travail qu'elles exigent.

6. *Règles à suivre envers les entrepreneurs des manufactures d'armes.* Les traités qui se font avec les entrepreneurs des manufactures d'armes ne doivent être que pour trois ans au plus.

Lorsque ces entrepreneurs, après avoir obtenu l'agrément des conseils d'administration de leurs manufactures respectives, s'engagent à faire les fournitures d'armes de guerre à des corps de troupes au service de l'Etat qui sont dans l'usage de s'armer eux-mêmes, ou à des corps administratifs et municipaux pour les gardes nationaux de leurs territoires, les préposés du Gouvernement employés dans les manufactures, ainsi que les autres membres du conseil d'administration, sont tenus de donner à la fabrication de ces armes les mêmes soins qu'à la fabrication de celles qui sont directement commandées par le Gouvernement, et il ne doit y avoir aucune différence entre les prix des unes et des autres.

Les entrepreneurs ne doivent, au surplus, sous aucun prétexte, entreprendre des fabrications, ni pour les corps de troupes, ni pour les gardes nationaux dont on vient de parler, ni, à plus forte raison, pour le commerce, lorsque ces fabrications peuvent retarder l'exécution des commandes de l'Etat, ou diminuer les approvisionnemens des matières premières jugées nécessaires. Ils ne doivent pareillement employer aux mêmes fabrications aucun des ouvriers employés par le Gouvernement, avant d'avoir obtenu pour cet effet l'autorisation par écrit du conseil d'administration, qui demeure seul responsable de cette autorisation.

Le payement des entrepreneurs des manufactures d'armes et celui des ouvriers qui y sont employés, doit avoir lieu à la fin de chaque mois.

Il faut remarquer qu'un entrepreneur ne peut faire travailler aux armes ou outils de guerre de l'Etat, aucun ouvrier, qu'il n'ait été agréé par le conseil d'administration de la manufacture : il ne peut pareillement enregistrer aucun ouvrier en qualité de maître, de compagnon ou d'élève pour l'État, qu'après que le même conseil d'administration a jugé le récipiendaire capable de bien remplir l'emploi pour lequel il se propose.

Un entrepreneur ne peut faire des avances aux ouvriers, que dans le cas où le conseil d'administration juge indispensable, pour conserver un bon ouvrier, de lui procurer, pour cause de maladie ou autre motif urgent, quelques secours dont il détermine la nature et la quotité.

Cet entrepreneur ne peut obtenir du Gouvernement le remboursement de ces avances qu'autant que le conseil d'administration atteste que le même entrepreneur n'a rien négligé pour être payé, et que l'ouvrier est dans l'absolue impossibilité de le rembourser.

7. *Conduite que doivent tenir les ouvriers dans les manufactures d'armes.* Tout maître employé aux fabrications d'armes pour l'Etat, est obligé de prendre autant de compagnons et d'élèves que le conseil d'administration de la manufacture le juge utile à l'intérêt du service.

Aucun maître ou compagnon ne peut quitter une manufacture d'armes, à moins qu'il n'en ait prévenu le président du conseil d'administration un mois auparavant; la même règle doit être observée de la part des maîtres qui veulent renvoyer des compagnons, et de la part des compagnons qui veulent changer de maîtres.

Les maîtres, compagnons, élèves et autres employés dans les manufactures d'armes sont subordonnés aux membres du conseil d'administration, et leur doivent obéissance en tout ce qui concerne l'exécution de leur travail et de leur devoir, sauf à ces ouvriers à s'adresser à telle autorité qu'il appartient, s'ils se croient fondés à réclamer contre les ordres qu'ils ont reçus.

Les ouvriers ne peuvent, sous aucun prétexte, employer pour les fabrications de l'Etat, d'autres matières que celles qui sont déposées à cet effet dans les magasins de l'entrepreneur; ils ne peuvent pareillement vendre ou donner celles des matières que le même entrepreneur leur a fournies.

L'achat des canons de fusil et de toutes les autres pièces d'armes ou ouvrages rebutés doit se faire de gré à gré entre l'entrepreneur et les ouvriers, d'après un prix convenu entre eux au moment de l'entrée de chacun dans la manufacture. Ces prix peuvent être changés tous les ans, quand les parties contractantes ou seulement une d'elles le désire.

8. *Des fautes des ouvriers et des punitions qu'ils peuvent encourir.* Nul ouvrier admis et employé pour le Gouvernement, en qualité de maître, compagnon ou élève dans une manufacture d'armes ne peut être renvoyé que dans le cas où il a été déclaré coupable d'indocilité ou d'inconduite grave par les deux tiers des membres d'un juri composé du conseil d'administration, de deux commissaires de la municipalité, de l'entrepreneur ou son représentant, et de deux maîtres qu'ont choisis les autres maîtres de la manufacture. Le juri doit être convoqué par le président du conseil d'administration.

Si les fautes commises par les ouvriers ne sont pas assez graves pour motiver leur renvoi, et qu'elles méritent néanmoins d'être réprimées, le conseil d'administration doit prononcer contre eux des peines de discipline qui ne peuvent consister qu'en suspension de travail et dans les arrêts ou la prison.

9. *Des récompenses auxquelles les ouvriers des manufactures d'armes peuvent prétendre.* Le Gouvernement fait distribuer chaque année, dans toutes les manufactures nationales d'armes, les gratifications aux maîtres qui, dans ces manufactures, ont formé des sujets capables de bien exécuter toutes les pièces de leur profession particulière.

Ces gratifications sont proportionnées à l'importance ou au genre de difficulté que présente chaque espèce de travail dans la fabrication ; ainsi les gratifications destinées aux ouvriers dont la profession est placée dans la première classe, sont fixées à 60 livres ; celles des ouvriers de la seconde classe sont de 45 livres, et celles des ouvriers de la troisième classe, de 30 livres.

Aussitôt qu'un élève est reçu pour l'Etat au grade de compagnon, il doit lui être donné 25 livres, si la profession à laquelle il est attaché est comprise dans la première classe ; 20 livres, si elle est dans la seconde, et 15 livres si elle est dans la troisième ; mais cette gratification ne peut être donnée en argent que pour un tiers : elle doit être convertie pour les deux autres tiers en outils ou meubles nécessaires ou utiles à celui qui a droit de la recevoir.

Lorsqu'un compagnon passe au grade de maître pour l'Etat, il doit de même obtenir une gratification de 45 livres, si la profession est de la première classe ; de 35 livres, si elle est de la seconde, et de 30, si elle est de la troisième ; et ces sommes doivent pareillement être employées, pour les deux tiers, en achats d'outils ou meubles nécessaires ou utiles à ceux auxquels elles appartiennent.

Tout ouvrier qui a travaillé pendant trente années dans les manufactures d'armes, et qui se trouve âgé de cinquante ans, doit obtenir une retraite proportionnée au genre des services qu'il a rendus à l'Etat, et à la conduite qu'il a tenue. S'il est maître, sa retraite ne peut être au-dessous de 250 livres par an, ni excéder 300 livres : s'il est compagnon, elle doit être au moins de 150 livres, et au plus de 200 livres.

Les interruptions de service, autres que pour chomage de la manufacture, ou absence avec permission du conseil d'administration, ou maladies constatées par certificats authentiques, ne doivent point être comptées dans les trente années exigées, et les services ne se comptent qu'à commencer de l'âge de seize ans révolus.

L'ouvrier qui, après avoir obtenu sa pension de retraite, est encore jugé capable de continuer ses services, doit obtenir par chaque année de travail une augmentation de pension égale au vingtième de celle qui lui a été attribuée.

Au reste, aucun ouvrier ne peut jouir de la retraite qu'il a obtenue en cessant de travailler, qu'autant qu'il a présenté et fait recevoir à sa place un compagnon ou un élève capable de le remplacer, ou qu'il justifie qu'après avoir été reçu maître, il a formé deux ou trois apprentis dans son atelier ou dans sa forge pendant trois ans.

Pour constater les années de service des ouvriers employés dans les manufactures nationales, les conseils d'administration doivent leur donner, au moment où ils sortent de ces manufactures, un certificat justificatif de la durée et de la qualité de leurs services, de leurs talens et de la conduite qu'ils ont tenue.

Les ouvriers qui n'ont pas trente ans de service dans les manufactures d'armes, et que leur âge, leurs infirmités ou leur manque de force mettent dans l'impossibilité de continuer leurs travaux, peuvent être compris dans la liste des pensions ou gratifications que le Gouvernement fait dresser chaque année, pourvu toutefois qu'ils aient été admis dans ces manufactures, en qualité de maîtres, pendant la durée des quatre premières années où on les a établies : les pensions ou gratifications qu'on accorde en cas pareil doivent être proportionnées à la durée et au genre des services de ces ouvriers.

Au surplus, tous les ouvriers des manufactures d'armes qui éprouvent dans l'exercice de leur métier ou profession des accidens par lesquels ils sont mis hors d'état de continuer leurs travaux, peuvent obtenir du Gouvernement et d'après l'avis du conseil d'administration, des gratifications ou pensions proportionnées à leur position, quelle qu'ait été la durée de leur activité dans ces manufactures.

10. *Des prix d'encouragement.* Il doit être distribué annuellement, dans chaque manufacture d'armes, des prix aux maîtres dont la conduite a été irréprochable, et qui ont eu dans le cours de l'année la plus grande quantité d'ouvrage reçu et mieux exécuté. Ces prix doivent être proportionnés aux difficultés que présente la fabrication des différentes armes de guerre, et au nombre des maîtres de chaque branche de fabrication. Ainsi les prix pour les professions de la première classe sont fixés à 72 livres; à 60 livres pour la seconde, et 48 liv. pour la troisième.

Il ne doit être distribué qu'un prix dans les parties ou professions qui n'ont que deux à six maîtres; on doit en distribuer deux dans les parties qui ont douze maîtres, et ainsi de six en six maîtres. Les fractions ne donnent lieu à des prix que quand elles s'étendent à plus de la moitié du nombre six déterminé.

Si le maître qui a eu le plus d'ouvrage reçu et le mieux exécuté, n'avait pas tenu une conduite irréprochable, ni montré l'exactitude dans l'exécution de ses devoirs relatifs au service de l'Etat, le prix serait accordé au maître, qui, après celui-là, aurait réuni à une bonne conduite le plus d'ouvrage reçu et le mieux exécuté.

Les prix dont il s'agit doivent être distribués d'après le jugement du conseil du comité convoqué, et composé, comme nous avons dit, au nombre huit, qu'il devait l'être, lorsqu'il était question de prononcer sur l'indocilité ou l'inconduite d'un ouvrier.

Observez néanmoins à ce sujet que le maître de chaque profession, admis au conseil, ne peut être présent à la délibération qui a lieu relativement aux prix à accorder à la profession dont il est membre ; il doit être remplacé par un maître exerçant un autre métier.

11. *Des défenses faites aux membres du conseil d'administration de prendre intérêt dans les marchés de l'entrepreneur.* Aucun des membres préposés dans le conseil d'administration d'une manufacture d'armes, ne doit avoir d'intérêt dans les marchés que l'entrepreneur peut faire avec des particuliers pour des armes de commerce : il n'est néanmoins pas permis à l'entrepreneur de vendre des canons du calibre de guerre, avant qu'ils aient été reçus par ces membres, de la même manière que doivent l'être les canons destinés pour l'Etat, avec cette exception que les canons ne peuvent être rebutés que pour des défauts qui en rendent l'usage dangereux.

Les membres du conseil d'administration ne doivent pas non plus s'immiscer dans la fabrication des armes, ni la diriger, ni recevoir de l'entrepreneur, pour le commerce, aucun autre ouvrage que ceux dont on a parlé : tout membre convaincu de s'être écarté deux fois de cette défense, doit être destitué de son emploi sans pouvoir prétendre à aucune pension de retraite.

12. *Du traitement des membres du conseil d'administration.* Le traitement des membres qui composent le conseil d'administration de chaque manufacture, y compris le secrétaire et le garde-magasin, s'élève à la somme de 12,500 liv. par an, qui se distribue par douzième le premier de chaque mois, ainsi qu'il suit :

1°. A l'inspecteur, capitaine d'artillerie, 2,800 livres ;

2°. Au contrôleur nommé par le Gouvernement, 1500 livres ;

3°. Au réviseur nommé pareillement par le Gouvernement, 1000 livres ;

4°. A l'inspecteur nommé par la municipalité, 2000 livres ;

5°. Au premier contrôleur, nommé aussi par la municipalité, 1500 livres ;

6°. Au second contrôleur, nommé de même, 1200 livres ;

7°. Au réviseur, nommé également par la municipalité, 1500 livres ;

8°. Enfin, 750 livres au secrétaire, et autant au garde-magasin, qui sont à la nomination du conseil d'administration de la manufacture.

Le capitaine d'artillerie seulement, doit jouir d'ailleurs du logement attribué à son grade d'officier de l'armée.

Indépendamment du traitement dont on vient de parler, tous les membres du conseil d'administration, qui, par de longs et utiles services, ont bien mérité de la patrie, ont des droits à une pension de retraite.

13. *Obligations imposées aux municipalités des lieux où il y a des manufactures d'armes.* Les municipalités des lieux où il y a des manufactures d'armes sont chargées de veiller attentivement à ce que les habitans n'achètent ou ne recèlent aucune pièce d'armes, ni aucune des matières premières destinées à la fabrication : les coupables doivent être condamnés aux peines que la loi prononce contre ceux qui achètent ou recèlent des effets destinés à la défense de l'Etat.

Les municipalités dont il s'agit, sont également chargées de mettre en exercice les membres du conseil d'administration, ainsi que le secrétaire et le garde-magasin, après avoir reçu d'eux le serment de bien et loyalement s'acquitter des devoirs attachés à leurs fonctions respectives, desquelles formalités elles doivent dresser procès-verbal.

14. *Dispositions relatives à l'importation et à l'exportation des armes de toute espèce.* Pour favoriser l'introduction des armes tirées de l'étranger, la loi du 22 août 1792 a suspendu, durant la guerre, la perception des droits auxquels ces armes étaient assujetties en entrant sur le territoire de l'Etat. Elle a réglé à cet égard que les fabricans, négocians et armateurs français ou étrangers qui voudraient faire entrer des armes en France, seraient seulement tenus de prendre au bureau de douane des ports, villes ou frontières, un acquit à caution, énonciatif de la qualité et quantité des armes montées ou en pièces détachées, contenues dans les caisses qui les renfermeraient, ainsi que du nom, du lieu et de la personne pour laquelle elles seraient destinées. Cet acquit à caution doit être visé par la municipalité du lieu où réside cette personne, sous peine de saisie et de confiscation des caisses, armes et pièces détachées.

Lorsque la formalité est remplie, les autorités constituées et la force publique doivent donner assistance, s'il en est besoin, aux personnes chargées du transport de ces armes.

La même loi porte que tout citoyen qui fera venir de l'étranger des armes de munition pendant la durée de la guerre, sera déclaré avoir bien mérité de la patrie; et qu'au contraire, celui qui sera convaincu d'avoir fait sortir de France de pareilles armes, sera poursuivi et puni comme traître à la patrie.

15. *Des mesures prises contre la vente des armes des soldats.* L'article 5 de la loi du 28 mars 1793 a défendu à tout soldat de vendre ses armes ou son équipement, et à toute personne de les acheter. En cas de contravention, les armes et équipemens

achetés doivent être confisqués et portés aux arsenaux ou autres dépôts d'armes, pour être distribués aux troupes de l'Empire. Le vendeur doit être puni de la peine d'emprisonnement, aux termes du Code de la police ; et les acheteurs, les entremetteurs ainsi que les complices des achats, doivent être condamnés à une amende qui ne peut excéder 3000 francs, outre la peine de l'emprisonnement, conformément au Code de police.

16. *De la défense faite aux fourbisseurs et aux marchands de vendre des armes, sans l'avoir déclaré à leur municipalité.* Par décret du 6 juillet 1793, la convention nationale a défendu, sous peine de dix ans de fers, et de confiscation de la marchandise, aux fabricans, fourbisseurs ou marchands d'armes, d'en vendre, délivrer ou envoyer, sans avoir préalablement fait à cet égard leur déclaration à la municipalité du lieu de leur résidence.

17. *Des peines que la loi prononce contre les canonniers qui abandonnent leurs canons, ou contre les soldats qui abandonnent leurs armes.* Les représentans du peuple envoyés près de l'armée du Nord, s'étant plaints de la facilité avec laquelle plusieurs bataillons abandonnaient leurs canons, et ayant demandé qu'il fût rendu une loi sévère sur cet objet important, la convention nationale, par son décret du 7 septembre 1793, passe à l'ordre du jour, motivé sur l'existence de la loi qui punit de mort les canonniers qui abandonnent leurs canons, ainsi que les soldats qui ont la lâcheté d'abandonner leurs armes.

18. *Du port d'armes.* Les événemens fâcheux que l'usage des armes peut occasionner, ont été l'objet de beaucoup de lois qui ont été promulguées à différentes époques, tant sous l'ancien régime que depuis la révolution.

Nous allons en rapporter les principales dispositions.

La déclaration du 24 juillet 1617 a défendu à toutes sortes de personnes de porter des armes à feu, et notamment des pistolets de poche, à peine d'être punies selon la rigueur des ordonnances, à l'exception néanmoins des gens de guerre munis des certificats de leurs capitaines, et des huissiers, lorsqu'ils vont en campagne.

Par une autre déclaration du 18 novembre 1660, il a été défendu à toutes sortes de personnes allant de jour ou de nuit dans Paris, d'y porter des armes à feu, à peine de confiscation des armes, de 80 livres parisis d'amende, et de punition corporelle, si le cas le requiert.

La défense de porter des armes à feu a été renouvelée par la déclaration du 15 mars 1661, sous peine de confiscation des armes, de 300 livres d'amende, même de punition corporelle, selon les circonstances; et en cas de contravention, les officiers de justice ont été autorisés à constituer prisonniers, les délinquans.

L'article 3 du titre 30 de l'ordonnance des eaux et forêts, du mois d'août 1669, a interdit à toute personne, sans distinction de qualité, de tems, ni de lieu, l'usage des armes à feu brisées par la crosse ou par le canon, et des cannes et bâtons creusés, même d'en porter, sous quelque prétexte que ce pût être. Il a été, en même tems, défendu à tout ouvrier d'en fabriquer, à peine contre les particuliers de 100 livres d'amende, pour la première fois, outre la confiscation, et de punition corporelle, en cas de récidive; et contre les ouvriers, de punition corporelle pour la première fois.

L'article suivant a défendu à toute personne de chasser à feu, et d'entrer ou demeurer de nuit dans les forêts du Roi, ni même dans les bois des particuliers avec armes à feu, à peine de 100 livres d'amende, et de punition corporelle, s'il échet.

Un décret impérial, du 2 nivose de l'an 14, porte que les fusils et les pistolets à vent sont compris dans les armes offensives, dangereuses, cachées et secrètes, dont la fabrication, l'usage et le port sont interdits par les lois.

Le même décret a ordonné que tout individu qui, à l'avenir, serait trouvé porteur de ces sortes d'armes, serait poursuivi et traduit devant les tribunaux de police correctionnelle, pour y être jugé et condamné, conformément à la déclaration du 23 mars 1728.

Et par un autre décret du 12 mars 1806, l'Empereur a ordonné que cette déclaration serait imprimée pour être exécutée selon les dispositions qu'elle renferme.

Ces dispositions consistent dans l'abolition de toute fabrique, commerce, vente, débit, achat, port et usage des poignards, couteaux en forme de poignards, soit de poche, soit de fusils, des baïonnettes, des pistolets de poche, des épées en bâton, des bâtons à ferremens, autres que ceux qui sont ferrés par le bout, et de toute autre arme offensive, cachée et secrète : la même déclaration enjoint à tout coutelier, fourbisseur, armurier et marchand de briser ces armes sans délai, si mieux ils n'aiment faire rompre et arrondir la pointe des couteaux, en sorte qu'il n'en puisse résulter d'inconvénient, à peine contre les armuriers, couteliers, fourbisseurs et marchands trouvés en contravention, de confiscation, pour la première fois, d'amende de 100 livres, et d'être interdits de leur commerce pour un an, même d'en être privé, en cas de récidive, et de peine corporelle, s'il échet; et contre les garçons qui travaillent en chambre, d'être fustigés et flétris, pour la première

mière fois ; et pour la seconde, d'être condamné aux galères.

Quant aux particuliers qui portent sur eux des armes du genre dont il s'agit, ils doivent être condamnés, en vertu de la loi citée, à un emprisonnement de six mois, et à 500 livres d'amende.

Au surplus, le législateur a déclaré qu'il n'avait pas entendu comprendre dans les défenses qu'on vient d'énoncer, les baïonnettes à ressort, qui se mettent au bout des armes à feu, pour l'usage de la guerre, pourvu que les ouvriers qui les fabriquent en aient fait leur déclaration au juge de police du lieu, et qu'ils ne puissent les vendre et débiter qu'aux officiers militaires ; ceux-ci doivent délivrer à ceux-là un certificat de la vente qui aura eu lieu.

19. *Des armes qui ne peuvent être légalement fabriquées que dans les manufactures impériales d'armes, ou avec l'autorisation du ministre de la guerre.* Un décret impérial, du 8 vendémiaire an 14, a ordonné, par l'article premier, qu'aucune arme ou pièce d'arme de calibre de guerre, ne pourrait, quelle qu'en fût la nature et la destination, être fabriquée hors des manufactures impériales d'armes, ou sans l'autorisation du ministre de la guerre.

L'article 2 a expressément enjoint aux commissaires de police, aux maires, aux sous-préfets et aux préfets, d'exercer une surveillance active sur les fabriques et les ateliers d'armes qui se trouveraient dans leur arrondissement.

Les fabriques d'armes, dans les villes où il existe une manufacture impériale, doivent en outre être surveillées par l'inspecteur de cette manufacture : quand il croit utile de faire une visite chez des fabricans ou des ouvriers armuriers, il est tenu de requérir le commissaire de police, et celui-ci doit déférer de suite à cette réquisition, et en prévenir sans délai le maire et le préfet. C'est ce qu'a prescrit l'article 3.

Toutes les armes ou pièces d'armes fabriquées en contravention aux dispositions précédentes, doivent, suivant l'article 4, être confisquées, et le contrevenant doit être arrêté et traduit, s'il y a lieu, devant les tribunaux, pour être puni conformément aux lois de police correctionnelle.

Vous remarquerez que les fusils dits de traite, sont exceptés des dispositions de l'article premier; mais la fabrication et l'exportation n'en peuvent avoir lieu avant la paix générale, qu'après avoir été autorisées par le ministre de la guerre. *Article* 5.

20. *De la peine encourue par les Français qui portent les armes contre la France, ou qui en ont fourni aux ennemis.* Suivant les articles 75 et 77 du Code pénal, tout Français qui est convaincu d'avoir porté les armes contre la France, ou d'en avoir fourni à l'ennemi, doit être condamné à la peine de mort, avec confiscation de biens.

ARRÉRAGES.

C'est ce qui est dû, ce qui est échu d'un revenu, d'une rente, d'un loyer.

Les arrérages d'une rente, quelle qu'elle soit, perpétuelle ou viagère, sont dus à proportion du tems qu'ils ont couru. Ainsi, lorsque le débiteur vient à faire le remboursement du fort principal, il doit les arrérages, tant des termes qui peuvent être échus, que des jours qui se sont écoulés depuis le dernier terme, jusqu'au moment du remboursement. La raison en est que le payement d'un jour d'arrérages de rente, est le prix d'un jour de jouissance du capital de la rente.

Par une conséquence de ce principe, les arrérages des rentes que des gens mariés ont mises dans leur communauté, appartiennent à cette communauté jusqu'au moment où elle se dissout.

Plusieurs ordonnances, et particulièrement celle de Louis XII, de l'an 1510 (1), ont établi une prescription de cinq années, relativement aux arrérages des rentes constituées; en sorte qu'on est non-recevable à demander au débiteur le payement d'un plus grand nombre d'années d'arrérages. Ces ordonnances sont toutefois bien moins fondées sur la présomption du payement, que sur la faveur due au débiteur. Elles ont voulu empêcher qu'il ne fût accablé de trop d'arrérages : c'est pourquoi, pour être déchargé du payement des arrérages antérieurs aux cinq dernières années, il n'est pas obligé d'affirmer qu'il les a payés.

---

(1) Voici dans quels termes est conçue celle de Louis XII.

« La plupart de nos sujets, au tems présent, usent d'achat » et ventes de rentes, que les aucuns appellent rentes à prix » d'argent, les autres rentes volantes, pensions, hypo» thèques, ou rentes à rachat, selon la diversité des lieux et » pays où se font iceux contrats, à cause desquels contrats » plusieurs sont mis en pauvreté et distraction, pour les » grands arrérages que les acheteurs laissent courir sur eux, » qui montent souvent plus que le principal. . . . . Pour ce, » nous, désirant pourvoir à l'indemnité de nos sujets, con» sidérant tels et semblables contrats être odieux et à res» treindre, ordonnons que les acheteurs de telles rentes » volantes et hypothèques, ne pourront demander les arré» rages que de cinq ans, ou moins; et si, outre iceux cinq » ans, aucune année d'arrérages était échue, dont n'eussent » fait question ne demande en jugement, ne seront reçus à » les demander; ains en seront déboutés par fin de non» recevoir. »

Si le créancier était un mineur ou un insensé, ou un interdit de quelqu'autre genre, il pourrait obliger son tuteur ou son curateur à lui payer les arrérages qu'il aurait laissé prescrire.

Observez que cette prescription de cinq années ne s'étend pas aux rentes viagères. Henrys pense, avec plusieurs autres auteurs, que l'on peut répéter trente années de ces sortes d'arrérages.

La prescription de cinq ans n'est pareillement pas admise relativement à une rente constituée pour raison de l'acquisition d'un héritage : la raison en est que les rentes de cette espèce tiennent lieu d'immeubles qui produisent des fruits : ainsi, ce ne sont pas tant les arrérages d'une rente constituée que l'on demande, que les fruits d'un héritage. Cujas remarque judicieusement à ce sujet que la jouissance d'un immeuble acheté produit un intérêt légal, plus favorable que l'intérêt conventionnel, attendu que c'est par une espèce de compensation que les lois l'ont introduit.

Un opposant à un décret doit être colloqué pour tous les arrérages qui lui sont dus d'une rente constituée, sans qu'on puisse lui opposer le défaut de sommation pendant cinq années, depuis son opposition, même depuis la saisie réelle. La raison que l'on peut rendre de cet usage, est que la saisie réelle est faite, non-seulement pour la conservation des droits du saisissant, mais encore pour tous les autres créanciers de la partie saisie qui viendront à former opposition au décret. Or, tant qu'il y a une instance pendante au sujet des arrérages d'une rente, cette instance empêche le cours de la prescription de cinq ans, introduite par l'ordonnance de Louis XII.

A l'égard des arrérages de la rente constituée, échue avant la saisie réelle, l'opposant n'en peut demander que cinq années.

Le débiteur de plusieurs années d'arrérages peut obliger le créancier à recevoir le payement d'une année, quoiqu'il ne lui offre pas en même tems le payement des autres années, parce que tous ces termes d'arrérages sont autant de différentes dettes; mais le créancier n'est pas obligé de recevoir les dernières années avant les précédentes.

Suivant ce principe, Dumoulin décide qu'un emphythéote sujet, par la clause du bail, à perdre son droit, s'il laisse accumuler trois années d'arrérages de la redevance, peut éviter cette peine en offrant le payement d'une année avant l'expiration de la troisième.

Les quittances de trois années consécutives, établissent une présomption du payement des arrérages des années précédentes, et par conséquent une fin de non-recevoir contre la demande de ces arrérages.

Cette jurisprudence est fondée sur la loi qui a établi cette présomption à l'égard des tributs publics; la décision en a été étendue à toutes les dettes annuelles dues aux particuliers. La raison de cette présomption est, qu'étant d'usage qu'un créancier reçoive de son débiteur les anciens arrérages avant les nouveaux, il n'est pas probable qu'il se soit fait payer les nouveaux pendant trois années consécutives, sans avoir été payé des anciens.

Ainsi, pour qu'il y ait lieu à la fin de non-recevoir, il faut que les arrérages des années précédentes aient été dus à la personne même qui a donné les quittances des trois années consécutives; car si Pierre vendait à Paul un héritage dont il lui fût dû plusieurs années de fermage, et que ce même Paul se fût fait payer de trois années de fermage, échues depuis son acquisition, les trois quittances qu'il aurait données à cet égard n'opéreraient aucune fin de non-recevoir contre la demande que Pierre pourrait faire du payement des fermages des années précédentes.

De même, il faut, pour qu'il y ait lieu à la présomption des payemens et à la fin de non-recevoir, que le particulier à qui on a donné quittance de trois années consécutives de fermages ou d'arrérages, soit aussi celui auquel on répète les arréreges antérieurs. Ainsi, le payement de trois années de fermage que ferait un nouveau fermier, n'opérerait aucune fin de non-recevoir au profit du fermier précédent, au sujet des fermages dont il pourrait être débiteur.

Il n'y aura pas lieu non plus à la présomption du payement des arrérages antérieurs à ceux des trois dernières années, ni par conséquent à la fin de non-recevoir, toutes les fois que le créancier pourra donner des raisons qui auront dû le déterminer à recevoir les nouveaux fermages ou arrérages avant les anciens.

Si, par exemple, un receveur des revenus d'un hôpital donnait aux locataires d'une maison appartenante à cet hôpital, trois quittances de trois années de loyer, échues durant son exercice, ces locataires ne pourraient employer ces quittances comme une fin de non-recevoir contre la demande du payement des loyers antérieurs, attendu que ce receveur avait intérêt de faire payer les loyers échus pendant sa gestion, plutôt que ceux qui avaient couru du tems de son prédécesseur.

Les arrérages des rentes, payables en grains, vin, foin, paille, huile, etc., peuvent être exigés en nature dans le courant de l'année de l'échéance; mais après l'année, ils ne sont plus exigibles que sur le pied que valaient ces denrées dans le tems où elles auraient dû être livrées.

Remarquez que les demandes qui ont pour objet d'obliger le débiteur à payer des arrérages de rentes ou de pensions, sont dispensées du préliminaire de la conciliation, en vertu de l'article 49 du Code de procédure civile.

Un décret impérial, du 28 fructidor de l'an 13, a réglé que les arrérages des rentes et des pensions dues par le Trésor public, qui n'auraient pas été réclamés pendant les deux années antérieures au dernier semestre en payement, ne seraient acquittés que sur la quittance du propriétaire ou sur celle d'un fondé de pouvoir spécial.

Observez que quand les propriétaires de ces rentes ou pensions en reçoivent eux-mêmes les arrérages, il est nécessaire qu'ils justifient d'un certificat d'individualité (1). Ce certificat, expédié sur papier au timbre de 25 centimes, doit être délivré, sans frais, par les maires des communes, ou par les juges de paix des cantons, dont les signatures doivent être dûment légalisées.

ARRESTATION.

SOMMAIRES.

1. *De l'arrestation en général.*
2. *De l'arrestation par mesure de haute police.*

---

(1) *Modèle de ce certificat :*

Je soussigné, maire de la commune de........ ou *juge de paix du canton de*...... *département de*...... certifie que ...... A...... *le prénom et le nom du créancier*, ici présent, demeurant à.... canton de...... et porteur d'un extrait d'inscription de cinq pour cent consolidés (*ou d'un extrait d'inscription viagère*, ou *d'un certificat d'inscription de pension*) délivré en son nom, pour la somme annuelle de...... sous le numéro...... est véritablement l'individu ci-dessus dénommé, pour m'être parfaitement connu, et a signé avec moi.

3. *De l'arrestation pour crime ou pour délit.*

4. *De l'arrestation par suite de troubles dans le lieu des séances des tribunaux et des autres autorités constituées.*

5. *De l'arrestation pour dettes.*

6. *De l'arrestation par suite de la puissance paternelle.*

7. *Par qui les ordres d'arrestation sont exécutés.*

8. *A quelles formes sont assujettis, et comment doivent être exécutés, les ordres d'arrestation en matière criminelle.*

9. *En quel lieu et en quel tems peuvent être exécutés les ordres.*

10. Idem, *pour les arrestations en matière civile.*

11. *Des circonstances caractéristiques de l'arrestation, de la détention arbitraire, et des moyens de la faire cesser.*

12. *Des peines établies par la loi contre les auteurs de ce crime.*

1. Si la liberté civile, le droit de disposer de sa personne est, après l'honneur, le bien le plus précieux de l'homme et du citoyen, l'arrestation est par elle-même une peine grave, indépendamment de ses suites et de ses résultats; et le droit de l'ordonner, ce droit dont l'exercice est si important, dont l'abus serait si terrible, ne saurait être trop exactement défini, trop régulièrement organisé par les lois.

On peut distinguer, 1°. l'arrestation par mesure de haute police; 2°. l'arrestation pour crime ou pour délit; 3°. l'arrestation par suite de troubles dans le lieu des séances des autorités constituées; 4°. l'arrestation pour dette civile lorsque les titres ou obligations emportent la contrainte par corps; 5°. l'arrestation par suite de l'exercice de la puissance paternelle. Dans chacune de ces circonstances ; elle est ordonnée et exécutée par des autorités et suivant des formes différentes.

2. Le Gouvernement est autorisé par les constitutions de l'Empire à faire arrêter les prévenus de complot ou de conspiration contre l'Etat ; mais l'art. 56 de l'acte constitutionnel du 22 frimaire an 8, ordonnait que la personne arrêtée serait mise en liberté ou traduite devant les tribunaux dans les dix jours, sous la responsabilité du ministre signataire de l'ordre d'arrestation ; et ce n'était pas, à proprement parler, une mesure de haute police, puisque l'arrestation devait être suivie d'un jugement, lorsqu'elle se prolongeait au-delà de dix jours ; c'était en quelque sorte un simple droit d'arrestation provisoire conféré au Gouvernement dans un cas particulier, et qu'il pouvait exercer sans le concours ou l'intervention des officiers ordinaires de police judiciaire.

Cette disposition a aussi été modifiée par le sénatus-consulte du 28 floréal an 12.

Une commission de sept membres (dit cette loi) nommés par le sénat, et choisis dans son sein, prend connaissance sur la commission qui lui en est donnée par les ministres, des arrestations effectuées conformément à l'art. 46 de la constitution, lorsque les personnes arrêtées n'ont pas été traduites devant les tribunaux dans les dix jours de leur arrestation. Cette commission est appelée *commission sénatoriale de la liberté individuelle*.

Toutes les personnes arrêtées et non mises en jugement après les dix jours de leur arrestation peuvent recourir directement par elles, leurs parens ou leurs représentans, et par voie de pétition, à la commission de la liberté individuelle.

Lorsque la commission estime que la détention, prolongée au-delà des dix jours de l'arrestation, n'est pas justifiée par l'intérêt de l'Etat, elle invite le ministre qui a ordonné l'arrestation à faire mettre en liberté la personne détenue, ou à la renvoyer devant les tribunaux ordinaires.

Si, après trois invitations consécutives, renouvelées dans l'espace d'un mois, la personne détenue n'est pas mise en liberté ou renvoyée devant les tribunaux ordinaires, la commission demande une assemblée du sénat, qui est convoquée par le président, et qui rend, s'il y a lieu, la déclaration suivante : « Il y a de fortes présomptions que N.... est détenu arbitrairement. » On procède ensuite conformément à l'art. 112, titre de la haute-cour impériale. (Art. 60, 61, 62, 63 du sénatus-consulte du 28 floréal an 12.)

L'exercice du droit de haute police a été définitivement organisé et rendu régulier par le décret impérial du 3 mars 1810, relatif au régime des prisons d'Etat.

Dans la nécessité de faire exercer une surveillance sévère et continuelle sur des hommes prévenus de délits politiques commis en France ou dans les pays nouvellement réunis, sur de grands coupables désignés comme tels à la sollicitude du Gouvernement par les tribunaux mêmes qui n'avaient pu les condamner, sur des agens de police infidèles, etc. etc., et déterminé par des raisons majeures à ne pas livrer ces individus à l'action de la justice; l'Empereur a prescrit des mesures pour que ceux de ses sujets qui sont détenus dans les prisons d'État ne le fussent que pour des causes légitimes en vue d'intérêt public, et non par des considérations et des passions privées. S. M. a établi des formes légales et solennelles pour l'examen de chaque affaire; et, en conséquence des dispositions qu'elle a faites à ce sujet, aucun individu ne peut être détenu dans une prison d'Etat qu'en vertu d'une décision rendue sur le rapport du grand-juge ministre de la justice, ou du ministre de la police générale, dans un conseil privé composé comme pour l'examen des recours en grâce; la détention autorisée par le conseil privé ne peut pas se prolonger au-delà d'une année, sans avoir été autorisée dans un nouveau conseil privé; le tableau des prisonniers d'Etat est remis, à cet effet, chaque année, à une époque fixe, sous les yeux de S. M. dans un conseil de cette espèce; les noms, prénoms, âge, domicile du prisonnier, le lieu et les causes de la détention, la date de la décision ou des décisions précédemment données pour l'autoriser; enfin, les motifs qui peuvent faire cesser ou prolonger la détention, sont exactement indiqués, et des règles sont établies pour l'envoi des décisions, et la notification qui doit en être faite à chaque détenu.

Quant au régime, à l'administration, à la surveillance, à l'inspection des prisons d'Etat, *V.* PRISONS.

En parlant de l'arrestation par mesure de haute police, nous ne pouvons nous dispenser de faire mention du renvoi en état de surveillance. Cette mesure, introduite par le nouveau Code, peut ou doit, en certain cas, être prescrite par les tribunaux à l'égard des individus condamnés pour crimes ou pour délits, et commence à recevoir son exécution au moment où le terme de la peine est arrivé. Cet état de mise en surveillance existe de droit, en certaines circonstances, contre les individus qui ont subi leur peine.

L'effet du renvoi sous la surveillance de la haute police de l'Etat, dit la loi, sera de donner au Gouvernement, ainsi qu'à la partie intéressée, le droit d'exiger, soit de l'individu placé dans cet état, après qu'il aura subi sa peine, soit de son père et de sa mère, de son tuteur ou curateur, s'il est en âge de minorité, une caution solvable, de bonne conduite, jusqu'à la somme qui sera fixée par l'arrêt ou le jugement; toute personne pourra être admise à fournir cette caution. — Faute de fournir ce cautionnement, le condamné demeure à la disposition du Gouvernement, qui a le droit d'ordonner, soit l'éloignement de l'individu d'un certain lieu, soit sa résidence continue dans un lieu déterminé de l'un des départemens de l'Empire. (Article 44 du Code pénal.)

En cas de désobéissance à cet ordre, le Gouvernement aura le droit de faire arrêter et détenir le condamné durant un intervalle de tems, qui pourra s'étendre jusqu'à l'expiration du tems fixé pour l'état de la surveillance spéciale. (Art. 45, *ibid.*)

Le Code détermine, au reste, les mesures qui doivent, en pareil cas, être prises envers les cautions, pour les contraindre au payement des sommes énoncées dans l'acte de cautionnement.

3. Avant la mise en activité du nouveau Code, l'arrestation pour crime ou pour délit, pouvait être régulièrement ordonnée dans toutes les matières, conformément aux dispositions du Code des délits et des peines et de la loi du 7 pluviose an 9, par les juges de paix, les officiers de gendarmerie, les magistrats de sureté et les directeurs du juri, comme officiers de police judiciaire ordinaires, et dans les matières spéciales seulement, par la Cour criminelle spéciale entière, ou par les membres délégués pour l'instruction des procédures, et par les procureurs généraux placés près d'elles; les pouvoirs des membres de la Cour spéciale et du procureur général, à cet égard, résultaient de l'analogie, de l'identité même de leurs opérations et de leurs fonctions dans l'instruction des procédures spéciales avec celles des directeurs du juri et des magistrats de sureté dans les affaires ordinaires, et de la com-

binaison de la loi du 7 pluviose an 9 avec celle du 18 pluviose de la même année.

Aujourd'hui, l'arrestation ne peut, à proprement parler, être ordonnée que par les juges instructeurs ou les membres des Cours impériales qui en remplissent les fonctions dans les cas déterminés (1), en vertu des mandats de dépôt ou d'arrêt qu'ils sont autorisés à décerner, ou par le tribunal de première instance ou les chambres d'accusation des Cours impériales, d'après les ordonnances de prise de corps qui émanent de ces Cours ou de ces tribunaux, suivant les circonstances (2); ou enfin, par les tribunaux de police simple ou correctionnelle, par les Cours d'assises ou les Cours spéciales qui sont instituées pour juger les crimes, les délits et les contraventions; mais en cas de flagrant délit (3), et lorsque les faits sont de nature à entraîner une peine afflictive et infamante, et même hors le cas de flagrant délit, lorsque s'agissant d'un crime ou d'un délit commis dans l'intérieur d'une maison, il y a eu réquisition de la part du chef de cette maison, les procureurs impériaux près les tribunaux de première instance et leurs substituts sont autorisés à faire saisir les prévenus présens, et à décerner contre les absens des *mandats d'amener* : et, en vertu de ces mandats, les prévenus doivent rester

---

(1) *Voyez* art. 235 du Code d'instruction criminelle.

(2) *Voyez* articles 134, 231, 232, 233 et 236 *ibidem.*

(3) La loi définit ainsi le flagrant délit :

Le délit qui se commet actuellement ou qui vient de se commettre est un flagrant délit. — Seront aussi réputés flagrant délit, le cas où le prévenu est poursuivi par la clameur publique, et celui où le prévenu est trouvé saisi d'effets, armes, instrumens ou papiers faisant présumer qu'il est auteur ou complice, porvu que ce soit dans un tems voisin du délit. (Art. 41 du Code d'instruction criminelle.)

sous la main de la justice au moment où les procureurs impériaux remettent aux juges d'instruction les procès-verbaux, actes, pièces, instrumens, dressés ou saisis par eux (1). Les juges de paix, les officiers de gendarmerie, les commissaires-généraux de police, les maires, les adjoints de maires et les commissaires de police sont dans les mêmes cas, investis des mêmes droits, en leur qualité d'officiers de police, auxiliaires des procureurs impériaux (2); les préfets des départemens et le préfet de police de Paris, ont aussi le droit d'ordonner l'arrestation des prévenus de crimes ou de délits, pour les livrer aux tribunaux chargés de les punir; ce droit est nécessairement compris sous la dénomination générale des actes qu'ils sont autorisés à faire (3).

Il résulte donc de la loi, que les prévenus de crimes et de délits ne peuvent être mis et constitués en état d'arrestation, qu'en vertu des mandats d'amener, de dépôt ou d'arrêt, des ordonnances de prise de corps, décernés ou rendus par les autorités ou les fonctionnaires qu'elle désigne, en exécution de jugemens de condamnations rendus par les tribunaux compétens, lorsque dans le cours de l'instruction il n'a pas été donné d'ordre d'arrestation préalable, ou que le prévenu a été admis à caution. Mais en matière de délits champêtres ou forestiers, les gardes sont autorisés à arrêter et conduire devant le juge de paix ou le maire, tout individu qu'ils auront surpris en flagrant délit, ou qui sera dénoncé par la clameur publique, lorsque ce délit emportera la peine d'emprisonnement, ou

(1) Voyez articles 40, 45 et 46 *ibid.*

(2) Voyez articles 48, 49 et 50 *ibid.*

(3) Voyez art. 10 du Code d'instruction criminelle.

une peine plus grave (1). La gendarmerie impériale doit aussi arrêter d'office les vagabonds, les mendians validés, les déserteurs, les condamnés aux fers ou à la détention qui se sont évadés, et qui se trouvent, pour ainsi dire, dans un état permanent de flagrant délit, et, en général, tout dépositaire de la force publique, et même toute personne est tenue de saisir le prévenu surpris en flagrant délit, et poursuivi, soit par la clameur publique, soit dans les cas assimilés au flagrant délit, et de le conduire devant le procureur impérial, ou tout autre officier de police judiciaire, sans qu'il soit besoin de mandat d'amener, si le crime ou délit emporte peine afflictive ou infamante (2).

Les présidens des Cours d'assises et des Cours spéciales ordinaires et extraordinaires, sont autorisés à faire mettre en état d'arrestation, soit d'office, soit sur la réquisition du procureur-général, de la partie civile ou de l'accusé, les témoins qui déposent faussement aux débats (3). Ce pouvoir n'est attribué expressément par le nouveau Code que contre les faux témoins en matière criminelle; et c'était ainsi qu'il était réglé par le Code des délits et des peines, et antérieurement par la loi du 29 septembre 1791; mais comme le faux témoignage en matière correctionnelle ou de police, ou en matière civile, est aussi un crime grave qui doit être puni d'une peine afflictive et infamante, si les présidens des tribunaux de police simple ou correctionnelle, ou des tribunaux civils, n'ont pas reçu de la loi, comme en matière criminelle, le droit de donner un ordre d'arrestation contre les témoins

(1) Voyez articles 16 du Code d'instruction criminelle.
(2) Voyez art. 106 *ibid.*
(3) Voyez articles 330 et 576 du Code d'instruction criminelle.

qui sont prévenus de faire devant eux de fausses dépositions, ils sont incontestablement autorisés, en dressant procès verbal du faux témoignage présumé, à en faire saisir les auteurs, qui se trouvent alors en état de *flagrant délit*, et à les faire conduire soit devant le procureur impérial, soit devant le juge d'instruction de l'arrondissement, pour qu'il procède ensuite, conformément aux lois.

Nous n'avons parlé jusqu'ici de l'arrestation que pour les crimes et les délits soumis aux tribunaux ordinaires; dans les matières qui sont de la compétence des conseils de guerre ordinaires ou spéciaux et des commissions militaires, le droit d'arrestation appartient au général ou officier supérieur commandant du lieu du délit ou de celui où se trouve le prévenu; et lorsque l'instruction est commencée, ce droit peut aussi être exercé par le capitaine ou juge rapporteur à l'égard des individus que les informations désigneraient comme coupables.

Dans tous les cas qui sont soumis à des conseils de guerre ou à des commissions militaires formés pour une seule affaire, en exécution du décret du 17 messidor an 12, avant d'ordonner une arrestation, le rapporteur doit en référer préalablement au général ou à l'officier supérieur qui a donné l'ordre d'instruire la procédure; mais si le juge rapporteur fait partie d'une commission militaire permanente chargée de juger différentes espèces de crimes, comme S. M. en a créé dans certaines circonstances (1), il jouit alors, comme le juge instructeur en matière de délits ordinaires, de la plénitude du droit d'arrestation, et il peut l'exercer librement, suivant sa conscience et sous sa responsabilité.

(1) Voyez notamment son décret du 11 juin 1809.

Dans

Dans les matières maritimes, le droit d'arrestation appartient savoir, aux préfets maritimes, aux commandans en chef des forces navales, aux commandans des bâtimens qui naviguent isolément, et aux commandans supérieurs dans les ports, lorsque les délits sont de la compétence des conseils de guerre maritimes ordinaires ou spéciaux, et aux commissaires-rapporteurs, lorsque la connaissance en est dévolue aux tribunaux maritimes ou aux tribunaux maritimes spéciaux.

Si les prévenus, quoique faisant partie de l'armée de terre ou de mer, sont néanmoins soumis à la juridiction commune, soit à raison de la nature des délits, soit à raison des circonstances dans lesquelles ils les ont commis, soit enfin à cause de leur complicité avec des individus non-militaires, les magistrats ordinaires conservent, à leur égard, le droit d'arrestation (1).

4. Lorsqu'à l'audience, ou en tout autre lieu, où se fait publiquement une instruction judiciaire, l'un ou plusieurs des assistans donnent des signes publics d'approbation ou d'improbation, excitent du tumulte ou s'écartent de quelque manière que ce soit du respect que l'on doit aux autorités constituées, le président ou le juge (2), après avoir donné l'ordre de les expulser, peut les faire arrêter s'ils résistent ou s'ils désobéissent à ses injonctions, et les faire conduire à la maison d'arrêt, où ils restent détenus pendant vingt-quatre heures (3).

---

(1) Voyez, au reste, pour tout ce qui concerne la juridiction militaire, mon *Traité de la procédure criminelle devant les tribunaux militaires et maritimes de toute espèce*

(2) Dans les cas où il opère seul et dans les audiences de la justice de paix, de conciliation et de simple police.

(3) Voyez art. 504 du Code d'instruction criminelle.

Les préfets, les sous-préfets, les maires et adjoints, les officiers de police administrative et judiciaire, lorsqu'ils remplissent publiquement quelques actes de leur ministère, peuvent aussi faire saisir les individus qui troublent leurs séances ou leurs opérations, mais ils doivent se borner à faire conduire les perturbateurs devant les juges compétens, et la loi ne leur donne pas le droit de les constituer, de leur propre mouvement, en état d'arrestation, et de les faire placer dans la maison d'arrêt (1).

5. L'arrestation pour dettes qui emportent la contrainte par corps, ne peut être ordonnée que par les tribunaux compétens pour statuer sur les dettes, et exécutée qu'en vertu de leurs décisions; cependant les comptables de deniers publics peuvent être arrêtés, en vertu d'une contrainte par corps décernée directement par le ministre sous les ordres duquel ils sont placés (2).

L'arrestation, résultant de la contrainte par corps, est assujettie à des formalités que la loi détermine : (Voyez *Contrainte par corps*); si ces formalités ont été violées, si l'arrestation est illégale, c'est au tribunal de première instance du lieu de la détention que le détenu doit porter sa réclamation, et lors même que l'arrestation qui exciterait des plaintes, aurait été effectuée par suite des condamnations pécuniaires, prononcées par un jugement du tribunal de police simple ou correctionnelle, ce tribunal serait incompétent pour en connaître. (Voir l'arrêt rendu le 2 janvier 1807, par la Cour de cassation.)

---

(1) Voyez art. 509 *ibid.*

(2) Voyez la loi du 30 mars 1793 et celle du 15 germinal an 6.

6. Lorsqu'un père a des sujets de mécontentement très-graves sur la conduite d'un enfant légitime ou naturel légalement reconnu, la loi lui accorde, comme moyen de correction, le droit de le faire détenir pendant un mois au plus, si l'enfant est âgé de moins de seize ans commencés; et, à cet effet, le président du tribunal d'arrondissement *doit*, sur la demande du père, délivrer l'ordre d'arrestation.

Depuis que l'enfant a commencé sa seizième année et jusqu'à son émancipation ou sa majorité, ce père est seulement autorisé à requérir la détention pendant six mois au plus; le président du tribunal d'arrondissement auquel il doit faire cette demande, en confère avec le procureur impérial, et *peut* délivrer ou refuser l'ordre d'arrestation, suivant qu'il le juge convenable; s'il autorise l'arrestation, il peut abréger le tems de détention requis par le père.

L'ordre d'arrestation que donne dans ces circonstances, le président du tribunal, ne doit contenir aucun motif; l'enfant, ainsi arrêté, doit être mis en liberté à l'expiration du terme fixé pour la détention, si le père ne l'a pas abrégée comme la loi l'y autorise; mais s'il commet de nouveaux écarts, l'arrestation et la détention peuvent être ordonnées de nouveau et dans la même forme.

Lorsque le père est remarié, ou que l'enfant possède des biens personnels ou exerce un état, le père ne peut que requérir l'arrestation de son enfant, quand même il serait âgé de moins de seize ans.

La mère survivante et non remariée, peut aussi, dans les cas de faute grave de la part d'un enfant, requérir son arrestation, mais elle n'exerce cette faculté aux termes de la loi, qu'avec le concours des deux plus proches parens paternels (1).

L'enfant détenu est autorisé à se pourvoir auprès du procureur général près de la Cour impériale ; ce magistrat se fait rendre compte des faits par le procureur impérial au tribunal de première instance, et il en fait son rapport au premier président de la Cour, qui peut révoquer ou modifier l'ordre donné par le président du tribunal d'arrondissement.

Ce droit de correction cesse avec la majorité ou l'émancipation de l'enfant (2).

7. Les ordres d'arrestation doivent être exécutés, en matière criminelle, par les huissiers, les gendarmes et les autres agens de la force publique (3); en matière civile, ils ne peuvent l'être que par les huissiers; en matière de haute police, ils le sont par tous les agens de la force publique.

8. La loi prescrit des formalités pour l'exécution des ordres d'arrestation, en matière de crime et de délit : les mandats d'amener, de dépôt et d'arrêt doivent être signés par celui qui les décerne et munis de son sceau ; le prévenu doit y être nommé et désigné le plus clairement qu'il est possible dans le mandat d'arrêt : il doit, en outre, être fait mention du fait pour lequel ce mandat est décerné, et la loi qui

---

(1) Cette disposition doit être rigoureusement exécutée, lorsque cela est possible ; cependant, si les parens paternels étaient inconnus ou éloignés, et qu'il fût impossible de remplir cette condition, il semble que dans la nécessité d'y déroger, on pourrait, par analogie, suppléer aux parens par deux amis, ainsi que cela se pratique pour la tutelle, l'émancipation et même l'interdiction.

(2) Voyez les art. 375, 376, 377, 378, 379, 380, 381, 382 et 383 du Code Napoléon.

(3) Voyez art. 77 de la constitution du 22 frimaire an 8, art. 97 du Code d'institution criminelle.

qualifie le fait de crime ou de délit, doit y être citée. Nous avons vu au mot *Accusation*, en quelle forme sont délivrées les ordonnances de prise de corps. Quant à la forme des jugemens, (*voy. ce mot.*)

Le mandat est exhibé au prévenu, et il lui en est laissé copie; cette double formalité doit être remplie pour la notification du mandat d'arrêt, ou de l'ordonnance de prise de corps ou du jugement de condamnation, lors même que le prévenu serait déjà détenu; son arrestation change alors de caractère. Le porteur d'un mandat d'amener doit conduire le prévenu devant le magistrat désigné par cet acte; le porteur d'un mandat de dépôt ou d'arrêt, ou d'une ordonnance de prise de corps, doit le conduire dans la maison d'arrêt ou de justice, également indiquée dans l'acte; le porteur d'un jugement ou arrêt de condamnation, doit le conduire dans la maison de justice ou dans toute autre maison destinée à recevoir les condamnés à la peine portée dans le jugement; il doit transcrire ou faire transcrire l'ordre d'arrestation sur les registres de la geole et retirer du gardien une reconnaissance de la remise du prévenu (1).

Les mandats d'amener, de dépôt, d'arrêt, les ordonnances de prise de corps et les jugemens de condamnation, sont exécutoires dans tout l'Empire. Néanmoins, lorsqu'il ne s'agit que d'un mandat d'amener, que la date en remonte déjà à plus de deux jours, et que le prévenu est trouvé hors de l'arrondissement de l'officier qui a décerné le mandat, et à une distance de plus de cinq myriamètres du domicile de cet officier, sans être muni d'effets, de papiers ou d'instrumens qui fassent présumer

---

(1) Voyez art. 107 et 608 du Code d'instruction criminelle.

qu'il est auteur ou complice du crime ou du délit pour lequel il est recherché, le prévenu peut être dispensé de se rendre au mandat ; on doit alors le conduire devant le procureur impérial de l'arrondissement où il a été trouvé, et il est retenu dans la maison d'arrêt, en vertu d'un mandat de dépôt que décerne ce fonctionnaire, et dont il est donné connaissance à l'officier qui a délivré le mandat d'amener.

9. Les ordres d'arrestation, en matière de crime et de délit, peuvent être exécutés en quelque lieu que ce soit ; la loi ne reconnaît plus d'asyles où les coupables puissent se mettre à l'abri des poursuites. Cet usage abusif, né de la superstition et de la barbarie, est, depuis long-tems, aboli en France, et il est également proscrit dans quelques pays qui l'avaient conservé et qui ont été réunis à l'Empire (1).

Les prévenus de crime ou de délit peuvent être arrêtés à tous les instans du jour ; néanmoins, si pour effectuer l'arrestation, il est nécessaire de s'introduire dans la maison d'un particulier, le porteur du mandat est tenu de remplir les formalités prescrites pour les visites domiciliaires, (*voyez ce mot.*) Les prévenus peuvent être arrêtés, même la nuit, partout ailleurs que dans l'intérieur d'une maison.

Parcourons, à cet égard, les dispositions des lois existantes.

Art. 76 de l'acte constitutionnel du 22 frimaire an 8 : « La maison de toute personne habitant le » territoire français, est un asile inviolable. —

---

(1) Voyez art. 59 du décret impérial du 20 prairial an 13, concernant les ci-devant états de Parme et Plaisance, et 107 du décret du 15 messidor suivant, relatif aux départemens de Gênes, de Montenotte, des Apennins et de Marengo.

» Pendant la nuit, nul n'a le droit d'y entrer que » dans le cas d'incendie, d'inondation ou de ré» clamation faite de l'intérieur de la maison. — » Pendant le jour, on peut y entrer pour un objet » spécial déterminé, ou par une loi, ou par un » ordre émané d'une autorité constituée. »

Ces dispositions qui se trouvaient déjà consignées dans la constitution du 3 fructidor an 3, ne sont, pour ainsi dire, que la répétition littérale de l'art. 131 de la loi du 28 germinal an 6 sur la gendarmerie ; il est ainsi conçu :

« La maison de chaque citoyen étant un asile » inviolable pendant la nuit, la gendarmerie natio» nale ne pourra y entrer que dans les cas d'incen» die, d'inondation ou de réclamation venant de » l'intérieur de la maison. — Elle pourra, pen» dant le jour, dans les cas et formes prévus par les » lois, exécuter les ordres des autorités constituées. » — Elle ne pourra faire aucune visite dans la » maison d'un citoyen où elle soupçonnerait qu'un » coupable s'est réfugié, sans un mandat spécial dé» cerné, soit par le directeur du jury (aujourd'hui » juge d'instruction), soit par le juge de paix, » soit par le commissaire de police, soit par l'agent » ou l'adjoint municipal (aujourd'hui le maire ou » l'adjoint de maire), faisant les fonctions de com» missaire de police ; mais elle pourra investir la » maison ou la garder à vue, en attendant l'expé» dition du mandat. »

Enfin, un décret impérial du 4 août 1806 a déterminé ce qu'on doit entendre par le tems de nuit, et indiqué un moyen de suppléer, en certains cas, au mandat spécial de perquisition exigé par la loi du 28 germinal an 6.

Art. 1er. Le tems de nuit où l'art. 131 de la loi du 28 germinal an 6 défend à la gendarmerie d'entrer dans les maisons des citoyens, sera réglé par les dispositions de l'art. 1037 du Code de procédure civile. En conséquence, la gendarmerie ne pourra, sauf les exceptions établies par ladite loi du 28 germinal, entrer dans les maisons; savoir, depuis le 1er. octobre jusqu'au 31 mars, avant six heures du matin et après six heures du soir; et depuis le 1er. avril jusqu'au 30 septembre, avant quatre heures du matin et après neuf heures du soir.

Art. 2. Quand il s'agira de recherches à faire dans les maisons de particuliers prévenus de recéler des conscrits ou déserteurs, le mandat spécial de perquisition prescrit par le même article 131 de la loi du 28 germinal an 6, pourra être suppléé par l'assistance du maire, ou de son adjoint, ou du commissaire de police.

10. En matière civile, celui qui est sous le coup de la contrainte par corps, ne peut pas être arrêté pendant la nuit, soit dans sa propre maison, soit dans toute autre où il s'est retiré; il ne peut pas l'être, même pendant le jour, lorsqu'il est porteur d'un sauf-conduit régulier. (V. la loi du 15 germinal an 6 et le Code de procédure civile, liv. 5, tit. 15.)

11. Le législateur a pris beaucoup de précautions pour prévenir les arrestations illégales et pour faire cesser les détentions arbitraires qui pourraient en être la suite.

Il est défendu aux gardiens et geoliers de recevoir ou détenir aucune personne, si ce n'est en vertu d'un mandat de dépôt ou d'arrêt *décerné selon les formes prescrites*; ou d'un arrêt de renvoi devant une Cour d'assises ou une Cour spéciale, d'un décret d'accusation ou d'un jugement portant condamnation à une peine afflictive ou à un emprisonnement, et sans que la transcription de l'acte ait été faite sur leurs registres. Il leur est enjoint de représenter les détenus à l'officier civil chargé de la police des prisons ou aux individus porteurs de ses ordres, toutes les fois qu'ils en sont requis, ou de justifier de la défense qu'ils en ont reçue, d'exhiber leurs registres aux juges de paix et de leur en laisser prendre telle copie qu'ils jugent nécessaire, et l'infraction à ces ordres et à ces défenses les soumet aux poursuites et aux peines de la détention arbitraire.

Tous ceux qui, n'ayant point reçu de la loi le pouvoir de faire arrêter, donnent, signent ou exécutent l'arrestation d'une personne quelconque; ceux qui, même dans le cas de l'arrestation, autorisée par la loi, reçoivent ou retiennent la personne arrêtée dans un lieu de détention non publiquement et légalement désigné comme tel, sont également déclarés coupables de détention arbitraires.

Tout individu instruit qu'une personne est détenue dans un lieu qui n'a pas été destiné à servir de maison d'arrêt, de justice ou de prison, est tenu, pour obéir à la loi, d'en donner connaissance au juge de paix, au procureur impérial ou à son substitut, au juge d'instruction ou au procureur général près de la Cour impériale. Chacun de ces fonctionnaires doit, à peine d'être poursuivi lui-même comme complice de détention arbitraire, se transporter aussitôt auprès du détenu, soit d'office, soit sur l'avis qui lui est donné de le faire mettre en liberté ou de rendre régulière sa détention, s'il y a quelque motif légal pour l'ordonner, ou enfin, le renvoyer à cet effet devant le magistrat compétent (1).

---

(1) Voyez articles 77, 78, 79, 80 et 81 de l'Acte constitutionnel du 22 frimaire an 8, et les articles 609, 615, 616, 617 du Code d'instruction criminelle.

Toutes les rigueurs employées dans les arrestations et les détentions, autres que celles que les lois autorisent, sont sévèrement proscrites et réputées crimes (1); et pour prévenir tous les abus ou les réprimer lorsqu'ils existent, la loi oblige les magistrats de l'ordre administratif et de l'ordre judiciaire à visiter fréquemment les prisons. (*Voyez ce mot.*)

Aux termes du Code des délits et des peines, on devait distinguer dans la marche à suivre pour faire assurer l'effet d'une arrestation illégale, si l'illégalité résultait du défaut de pouvoir de celui qui l'avait ordonnée, ou du défaut d'écrou sur les registres de la geole, et alors le maire du lieu où la personne était détenue devait ordonner la mise en liberté (2); si elle résultait de ce que le lieu de la détention n'était pas reconnu comme tel par les lois, et alors le maire et le juge de paix étaient également appelés à la faire cesser aussitôt qu'ils en avaient connaissance (3); enfin, si elle n'était alléguée que parce que l'arrestation avait été faite dans une forme irrégulière, dans un tems ou dans un lieu prohibé (4), et alors, en même tems que l'arrestation était déclarée nulle, il devait être décerné, par les officiers de police judiciaire compétens, un nouvel ordre d'arrestation contre le prévenu, sauf toutefois à poursuivre, lorsqu'il y avait lieu, ceux qui s'étaient rendus coupables de la violation du domicile d'un citoyen. Le Code d'instruction criminelle, qui est à cet égard beaucoup moins détaillé que le

(1) Voyez l'Acte constitutionnel.

(2) Voyez art. 587 du Code des délits et des peines.

(3) Voyez art. 584, *ib.*

(4) Voyez articles 217, 727, *ibidem.*

Code des délits et des peines, pourrait laisser quelques doutes, et l'on pourrait en induire que les fonctionnaires de l'ordre judiciaire ne sont appelés à faire cesser les détentions arbitraires que lorsque les prisonniers sont placés dans des lieux qui ne sont pas affectés à l'emprisonnement, et que les fonctionnaires de l'ordre administratif, à qui la loi donne la police des prisons, restent chargés exclusivement de réprimer les détentions illégales, lorsque les arrestations ont été ordonnées par des hommes sans pouvoir, ou que les ordres d'arrestations ne sont pas inscrits sur les registres de la geole; mais cette opinion serait mal fondée, et si les administrateurs préposés à la police des prisons ne peuvent se dispenser de dresser, en pareil cas, des procès-verbaux et d'appeler la sollicitude de l'autorité supérieure, il résulte bien évidemment des dispositions combinées du Code d'instruction criminelle et du Code pénal de 1810, que les juges de paix, les procureurs impériaux et leurs substituts, les juges d'instruction, les procureurs généraux des Cours impériales, sont spécialement chargés de prendre des mesures pour faire cesser les détentions illégales et arbitraires de toute espèce, soit dans les maisons destinées à la garde des détenus, soit partout ailleurs (1).

12. Le Code pénal de 1791 et le Code des délits et des peines prononçaient la peine de six années de gêne contre les individus qui se seraient rendus coupables d'arrestation arbitraire ou de détention en chartre privée, et la peine était susceptible d'être portée à douze années en certaines circonstances,

---

(1) Voyez articles 611, 612, 613, 614, 615, 616, 617 du Code d'instruction criminelle, et 119 et 120 du Code pénal.

si ce genre de crime eût été commis par des membres ou agens du pouvoir exécutif (1).

On peut citer comme une preuve de la sévérité avec laquelle sont réprimés les attentats à la liberté des citoyens, l'arrêt rendu dans l'espèce suivante, sous l'empire de ces lois.

« Un huissier avait arrêté un individu, en vertu d'un jugement qui emportait la contrainte par corps; cet individu parvient à s'échapper; et sous prétexte que le maire de la commune a favorisé son évasion, l'huissier fait arrêter celui-ci par des gendarmes. Remis en liberté, le maire rend plainte contre l'huissier; celui-ci répond qu'il ne l'a fait arrêter que pour le conduire devant le magistrat de sureté, à l'effet de se disculper du reproche d'avoir empêché l'exécution d'un jugement. Malgré cette défense, l'accusation est admise, l'huissier est condamné à six années de gêne par la Cour criminelle, d'après la déclaration du juri : il se pourvoit en cassation de jugement; et par arrêt du 1er. frimaire an 13, son pour-voi est rejeté. »

Aux dispositions du Code pénal de 1791, et du Code des délits et des peines, le Code pénal de 1810 a substitué les suivantes, relatives aux attentats à la liberté, aux arrestations illégales et aux séquestrations de personnes.

Lorsqu'un fonctionnaire public, un agent ou un préposé du Gouvernement aura ordonné ou fait quelqu'acte arbitraire et attentatoire soit à la liberté individuelle, soit aux droits civiques d'un ou de plusieurs citoyens, soit aux constitutions de l'Empire, il sera condamné à la peine de la dégradation

(2) Voyez articles 634, 635, 636 et 637 du Code des délits et des peines.

civique. Si néanmoins il justifie qu'il a agi par ordre de ses supérieurs, pour des objets du ressort de ceux-ci, et sur lesquels il leur était dû obéissance hiérarchique, il sera exempt de la peine, laquelle sera, dans ce cas, appliquée seulement aux supérieurs qui auront donné l'ordre. (Art. 114 du Code pénal.)

Si c'est un ministre qui a ordonné ou fait les actes, ou l'un des actes mentionnés en l'article précédent, et si, après les invitations mentionnées dans les articles 63 et 67 du sénatus-consulte, du 28 floréal an 12, il a refusé ou négligé de faire réparer ces actes dans les délais fixés par ledit sénatus-consulte, il sera puni du bannissement. (Article 115, *idem.*)

Si les ministres prévenus d'avoir ordonné ou autorisé l'acte contraire aux constitutions, prétendent que la signature à eux imputée leur a été surprise, il seront tenus, en faisant cesser l'acte, de dénoncer celui qu'ils déclareront auteur de la surprise, sinon ils seront poursuivis personnellement. (Art. 116, *ibid.*)

Les dommages-intérêts qui pourraient être prononcés à raison des attentats exprimés dans l'article 114, seront demandés, soit sur la poursuite criminelle, soit par la voie civile, et seront réglés, eu égard aux personnes, aux circonstances et au préjudice souffert, sans qu'en aucun cas et quelque soit l'individu lésé, lesdits dommages-intérêts puissent être au-dessous de vingt-cinq francs pour chaque jour de détention illégale et arbitraire, et pour chaque individu. (Art. 117, *ibid.*)

Si l'acte contraire aux constitutions a été fait d'après une fausse signature du nom d'un ministre ou d'un fonctionnaire public, les auteurs du faux et ceux qui en auront sciemment fait usage, seront punis des travaux forcés, à tems, dont le *maximum* sera toujours appliqué dans ce cas. (Article 118, *ibid.*)

Les fonctionnaires publics chargés de la police administrative ou judiciaire, qui auront refusé ou négligé de déférer à une réclamation légale, tendant à constater les détentions illégales et arbitraires, soit dans les maisons destinées à la garde des détenus, soit partout ailleurs, et qui ne justifieront pas les avoir dénoncées à l'autorité supérieure, seront punis de la dégradation civique, et tenus des dommages-intérêts, lesquels seront réglés comme il est dit dans l'article 117. (Article 119, *ibid.*)

Les gardiens et concierges des maisons de dépôt, d'arrêt, de justice ou de peine, qui auront reçu un prisonnier sans mandat ou jugement, ou sans ordre provisoire du Gouvernement; ceux qui l'auront retenu ou auront refusé de le représenter à l'officier de police ou au porteur de ses ordres, sans justifier de la défense du procureur impérial ou du juge; ceux qui auront refusé d'exhiber leurs registres à l'officier de police, seront, comme coupables de détention arbitraires, punis de six mois à deux ans d'emprisonnement, et d'une amende de seize francs à deux cents francs. (Art. 120, *ibid.*)

Seront, comme coupables de forfaiture, punis de la dégradation civique, tout officier de police judiciaire, tous procureurs-généraux ou impériaux, tous substituts, tous juges qui auront provoqué, donné ou signé un jugement, une ordonnance ou un mandat, tendant à la poursuite personnelle ou accusation, soit d'un ministre, soit d'un membre du Sénat, du Conseil-d'Etat ou du Corps législatif, sans les autorisations prescrites par les constitutions, ou qui, hors les cas de flagrant délit ou de clameur publique, auront, sans les mêmes autorisations, donné ou signé l'ordre ou le mandat de saisir ou arrêter un ou plusieurs ministres, ou membres du Sénat, du Conseil-d'Etat ou du Corps législatif. (Art. 121, *ibid.*)

Seront aussi punis de la dégradation civique, les procureurs-généraux ou impériaux, leurs substituts, les juges ou les officiers publics qui auront retenu ou fait retenir un individu hors des lieux déterminés par le Gouvernement ou par l'administration publique, ou qui auront traduit un citoyen devant une Cour d'assises ou une Cour spéciale, sans qu'il ait été préalablement mis légalement en accusation. (Art. 122, *ibid.*)

Seront punis de la peine des travaux forcés à tems, ceux qui, sans ordre des autorités constituées et hors les cas où la loi ordonne de saisir des prévenus, auront arrêté, détenu ou séquestré des personnes quelconques.

Quiconque aura prêté un lieu pour exécuter la détention ou séquestration, sera puni de la même peine. (Art. 341, *ibid.*)

Si la détention ou séquestration a duré plus d'un mois, la peine sera celle des travaux forcés à perpétuité. (Art. 342.)

La peine sera réduite à l'emprisonnement de deux ans à cinq ans, si les coupables des délits mentionnés en l'article 341, non encore poursuivis de fait, ont rendu la liberté à la personne arrêtée, séquestrée ou détenue, avant le dixième jour accompli depuis celui de l'arrestation, détention ou séquestration. Ils pourront néanmoins être renvoyés sous la surveillance de la haute police, depuis cinq ans jusqu'à dix ans. (Art. 341.)

Dans chacun des trois cas suivans :

1°. Si l'arrestation a été exécutée avec le faux

costume, sous un faux nom, ou sous un faux ordre de l'autorité publique;

2°. Si l'individu arrêté, détenu ou séquestré, a été menacé de la mort;

3°. S'il a été soumis à des tortures corporelles;

Les coupables seront punis de mort. (Art. 344.)

M. J.-M. LEGRAVEREND.

Fin du Tome premier.

AVIS.

Le Tome II paraîtra au mois de février 1811.

www.ingramcontent.com/pod-product-compliance
Lightning Source LLC
Chambersburg PA
CBHW060526220326
41599CB00022B/3439